新会计业务实用全书（第二版）

郝畅 ◎ 编著

电子工业出版社
Publishing House of Electronics Industry
北京·BEIJING

内 容 简 介

本书通过大量的图解和案例展示了会计工作的每一个环节,把看似繁杂的会计工作用简明的方式表示出来,使整个会计体系变得一目了然、十分清晰。书中按照实际工作中的业务流程和操作步骤,分别介绍了会计业务中的各项工作内容,共分四篇,包括会计业务基础知识、会计科目的账务处理、纳税处理及财务报表。本书反映了最新的财会制度与政策的变化情况,对一线财务人员具有很好的指导性。

本书适合各行业会计从业人员及企业管理者学习使用,帮助其梳理公司资产、负债、权益、收入、成本、费用、税金等账目,规范公司的财务管理制度。

未经许可,不得以任何方式复制或抄袭本书之部分或全部内容。
版权所有,侵权必究。

图书在版编目(CIP)数据

新会计业务实用全书 / 郝畅编著. —2 版. —北京:电子工业出版社,2020.1
ISBN 978-7-121-35639-1

Ⅰ. ①新… Ⅱ. ①郝… Ⅲ. ①会计学 Ⅳ. ①F230

中国版本图书馆 CIP 数据核字(2019)第 011373 号

责任编辑:王陶然
印　　刷:三河市鑫金马印装有限公司
装　　订:三河市鑫金马印装有限公司
出版发行:电子工业出版社
　　　　　北京市海淀区万寿路 173 信箱　邮编:100036
开　　本:787×1092　1/16　印张:25　字数:640 千字
版　　次:2016 年 3 月第 1 版
　　　　　2020 年 1 月第 2 版
印　　次:2020 年 1 月第 1 次印刷
定　　价:78.00 元

凡所购买电子工业出版社图书有缺损问题,请向购买书店调换。若书店售缺,请与本社发行部联系。联系及邮购电话:(010)88254888,88258888。
质量投诉请发邮件至 zlts@phei.com.cn,盗版侵权举报请发邮件至 dbqq@phei.com.cn。
本书咨询联系方式:(010)57565890,meidipub@phei.com.cn。

前　言

本书意义

先举一个我们身边的例子：

小王已经 26 岁了，毕业于中南财经政法大学。毕业后，他工作了一段时间，但总觉得不满意。于是他在家待业一年，考下了中级会计职称。他本以为这样便可以找到好工作了，结果却到处碰壁。企业拒绝他的理由是他没有工作经验，还不如刚毕业的学生，于是他变得越来越不自信了。

会计是一门实践性很强的学科，对于企业招聘会计人员来说，看其是否获得会计证书只是一个方面，考察其实际工作经验更加重要。如果小王在考取会计证书的同时，不是选择脱产，而是从事一些与会计、出纳相关的工作，就不会出现这种情况了。

本书正是为小王这类人编写的。它可以帮你在短时间内厘清会计工作思路、掌握工作方法、提升职场竞争力。

本书内容

会计工作涉及的内容庞杂，本书根据会计实际工作流程分为 4 篇 23 章，讲解了会计工作最主要的内容，各篇的内容分配如下图所示。

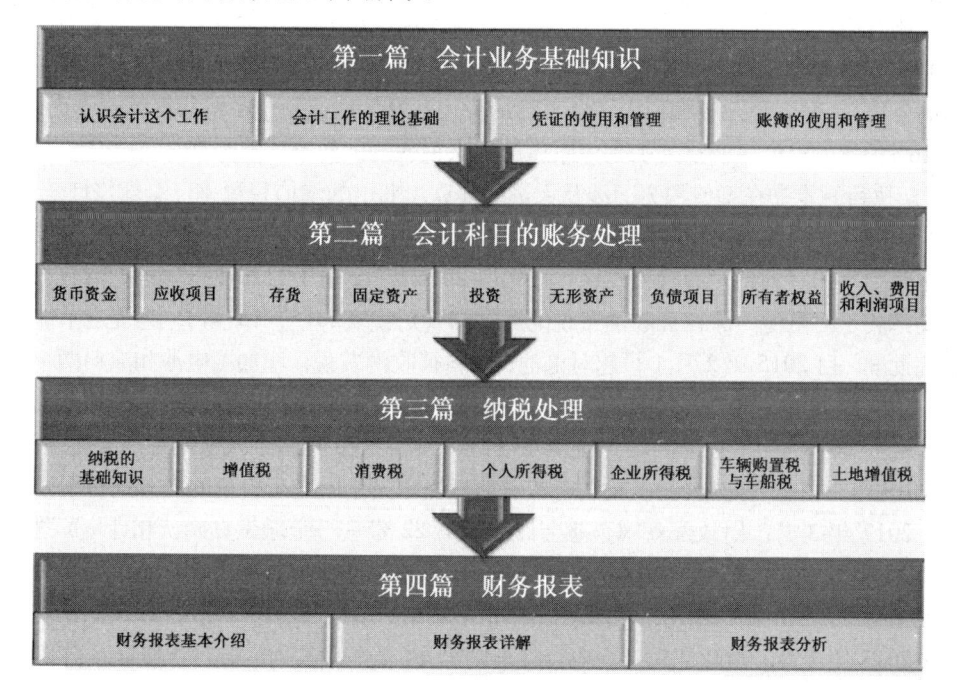

第一篇　会计业务基础知识

| 认识会计这个工作 | 会计工作的理论基础 | 凭证的使用和管理 | 账簿的使用和管理 |

第二篇　会计科目的账务处理

| 货币资金 | 应收项目 | 存货 | 固定资产 | 投资 | 无形资产 | 负债项目 | 所有者权益 | 收入、费用和利润项目 |

第三篇　纳税处理

| 纳税的基础知识 | 增值税 | 消费税 | 个人所得税 | 企业所得税 | 车辆购置税与车船税 | 土地增值税 |

第四篇　财务报表

| 财务报表基本介绍 | 财务报表详解 | 财务报表分析 |

本书优势

- 注重基础知识：立足于广大读者，特别是没有会计专业基础的初学者；对会计的基础概念进行了深入浅出的介绍，使读者对会计工作有一个正确、全面的认识。
- 语言通俗易懂：以讲故事的方式列举了很多日常工作中的例子，贴近读者生活，易于读者理解，使读者能够快速地进入角色，对会计知识有一个形象、生动的认识。
- 内容全面：涵盖了会计基础知识、会计操作业务，以及与会计相关的其他知识等内容，案例翔实、丰富，使读者能够对基本的会计工作有较为全面的掌握。
- 实用性强：书中的案例大多数是企业发生的实际业务，既可以帮助读者加深理解，又可以使读者了解企业的实际业务处理情况。

第二版的变化

我国自营业税改增值税（以下简称营改增）以来，国家在会计、税务制度方面发生了很大的变化，为了跟上最新的政策，我们对本书进行了修订。修订内容主要包括以下几个方面：

（1）根据中华人民共和国主席令（第八十一号），《中华人民共和国会计法》（以下简称《会计法》）修改已由中华人民共和国第十二届全国人民代表大会常务委员会第三十次会议于2017年11月4日通过，修订后的《会计法》规定：以后从事会计工作，不再需要取得会计从业资格证书，自2017年11月5日起施行。

（2）财政部、国家税务总局《关于全面推开营业税改征增值税试点的通知》（财税〔2016〕36号）文件发布全面实施营改增，从2016年5月1日起，将试点范围扩大到建筑业、房地产业、金融业、生活服务业，以后不再出售营业税税种发票。据此，我们将本书中涉及的营业税内容全部删除。

（3）根据财政部、国家税务总局、海关总署公告2019年第39号《关于深化增值税改革有关政策的公告》，增值税一般纳税人（以下称纳税人）发生增值税应税销售行为或者进口货物，原适用16%税率的，税率调整为13%；原适用10%税率的，税率调整为9%。该公告自2019年4月1日起执行。本书在增值税方面涉及大量的计算，书中的增值税税率已全部修订。

（4）根据财政部和国家税务总局《关于调整消费税政策的通知》（财税〔2014〕93号），取消"汽车轮胎"和"酒精"消费税税目，通知自2014年12月1日起执行。根据财政部和国家税务总局《关于对电池、涂料征收消费税的通知》（财税〔2015〕16号），为促进节能环保，经国务院批准，自2015年2月1日起对电池、涂料征收消费税，增加了电池和涂料两个消费税税目。

（5）根据2018年12月18日公布修订后的《中华人民共和国个人所得税法实施条例》（该条例自2019年1月1日起施行），我们对本书第三篇中关于个人所得税的内容进行了修订。

（6）2017年3月，财政部对《企业会计准则第22号——金融工具确认和计量》进行了修订，自2018年1月1日起施行。据此，我们修订了本书第9章中金融资产投资的账务处理的相关内容。

（7）2017年7月，财政部对《企业会计准则第14号——收入》进行了修订，自2018年1

月 1 日起施行。我们据此修订了本书关于收入部分的内容。

（8）我们根据新修订的《企业会计准则》，对本书中的一部分会计科目进行了修改。

（9）根据财政部 2018 年 6 月 15 日发布的《关于修订印发 2018 年度一般企业财务报表格式的通知》（财会〔2018〕15 号），我们对本书中的相关财务报表进行了替换。

读者对象

无财务基础的普通读者。

有一定财务基础的会计在职人员。

企业的经营管理人员。

企业的财务相关人员。

参加会计培训的学生。

关于作者

郝畅，现就职于某大型保险集团股份有限公司审计部，注册会计师、注册税务师，具有十余年大型集团财务会计工作经验。在公司成本费用核算、财务报表分析、税收筹划、审计、资产评估、清产核资、财务培训、内部控制、预算管理等方面有扎实的理论基础和丰富的实践经验，熟悉稽核风控、对公授信、票据结算、融资租赁等业务，并对集团企业运营构架等有清晰的认识，熟悉各项金融业务、企业内控法规、COSO 内控框架，并有直接实施企业全面风险管理的经验。

目 录

第一篇 会计业务基础知识

第1章 认识会计这个工作 / 1
1.1 初步了解会计 / 1
- 1.1.1 什么是会计 / 1
- 1.1.2 会计职业资格的取得 / 1
- 1.1.3 会计核算和会计监督职能 / 4
- 1.1.4 如何成为适应现代企业所需的会计人才 / 5
- 1.1.5 会计人员的法律责任 / 6

1.2 会计部门的岗位设置 / 7
- 1.2.1 会计部门的组织架构是如何设置的 / 7
- 1.2.2 出纳岗位的工作内容 / 7
- 1.2.3 往来结算岗位的工作内容 / 8
- 1.2.4 成本费用核算岗位的工作内容 / 8
- 1.2.5 材料物资核算岗位的工作内容 / 9
- 1.2.6 工资核算岗位的工作内容 / 10

1.3 了解几种常见的说法 / 10
- 1.3.1 会计和出纳是一回事吗 / 11
- 1.3.2 会计和财务的工作一样吗 / 11
- 1.3.3 会计就是记账吗 / 12

第2章 会计工作的理论基础 / 13
2.1 会计工作的四大基本假设 / 13
- 2.1.1 会计主体假设 / 13
- 2.1.2 持续经营假设 / 13
- 2.1.3 会计分期假设 / 14
- 2.1.4 货币计量假设 / 14

2.2 会计核算的八项原则 / 14
- 2.2.1 可靠性原则 / 14
- 2.2.2 相关性原则 / 15
- 2.2.3 可理解性原则 / 15
- 2.2.4 可比性原则 / 15
- 2.2.5 实质重于形式原则 / 15
- 2.2.6 重要性原则 / 15
- 2.2.7 谨慎性原则 / 16
- 2.2.8 及时性原则 / 16

2.3 掌握六大会计要素 / 16
- 2.3.1 会计要素的概念 / 16
- 2.3.2 会计要素的分类 / 16
- 2.3.3 会计要素的内容 / 17

2.4 各大会计要素之间的关系 / 22
- 2.4.1 会计等式1：资产=负债+所有者权益 / 23
- 2.4.2 会计等式2：收入-费用=利润（或亏损）/ 23
- 2.4.3 会计等式3：资产=负债+所有者权益+收入-费用 / 24
- 2.4.4 会计等式4：资产+费用=负债+所有者权益+收入 / 24
- 2.4.5 经济业务的发生对会计等式的影响 / 24

2.5 会计科目 / 27
- 2.5.1 会计科目设置的原则 / 27
- 2.5.2 会计科目的分类 / 27

2.6 设置账户 / 30
- 2.6.1 账户的基本结构 / 30

2.6.2 账户的分类 / 30

第 3 章 凭证的使用和管理 / 33

3.1 会计凭证的作用 / 33
3.2 会计凭证的种类 / 34
3.3 原始凭证 / 35
    3.3.1 原始凭证的分类 / 36
    3.3.2 原始凭证的设计 / 39
    3.3.3 原始凭证的填制 / 43
    3.3.4 原始凭证的书写规范 / 43
    3.3.5 原始凭证的审核 / 44
3.4 记账凭证 / 45
    3.4.1 记账凭证的分类 / 45
    3.4.2 记账凭证的填制 / 50
    3.4.3 记账凭证的审核 / 52
3.5 会计凭证的传递 / 53
3.6 会计凭证的保管 / 54
    3.6.1 会计凭证的装订 / 54
    3.6.2 会计凭证的归档 / 57

第 4 章 账簿的使用和管理 / 59

4.1 会计账簿的意义 / 59
4.2 会计账簿与账户的关系 / 60
4.3 会计账簿的分类 / 61

4.4 会计账簿的基本内容 / 64
4.5 会计账簿的启用 / 65
4.6 会计账簿的更换 / 66
4.7 会计账簿的保管 / 67
4.8 账务处理程序 / 68
    4.8.1 记账凭证账务处理程序 / 68
    4.8.2 汇总记账凭证账务处理程序 / 69
    4.8.3 科目汇总表账务处理程序 / 70
    4.8.4 日记总账账务处理程序 / 71
4.9 会计账簿的登记方法 / 71
4.10 会计账簿的对账 / 73
    4.10.1 账证核对 / 73
    4.10.2 账账核对 / 74
    4.10.3 账实核对和账表核对 / 74
4.11 会计账簿的结账 / 75
4.12 会计账簿的错账更正 / 76
4.13 实战案例 / 81
    4.13.1 各种账簿的具体登记方法 / 81
    4.13.2 账证相符——科目汇总表的编制 / 85
    4.13.3 库存现金账实相符——库存现金的盘点 / 86
    4.13.4 银行存款账实相符——银行存款余额调节表 / 87

第二篇 会计科目的账务处理

第 5 章 货币资金 / 90

5.1 库存现金 / 90
    5.1.1 库存现金的使用范围 / 91
    5.1.2 库存现金的限额 / 91
    5.1.3 库存现金管理注意事项 / 92
    5.1.4 库存现金的账务处理 / 93
    5.1.5 库存现金清查及账务处理 / 94
5.2 银行存款 / 95

    5.2.1 银行存款账户的种类 / 95
    5.2.2 银行转账结算方式 / 95
    5.2.3 银行存款的账务处理 / 96
    5.2.4 银行存款的清查 / 97
    5.2.5 其他货币资金的账务处理 / 98

第 6 章 应收项目 / 99

6.1 应收账款 / 99
    6.1.1 商业折扣 / 99

6.1.2 现金折扣 / 99
6.1.3 应收账款的账务处理 / 100
6.2 坏账准备 / 101
6.2.1 坏账的一般知识 / 101
6.2.2 应收账款余额百分比法 / 102
6.2.3 应收账款账龄分析法 / 102
6.3 应收票据 / 103
6.3.1 应收票据入账的账务处理 / 103
6.3.2 应收票据贴现的账务处理 / 104
6.3.3 应收票据到期的账务处理 / 104
6.4 其他应收项目 / 105
6.4.1 其他应收款的账务处理 / 105
6.4.2 预付款项的账务处理 / 105

第7章 存货 / 107

7.1 存货的基本知识 / 107
7.1.1 存货的内容 / 107
7.1.2 存货的确认原则 / 107
7.2 外购存货的账务处理 / 108
7.2.1 外购存货入账价值的内容 / 108
7.2.2 外购存货入账的账务处理 / 109
7.3 自制存货的账务处理 / 110
7.3.1 自制存货入账价值的内容 / 111
7.3.2 自制存货入账的账务处理 / 111
7.4 委托加工存货的账务处理 / 112
7.4.1 委托加工存货入账价值的内容 / 112
7.4.2 委托加工存货入账的账务处理 / 112
7.5 接受捐赠存货的账务处理 / 113
7.6 其他方式取得存货的账务处理 / 114
7.7 存货发出的账务处理 / 114
7.7.1 先进先出法 / 115
7.7.2 加权平均法 / 116
7.7.3 个别计价法 / 118
7.8 存货的期末处理 / 119
7.8.1 存货的单料同到的处理 / 119
7.8.2 存货的单到料未到的处理 / 120

7.8.3 存货的料到单未到的处理 / 120
7.8.4 存货跌价准备计提 / 121
7.9 存货清查 / 122
7.9.1 存货清查的内容和方法 / 122
7.9.2 存货清查的账务处理 / 122

第8章 固定资产 / 124

8.1 固定资产的基本知识 / 124
8.1.1 固定资产的分类 / 124
8.1.2 固定资产的计价原则 / 124
8.1.3 购入固定资产发生的增值税计价问题 / 125
8.1.4 固定资产的折旧 / 125
8.2 固定资产的账务处理 / 129
8.2.1 固定资产入账的账务处理 / 129
8.2.2 固定资产折旧的账务处理 / 130
8.3 固定资产减少的账务处理 / 131
8.3.1 固定资产报废或毁损的账务处理 / 131
8.3.2 固定资产出售的账务处理 / 132
8.4 固定资产清查 / 133
8.4.1 固定资产盘盈的账务处理 / 134
8.4.2 固定资产盘亏的账务处理 / 134

第9章 投资 / 135

9.1 投资的基本知识 / 135
9.1.1 投资的特点 / 135
9.1.2 投资的分类 / 135
9.2 金融资产投资的账务处理 / 136
9.2.1 以摊余成本计量的金融资产投资的账务处理 / 136
9.2.2 以公允价值计量且其变动计入其他综合收益的金融资产投资的账务处理 / 137
9.2.3 以公允价值计量且其变动计入当期损益的金融资产投资的账务处理 / 138

9.3 长期股权投资的账务处理 / 139
    9.3.1 以现金购入的长期股权投资的账务处理 / 139
    9.3.2 以发行权益性证券方式取得的长期股权投资的账务处理 / 139
    9.3.3 接受投资者投入的长期股权投资的账务处理 / 140
    9.3.4 长期股权投资的成本法 / 140
    9.3.5 长期股权投资的权益法 / 141
    9.3.6 长期股权投资核算方法的转换 / 142

第 10 章 无形资产 / 145

10.1 无形资产的基本知识 / 145
    10.1.1 无形资产的特征 / 145
    10.1.2 无形资产的内容 / 145

10.2 无形资产的账务处理 / 147
    10.2.1 外购无形资产的账务处理 / 147
    10.2.2 投资者投入无形资产的账务处理 / 148
    10.2.3 土地使用权的账务处理 / 148
    10.2.4 企业内部研发费用的账务处理 / 148

10.3 无形资产后继支出的账务处理 / 150
    10.3.1 使用寿命有限的无形资产摊销的账务处理 / 150
    10.3.2 使用寿命不确定的无形资产摊销的账务处理 / 151

10.4 无形资产处置的账务处理 / 151
    10.4.1 无形资产出租的账务处理 / 151
    10.4.2 无形资产出售的账务处理 / 152
    10.4.3 无形资产报废的账务处理 / 152

第 11 章 负债项目 / 153

11.1 负债项目的基本知识 / 153
    11.1.1 负债的特征及确认条件 / 153
    11.1.2 负债的分类 / 154

11.2 流动负债项目的账务处理 / 154
    11.2.1 短期借款的账务处理 / 154
    11.2.2 应付票据的账务处理 / 155
    11.2.3 应付账款的账务处理 / 155
    11.2.4 预收款项的账务处理 / 156
    11.2.5 应付职工薪酬的账务处理 / 157
    11.2.6 应交税费的账务处理 / 160

11.3 非流动负债项目的账务处理 / 160
    11.3.1 长期借款的账务处理 / 161
    11.3.2 应付债券的账务处理 / 163

第 12 章 所有者权益 / 166

12.1 所有者权益的基本知识 / 166
    12.1.1 所有者权益的内容及特点 / 166
    12.1.2 所有者权益核算的一般要求 / 166

12.2 所有者权益的账务处理 / 167
    12.2.1 实收资本的账务处理 / 167
    12.2.2 资本公积的账务处理 / 168
    12.2.3 盈余公积的账务处理 / 170
    12.2.4 未分配利润的账务处理 / 171

第 13 章 收入、费用和利润项目 / 172

13.1 收入 / 172
    13.1.1 收入概述 / 172
    13.1.2 收入的账务处理 / 173

13.2 费用 / 176
    13.2.1 费用概述 / 176
    13.2.2 费用的账务处理 / 177

13.3 利润 / 179
    13.3.1 利润概述 / 179
    13.3.2 营业外收支的账务处理 / 180
    13.3.3 本年利润的账务处理 / 181
    13.3.4 所得税费用的一般知识及其账务处理 / 182

第三篇　纳税处理

第14章　纳税的基础知识 / 184

14.1　办理税务登记 / 184
- 14.1.1　税种税制 / 184
- 14.1.2　税务申报平台 / 185
- 14.1.3　税务登记 / 185

14.2　开发票 / 185

14.3　发票的使用规定 / 186
- 14.3.1　发票的领购及开具 / 186
- 14.3.2　发票的管理 / 188
- 14.3.3　新时代产物——电子发票 / 189

14.4　纳税申报 / 194
- 14.4.1　什么是纳税申报 / 194
- 14.4.2　纳税申报的流程与时间节点 / 195
- 14.4.3　柜台申报与电子申报 / 196
- 14.4.4　如何办理电子申报 / 196
- 14.4.5　什么是纳税申报表 / 197

第15章　增值税 / 200

15.1　增值税的基础知识 / 200
- 15.1.1　增值税涉及的业务范围 / 200
- 15.1.2　增值税的特殊性 / 201
- 15.1.3　增值税的类型 / 201
- 15.1.4　增值税的特殊行为 / 202
- 15.1.5　增值税的纳税义务人 / 203
- 15.1.6　增值税的税率及征收率 / 204
- 15.1.7　增值税的计税方法 / 207

15.2　销项税额的计算 / 207
- 15.2.1　销售额的确认 / 208
- 15.2.2　含税销售额的换算 / 210

15.3　进项税额的计算 / 210
- 15.3.1　准予抵扣进项税额的确认 / 211
- 15.3.2　不得从销项税额中抵扣的进项税额 / 211

15.4　应纳税额的计算 / 212
- 15.4.1　销项税额的时间限定 / 212
- 15.4.2　进项税额的时间限定和抵扣 / 213
- 15.4.3　应纳税额计算的其他规定 / 213

15.5　进出口货物纳税和退税的计算 / 215
- 15.5.1　进口货物应纳增值税的计算 / 215
- 15.5.2　出口货物退（免）税的形式及适用范围 / 216
- 15.5.3　出口货物的退税率 / 217
- 15.5.4　出口货物应退税额的计算 / 218

15.6　增值税专用发票 / 220
- 15.6.1　什么是增值税专用发票 / 220
- 15.6.2　如何使用和管理增值税专用发票 / 220
- 15.6.3　增值税专用发票认证抵扣的规定 / 221

15.7　纳税申报流程详解 / 222
- 15.7.1　一般纳税人的纳税申报 / 223
- 15.7.2　小规模纳税人的纳税申报 / 224

15.8　增值税会计科目的设置及其账务处理 / 224
- 15.8.1　会计科目的设置 / 224
- 15.8.2　进项税额的账务处理 / 225
- 15.8.3　进项税额转出的账务处理 / 230
- 15.8.4　直接收款方式销项税额的账务处理 / 232
- 15.8.5　销货退回及销售折让销项税额的账务处理 / 233
- 15.8.6　销货折扣销项税额的账务处理 / 234
- 15.8.7　价外费用销项税额的账务处理 / 234
- 15.8.8　包装物销售及收取的押金销项税额的账务处理 / 236

15.8.9 混合销售销项税额的账务处理 / 237
15.8.10 视同销售行为销项税额的账务处理 / 237
15.8.11 出口货物退（免）税的账务处理 / 241
15.8.12 企业上缴增值税的账务处理 / 243
15.8.13 月末转出多交增值税和未交增值税的账务处理 / 244

15.9 全面掌握优惠政策 / 244
15.9.1 增值税免税项目 / 244
15.9.2 增值税即征即退项目 / 245
15.9.3 增值税按照9%低税率征收的项目 / 246

第16章 消费税 / 248

16.1 消费税的基础知识 / 248
16.1.1 为什么会有消费税 / 248
16.1.2 消费税的特点 / 249
16.1.3 消费税的计税方法和作用 / 249
16.1.4 消费税的纳税范围及纳税义务人 / 250
16.1.5 消费税的税目和税率 / 250
16.1.6 消费税与增值税的关系 / 252

16.2 具体纳税数额的计算 / 253
16.2.1 从价计征销售额的确定 / 253
16.2.2 从量计征销售数量的确定 / 254
16.2.3 计税依据的特殊规定 / 254
16.2.4 生产销售环节消费税的计算 / 254
16.2.5 委托加工环节消费税的计算 / 256
16.2.6 进口环节应纳消费税的计算 / 257
16.2.7 消费税的扣除和减征 / 258
16.2.8 出口应税消费品退（免）税的计算 / 260

16.3 消费税申报流程详解 / 261
16.3.1 消费税的纳税规定 / 261
16.3.2 消费税的纳税申报表 / 262

16.3.3 消费税的出口退税 / 263

16.4 消费税的账务处理 / 264
16.4.1 应税消费品及其包装物销售的账务处理 / 264
16.4.2 委托加工应税消费品的账务处理 / 266
16.4.3 应税消费品视同销售行为的账务处理 / 268
16.4.4 进口应税消费品的账务处理 / 269

第17章 个人所得税 / 270

17.1 个人所得税的基础知识 / 270
17.1.1 个人所得税的纳税人 / 270
17.1.2 个人所得税的征税特点和作用 / 271
17.1.3 个人所得税的扣缴方式 / 272
17.1.4 个人所得税专项附加扣除标准 / 272

17.2 具体纳税数额的计算 / 277
17.2.1 工资、薪金所得的计算 / 277
17.2.2 经营所得的计算 / 278
17.2.3 劳务报酬所得的计算 / 278
17.2.4 稿酬所得的计算 / 280
17.2.5 特许权使用费所得的计算 / 280
17.2.6 财产租赁所得的计算 / 281
17.2.7 财产转让所得的计算 / 282
17.2.8 利息、股息、红利和偶然所得的计算 / 282

17.3 个人所得税申报流程详解 / 282
17.3.1 企业扣缴个人所得税报告表的填写 / 282
17.3.2 个人所得税的缴纳申报 / 286

17.4 个人所得税的账务处理 / 290
17.4.1 工资、薪金所得应纳税额的账务处理 / 290
17.4.2 经营所得应纳税额的账务处理 / 291
17.4.3 劳务报酬、稿酬等所得应纳税额的账务处理 / 292

目 录 | XIII

17.4.4 向个人购买财产（财产转让）应纳税额的账务处理 / 292

17.4.5 向股东分配股息、利润应纳税额的账务处理 / 292

17.5 全面掌握优惠政策 / 293

17.5.1 个人所得税的免税项目 / 293

17.5.2 个人所得税的减征项目 / 293

第 18 章 企业所得税 / 294

18.1 企业所得税的基础知识 / 294

18.1.1 企业所得税的作用 / 294

18.1.2 企业所得税的缴纳方式 / 294

18.1.3 企业所得税的征税对象及纳税义务人 / 295

18.1.4 企业所得税的税率 / 296

18.2 具体纳税数额的计算 / 296

18.2.1 征税收入的确认 / 296

18.2.2 不征税和免税收入的确认 / 298

18.2.3 税前扣除项目的范围 / 299

18.2.4 应纳税额的计算 / 301

18.3 企业所得税申报流程详解 / 303

18.3.1 企业所得税纳税申报表的填写 / 304

18.3.2 企业所得税的缴纳申报 / 310

18.4 企业所得税的账务处理 / 314

18.4.1 所得税科目的设置和基本账务处理 / 314

18.4.2 资产负债表债务法所得税的账务处理 / 315

18.4.3 所得税汇算清缴的账务处理 / 317

18.5 全面掌握优惠政策 / 319

18.5.1 企业所得税的免税项目 / 319

18.5.2 企业所得税减征、限时免征及减征的项目 / 320

18.5.3 其他的企业所得税优惠项目 / 322

第 19 章 车辆购置税与车船税 / 324

19.1 车辆购置税 / 324

19.1.1 车辆购置税的基础知识 / 324

19.1.2 车辆购置税的纳税义务人、征税对象及范围 / 324

19.1.3 车辆购置税的税率和计税依据 / 325

19.1.4 车辆购置税的计算 / 325

19.1.5 车辆购置税的账务处理 / 326

19.1.6 车辆购置税的纳税申报 / 326

19.2 车船税 / 327

19.2.1 车船税的基础知识 / 327

19.2.2 车船税的税目、税率与税收优惠 / 327

19.2.3 车船税的计算 / 328

19.2.4 车船税的账务处理 / 328

19.2.5 车船税的纳税申报 / 328

19.3 全面掌握优惠政策 / 329

第 20 章 土地增值税 / 331

20.1 土地增值税的基础知识及其纳税数额的计算 / 331

20.1.1 土地增值税简述 / 331

20.1.2 土地增值税的纳税范围 / 331

20.1.3 土地增值税的税率和税收优惠 / 332

20.1.4 土地增值税应税收入和扣除项目的确定 / 333

20.1.5 土地增值税的计算 / 333

20.2 土地增值税的账务处理 / 334

20.2.1 主营房地产业务的企业 / 334

20.2.2 兼营房地产业务的企业 / 335

20.2.3 其他转让房地产业务的企业 / 335

20.3 土地增值税的纳税申报 / 335

20.4 全面掌握优惠政策 / 336

第四篇　财务报表

第21章　财务报表基本介绍 / 337

21.1　认识财务报表 / 337
- 21.1.1　财务报表的作用 / 337
- 21.1.2　哪些人需要看懂财务报表 / 338
- 21.1.3　财务报表的进化过程 / 338
- 21.1.4　财务报表的构成 / 340

21.2　财务报表的分类 / 341
- 21.2.1　按服务对象分类 / 341
- 21.2.2　按编制和报送的时间分类 / 342

第22章　财务报表详解 / 343

22.1　资产负债表 / 343
- 22.1.1　资产负债表的作用 / 343
- 22.1.2　资产负债表的结构 / 343
- 22.1.3　资产负债表的编制 / 345
- 22.1.4　资产负债表常见编制错误分析 / 346

22.2　利润表 / 348
- 22.2.1　利润表的作用 / 348
- 22.2.2　利润表的结构 / 349
- 22.2.3　利润表的编制 / 350
- 22.2.4　利润表常见编制错误分析 / 351

22.3　现金流量表 / 354
- 22.3.1　现金流量表的作用 / 354
- 22.3.2　现金流量表的结构 / 355
- 22.3.3　现金流量表的编制 / 358
- 22.3.4　现金流量表常见编制错误分析 / 361

22.4　其他财务报表 / 362
- 22.4.1　所有者权益变动表 / 362
- 22.4.2　财务报表附注 / 364
- 22.4.3　往来账款常用账表 / 366
- 22.4.4　固定资产变动常用账表 / 367
- 22.4.5　预算类常用账表 / 368
- 22.4.6　货币资金变动表 / 370

第23章　财务报表分析 / 371

23.1　反映偿债能力的比率 / 373
- 23.1.1　流动比率 / 373
- 23.1.2　速动比率 / 373
- 23.1.3　现金比率 / 374
- 23.1.4　资产负债率 / 375
- 23.1.5　产权比率 / 375
- 23.1.6　利息保障倍数 / 376

23.2　反映资产管理效率的比率 / 377
- 23.2.1　应收账款周转率 / 377
- 23.2.2　存货周转率 / 378
- 23.2.3　固定资产周转率 / 378
- 23.2.4　总资产周转率 / 379

23.3　反映盈利能力的比率 / 379
- 23.3.1　销售毛利率 / 379
- 23.3.2　销售净利率 / 380
- 23.3.3　资产净利率 / 380
- 23.3.4　净资产收益率 / 381

23.4　对现金流量的分析 / 381
- 23.4.1　对现金流量结构的分析 / 383
- 23.4.2　对现金偿债能力的分析 / 384
- 23.4.3　对现金盈利能力的分析 / 384

23.5　比率分析法的局限性 / 385

第一篇　会计业务基础知识

第 1 章　认识会计这个工作

会计是企业的语言。现代经济社会中的企业不管大小，其经营状况越来越需要用一种简单、严谨、明晰的方式反映给经营管理者和社会公众，以便各方信息需求者对企业的现状和发展做出明确的分析和判断，这种方式就是通过会计信息进行反映。不管你从事何种工作，身居企业何职，了解一定的会计知识都将对你大有裨益。另外，会计作为一种职业，其稳定的收入、良好的发展前景，也越来越受到人们的追捧。从本章开始，我们将带领你进入会计职场。

1.1　初步了解会计

初入职场，我们不禁会想，到底什么是会计呢？如果选择了会计之路，它的发展前景如何？我们又将如何从众多的会计从业者中，迅速地脱颖而出呢？

1.1.1　什么是会计

会计是一门科学，也是一门艺术，它与我们的生活息息相关。举个简单的例子，我们在日常的家庭理财中会根据近期资金的使用情况，选择存款、为自己买保险，或是投资股票等。企业也是如此，通过一段时间的经营，收入多少资金，付出多少成本，资金周转周期长短，简单地说就是企业赔了还是赚了，下一步是扩大经营规模还是吸引投资，或是改变经营管理方式等，这些都与会计相关，都需要准确的会计信息为我们提供判断的依据。

1.1.2　会计职业资格的取得

古语云，"术业有专攻"。会计是一个独立的行业，如果你想在这个行业迅速地脱颖而出，通过不同层次的会计资格考试可以说是一条捷径。它不但可以提高你的专业水平，取得的相关证书还可以成为你进入一家好企业的"敲门砖"。

下面我们就目前我国主要的财会资格考试做一个大致的介绍，希望对你的职业规划有所帮助。

1. 会计职称

会计职称是衡量一名会计人员业务水平高低的标准，取得会计职称意味着你获得了某一专业技术职务的任职资格，可以申请相应级别的专业技术职务。目前我国会计职称考试分为初级、中级和高级三个级别，实行全国统考，具体的报考条件参见每年的报考通知。为了让大家对会计职称有一个简单、大致的了解，我们将会计职称考试的基本情况进行了汇总，如表 1-1 所示。

表 1-1　会计职称考试基本情况汇总表

会计职称	报名条件	报名流程	考试科目	备注
初级	（1）坚持原则，具备良好的职业道德品质 （2）认真执行《中华人民共和国会计法》和国家统一的会计制度，以及有关财经法律、法规、规章制度，无严重违反财经纪律的行为 （3）履行岗位职责，热爱本职工作 （4）报名参加会计专业技术初级资格考试的人员，除具备以上基本条件外，还必须具备教育部门认可的高中以上学历	一般报名流程为：网上报名→现场审核→网上缴费/现场缴费→报名成功 具体以当地会计管理机构规定为准	《经济法基础》《初级会计实务》	参加会计专业技术初级资格考试的人员必须在一个考试年度内通过全部科目的考试
中级	一、报名参加会计专业技术资格考试的人员，应具备下列基本条件： （1）坚持原则，具备良好的职业道德品质 （2）认真执行《中华人民共和国会计法》和国家统一的会计制度，以及有关财经法律、法规、规章制度，无严重违反财经纪律的行为 （3）履行岗位职责，热爱本职工作 二、报名参加会计专业技术中级资格考试的人员，除具备以上基本条件外，还必须具备下列条件之一： （1）取得大学专科学历，从事会计工作满五年 （2）取得大学本科学历，从事会计工作满四年 （3）取得双学士学位或研究生班毕业，从事会计工作满二年 （4）取得硕士学位，从事会计工作满一年 （5）取得博士学位	一般报名流程为：网上报名→现场审核→网上缴费/现场缴费→报名成功 具体以当地会计管理机构规定为准	《经济法》《财务管理》《中级会计实务》	参加会计专业技术中级资格考试的人员，在连续的两个考试年度内，全部科目考试均合格者，可获得会计专业技术中级资格证书

续表

会计职称	报名条件	报名流程	考试科目	备注
高级	（1）《会计专业职务试行条例》规定的高级会计师职务任职资格评审条件，各地具体规定有所不同，可查阅当地的报考条件 （2）省级财政、人力资源社会保障部门或中央单位批准的本地区、本部门申报高级会计师职务任职资格评审的破格条件。报考人员应根据各省具体要求提交相应的报名材料		《高级会计实务》	申请参加高级会计师资格评审的人员，须持有高级会计师资格考试成绩合格证或本地区、本部门当年评审使用标准的成绩证明。另外，根据高级会计师申报评审要求，申请参加高级会计师资格评审的人员，还需取得职称外语和职称计算机考试合格证书

2．注册会计师（CPA）

这项考试对报名条件的要求并不是很高，考生只要具有高等专科以上学历或者会计相关专业中级以上技术职称即可；但是，这项考试对业务实践能力的考核较强，对于一个工作经验尚浅的人来说，千万不可抱着考过了就可以拿高薪的想法。

注册会计师的考试科目分两个阶段：专业阶段考试包括《审计》《财务成本管理》《经济法》《会计》《公司战略与风险管理》和《税法》六个科目；综合阶段考试设置《职业能力综合测试》（试卷一、试卷二）一个科目。

注意：注册会计师考试有严格的时间限制，参考人员必须在连续5个年度考试中通过专业阶段全部科目考试，取得专业阶段考试合格证书后5个年度内，通过综合阶段考试，才能取得财政部考委会颁发的注册会计师全国统一考试全科考试合格证书。

3．国际注册会计师（ACCA）

随着我国经济国际化程度的提高，会计工作也在逐步与国际接轨，目前由全球最大的国际会计师组织特许公认会计师公会认可的一项会计资格证书，越来越受到会计行业的关注。它的国际认可度非常高，在国内被称为国际注册会计师，即ACCA。

从会计的发展过程来看，国外不管是会计学理论研究还是会计的实践经验，都比国内的发达和先进，因此，通过认识ACCA考试，我们可以深入地了解会计发展的前景，以及在实践当中我们应如何借鉴这些先进的理论和经验，从而提高我们会计工作的效率、发挥更大的管理职能，进而推动会计事业的发展。

ACCA考试与国内会计资格考试的不同主要体现在两个方面：一方面是考试内容的不同；另一方面是考试流程和制度的不同。

首先是考试内容的不同，ACCA考试的内容分为两个部分：

第一部分为基础阶段，主要包括知识课程和技能课程两个部分。知识课程包括《会计师与企业》《管理会计》《财务会计》三门，为接下来进行技能阶段的学习搭建了一个平台。技能课程共有六门，涵盖了作为一名会计师应了解的知识领域及必须掌握的技能，具体课程包括《公司法与商法》《业绩管理》《税务》《财务报告》《审计与认证业务》《财务管理》。

第二部分为专业阶段，主要包括核心课程和选修（四选二）课程。核心课程包括《公司治理、风险管理及职业操守》《公司报告》《商务分析》，所有学员必须完成这三门核心课程的学习。选修课程包括《高级财务管理》《高级业绩管理》《高级税务》《高级审计与认证业务》，学员在这四门中任选两门适合自己的课程通过考试即可。

从以上会计考试的科目来分析，可以看出，现代的会计分科很细，并且与企业的管理密切相关，这与我们大多数人所认为的"会计就是记账""老板怎么说就怎么做"是完全不同的。越是到了高级阶段，会计越趋向于管理，并且这种管理也是有明细分科的，如财务管理、税务管理、企业内部审计管理等。它并不要求学员学习所有课程，只要选择两门适合自己的即可，这为选拔和重用专项会计提供了重要途径。

其次是考试流程和制度的不同：学员在报名后的10年内完成全部考试即可，可以自愿停考，补考次数不限，且可以在全世界任何一个考场参加考试；学员无须脱产，不耽误工作，以自学为主；考试内容相对灵活，主要是以案例为主的计算、分析题，在充分考核学员能力的同时，并不强求学员的标准化，鼓励学员的创新思维；中国学员可以选考中国税法或英国税法、中国公司法或英国公司法，也可以选考国际会计准则或英国（欧洲）会计准则；考生在取得该资格证书后可以得到社会广泛的尊重和认可，且考试对考生报名条件的要求也不是很高，凡是具有教育部承认的专科以上学历，均可报名参加。

从考试要求来看，它注重会计工作的实践，对于想进入知名大型企业或是外企的会计人员来说，要相信"十年磨一剑"，踏实地做好每项工作，不管你现在处于择业的迷茫阶段，还是已经有了满意的工作，实践出真知，只要你一步一个脚印地工作，相信一定会取得成功。

注意：财会行业的各类考试可谓琳琅满目，大家千万不能盲目跟从，一定要根据自己的情况，选择适合自己的财会成长之路。无论准备哪项考试都要耗费大量的精力和财力，各种证书也只能作为"敲门砖"，大家一定要在各方面条件允许的范围内参加这些考试。当然，活到老学到老，不断地学习会计知识，将为你的工作补充源源不断的能量。会计是一门实践的科学，只有学以致用，才能让你做起会计工作来游刃有余。

1.1.3 会计核算和会计监督职能

会计基本职能是指会计在经济管理中固有的、内在的客观功能。马克思曾将会计的基本职能概括为"对过程的控制和观念的总结"，简言之，就是对经济业务活动过程的核算和监督。《会计法》中将会计的基本职能进一步明确为进行会计核算和实施会计监督。

1. 进行会计核算

会计的核算贯穿于经济活动的全过程，是会计最基本的职能，也称反映职能。会计核算职能是指以货币为主要计量单位，通过确认、计量、记录、报告，对特定主体一定时期的经济活动进行记账、算账、报账，为各有关方面提供会计信息的职能。

确认是指运用特定的会计方法，用文字和金额同时描述某一交易或事项，使其金额反映在特定主体财务报表中的会计程序。计量是指确定某一交易或事项的金额的会计程序。记录是指对特定主体的经济活动采用一定的记账方法，并在账簿中进行登记的会计程序。报告是指在确认、计量和记录的基础上，对特定主体的财务状况、经营成果和现金流量，以财务报表的形式向有关方面提供信息的行为。

会计核算的具体内容为用货币表现的各种经济活动，即会计的对象，如表1-2所示。

表1-2 会计核算的具体内容

会计核算的具体内容	举例
款项和有价证券的收付	如企业的销货款、购货款和其他款项的收付
财物的收发、增减和使用	如原材料的购进与领用，固定资产的增加与减少
债权、债务的发生和结算	如应收账款、应付账款，以及其他应收、应付款的发生和结算
资本、基金的增减	如实收资本和盈余公积的增加和减少
收入、支出、费用、成本的计算	如企业的经营业务收入、管理费用和销售产品成本的计算
财务成果的计算和处理	如所得税费用计算、净利润的分配
需要办理会计手续，进行会计核算的其他事项	略

2．实施会计监督

会计监督职能也称控制职能，是指会计人员通过会计工作对经济活动的真实性、合法性和合理性进行审查的功能。会计监督的具体内容包括：

（1）监督经济业务内容是否真实、数字是否准确、资料是否可靠。

（2）监督各项经济业务是否符合国家的有关法律法规，是否遵守了各项财经纪律。

（3）监督各项财务收支是否符合特定主体的财务收支计划，是否有贪污、盗窃、营私舞弊等行为，企业财产是否安全完整。

注意：会计核算与监督两项基本职能是相辅相成、辩证统一的关系。会计核算是监督的基础，没有会计核算提供的各种信息，监督就失去了可靠的依据；监督是会计核算的延续和深化，也是会计核算质量的保障，只有核算没有监督，就难以保证核算所提供信息的真实性、可靠性，也就不能发挥会计应有的作用。

1.1.4 如何成为适应现代企业所需的会计人才

拿破仑说："不想成为将军的士兵不是好士兵。"初入职场的你，也许正踌躇满志，也许正一头雾水。那么，如何在激烈的竞争中把握机遇，让自己成为一名出色的会计工作者，并从基层岗位走向高层岗位，成为财务管理人员甚至CFO（首席财务官）呢？如何以财务岗位为跳板，转而成为企业的管理者呢？

请你记住下面这20个字：脚踏实地、业务扎实、注重实践、多方发展、敢于创新。

（1）脚踏实地。财务工作是一项细致的工作，不管你处在哪个财务岗位，所做的工作都与企业整体的财务工作相关，因此一定不要好高骛远，要放低姿态做好本职工作。另外，还要虚心向老会计、上级主管等学习，他们的经验可以让你少走很多弯路。

（2）业务扎实。会计工作是一项技术工作，你需要在实践中不断积累自己的业务经验。随着社会经济的发展，会计准则和各项经济法规更新速度很快，要想做好自己的业务，必须时刻进行知识更新，一步一步地夯实自己的业务能力。另外，要根据自己的学习和工作情况适时地考取相关的资格证书，这将为你走向成功增加更多的筹码。

（3）注重实践。会计理论对于任何行业、企业都是适用的，但是每个行业，甚至同行业内的不同企业因为经营模式不同，在财务工作方面多少存在差异。只有实践多了，才能积累丰富的经验，因此，一定要多接触实务工作，这样才能在日常工作中游刃有余。比如，如何根据企业实际情况合理避税、调节纳税，为企业争取更多的流动资金，就是一项实践性很强的工作。

（4）多方发展。要想成为高层次的财务管理人员，仅仅拥有财务知识是远远不够的，必须多方发展才能适应企业的需要。比如，加强自己对企业文化的深层次理解、培养良好的沟通能力、学习企业管理所需的人事管理和销售管理的知识，以及提高领导能力等。

（5）敢于创新。会计是一门管理科学，不要认为只要学会一套做账方法就可以了，在现实工作中，财务管理的工作要与整个企业相吻合。好的财务管理制度和流程，能提高整个企业的办事效率。比如，在设有销售部门的企业中，若财务部门能及时为销售部门提供回款信息、简化部门各项费用报销流程、与客户保持良好的财务沟通关系，销售部门的签单率将大大提高；相反，销售工作则举步维艰。

没有一蹴而就的成功，也没有满是荆棘的征途，只要摆正心态、积极工作，会计工作并不难。有志者事竟成，相信有朝一日，你也能成为会计职场中的精英。

1.1.5　会计人员的法律责任

由于会计人员知晓企业的财务机密、接触企业的货币资金，因此会计人员触犯法律的事件屡屡发生；但是"天网恢恢，疏而不漏"，所有不法行为都会受到应有的制裁。美国著名的安达信会计公司的倒闭，成为提醒会计从业人员洁身自好的经典案例。因此，会计人员不仅要了解那些与自己切身相关的法律知识，更要在实践中严格执行，千万不可以身试法。

根据现行《会计法》的规定，应承担法律责任的违法会计行为包括：

(1) 不依法设置会计账簿的行为。

(2) 私设会计账簿的行为。

(3) 未按照规定填制、取得原始凭证，或者填制、取得的原始凭证不符合规定的行为。

(4) 以未经审核的会计凭证为依据登记会计账簿，或者登记会计账簿不符合规定的行为。

(5) 随意变更会计处理方法的行为。

(6) 向不同的会计资料使用者提供的财务会计报告编制依据不一致的行为。

(7) 未按照规定使用会计记录文字或者记账本位币的行为。

(8) 未按照规定保管会计资料，致使会计资料毁损、灭失的行为。

(9) 未按照规定建立并实施单位内部会计监督制度、拒绝依法实施的监督，或者不如实提供有关会计资料及有关情况的行为。

(10) 任用会计人员不符合《会计法》规定的行为。

对于有以上行为之一的，由县级以上人民政府财政部门责令限期改正，可以对单位并处3000元以上5万元以下的罚款；对直接负责的主管人员和其他直接责任人员，可以处以2000元以上2万元以下的罚款；属于国家工作人员的，还应当由其所在单位或有关单位依法给予行政处分。

根据《会计法》的规定，对于伪造、变造会计凭证、会计账簿，或者编制虚假财务会计报告的行为，构成犯罪的，依法追究刑事责任；尚不构成犯罪的，由县级以上人民政府财政部门予以通报；可以对单位并处 5000 元以上 10 万元以下的罚款，对其直接负责的主管人员和其他直接责任人员，可以处 3000 元以上 5 万元以下的罚款；属于国家工作人员的，还应当由其所在单位或者有关单位给予撤职直至开除的行政处分；对其中的会计人员，并由县级以上人民政府财政部门吊销会计从业资格证书。

根据《会计法》的规定，授意、指使、强令会计机构、会计人员及其他人员伪造、变造会计凭证、会计账簿，编制虚假财务会计报告或者隐匿、故意销毁依法应当保存的会计凭证、会计账簿、财务会计报告的行为，构成犯罪的，依法追究刑事责任；尚不构成犯罪的，可以处 5000 元以上 5 万元以下的罚款；属于国家工作人员的，还应当由其所在单位或者有关单位依法给予降级、撤职、开除的行政处分。

1.2　会计部门的岗位设置

清楚了会计的基本内容，下面就让我们结合企业的会计部门，更加生动、全面地了解一下其岗位设置。

1.2.1　会计部门的组织架构是如何设置的

《会计基础工作规范》中规定，各单位应当根据会计业务的需要设置会计机构；不具备单独设置会计机构条件的，应当在有关机构中设置专职会计人员；没有配备专职会计人员的，应当根据财政部发布的《代理记账管理暂行办法》的要求，委托会计师事务所或者持有代理记账许可证书的其他代理记账机构进行代理记账，以使单位的会计工作有序进行，不影响正常的经营管理工作。

一个企业会计机构内部根据业务分工而设置的职能岗位就是我们所说的会计工作岗位，它可以一人一岗、一人多岗或一岗多人，应根据企业的实际情况而定。这里要注意的是，出纳人员不能兼管稽核、会计档案保管和收入、费用、债权债务账目的登记工作。设置会计工作岗位不仅有利于明确分工和确定岗位职责，还有利于提高会计人员的工作效率和质量。出纳、会计、会计主管是企业必须设置的岗位，如果企业的规模和业务量较大，还可以设置更多的岗位，如材料物资核算、库存商品核算、往来结算、工资核算、成本费用核算、稽核、固定资产核算等岗位。

1.2.2　出纳岗位的工作内容

企业的现金收付、银行结算及有关账务，保管库存现金、有价证券、财务印章及有关票据等工作都必须由出纳办理。简单来说，出纳岗位是负责一切与企业货币资金相关业务的岗位。出纳工作是会计工作的重要环节，它涉及现金收付、银行结算等活动，直接关系到职工个人、企业乃至国家的经济利益，一旦出现差错，就会造成不可挽回的损失。出纳岗位的工作内容一般包括：

(1) 负责企业与银行相关的现金、银行存款的收付、结算和对账业务（如提取现金、支票入账、电汇支付货款等）。

(2) 企业账户、现金、转账支票、有价证券、空白收据及印鉴等的管理和保管（如企业银行账户每年都要接受银行年检等情况的管理，其中企业财务印鉴是极其重要的，若遗失了对企业会造成一定的影响）。

(3) 对于员工报销，务必要审核凭证单据无误且已经有相关负责人签字审核后再付款，若凭证单据有误或者责任人签字不全等，出纳有权拒付。

(4) 遵循企业财务制度的规定发放支票，做好登记工作。限期收回支票存根，以利于月末及时对账。

(5) 及时登记现金日记账和银行存款日记账，做到日清月结。

(6) 认真执行现金管理制度，每天对现金进行清点结账，做到账款相符。库存现金不能超过规定的限额，注意现金安全，确认公款不受损失。

(7) 定期核对证券，并接受会计主管对有价证券等的不定期监盘。

(8) 负责编制现金周报表等。

1.2.3　往来结算岗位的工作内容

企业在正常经营活动时必然有与外单位的往来结算，如购进材料物资等产生应付账款，销售货物、提供劳务等产生应收账款。不管企业的业务量大小，会计人员都必须及时与供应商或客户进行联系，甚至有些业务量特别大的企业，还要分别设置应收账款和应付账款的会计岗位。往来结算岗位的工作内容一般包括：

(1) 根据企业实际情况，建立往来款项的结算制度。

(2) 按公司财务制度的要求，依据其他岗位传递来的合法、完整的凭证，办理与外单位往来款项的对账和结算业务。

(3) 办理往来款项的结算业务（包括开票及与销售部门核对出货等业务）。

(4) 负责往来款项结算的明细核算。

(5) 定期给客户或供应商发送询证函，及时与对方核对账务。

1.2.4　成本费用核算岗位的工作内容

成本费用核算是企业会计工作中最繁杂、最重要的内容之一。对于生产流程复杂或劳动密集型的工业企业来说，成本核算的工作量占整个会计工作的比重非常大，且成本核算的准确性与企业产品市场定价水平、毛利润测算及利润估算等直接相关。成本费用核算岗位的工作内容一般包括：

(1) 根据企业自身的生产特点，拟定成本核算办法。

(2) 制订成本费用的计划、评估计划执行的情况并及时做出调整。

(3)负责成本费用的归集、分配,核算产品成本和期间费用。
(4)编制成本费用报表并进行分析。
(5)协助管理在产品和自制半成品。
(6)保证与库房的关联性,做到账务存货和库房存货一致。

流程分析:

生产部门日常费用报销的工作流程,如图 1-1 所示。

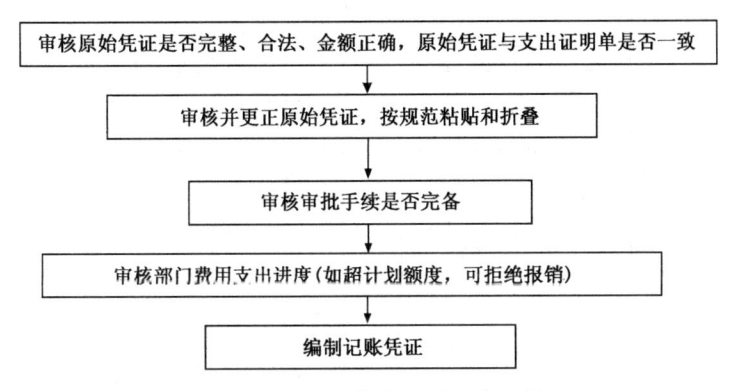

```
┌─────────────────────────────────────────────────────┐
│ 审核原始凭证是否完整、合法、金额正确,原始凭证与支出证明单是否一致 │
└─────────────────────────────────────────────────────┘
                            ↓
        ┌─────────────────────────────────┐
        │ 审核并更正原始凭证,按规范粘贴和折叠 │
        └─────────────────────────────────┘
                            ↓
              ┌──────────────────────┐
              │ 审核审批手续是否完备 │
              └──────────────────────┘
                            ↓
    ┌──────────────────────────────────────────┐
    │ 审核部门费用支出进度(如超计划额度,可拒绝报销) │
    └──────────────────────────────────────────┘
                            ↓
                  ┌──────────────┐
                  │ 编制记账凭证 │
                  └──────────────┘
```

图 1-1 生产部门日常费用报销的工作流程

成本会计完成这一程序后编制的会计分录如下:

借:制造费用——车间部门——相关明细科目
　　贷:库存现金/银行存款/其他应收款

这一程序看似简单,可过程却不能掉以轻心,以下几点是必须注意的:

(1)除工资外的费用支出都必须取得税务局监制的发票或收据,且填写要规范,大小写金额要一致,无涂改痕迹。
(2)凭证及其附件左上角对齐,附件长宽折叠以记账凭证大小为度,不能带有订书钉。
(3)费用的审核必须经过报销人员所在部门的负责人审批。
(4)做账时一定要准确使用明细科目,避免错误。
(5)如果报销人员有前期欠款,则报销费用一律先冲抵欠款,由出纳开具还款收据。

1.2.5 材料物资核算岗位的工作内容

每个企业的生存和发展都是以货币资金转化为可以交换的物质形态的"商品"为起点的,即工业企业需要用资金购买原材料才能生产,商业企业只有购进商品才能卖出。材料物资核算岗位负责企业商品交换的核算,其与库房管理员及公司采购部门有着紧密的联系。材料物资核算岗位的工作内容一般包括:

(1)与相关部门(如采购部门、生产部门及销售部门等)一同拟定材料物资的核算及管理办法。
(2)审查汇编材料物资的采购资金计划。
(3)负责材料物资的明细核算。

（4）与相关部门（如采购部门、生产部门等）一同编制材料物资计划成本目录。

（5）配合有关部门确定材料物资消耗定额。

（6）参与材料物资的清查盘点，填制库存材料盘点表。

库存材料盘点表，如表 1-3 所示。

表 1-3　库存材料盘点表

制表日期：　　　　　　　　　　　　年　　月　　日　　　　　　　　　　　　单位：元

序号	品名	单位	规格	单价	上月库存		本月购进		本月消耗		本月应存		月末实存		本月损耗		备注
					数量	金额	数量	金额	数量	金额	数量	金额	数量	金额	数量	金额	
					1		2		3		4=1+2-3		5		6=4-5		
1																	
2																	
3																	
4																	
5																	
6																	
7																	
8																	
9																	
10																	
合计																	

管理员：　　　　　　会计：　　　　　　盘点人：　　　　　　审批：

1.2.6　工资核算岗位的工作内容

人力资源是企业存在和发展的必需元素，为人力资源支付费用也是企业必须执行的。员工的工资核算、确认人工成本等都是会计人员的基本工作内容。工资核算岗位的工作内容一般包括：

（1）制定工资发放的实施细则，如工资的分类、考勤计算、工时工资计算等。

（2）根据国家法律规定，核算、扣缴并办理企业员工的住房公积金、基本社会保险事项。

（3）审核发放员工的工资、奖金。

（4）负责工资的明细核算（包括各个部门的工资分布情况及生产部门的工资分配）。

（5）计提应付福利费和工会经费等费用。

（6）根据工资发放表编制相关会计凭证。

1.3　了解几种常见的说法

日常生活中，人们往往一提及财务工作就联想到会计，有的人甚至认为会计工作就是进行简单的记账。这些误解源于大家对会计的概念并不是很清楚，下面我们就现实中容易混淆的几个概念，做一下区分。

1.3.1 会计和出纳是一回事吗

《会计基础工作规范》第十二条明确规定："会计工作岗位，可以一人一岗、一人多岗或一岗多人，但出纳人员不得兼管稽核、会计档案保管和收入、费用、债权债务等账目的登记工作。"从中可以看出，会计和出纳的岗位职责是不同的。用行业内常讲的话来说，就是"出纳管钱不管账，会计管账不管钱"。

两者的不同其实是由于财务工作的分工不同造成的，为了保证财务工作的严谨性、规避财务风险，必须将钱、账分开。其实，两者有着密切的联系，既互相依赖又互相牵制。出纳和会计核算的依据都是会计原始凭证和会计记账凭证，两者按照一定的顺序传递这些会计凭证，它们相互利用对方的核算资料来共同完成会计任务。举个例子来说：

出纳的现金和银行存款日记账的金额=总账会计的现金和银行存款总分类账的金额=总分类账所属的明细分类账的总额

这样，出纳、明细账会计、总账会计就构成了相互牵制与控制的关系，三者必须相互核对保持一致。明白了出纳和会计的区别和联系，我们就能很好地区分它们了。

1.3.2 会计和财务的工作一样吗

由于会计和财务这两个概念经常一起出现，因此很多人认为会计等同于财务。其实两者是有明显不同的，我们先来明确一下它们的概念。财务是在一定的整体目标下，关于企业资产的购置、投资、融资和管理的决策体系。会计是以货币为主要计量单位，运用专门的方法，通过对交易或事项的确认、计量、记录、报告，对经济活动进行核算和监督，并提供有关单位财务状况、经营成果和现金流量等信息资料的一种管理活动。从概念中我们不难发现，两者有以下几点区别。

1. 工作职能不同

会计工作侧重于根据日常的业务记录登记账簿，定期编制有关的财务报表；财务工作侧重于针对企业经营管理遇到的特定问题进行分析研究，以便向企业内部各级管理人员提供预测、决策和控制考核所需要的信息资料，它更多的是进行预测、决策、计划和控制。

2. 时间范畴不同

会计工作的目的主要在于反映过去，以过去的交易或事项为依据，强调客观性原则和历史成本原则；财务工作则基于一定的假设条件，不仅限于分析过去，更注重利用会计资料进行预测和规划未来，同时控制现在。财务工作将面向未来的作用时效摆在第一位，而分析过去是为了控制现在与更好地指导未来。

3. 工作流程不同

会计工作必须执行固定的会计工作流程，从制作凭证到登记账簿，再到编制财务报表，都必须按规定的程序进行，不得随意变更其工作内容或颠倒工作顺序，同类企业的会计工作流程往往大同小异；财务工作则不讲究程序性，没有固定的工作模式和流程，企业可根据自己的实际情况设计财务工作的流程，因此，不同企业的财务工作存在着较大差异。

4．工作目的不同

会计工作的目的在于如何真实、准确地反映企业生产经营过程中人、财、物要素在供、产、销各环节中的分布及使用、消耗情况，重视定期报告企业的财务状况和经营成果的质量；财务工作不仅着重实施管理行为的结果，而且更为关注管理的过程，从财务目标的发展来看，其经历了三个过程，即筹资最大化—利润最大化—股东财富最大化。

会计与财务既有区别，又有相互作用、相互影响的联系。会计是财务的基础，财务离不开会计。会计基础薄弱，财务管理必将缺乏坚实的基础，财务预测、决策、计划和控制将缺乏可靠的依据；财务制度不健全，必定会影响会计工作的正常开展。

1.3.3　会计就是记账吗

很多人都把会计简单地理解为记账，通过前面我们对会计比较全面的介绍，可以清楚地看出，会计的基本工作包括编制凭证、登记明细账和总账、编制财务报表等一系列账务处理工作，也就是我们通常理解的记账过程。

会计的财务管理工作包括企业资产与负债的分析、成本与费用的分析、投资与筹资的分析等，这些工作越来越多地融入会计的日常工作中，有些企业的会计工作还涉及内部、外部的财务审计。只要理解了这些概念，会计和记账就很好区分了。

第 2 章 会计工作的理论基础

通过学习第 1 章的内容，我们对会计的含义及会计人员的基本任职要求有了初步的认识。在开始建账、登记账簿之前，首先应该对会计的基本概念有较为深入的了解和认识，才能为成为一名合格的会计人员打下基础。本章所涉及的基本概念包括会计工作的基本假设、会计核算的原则、六大会计要素和基本会计科目等。

2.1 会计工作的四大基本假设

会计假设是会计核算的基本前提，是组织会计核算工作应具备的前提条件，也是会计准则中规定的各种程序和方法适用的前提条件。会计假设包括会计主体假设、持续经营假设、会计分期假设和货币计量假设。

会计假设为会计核算设定了一个理想的、便于核算的外部和内部环境。现实环境是每时每刻都在变化的，而且是多种多样的，会计假设则创造了一个相对稳定的环境。在会计核算时，我们还常常需要将时间静止在某个时间点上，以方便核算。

2.1.1 会计主体假设

会计主体是会计核算与监督的对象，即所提供的会计信息是哪个单位的信息。与会计主体相关的一个概念是法律主体，两者有所不同。法律主体一般都是会计主体，而有的会计主体并不具有法律上的独立身份与地位，如企业内部独立核算的部门就属于会计主体，而不属于法律主体。

确认是否属于会计主体时，需要判断其是否具备以下三个条件：
（1）具有一定数量的经济资源。
（2）能够进行独立的生产经营活动或其他活动。
（3）能够实行独立核算，提供反映本主体经济情况的财务报表。

2.1.2 持续经营假设

所谓持续经营假设，是指在进行会计活动时，假定企业是可以维持正常经营的。试想一下，如果企业不能维持正常经营，那么进行会计核算工作的意义也就不存在了。根据《企业会计准则》的规定，当企业确实不能满足正常经营的条件、面临着破产清算的风险时，就不能采用一般的会计核算方法了，而应该进行特殊的会计处理。

注意：持续经营假设为会计核算确定了时间范围，在确定会计主体后，只有假定生产和经营活动是持续的、稳定的，才能建立起会计确认和计量的原则（如历史成本原则、权责发生制原则等），也才能使企业在信息的收集和处理上所采用的会计方法保持稳定。

2.1.3 会计分期假设

会计分期是指企业在持续发展的过程中，人为地划分一个个间距相等、首尾相接的会计期间，以便确定每一个会计期间的收入、费用和盈亏，确定该期间期初和期末的资产、负债和所有者权益的数量，并据以结算账目和编制财务报表。

大多数国家的会计制度将会计期间定为一年，但起讫时间不同。在中国，我们将公历 1 月 1 日起至 12 月 31 日止的一个年度作为会计期间，然后再以自然月度和季度划分较短的会计期间。

2.1.4 货币计量假设

我们知道，会计是一项专业性较强的经济管理活动，采用专门的方法反映经济业务事项。财务报表和账簿中的数字，反映的均是实实在在的货币。经济活动是复杂多样的，计量的尺度也是多样的，如货币、实物等，但只有货币计量尺度才具有广泛的可比性和统一性。

注意：货币计量隐含币值稳定假设，即使有所变动，也应不足以影响会计计量和会计信息的正确性。在恶性通货膨胀环境下，货币价值的波动会给会计计量带来很大的困难，按常规方法编制的财务报表会严重失实，引起报表使用者的误解。在这种情况下，就需要采用通货膨胀会计来解决。

总之，会计的四项基本假设是相互依存、相互补充的关系，即会计主体假设确定了会计核算的空间范围，持续经营假设与会计分期假设确定了会计核算的时间范围，货币计量假设为会计核算提供了必要手段。

2.2 会计核算的八项原则

会计核算的原则，就是在进行会计核算活动中，会计人员应该坚持的工作标准。为了规范会计核算行为，保证会计信息质量，《企业会计准则》（2006）对会计信息质量进行了明确的要求，提出了八项会计核算的原则，下面我们就来逐一进行介绍。

2.2.1 可靠性原则

可靠性原则是会计核算的基本原则，要求会计处理活动所提供的会计信息是真实可靠、内容完整的，能够如实反映各项交易和事项的相关信息。企业应当以实际发生的交易或事项为基础进行确认、计量，不得根据虚构的、没有发生的或者尚未发生的交易或事项进行确认、计量和报告。

2.2.2 相关性原则

相关性原则是指会计信息要与经济决策相关联，有助于信息使用者做出决策。只有相关的会计信息，才能实现会计的职能和目标，相关性是以可靠性为基础的，两者并不矛盾。

注意：相关性与可靠性是对立统一的关系，会计信息在可靠性的前提下，应尽可能做到相关性，以满足投资者等财务报表使用者的决策需要。

2.2.3 可理解性原则

可理解性原则的要求比较明显，是指在进行会计处理时，所填制的凭证、登记的账簿、编制的报表都应该清晰明了，便于财务报表使用者理解与使用。比如，应该以清晰的楷体字填制账簿，不允许出现连笔字，不应当随意涂抹，摘要应简单易读等，这些都是为了保证会计信息的可理解性。

2.2.4 可比性原则

可比性原则要求企业提供的会计信息应当相互可比。它主要包括两层含义：
（1）同一企业不同时期可比（纵向可比）。
同一企业不同时期的可比性，要求在对同一企业不同时期的相同交易或事项进行会计处理时，必须采用相同的会计政策，不能够随意变更，以满足会计信息的可比性。
（2）不同企业相同会计期间可比（横向可比）。
会计信息质量的可比性，要求不同企业同一会计期间发生的相同或相似的交易或事项，应当采用规定的会计政策，确保会计信息口径一致、相互可比，以使不同企业按照一致的确认、计量和报告要求提供有关会计信息。

2.2.5 实质重于形式原则

实质重于形式原则是指在进行会计处理时，不能仅仅以交易的形式来处理，而应该以经济实质作为会计计量和确认的依据。比如，企业融资租入的固定资产，按照形式分析，该项资产属于出租方的资产，承租方只享有使用权，不能将该项目确认为资产；但分析该项业务的经济实质可以看出，出租方虽然拥有该项资产的所有权，但承租方基本上可以控制融资租入的固定资产的收益权，符合资产的确认条件，应该予以列报。

2.2.6 重要性原则

重要性原则是指在进行会计处理时，会计人员要做出适当的判断，编制的财务报表要能够反映所有对企业有重要性的交易或事项。在会计实务中，一般以项目的性质和涉及金额的大小两个方面判断其重要程度。

2.2.7 谨慎性原则

谨慎性原则是指在进行会计处理时，对所处理的事项要保持必需的谨慎，不能高估资产或取得的收入，也不能低估负债或发生的支出和费用。

在市场经济环境下，企业的生产经营活动面临着许多风险和不确定性，如应收款项的可收回性、固定资产的使用寿命、无形资产的使用寿命、售出存货可能发生的退货或者返修等。会计信息质量的谨慎性原则，要求企业在面临不确定性因素的情况下做出职业判断时，应当保持应有的谨慎，充分估计各种风险和损失，既不高估资产或者收益，也不低估负债或者费用。

注意：企业对可能发生的资产减值损失计提资产减值准备、对售出商品可能发生的保修义务等确认预计负债等，就体现了会计信息质量的谨慎性原则。

2.2.8 及时性原则

及时性原则，顾名思义，是指应该及时地进行会计处理活动，将所发生的事项及时填制凭证、登记账簿，按照要求及时编制财务报表，不能提前或者延后。信息的价值就在于及时性，如果不能及时地提供有效的会计信息，会计信息就没有意义了。

2.3 掌握六大会计要素

2.3.1 会计要素的概念

提到会计要素，人们可能并不熟悉，可要说起会计要素的那些成员，大家又都耳熟能详，如资产、负债等。

会计要素又称会计对象要素，是根据交易或事项的经济特征所做的基本分类，也是对会计对象按经济性质所做的基本分类。

通俗地讲，会计要素实际上就是把经济活动中需要做会计处理的各项事务进行分类形成的。由于各会计要素在属性上有其共通性，所以在会计处理上也能够进行相似的处理，这样可以方便会计核算中的分类核算。

2.3.2 会计要素的分类

会计要素分为以下两大类。

1. 反映企业财务状况的会计要素

反映企业财务状况的会计要素由资产、负债和所有者权益三项组成，这三项会计要素还是资产负债表的重要组成部分，所以也被称为资产负债表要素，如图2-1所示。

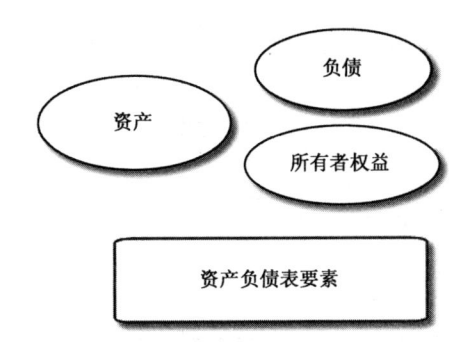

图 2-1 资产负债表要素

2. 反映企业经营成果的会计要素

反映企业经营成果的会计要素由收入、费用和利润三项组成，这三项会计要素是组成利润表的重要因素，所以也被称为利润表要素。

注意：事业单位会计要素分为五大类，即资产、负债、净资产、收入和支出。

会计要素的分类如图 2-2 所示。

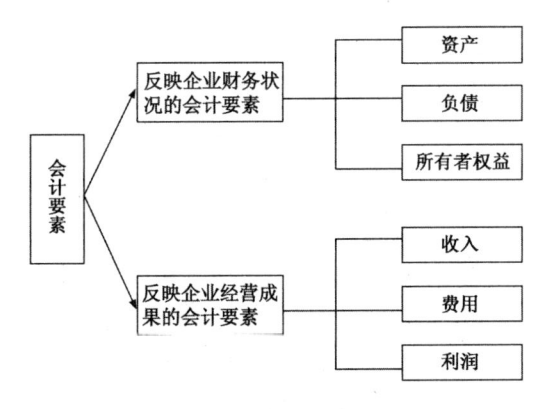

图 2-2 会计要素的分类

2.3.3 会计要素的内容

会计要素的内容包括以下六项。

1. 资产

资产是指企业过去的交易或事项形成的、由企业拥有或控制的资源，且该资源还会给企业带来经济利益。它是企业在过去的某一个时期里，通过交易或事项所产生的结果，更是企业从事生产经营活动的物质基础。资产的定义如图 2-3 所示。

资产可以分为流动资产、非流动资产及其他资产，其中非流动资产又可以分为长期投资、固定资产和无形资产等。

流动资产包括的会计科目有货币资金、交易性金融资产、应收票据及应收账款、预付款项、其他应收款、存货等。

非流动资产包括的会计科目有债权投资、长期股权投资、投资性房地产、长期应收款、固定资产、无形资产等。

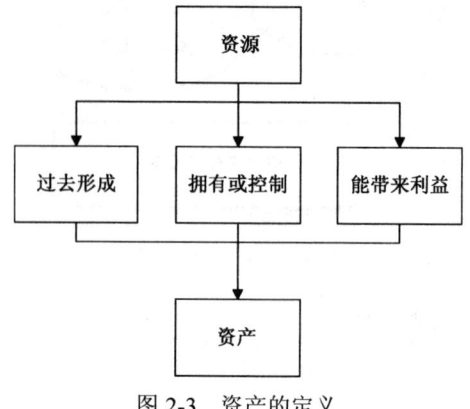

图 2-3　资产的定义

2. 负债

负债是指企业过去的交易或事项形成的现时义务，履行该义务预期会导致经济利益流出企业。负债是企业承担的、在将来以货币计量的资产或劳务偿还的债务，同时也代表着企业偿债责任和债权人对资产的求索权。负债的定义如图 2-4 所示。

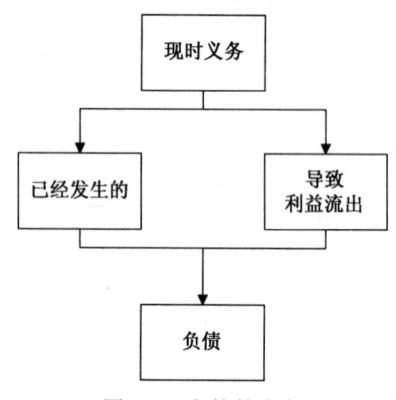

图 2-4　负债的定义

负债按其流动性可分为流动负债和非流动负债。

注意：负债必须是已经发生的，这样才能记入会计系统中，债务入账的时候要格外慎重，因为入账的债务必须通过合法手续才能销账，即使是实在无力支付的债务，对方已做了坏账处理，对企业的会计来说，债务仍然存在。

流动负债包括的会计科目有短期借款、应付票据及应付账款、预收款项、应付职工薪酬、应交税费、其他应付款等。

非流动负债包括的会计科目有长期借款、应付债券、长期应付款等。

3. 所有者权益

所有者权益是指所有者在企业资产中享有的经济利益，其金额为资产减去负债后的余额，它是所有者享有的剩余权益，即一个会计主体在一定时期所拥有或可控制的、具有未来经济利益资源的净额。

所有者权益的特征如下：

（1）所有者权益是表明企业投资人对企业净资产的所有权，它是随着总资产和总负债的增减而发生变化的。

（2）企业只有在清偿所有负债后，所有者权益才返还给所有者。

（3）所有者权益是按所有者以其出资额的比例来分享企业利润的。

所有者权益包括投资人向企业投入的资本和企业在经营过程中形成的盈余，具体包括实收资本、资本公积、盈余公积和未分配利润，如图2-5所示。

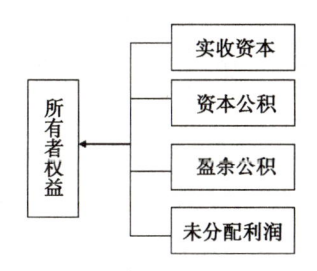

图2-5 所有者权益的内容

4．收入

收入是指企业在日常经济业务活动中形成的（如销售商品、提供劳务等）、会使所有者权益增加，且与所有者投入资本无关的经济利益总流入。它有广义和狭义之分。

广义的收入是指企业日常活动及其之外的活动形成的经济利益流入，如营业收入、投资收益、营业外收入等。

狭义的收入是指企业在生产经营过程中所取得的营业收入，如主营业务收入、其他业务收入等。

收入的特征有以下几点：

（1）收入是企业在日常活动中产生的，而不是从偶然的交易或事项中产生的。例如，工商企业的收入是从销售商品、提供劳务等日常活动中产生的，而不是从处置固定资产等非日常活动中产生的。

（2）收入可能表现为企业资产的增加，如增加银行存款、应收账款等；同时也可能表现为企业负债的减少，如以商品或劳务抵偿债务。

（3）收入可能导致所有者权益的增加。

（4）收入只包括本企业经济利益的流入，不包括为第三方或客户代收的款项，如企业代国家收取增值税、商业银行代委托贷款企业收取利息等。

图2-6 企业的三种收入

企业的收入一般有三种，如图2-6所示。

利润表中的各项收入都可以划归上述三种收入，如图2-7所示。

一、营业收入 ①收入	1
减：营业成本	2
税金及附加	3
销售费用	4
管理费用	5
财务费用	6
②收入 资产减值损失	7
加：公允价值变动收益（损失以"-"号填列）	8
③收入 投资收益（损失以"-"号填列）	9
其中：对联营企业和合营企业的投资收益	10
二、营业利润（亏损以"-"号填列）	11
加：营业外收入 ④收入	12
减：营业外支出	13
其中：非流动资产处置损失	14
三、利润总额（亏损总额以"-"号填列）	15
减：所得税费用	16
四、净利润（净亏损以"-"号填列）	17

图 2-7 利润表中的各项收入

营业收入也称为主营业务收入。如果是商品流通企业，企业主营业务的收入就是销售商品的收入；如果是劳务输出企业或服务行业，企业主营业务的收入就是劳务输出收入。

公允价值变动收益和投资收益是企业投资方面的收益。公允价值变动收益，是企业持股的股价溢价收益；投资收益，则是企业投资获得的各种收益。

营业外收入是与企业日常经济业务无直接关系，但又应当列入当期利润的收入。它属于一种非营业项目收入，需要指出对于出售或是转让正常使用的固定资产、无形资产等产生的利得或损失，不应记入"营业外收入"科目，而应记入"资产处置损益"科目。

5. 费用

费用是指企业在日常经营业务活动中发生的、会使得所有者权益减少，且与向所有者分配利润无关的经济利益总流出。费用的特征如下：

（1）费用最终会导致企业资源的减少，这种减少具体表现为企业资金流出。它与资产流入企业所形成的收入是相反的。

（2）费用最终会减少企业的所有者权益。通常，企业的资金流入会增加企业的所有者权益；相反，资金流出会减少企业的所有者权益。在生产经营过程中，有个别支出并不归入费用。比如，企业以银行存款偿还一项债务，就只是一项资产和一项负债的等额减少，对所有者权益并没有影响，因此不构成费用；又如，企业向投资者分配股利或利润，这一资金的流出虽然减少了企业的所有者权益，但其属性是对最终利润的分配，而不是经营活动的结果，所以也不归入费用。

从利润表中，我们可以非常清楚地看到影响企业利润的相关费用，如图 2-8 所示。

一、营业收入	1
减：营业成本	2
税金及附加	3
销售费用	4
管理费用	5
财务费用	6
资产减值损失	7
加：公允价值变动收益（损失以"-"号填列）	8
投资收益（损失以"-"号填列）	9
其中：对联营企业和合营企业的投资收益	10
二、营业利润（亏损以"-"号填列）	11
加：营业外收入	12
减：营业外支出	13
其中：非流动资产处置损失	14
三、利润总额（亏损总额以"-"号填列）	15
减：所得税费用	16
四、净利润（净亏损以"-"号填列）	17

图 2-8　影响企业利润的相关费用

注意：费用和收入是相对应而存在的，所以与收入无关的支出不是费用，如对外捐赠、非常损失等。

费用按其经济用途可以划分为应计入产品成本的费用和不应计入产品成本的费用。对于应计入产品成本的费用又可以划分为直接费用和间接费用。费用的分类如图 2-9 所示。

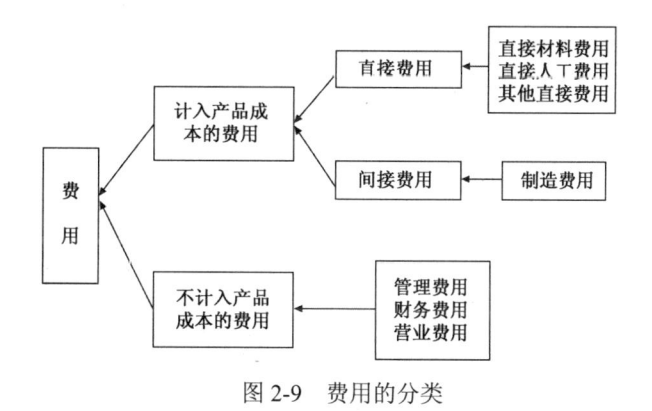

图 2-9　费用的分类

6．利润

利润是指企业在一定会计期间的经营成果，即企业销售产品的收入扣除成本价格和税金以后的余额，包括营业利润、利润总额和净利润。它作为反映企业经营成果的最终要素，当收入与费用配比相抵后的差额为正时，是企业的利润；反之，差额为负则是企业的亏损。

利润表中的各项利润，如图 2-10 所示。

项目	本期金额	本年累计数
一、营业收入		
减：营业成本		
税金及附加		
销售费用		
管理费用		
财务费用		
其中：利息费用		
利息收入		
资产减值损失		
信用减值损失		
加：其他收益		
投资收益（损失以"-"号填列）		
其中：对联营企业和合营企业的投资收益		
净敞口套期收益（损失以"-"号填列）		
公允价值变动收益（损失以"-"号填列）		
资产处置收益（损失以"-"号填列）		
二、<u>营业利润</u>（亏损以"-"号填列）		
加：营业外收入		
其中：非流动资产处置利得		
减：营业外支出		
其中：非流动资产处置损失		
三、<u>利润总额</u>（亏损总额以"-"号填列）		
减：所得税费用		
四、<u>净利润</u>（净亏损以"-"号填列）		
（一）持续经营净利润（净亏损以"-"号填列）		
（二）终止经营净利润（净亏损以"-"号填列）		
五、其他综合收益的税后净额		
六、综合收益总额		

图 2-10　利润表中的各项利润

2.4　各大会计要素之间的关系

在明确了相关的会计假设和原则后，会计里还有一个重要的概念：会计恒等式。会计恒等式就是"资产=负债+所有者权益"，是指各个会计要素在总额上必须相等的一种关系式，它的理论基础就是"资产=权益"。

注意：权益并不等同于所有者权益。资产和权益是一物的两面，是对立统一的关系：有一定的资产，就有一定的权益；反之，有一定的权益，就有一定的资产。资产同权益的关系是互相联系、互相制约、互相依存、互相平衡的，而所有者权益加上了限定，需要在资产中剔除负债的部分。

"资产=权益"这个会计恒等式是会计最重要的理论基础。会计的实际工作，如会计科目和账户的设置、复式记账、试算平衡、结账、财务报表的设计与编制，都必须以这一会计恒等式为指导。我们平常说的会计恒等式其实包括一系列的等式，如图 2-11 所示。

```
                    ┌ 1. 资产=负债+所有者权益
                    │
                    │ 2. 收入−费用=利润（或亏损）
资产=权益  ⇔       ┤
                    │ 3. 资产=负债+所有者权益+收入−费用
                    │
                    └ 4. 资产+费用=负债+所有者权益+收入
```

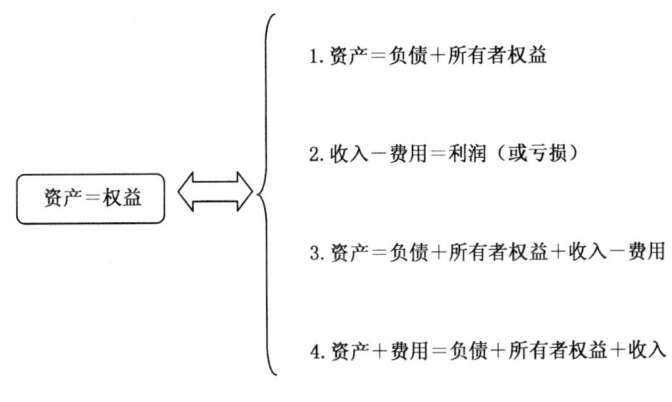

图 2-11　会计等式

2.4.1　会计等式 1：资产=负债+所有者权益

这个等式是会计记账、核算的基础，也是编制资产负债表的基础，它表明了股东与债权人在企业的资产中各自所占的份额。当负债不变时，资产与所有者权益同方向变化；当所有者权益不变时，资产与负债同方向变化；当所有者权益与负债都变化时，资产的变化则等于两者之和。它反映了企业资金运动的静态状况，也就是企业经营中的某一天，一般是开始日或结算日的情况。

会计等式 1 从时间状况分析是静态的，反映了会计主体在某一时点上的财务状况，因此，以此为理论依据编制的资产负债表也被称为静态财务报表，其数据资料在会计中被称为余额，在统计中被称为时点数。

注意：这类数据资料的特点是，不同时间点上的数据不具有可加性，数据往往是以非连续统计方式得到的，数据自身的大小与统计的时间间隔长短无必然联系。

如果一个会计主体的财务状况总是停留在某一状态下静止不变，那么该会计主体就失去了存在的意义。公司、企业类会计主体是以追求利润为存在目标的，这就注定了它在拥有一定资产为物质基础的前提下，要积极开展各项生产经营活动，以期取得盈利，努力使资产保值并增值。

2.4.2　会计等式 2：收入−费用=利润（或亏损）

即"得到的−付出的=赚的（或亏的）"。

这个等式从时间状况分析是动态的，反映了会计主体在某一段时期的经营成果，因此，以此为理论依据编制的利润表也被称为动态财务报表，其数据资料在会计中被称为发生额，在统计中被称为时期数。

注意：此类数据资料的特点是，不同时间段上的数据具有可加性，数据往往是以连续统计方式得到的，数据自身的大小与统计的时间间隔长短有关。

企业的目标就是赚钱，只有取得的收入抵销为这笔收入所花的费用还有剩余，企业才算盈利。这个等式反映的是企业资金运动的情况，所有的资产都是为了赚钱，而资产一旦运用并取得收入时,资产就转化为费用;收入减去费用即为利润,又叫净收益;净收益又会作为资产用到下一轮的经营中,于是就产生了会计等式3。

2.4.3 会计等式3:资产=负债+所有者权益+收入−费用

企业在经营活动中,若"收入−费用=利润"中的利润为正,就表明现金流入大于现金流出,也就是企业资产增多。从另一个角度来说,这一时刻负债不变,赚与赔都是股东的。

新的所有者权益=旧的所有者权益+利润=旧的所有者权益+收入−费用

新的资产=负债+新的所有者权益=负债+旧的所有者权益+收入−费用

事实上,等式3并没有破坏等式1。当利润分配后,等式3便消失了,又成为等式1。也就是说,会计六要素不管如何转变,最后都会回到"资产=负债+所有者权益"这一会计恒等式。在实际工作中如果等式不平衡,则说明记账出错了。

当提及会计恒等式时,一般指的是等式1,而非等式2,因为等式1是等式2的前提和基础,没有等式1就不可能有等式2,等式2的结果又直接服务、作用于等式1。可以说,等式2源于等式1又回归于等式1,即经营成果以资产为前提,且不论其盈亏,最终归属于所有者。因此,等式2对等式1的影响可以表达为:

资产=负债+(所有者权益+利润)

此时,当利润不为零时,等式1中的资产、负债、所有者权益三要素中,至少有一项会因为利润这一要素的加入而发生或增或减的变化,但恒等关系不会改变,改变的只可能是等式两边的金额。

2.4.4 会计等式4:资产+费用=负债+所有者权益+收入

再将等式3中的利润按等式2展开,并将各类要素按其对应的账户性质进行归类、移项,就得到了会计等式4:

资产+费用=负债+所有者权益+收入

当然,生产经营过程中还会发生不影响利润的经济业务,即资产、负债、所有者权益三要素之间或某一要素内部发生增减变化,但这并不会改变等式4的表现形式,可能改变的只是等式两边的金额。

这样,会计等式4便将动态与静态的会计要素巧妙地结合起来,将等式1反映的某一个时点上的原财务状况发展到另一个时点上的新财务状况,并以此形成会计主体又一轮生产经营的新起点,如此周而复始。

2.4.5 经济业务的发生对会计等式的影响

企业日常发生的经济业务是多种多样的,但无论企业在生产经营过程中发生怎样的经济业务,引起资产、负债和所有者权益这三个会计基本要素在数量上发生怎样的增减变化,都不会影响和破坏会计恒等式的平衡关系。它们的变化关系无非有以下四种类型,即资产与权益同时增加、资产与权益同时减少、资产之间有增有减、权益之间有增有减。四种类型的变化关系如图 2-12 所示。

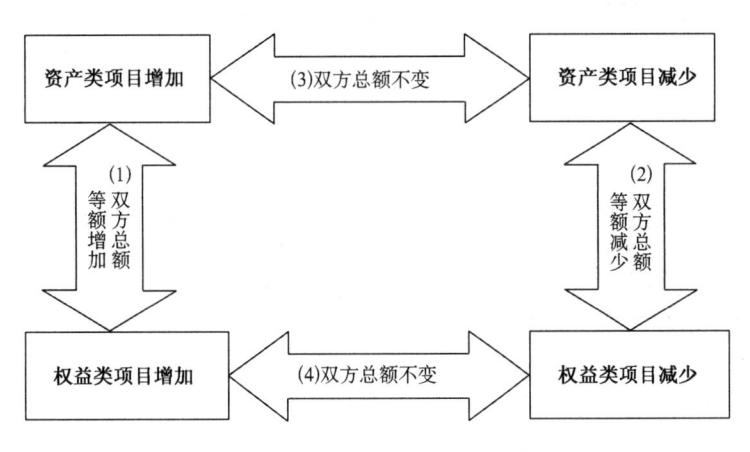

图 2-12 四种类型的变化关系

例 2.1 北京市顺发商贸有限公司 2019 年 1 月 1 日的资产负债表如表 2-1 所示。

表 2-1 资产负债表

2019 年 1 月 1 日　　　　　　　　　　　　　　　　　　　　　　　　单位：元

资产		权益（负债+所有者权益）	
项目	金额	项目	金额
银行存款	300000	短期借款	450000
应收账款	250000	应付账款	250000
存货	650000	实收资本	1300000
固定资产	800000		
总计	2000000	总计	2000000

从表 2-1 中可以看到，资产总计 200 万元，负债和所有者权益总计 200 万元，两者完全相等，等式成立。

（1）接受实物投资

2019 年 1 月 10 日，公司接受了投资者投入的大型设备一台，价值 20 万元。

本笔业务的会计分录为：

借：固定资产　　　200000
　贷：实收资本　　　　200000

固定资产与实收资本分属资产负债表的两边，两边同时增加 20 万元，等式仍然相等。这项业务所引起的变化如表 2-2 所示。

表 2-2　资产负债表

2019 年 1 月 10 日　　　　　　　　　　　　　　　　　　　　　　　单位：元

资产		权益（负债+所有者权益）	
项目	金额	项目	金额
银行存款	300000	短期借款	450000
应收账款	250000	应付账款	250000
存货	650000	实收资本	1300000+200000
固定资产	800000+200000		
总计	2200000	总计	2200000

以上案例表明，经济业务的发生并不会破坏资产、负债和所有者权益的平衡关系，这一平衡关系是复式记账、账户试算平衡和编制资产负债表的理论依据。

（2）购入原材料

2019 年 1 月 15 日，公司以银行存款购入原材料，共计 10 万元。

分析：这项业务发生后，使资产方的存货项目增加了 10 万元，由原来的 65 万元增加到 75 万元；同时又使资产方的银行存款项目减少了 10 万元，由原来的 30 万元减少到 20 万元。由于这项业务所引起的增减变化是发生在同一类项目之内、金额又是相等的，所以虽然使有关项目的金额发生了变化，但是不会影响总额的变化。这项业务所引起的变化如表 2-3 所示。

表 2-3　资产负债表

2019 年 1 月 15 日　　　　　　　　　　　　　　　　　　　　　　　单位：元

资产		权益（负债+所有者权益）	
项目	金额	项目	金额
银行存款	300000−100000	短期借款	450000
应收账款	250000	应付账款	250000
存货	650000+100000	实收资本	1500000
固定资产	1000000		
总计	2200000	总计	2200000

由于这项经济业务只涉及资产方有关项目之间的金额增减变化，所以资产总额不会发生变化；同时，由于这项经济业务不涉及权益方的项目，所以权益总额也不会发生变化。因此，双方仍然保持平衡关系。

注意：例 2.1 只是为了说明经济业务对会计恒等式的影响。实际上，资产负债表只会在特定的会计期末进行数据更新。

2.5 会计科目

会计科目是按照经济业务的内容和经济管理的要求,对会计对象的具体内容进行分类核算的项目。例如:
(1)企业里的厂房、机器设备等都属于固定资产的实物形态,为了让管理者更好地了解其增减变化的情况,需要设置"固定资产"科目。
(2)为了反映企业债权、债务的增减变动情况,需要设置"应收账款"和"应付账款"科目。
(3)为了反映企业利润的实现或亏损情况,需要设置"本年利润"科目。
会计科目还是设置账户、处理账务必须遵循的规则和依据。

2.5.1 会计科目设置的原则

会计科目的设置对于提供会计信息、提高会计工作的效率及合理地组织会计核算工作都有一定的影响,企业可以根据实际情况自行增设或减少,甚至合并某些会计科目,但必须以不影响会计核算的要求和财务会计报告指标的汇总为前提。因此,在设置会计科目时应该遵循以下原则:
(1)必须符合会计制度的规定,并适应企业的特点。
(2)要便于反映会计要素的综合情况及经济业务的具体内容,防止过简或过繁。
(3)既要适应企业经济发展的需要,又要保持相对稳定。

2.5.2 会计科目的分类

对于会计科目的分类,根据不同行业的需要和资金运动的特点有两种不同的分法:
(1)按经济内容分类。会计科目按其所反映的经济内容可分为五大类,如图 2-13 所示。

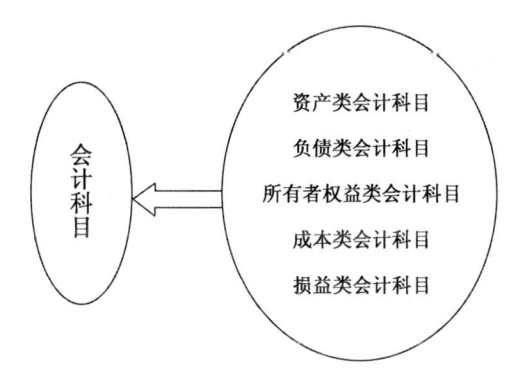

图 2-13 按经济内容对会计科目的分类

（2）按提供信息的详细程度分类。会计科目按其所提供信息的详细程度，可分为总账科目和明细科目，如表 2-4 所示。总账科目是对资产、负债、所有者权益、收入、费用和利润进行总括分类的类别名称；明细科目是对总账科目所属经济内容做详细分类的类别名称。

表 2-4　按所提供信息的详细程度对会计科目的分类

总账科目（一级科目）	明细科目	
	二级科目	明细科目
生产成本	××车间	××产品
		××产品
	××车间	××产品
		××产品
其他应收款	备用金	××部门或个人

注意：按照我国企业会计制度的规定，总账科目是由财政部统一制定的，而明细科目则是除会计制度规定设置的以外，企业有权根据实际需要自行设置，但并不是所有的总账科目都需要设置明细科目，如表 2-5 所示。

表 2-5　会计科目名称和编号一览表

顺序号	编号	名称	顺序号	编号	名称
一、资产类：借方登记增加额，贷方登记减少额			16	1405	库存商品
1	1001	库存现金	17	1406	发出商品
2	1002	银行存款	18	1407	商品进销差价
3	1012	其他货币资金	19	1408	委托加工物资
4	1101	交易性金融资产	20	1471	存货跌价准备
5	1121	应收票据	21	1501	持有至到期投资
6	1122	应收账款	22	1502	持有至到期投资减值准备
7	1123	预付账款	23	1503	可供出售金融资产
8	1131	应收股利	24	1511	长期股权投资
9	1132	应收利息	25	1512	长期股权投资减值准备
10	1221	其他应收款	26	1521	投资性房地产
11	1231	坏账准备	27	1531	长期应收款
12	1401	材料采购	28	1601	固定资产
13	1402	在途物资	29	1602	累计折旧
14	1403	原材料	30	1603	固定资产减值准备
15	1404	材料成本差异	31	1604	在建工程

续表

顺序号	编号	名称	顺序号	编号	名称
32	1605	工程物资	59	3201	套期工具
33	1606	固定资产清理	60	3202	被套期项目
34	1701	无形资产	四、所有者权益类：贷方登记增加额，借方登记减少额		
35	1702	累计摊销	61	4001	实收资本
36	1703	无形资产减值准备	62	4002	资本公积
37	1711	商誉	63	4101	盈余公积
38	1801	长期待摊费用	64	4103	本年利润
39	1811	递延所得税资产	65	4104	利润分配
40	1901	待处理财产损益	五、成本类：借方登记增加额，贷方登记减少额		
二、负债类：贷方登记增加额，借方登记减少额			66	5001	生产成本
41	2001	短期借款	67	5101	制造费用
42	2201	应付票据	68	5201	劳务成本
43	2202	应付账款	69	5301	研发支出
44	2203	预收账款	六、损益类：贷方登记增加额，借方登记减少额		
45	2211	应付职工薪酬	70	6001	主营业务收入
46	2221	应交税费	71	6051	其他业务收入
47	2231	应付利息	72	6101	公允价值变动损益
48	2232	应付股利	73	6111	投资收益
49	2241	其他应付款	74	6301	营业外收入
50	2501	长期借款	75	6401	主营业务成本
51	2502	应付债券	76	6402	其他业务支出
52	2701	长期应付款	77	6403	税金及附加
53	2711	专项应付款	78	6601	销售费用
54	2801	预计负债	79	6602	管理费用
55	2901	递延所得税负债	80	6603	财务费用
三、共同类：根据余额方向判断所属性质			81	6701	资产减值损失
56	3001	清算资金往来	82	6711	营业外支出
57	3002	货币兑换	83	6801	所得税费用
58	3101	衍生工具	84	6901	以前年度损益调整

注意：共同类科目可能具有资产性质，也可能具有负债性质，其性质取决于科目核算的结果，如果核算结果出现借方余额，则作为资产类科目；如果核算结果出现贷方余额，则作为负债类科目。

2.6 设置账户

账户是根据会计科目设置的、具有一定格式和结构的、用来分类反映会计要素增减变动及其结果的一种工具。实际上，会计科目名称就是账户的名称，会计科目规定的核算内容就是账户应记录、反映的经济内容，因此，账户应该根据会计科目的分类相应地设置，如资产类账户、负债类账户等。

2.6.1 账户的基本结构

企业的经济业务繁多，从数量变化来看，不外乎增加和减少两种情况，因此账户也分为左右两方，一方登记增加，另一方登记减少，我们称之为丁字账。丁字账的基本结构如图 2-14 所示。

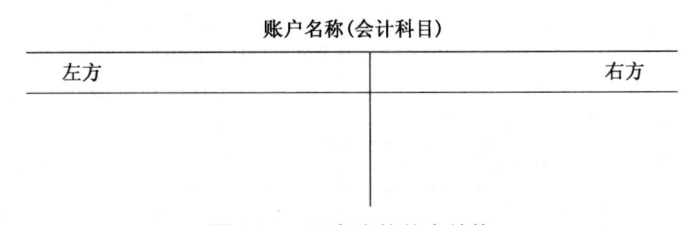

账户名称（会计科目）

左方	右方

图 2-14 丁字账的基本结构

注意：图 2-14 所示的丁字账只是账户的抽象图，具体账户格式的设置一般包括账户名称、日期和摘要、凭证号、增加和减少金额。在实际工作中，丁字账只在进行试算时使用，一般不作为正式的会计文档；但是，丁字账在实际工作中是非常重要的，会计人员应当做到心里时时有个丁字账，这样在做会计分录、登记账簿的时候才能更加得心应手。

2.6.2 账户的分类

企业每天发生着各种不同的经济业务，如果想将企业的经济内容更加全面、完整地反映出来，我们就需要对账户进行分类，以便更好地了解每个账户的核算内容、用途及结构，明确账户之间的联系与区别，正确地运用账户。

1. 按会计要素分类

会计要素是会计对象按其经济内容的基本分类，而账户是用来分类反映会计对象具体内容的，所以账户按会计要素分类，也就是按经济内容分类。它可以分为资产类账户、负债类账户、所有者权益类账户、成本类账户和损益类账户，如表 2-6 所示。

表 2-6　按会计要素分类账户一览表

\multicolumn{2}{c|}{}	
\multicolumn{2}{c|}{资产类账户（按流动性的不同分）}	
流动资产账户	库存现金、银行存款、应收账款、应收票据、其他应收款、原材料、库存商品等
非流动资产账户	固定资产、累计折旧、长期股权投资、长期债权投资、无形资产、长期待摊费用等
\multicolumn{2}{c|}{负债类账户（按偿还期的不同分）}	
流动负债账户	短期借款、应付账款、应付职工薪酬、应交税费、应付票据、其他应付款、预收账款等
长期负债账户	长期借款、应付债券、长期应付款等
\multicolumn{2}{c|}{所有者权益账户（按来源和构成的不同分）}	
所有者原始投资账户	实收资本
积累账户	资本公积
未分配利润账户	本年利润、利润分配
\multicolumn{2}{c|}{成本类账户（按生产经营的不同阶段分）}	
供应过程成本账户	物资采购
生产过程成本账户	生产成本、制造费用等
\multicolumn{2}{c|}{损益类账户（按性质和内容的不同分）}	
营业损益账户	主营业务收入、主营业务成本、销售费用、管理费用等
营业外收支账户	营业外收入、营业外支出等
所得税账户	所得税费用

2．按用途和结构分类

按会计要素分类虽然可以使我们了解账户所反映的经济内容，却不能说明设置各种账户的作用，以及它们是如何提供各种所需的核算指标的。因此，我们在按会计要素分类的基础上，还按用途和结构对其进行了分类，如表 2-7 所示。

表 2-7　按用途和结构分类账户一览表

账户类型		用途	结构	归属账户明细
\multicolumn{2}{c	}{盘存账户}	货币资金和实物资产的增减变动及结存数的核算	借方：货币资金或实物资产的增加数	库存现金、银行存款、原材料、库存商品、固定资产等
			贷方：货币资金或实物资产的减少数	
			期末余额总在借方	
结算账户	债权结算账户	企业同债务单位和个人之间的债权结算	借方：债权的增加数	应收账款、预付账款、其他应收款、应收票据等
			贷方：债权的减少数	
			期末余额一般在借方	
	债务结算账户	企业同债权单位和个人之间的债务结算	借方：债务的减少数	应付账款、预收账款、应付票据、应付职工薪酬、短期借款、应交税费、长期借款等
			贷方：债务的增加数	
			期末余额一般在贷方	

续表

账户类型		用途	结构	归属账户明细
成本计算账户		企业生产经营活动的某一阶段发生的费用核算	借方：发生的生产费用 贷方：转出的实际成本 余额一定在借方	生产成本、物资采购、在建工程等
集合分配账户		核算由若干成本计算对象共同负担的费用	借方：有关费用的实际发生数 贷方：费用的分配转出数 期末无余额	制造费用
跨期摊提账户	待摊费用	核算由若干个会计期间共同负担的费用	借方：发生或支付的费用数 贷方：分期摊销的费用数 期末余额一般在借方	长期待摊费用
	预提费用	核算由若干个会计期间共同负担的费用	借方：费用的实际支付数 贷方：预提计入会计期间的费用数 期末余额一般在贷方	其他应付款（预提费用会计科目在新会计准则中已经取消，但是按照权责发生制核算的企业会计，可以把当期的费用计入其他应付款来分摊）
期间汇转账户	期间收入汇入账户	某一会计期间取得的收入核算	借方：期末转入本年利润的收入数 贷方：当期取得的收入数 期末无余额	主营业务收入、其他业务收入、营业外收入、投资收益等
	期间费用汇转账户	某一会计期间发生的各项费用核算	借方：本期发生的费用数 贷方：期末转入本年利润的费用数 期末无余额	主营业务成本、销售费用、税金及附加、管理费用、财务费用、其他业务支出、营业外支出等
财务成果账户		核算企业在一定会计期间内的经营活动最终财务成果	借方：期末从有关费用账户转入的费用数 贷方：期末从各收入账户转入的收入数 期末余额在借方则表示亏损 期末余额在贷方则表示净利润	本年利润
调整账户	备抵调整账户	用来抵减被调整账户余额，以求得被调整账户实际余额的账户	被调整账户的余额-调整账户的余额=被调整账户的实际余额	累计折旧、坏账准备等
	附加调整账户	用来增加被调整账户的余额，以求得被调整账户实际余额的账户	被调整账户的余额+附加调整账户余额=被调整账户的实际余额	
	备抵附加调整账户	用来抵减或增加被调整账户的余额，以求得被调整账户实际余额的账户	被调整账户的余额±备抵附加调整账户的余额=被调整账户的实际余额	材料成本差异、产品成本差异

第 3 章 凭证的使用和管理

会计核算中，无论发生什么样的经济业务，都需要在登记账簿以前，按照记账规则，通过填制记账凭证来确定经济业务的会计分录，以便正确地进行账户记录和事后检查。

会计凭证就是用来记录经济业务，明确经济责任，按一定格式编制，据以登记账簿的一种具有法律效力的书面证明。

3.1 会计凭证的作用

在会计业务的学习中，借贷记账法是一项基本的内容，而学会用借贷记账法后，还需要把做好的会计分录记录下来，这时就要用到会计凭证了。会计凭证是记录经济业务发生和完成情况的书面证明。

发生任何一项经济业务时，都应领取或填制合法的会计凭证。比如，购买商品、货物时要由供货单位开出相应的发票，支付款项时要由收款单位开出收据，商品收进或发出时要有入库单、出库单等。

注意：会计核算单位办理任何一项经济业务，都要通过一个程序，就是由执行或完成该项经济业务的有关人员填制或取得会计凭证，详细说明该项经济业务的内容，并在会计凭证上签名或盖章，明确经济责任。填制或取得会计凭证后，还要由有关人员进行审核，经过审核的会计凭证才可以作为记账的依据。

可以说，正确地填制和严格地审核会计凭证，保证会计凭证的合法性，既是会计核算工作的起点，又是会计监督的第一道关口。

会计凭证最主要的作用就是提供会计信息，会计人员可以根据会计凭证对日常大量、分散的各项经济业务进行整理、分类、汇总，经过专门的会计方法的处理，为经济管理提供有用的会计信息。会计凭证的具体作用有以下几个方面：

（1）通过会计凭证可以检查经济业务的真实性、合法性和合理性，为会计监督提供重要依据，从而监督、控制经济活动。通过对会计凭证的审核，可以检查经济业务的发生是否符合有关的法律规定和企业内部管理制度，是否符合本企业业务经营、账务收支的方针及预算的规定，以确保经济业务的合理、合法和有效性。

（2）会计凭证可以为记账提供依据。所有的会计记录都要求有据可查，会计凭证就是用来记账的依据，通过会计凭证可以对经济业务进行适时的记录，再按照一定的会计方法对会计凭证进行及时传递，这样会计凭证的填制和审核过程就可以反映经济业务的发生和完成情况，从而为会计核算提供原始依据。

（3）通过会计凭证可以区分经济责任，为落实岗位责任制提供重要文件，强化企业的内部控制。在每项经济业务发生后，经办人员都需要取得或填制相应的会计凭证，用来证明经济业务的发生或完成，还需要有关人员在凭证上签字、盖章以明确责任。通过会计凭证的填制和审核程序，可以使有关责任人做到各负其责，在内部形成互相制约、互相监督的机制，完善岗位责任制，进而防止错弊的发生。

（4）通过会计凭证可以反映相关经济利益关系，为维护合法权益提供法律证据。经济业务的发生是由单据来证明的，这个证明的效力体现在同时证明了双方的经济利益关系。

注意：会计凭证是证明经济业务发生的最有力的法律文件，上面附带了双方的责任与义务。

3.2 会计凭证的种类

企业发生的经济业务内容非常复杂、丰富，用以记录、监督经济业务的会计凭证也必然五花八门、名目繁多。为了具体地认识、掌握和运用会计凭证，首先要对会计凭证加以分类。就常用的会计凭证来说，按照会计凭证的填制程序和用途一般可以分为原始凭证和记账凭证两类。

原始凭证还可以根据来源划分为外来原始凭证和自制原始凭证，其中自制原始凭证又可以分为一次凭证、累计凭证、汇总原始凭证和记账编制凭证。

记账凭证按其适用的经济业务，可以分为专用记账凭证和通用记账凭证；按其包括的会计科目是否单一，可以分为复式记账凭证和单式记账凭证；按其是否经过汇总，可以分为汇总记账凭证和非汇总记账凭证。具体的分类如图 3-1 所示。

记账凭证和原始凭证同属于会计凭证，它们之间存在着密切的联系：原始凭证是记账凭证的基础，一般附在记账凭证后面，作为记账凭证的附件；记账凭证需要根据原始凭证编制，是对原始凭证所记载信息的提炼与概括。两者也存在着一些差别。

（1）填制人员不同：原始凭证是由业务的经办人员来填制的，业务的经办人员可能来自本企业也可能来自外单位；记账凭证一律由本企业会计人员填制。

（2）填制的依据不同：原始凭证要对经济业务的发生或完成做出证明，是根据已经发生或完成的经济业务来填制的；记账凭证是根据按规定取得并经过审核后的原始凭证归类整理后填制的。

（3）所起到的作用不同：原始凭证的作用在于证明，仅用以记录、证明经济业务已经发生或完成；记账凭证的作用在于整理与提取，要依据会计科目对已经发生或完成的经济业务进行归类、整理，以便从中提取所需要的数字信息。

（4）后续的处理过程不同：原始凭证是填制记账凭证的依据，记账凭证要根据原始凭证整理后填制；记账凭证是登记账簿的依据，证明经济业务发生的原始凭证不能直接作为记入账簿的依据。

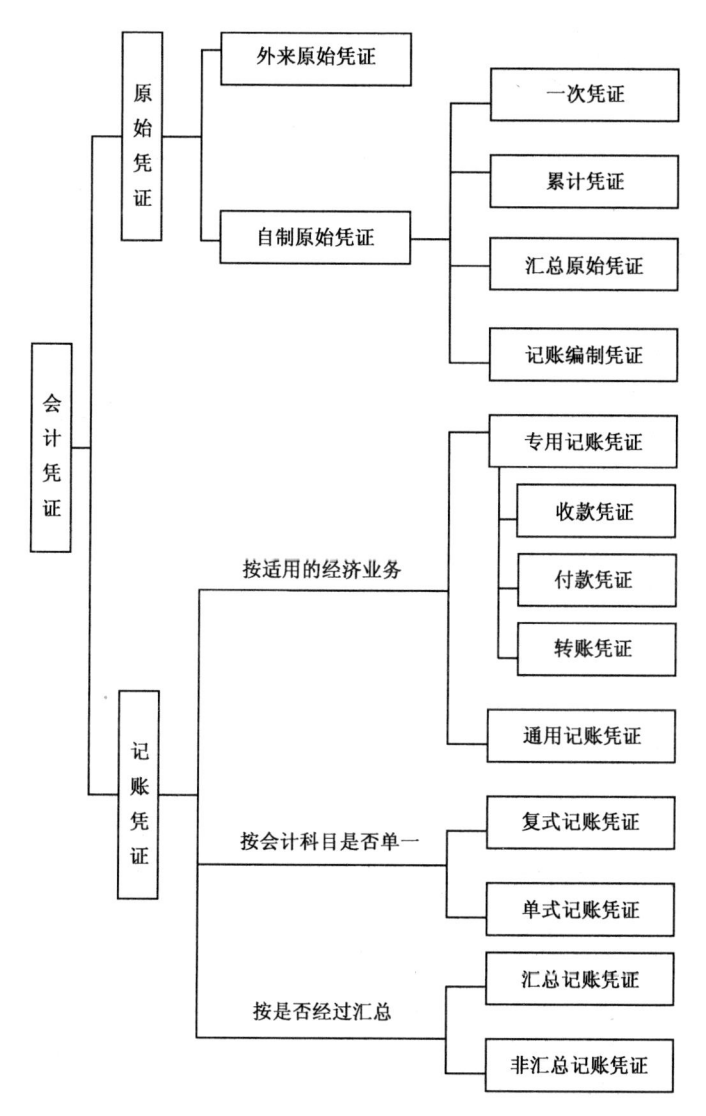

图 3-1 会计凭证分类示意图

3.3 原始凭证

原始凭证是证明经济业务发生的"一手"证据，用来表明经济业务已经发生或完成，进而明确经济责任，是作为记账依据的最初的书面证明文件。证明差旅费用发生的车票、机票，证明材料采购的发票，证明货物入库的入库单等，都属于原始凭证。

注意：原始凭证是在经济业务发生的过程中直接产生的，是经济业务发生的最初证明，在法律上具有证明效力。

3.3.1 原始凭证的分类

原始凭证按其取得的来源划分,可以分为自制原始凭证和外来原始凭证两类。

1. 自制原始凭证

自制原始凭证是指在经济业务发生、执行或完成时,由本单位的经办人员自行填制的原始凭证,如产品入库单、领料单、报销单等。自制原始凭证按填制手续划分,又可分为一次凭证、累计凭证、汇总原始凭证和记账编制凭证四种。

(1)一次凭证

一次凭证是指只反映一项经济业务,或者同时反映若干项同类性质的经济业务,其填制手续是一次完成的会计凭证。一次凭证在企业中是一种常见的凭证,如企业购进材料验收入库,由仓库保管员填制的入库单(如表3-1所示);由报销人员填制的、出纳人员据以付款的费用报销凭证(如表3-2所示)等,都是一次凭证。

表3-1 入库单

入 库 单(存根)第 号

××年××月××日

科目 原材料　　　　　　　　　对方科目

名称	单位	数量	单价	金额(百十万千百十元角分)	备注
A材料	箱	50	295元	1 4 7 5 0 0 0	
				¥ 1 4 7 5 0 0 0	

主管　　　　　会计　　　　　保管员 李静　　　经手人 王文

表3-2 费用报销凭证

费用报销凭证

报销部门:业务部　　　　××年××月××日　　　　单据及附件:

用途	金额(元)	备注	归集于项目(名称、编号)
餐费	580		C项目 1069729
出租车费	68	领导审批	
合计	648		

金额(大写)陆佰肆拾捌元整

会计主管　　　　　复核　　　　　出纳　　　　　报销人 田方

(2) 累计凭证

累计凭证是指在一定期间内,连续多次记载不断重复发生的同类经济业务的原始凭证,直到期末,凭证填制手续才算完成,在这个凭证中作为记账依据的是期末累计数,如工业企业常用的限额领料单等,如表3-3所示。

注意:由于在凭证填制的过程中已经对重复发生的业务记录进行了合并处理,所以使用累计凭证可以简化核算手续。同时,因为事先根据产品的特性与组成制定了材料耗用的预算,进而对材料的领用设定了限额,对材料消耗、成本管理也起到了事先控制的作用,可以帮助企业进行有效的计划管理。

表3-3 限额领料单

限额领料单

2019年02月

材料名称: A材料
规格: 12#
编号: 36504　　　　　　　　　　　　　　　　限额:

材料编号	材料名称规格	计量单位	计划投产量	单位消耗定额	领用限额	实发		
						数量	单价(元)	金额(元)
36504	12#	千克	15	5	75	65	130	8450
日期	领用			退料			限额结余数量	
	数量	领料人	发料人	数量	退料人	收料人		
19.02.01	15	王	李				60	
19.02.08	25	王	李				35	
19.02.15	20	王	李				15	
19.02.18				5	王	李	20	
19.02.26	10	王	李				10	

(3) 汇总原始凭证

汇总原始凭证是指在会计核算工作中,将一定时期内若干份记录同类经济业务的原始凭证汇总编制一张汇总凭证,以简化记账凭证的编制工作,并按照一定的管理要求集中反映某项经济业务总括的发生情况的原始凭证,如材料耗用汇总表(如表3-4所示)就是一种汇总原始凭证。

注意:汇总原始凭证只能将同类内容的经济业务汇总填列在一张汇总凭证中,不能将两类或两类以上的经济业务汇总填列。

由于汇总原始凭证可以简化核算手续、提高核算工作效率,并且能够直接为管理提供某些综合指标,因此在大中型企业中使用得非常广泛。

注意:汇总原始凭证与累计凭证的区别在于,汇总原始凭证是对一系列相同的原始凭证进行整理合并后的"二手"原始凭证,而累计凭证是"一手"原始凭证。

表 3-4 材料耗用汇总表

材料耗用汇总表

2019 年 02 月 15 日

材料名称：B

规格：

计量单位：吨

耗用产品或部门	领料单张数	数量	单价（元） 实际价	单价（元） 计划价	金额（元） 实际价	金额（元） 计划价
A 产品	5	68	20	15	1360	1020
B 产品	12	175	20	15	3500	2625
C 产品	6	27	20	15	540	405
管理部门	1	1	20	15	20	15
车间耗用	4	32	20	15	640	480
其他部门	1	5	20	15	100	75
合计	29	308			6160	4620

（4）记账编制凭证

记账编制凭证是根据账簿记录和需要填制的记账凭证，把某一项经济业务加以归类、整理，进而重新编制的原始凭证。例如，在计算工资时编制的工资计算表，就是根据各种明细账记录的数字按计算项的不同填制的，如表 3-5 所示。

表 3-5 工资计算表

年　月

员工编号	员工姓名	所属部门	基本工资	社会保险金	住房公积金	考勤调整	奖金	其他	代缴个税	实际发放
			1	2	3	4	5	6	7	8
……	……									
……	……									
……	……									
……	……									
……	……									
合计	—	—	Σ	Σ	Σ	Σ	Σ	Σ	Σ	Σ

注意：一般的原始凭证是根据业务发生来记录的，即先有业务发生的原始凭证，再进行记账凭证的编制。记账编制凭证与此相反，它是根据账簿记录和经济业务的需要编制的一种自制原始凭证，是一种为了编制记账凭证而专门编制的原始凭证。

2．外来原始凭证

外来原始凭证是指在同其他单位发生经济业务往来时，从对方单位取得的、用以证明业务发生的原始凭证。企业在购买材料、商品时，从供货单位取得的发票，包括增值税专用发票（如表 3-6 所示）与普通销售发票（如表 3-7 所示），或是企业为所接受的服务而开出的票据，都是外来原始凭证。

注意：外来原始凭证属于一次凭证。

表 3-6 增值税专用发票

增值税专用发票								
开票日期：××年××月××日								
购货单位	名　　称：	××公司		密码区				
	纳税人识别号：	×××						
	地　址、电　话：	×××						
	开户行及账号：	×××						
货物或应税劳务名称	规格型号	单位	数量	单价	金额	税率	税额	
网络集成设备		台	1	20000	20000	13%	2600	
合计								
价税合计（大写）	贰万贰仟陆佰元整				小写：¥22600.00			
销货单位	名　　称：	××公司		备注				
	纳税人识别号：	×××						
	地　址、电　话：	×××						
	开户行及账号：	×××						
收款人：	复核：		开票人：			销货单位：		

表 3-7 普通销售发票

普通销售发票												
购货单位：×××× ×××× ×年×月×日												
货号	品名规格	计量单位	数量	单价	金额							
					十万	万	千	百	十	元	角	分	
12576	网络设备	台	2	5600元		1	1	2	0	0	0	0
合计人民币（大写）壹万壹仟贰佰元整					¥	1	1	2	0	0	0	0
企业（盖章有效）			财务		开单							

3.3.2　原始凭证的设计

注意：在现实的应用中，记账凭证的基本格式已经约定俗成，企业可以直接购买使用有关部门统一印制的记账凭证。外来原始凭证不由企业控制与设计，所以原始凭证的设计主要是指自制原始凭证的设计。

对原始凭证进行设计，就是要从企业自身的实际情况出发，为了实现企业的管理需要而对凭证进行整体的设计。

这种设计不单单体现在对凭证格式的设计上，还需要对凭证的填写规范、审核程序、传递程序等进行科学的规划，以便为凭证的填写者提供方便，同时为信息的使用者提供完整、及时、真实的记录。在设计原始凭证时，应回答下列几个问题：

（1）本凭证是用来证明什么经济事项的？
（2）需要记录经济事项的哪些方面才能起到证明的效果？
（3）处理本项经济事项时需要经过哪几道手续，涉及的相关人员有哪些？
（4）作为编制记账凭证或登记分类账、日记账的依据时，有哪些数据上的专门要求？
（5）审核本凭证时，应从哪些方面入手？

在对以上问题有了清楚的答案后，就可以着手设计原始凭证的内容、格式和联次等具体事宜了。一份完整的原始凭证应该包括以下内容：

（1）凭证的名称。
（2）凭证的编号。
（3）填制凭证的日期。
（4）对方单位的名称。
（5）经济业务事项的内容摘要。
（6）经济事项所涉及的数量、单价和金额。

注意：金额要求大小写齐全，在设计原始凭证时要预留大写的位置。

（7）填制凭证单位、人员的签章。
（8）凭证的联次、相关的附件等。

设计原始凭证的基本步骤包括以下五个方面，如图 3-2 所示。

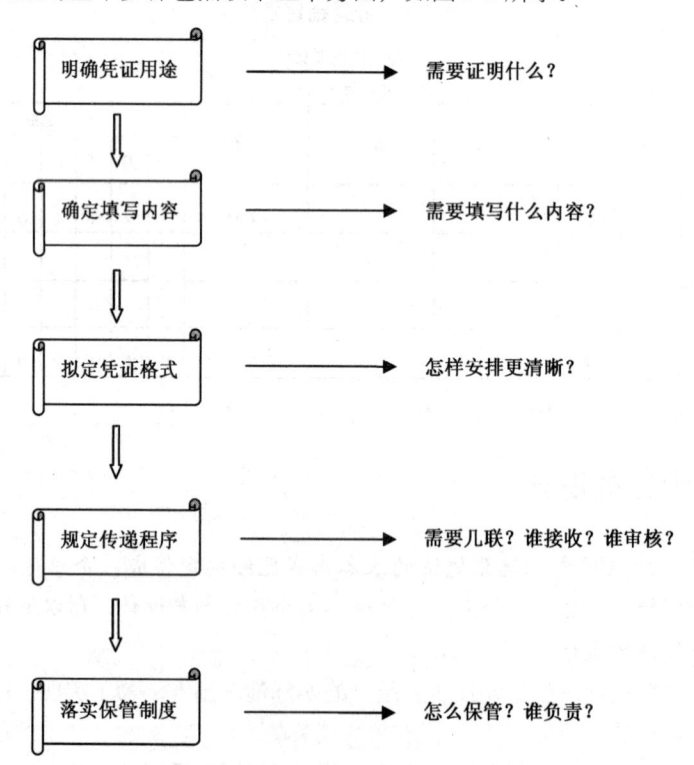

明确凭证用途 → 需要证明什么？
↓
确定填写内容 → 需要填写什么内容？
↓
拟定凭证格式 → 怎样安排更清晰？
↓
规定传递程序 → 需要几联？谁接收？谁审核？
↓
落实保管制度 → 怎么保管？谁负责？

图 3-2　设计原始凭证的基本步骤

注意：原始凭证的设计过程就是按照图 3-2 所示的基本步骤来回答问题的过程，答案不唯一，但是要想很好地回答这几个问题，需要在设计时遵循一定的原则。

在设计原始凭证时，一般可以遵循以下原则：实用性、清晰性、统一性、经济性。

(1) 实用性

实用性是原始凭证设计的出发点，在实际的工作中也是按需求设计原始凭证的。因此，在设计原始凭证时要时刻围绕着这一基本原则进行，务必做到设计出的凭证能够在实际工作中最大限度地发挥作用，能够满足凭证使用者的要求、企业的管理需要和内部控制的需要，如表 3-8 所示。

表 3-8　凭证设计实用性原则

要求	作用
适应企业生产经营的特点	满足统计部门、业务部门及其他有关部门对业务管理的具体要求
适应企业内部机构设置和人员分工情况	贯彻内部控制制度，防止错误及舞弊行为的发生
保证会计凭证简便易行，促使会计信息及时、高效地传递	便于各种核算、控制、分析和检查

注意：在设计原始凭证时，可以为同一类凭证设计几个不同的版本，请经济事项的相关处理人员进行试用，并积极收集反馈意见进行改进，以便最终定稿能够顺利渡过磨合期。

(2) 清晰性

作为实用性原则的延伸，在进行原始凭证的设计时还要注意遵循清晰性原则。这就要求所设计的凭证做到真实、正确地反映所发生的经济事项，并做到反映全面、内容齐全、重点突出、易于区分，如图 3-3 所示。

清晰性原则

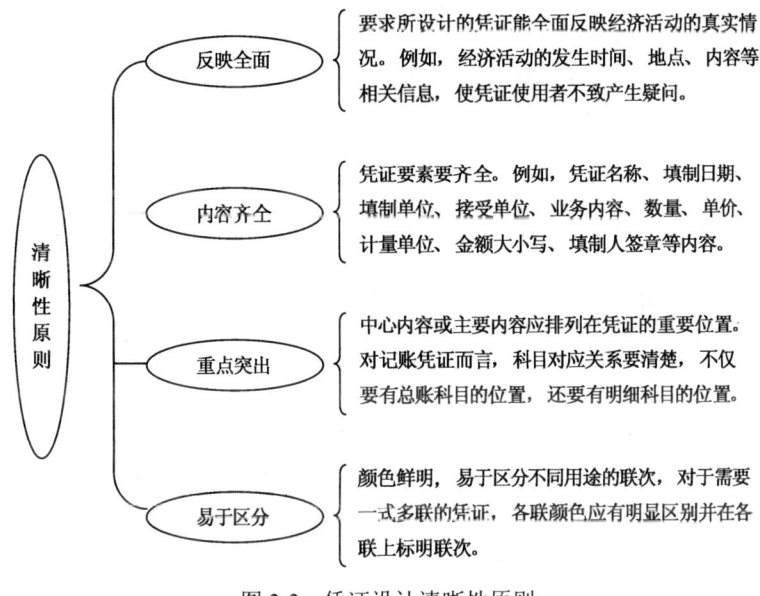

- 反映全面：要求所设计的凭证能全面反映经济活动的真实情况。例如，经济活动的发生时间、地点、内容等相关信息，使凭证使用者不致产生疑问。
- 内容齐全：凭证要素要齐全。例如，凭证名称、填制日期、填制单位、接受单位、业务内容、数量、单价、计量单位、金额大小写、填制人签章等内容。
- 重点突出：中心内容或主要内容应排列在凭证的重要位置。对记账凭证而言，科目对应关系要清楚，不仅要有总账科目的位置，还要有明细科目的位置。
- 易于区分：颜色鲜明，易于区分不同用途的联次，对于需要一式多联的凭证，各联颜色应有明显区别并在各联上标明联次。

图 3-3　凭证设计清晰性原则

（3）统一性

对于统一性原则来说，既有凭证格式的统一要求，也有凭证内容的统一要求，一个单位的原始凭证的内容和格式应尽量做到统一化和标准化，如图3-4所示。

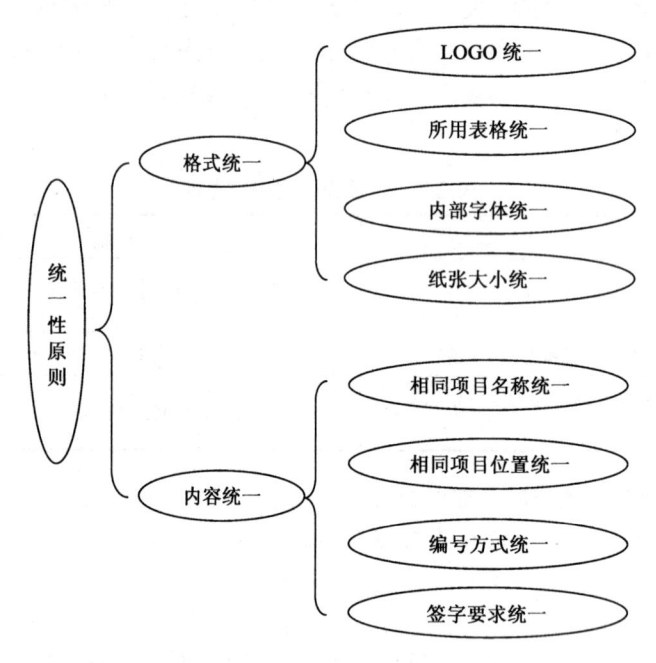

```
                    ┌─ LOGO 统一
         ┌─ 格式统一 ─┤─ 所用表格统一
         │          ├─ 内部字体统一
         │          └─ 纸张大小统一
统一性原则 ─┤
         │          ┌─ 相同项目名称统一
         │          ├─ 相同项目位置统一
         └─ 内容统一 ─┤
                    ├─ 编号方式统一
                    └─ 签字要求统一
```

图3-4　凭证设计统一性原则

注意：贯彻统一性原则不仅使凭证内容更清晰，同时也便于装订和归档保存，标准化的处理还有利于电子化操作和在更大范围内传递及使用信息。

（4）经济性

经济性原则对于凭证的设计来说体现在两个方面，即节约所用纸张和使用者的时间，如图3-5所示。

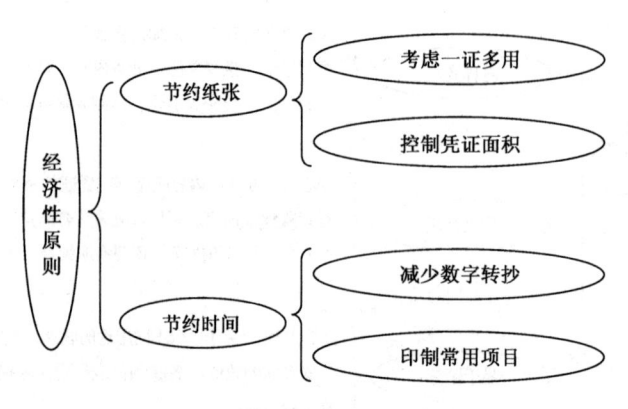

```
           ┌─ 节约纸张 ─┬─ 考虑一证多用
           │          └─ 控制凭证面积
经济性原则 ─┤
           │          ┌─ 减少数字转抄
           └─ 节约时间 ─┤
                      └─ 印制常用项目
```

图3-5　凭证设计经济性原则

注意：凭证面积以能充分反映业务内容为原则，不宜过大或过小——过大则浪费纸张、增加成本，过小则不便于保管；凭证的常用项目应事先印刷在凭证上，以免重复书写耽误时间且影响整洁和美观。

3.3.3 原始凭证的填制

需要开具的原始凭证有两种：一种是面向外单位的，是对双方经济往来业务的证明，一般以发票的形式开具；另一种是公司自己内部所使用的单据，用来证明内部发生的经济事项。这两种原始凭证填制的基本要求是一致的，只是在证明效力的格式上略有不同。具体来说，原始凭证填制的基本要求如下：

（1）所发生的业务真实可靠，出具的票据内容完整。
（2）票据的填写时限符合要求、填制及时。
（3）金额的大写与小写相符，数量、金额的合计数正确，所要求的附件齐全。
（4）原始凭证要用蓝色或黑色笔填写，字迹必须清晰、工整，数字、文字的书写要符合规范。
（5）一式几联的原始凭证，应当注明各联的用途，只能以一联作为报销凭证。一式几联的发票和收据，必须一次套写清楚，不可以重复描写，且必须连续编号，不允许跳号使用。

注意：如果套写的是五联以上的发票，应该在最后一联后面垫上垫板，或者把发票放到较硬的地方书写，以保证后面几联上的字迹清晰。

（6）原始凭证不得涂改、挖补。发现原始凭证有错误的，应当由开出单位重开或者更正，更正处应当加盖开出单位的公章。
（7）发票禁止外借其他单位使用，禁止超出经营范围开发票。

从原始凭证的书写要求上来讲，对内与对外是一样的；但是在证明效力的格式上，对内与对外是有所不同的。

对外单位的原始凭证一般以发票的形式出现，且发票是由税务部门统一印制的，有具体的填写要求，只要按照规定填写齐全、没有空白项目，并且在指定的位置盖具发票专用章就可以实现它的证明效力。

注意：机制发票的格式基本是统一的，遵循填制规则即可，无须做变动，手写发票则须遵循前面所述的填制要求。

单位内部用以流转证明的原始凭证，一般无须盖章证明（在一些大企业中，会要求盖具本部门的印章），但是要求经手人员签字以分清责任，落实企业的内部控制制度。在书写方面，内部原始凭证同样要求内容齐全、书写清晰，不能因为在内部使用就降低书写的要求，以防止因书写不合格而影响原始凭证的证明效力。

3.3.4 原始凭证的书写规范

原始凭证的书写规范有以下几点：
（1）阿拉伯数字应当一笔一画地写，不得连笔写；阿拉伯数字金额前面应当书写货币币种符号，币种符号与阿拉伯数字金额之间不得留有空白。

（2）以元为单位的阿拉伯数字，应填写到角分；无角分的，角位和分位可写"00"或符号"—"；有角无分的，分位应当写"0"，不得用符号"—"代替。

（3）汉字大写数字金额如壹、贰、叁、肆、伍、陆、柒、捌、玖、拾、佰、仟、万等，应该用正楷书写。大写金额数字到元或角为止的，在"元"或"角"字之后应当写"整"或"正"字；大写金额数字有分的，分字后面不写"整"或"正"字。

（4）大写金额数字前没有印制货币名称的，要加填货币名称，并且货币名称与金额数字之间不得留有空白。

（5）阿拉伯数字金额中间有"0"时，汉字大写金额要写"零"字；阿拉伯数字金额中间连续有几个"0"时，汉字大写金额中可以只写一个"零"字。

3.3.5 原始凭证的审核

财务取得的原始凭证要作为填制记账凭证的依据，因此，为了防止错弊的发生，原始凭证上的所有填写项目不得涂改、刮擦。如果发票有错误，应由开票单位重开，不得在原始凭证上自行更正。有涂改痕迹、大小写不符、假发票及未盖章的原始凭证，一律不得作为报销凭据。

对于原始凭证的审核，应从内在与外观两方面入手，审核其真实性、合理性、合法性、完整性及正确性。

对于原始凭证的真实性、合理性、合法性的审核，一方面要求单位有一套严格的报销审批制度，对发票所记载事项与本单位的关联性由相关人员进行说明，并由其直接上级进行预审报批；另一方面要求财务人员具备相应的专业知识，对验证发票的真伪有一定的专业技能，还要对本单位的业务情况有深入的了解，对经济事项的发生与否有自己独立的判断。

对于原始凭证的外观，可以从发票审核的"八审八看"入手：

（1）审"内容"，看是否符合财务制度、法律法规和费用开支标准。

（2）审"抬头"，看是否与本单位名称（报账人姓名）相符。

（3）审"填制日期"，看是否与报账日期相近。

（4）审"用途"，看是否与"发票"或"收据"相关联。

（5）审"财务签章"，看是否与原始凭证企业或单位名称相符。

（6）审"金额"，看计算是否正确、填写是否完整。

（7）审"大小写"，看大小写是否一致。

（8）审"脸面"，看有无涂改、刮擦、纸贴现象。

注意：从外单位取得的原始凭证如发生遗失，应当取得原开出单位盖有公章的证明，并注明原始凭证的号码、金额和内容等，由本单位会计主管和单位领导批准后，才能代作原始凭证。如果确实无法取得证明的，如火车、轮船、飞机票等凭证，应由当事人写明详细情况，由本单位会计主管和单位领导批准后，才能代作原始凭证。

3.4 记账凭证

记账凭证是由会计人员填制的、作为登记账簿直接依据的会计凭证。填制记账凭证的依据是审核无误的原始凭证或汇总原始凭证，并要求在填制过程中确定应借、应贷的会计科目和金额。

由于原始凭证的来源不同、种类繁多、格式不一，不能准确、清楚地提取所应记入账簿的信息，因此，为了便于登记账簿，需要对原始凭证加以归类和整理，确定会计分录，这就要求填制具有统一格式的记账凭证，并将相关的原始凭证附在后面。

注意：将原始凭证进行整理后编制记账凭证可以简化后续的账簿登记工作、减少差错，而且在实务工作中，将原始凭证附在记账凭证之后，有利于原始凭证的保管，便于对账和查账。

3.4.1 记账凭证的分类

记账凭证根据分类依据的不同，可以分为不同的类别。

1. 根据业务来分

记账凭证按其适用的经济业务，分为专用记账凭证和通用记账凭证两类，如图 3-6 所示。

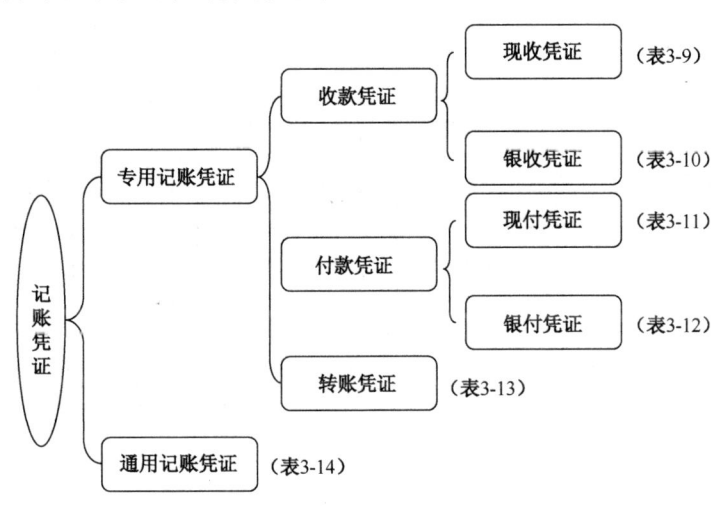

图 3-6 记账凭证按适用的经济业务分类

专用记账凭证是用来专门记录某一类经济业务的记账凭证。专用凭证按其所记录的经济业务与现金和银行存款的收付有无关系，可分为收款凭证、付款凭证和转账凭证三种，其中收款和付款凭证又根据现金和银行存款的不同而具体细分为现金收款凭证、银行存款收款凭证、现金付款凭证和银行存款付款凭证。企业在进行凭证的编号时，会根据现收凭证、银收凭证、现付凭证、银付凭证、转账凭证五种类别分别编号。

通用记账凭证，就是以一种格式记录全部经济业务，一般叫作记账凭证。

注意：经济业务比较简单的企业，为了简化凭证的种类，可以使用通用记账凭证记录所发生的各项经济业务。

（1）收款凭证

收款凭证是用来记录货币资金收款业务的凭证，根据现金和银行存款收款业务的原始凭证填制，如表 3-9、表 3-10 所示。

表 3-9　现金收款凭证

收款凭证

借方科目　库存现金　　　2019年02月03日　　　总号　　　分号　现收1号　　附件　1　张

摘要	应贷科目（一级科目）	应贷科目（二级科目）	过账	金额
收回李二个人借款	其他应收款	李二		¥500 00
		合计		¥500 00

财务主管　　记账　　出纳　　复核　　制单　王文

表 3-10　银行存款收款凭证

收款凭证

借方科目　银行存款　　　2019年02月14日　　　总号　　　分号　银收3号　　附件　1　张

摘要	应贷科目（一级科目）	应贷科目（二级科目）	过账	金额
收回A公司货款	应收账款	A公司		¥30 000 00
		合计		¥30 000 00

财务主管　　记账　　出纳　　复核　　制单　王文

（2）付款凭证

付款凭证是用来记录货币资金付款业务的凭证，根据现金和银行存款付款业务的原始凭证填制，如表 3-11、表 3-12 所示。

收款凭证和付款凭证用来记录货币收付业务，是现金日记账、银行存款日记账、明细分类账及总分类账等账簿的登记依据。理论上为了加强对货币资金的管理与监督，出纳人员不能仅依据现金、银行存款收付业务的原始凭证收付款项，还必须根据会计主管或指定人员审核批准的收款凭证和付款凭证收付款项。

注意：在实际的业务处理中，为了避免传递的烦琐，出纳人员往往是先进行支付再填制记账凭证的，这时就需要一些自制的原始凭证（记账编制凭证），如报销凭证、请款单等进行辅助证明，提前完成审核的流程。

表 3-11 现金付款凭证

付 款 凭 证

总 号：
分 号：现付3号
借方科目：库存现金　　2019年02月05日　　附件 1 张

摘要	应贷科目		过账	金额
	一级科目	二级科目		亿千百十万千百十元角分
购买办公用品	管理费用	办公费		7 8 0 0 0
		合计		¥ 　　　7 8 0 0 0

财务主管　　　记账　　　出纳　　　复核　　　制单 王文

表 3-12 银行存款付款凭证

付 款 凭 证

总 号：
分 号：银付2号
借方科目：库存现金　　2019年02月05日　　附件 1 张

摘要	应贷科目		过账	金额
	一级科目	二级科目		亿千百十万千百十元角分
购入打印机	固定资产			5 0 0 0 0 0
		合计		¥ 　　5 0 0 0 0 0

财务主管　　　记账　　　出纳　　　复核　　　制单 王文

（3）转账凭证

转账凭证是用来记录与收付款业务无关的，即在经济业务发生时不需要收付现金和银行存款的各项业务的凭证。它是根据有关转账业务的原始凭证填制的，是登记总分类账及有关明细分类账的依据，如表 3-13 所示。

（4）通用记账凭证

通用记账凭证的格式与转账凭证类似，不同之处在于转账凭证在运用中不会出现现金、银行存款之类的科目，而在通用记账凭证的科目中可以出现，如表 3-14 所示。

记账凭证按其适用的经济业务的分类是最常见的一种分类方式，它还有一些其他的分类方式，对理解账务的处理有所帮助，但是在实际的使用中不是太多，可以只作为理论学习。

表 3-13　转账凭证

记 账 凭 证

2019 年 02 月 05 日　　　　　　　　　附件　1　张

总号：
分号：转 2 号

摘要	应贷科目 一级科目	应贷科目 二级科目	过账	借方金额 亿千百十万千百十元角分	贷方金额 亿千百十万千百十元角分
购入商品	库存商品			2 0 0 0 0 0 0	
购入商品	应交税费	应交增值税		3 2 0 0 0 0	
购入商品	应付账款	B 公司			2 3 2 0 0 0 0
	合计			¥ 2 3 2 0 0 0 0	¥ 2 3 2 0 0 0 0

财务主管　　　记账　　　出纳　　　复核　　　制单　王文

表 3-14　通用记账凭证

记 账 凭 证

2019 年 02 月 05 日　　　　　　　　　附件　1　张

总号：
分号：

摘要	应贷科目 一级科目	应贷科目 二级科目	过账	借方金额 亿千百十万千百十元角分	贷方金额 亿千百十万千百十元角分
购入打印机	固定资产			5 0 0 0 0 0	
购入打印机	银行存款				5 0 0 0 0 0
	合计			¥ 5 0 0 0 0 0	¥ 5 0 0 0 0 0

财务主管　　　记账　　　出纳　　　复核　　　制单　王文

2. 根据科目来分

记账凭证按会计科目是否单一，可以分为复式记账凭证和单式记账凭证两类，如表 3-15 所示。

表 3-15　记账凭证按会计科目是否单一分类

凭证类别	说明	优点	缺点
复式记账凭证	又叫作多科目记账凭证，要求将某项经济业务所涉及的全部会计科目集中填列在一张记账凭证上	可以集中反映账户的对应关系，因而便于了解经济业务的全貌，了解资金的来龙去脉；便于查账，同时可以减少填制记账凭证的工作量，减少记账凭证的数量	不便于汇总计算每一会计科目的发生额，不便于分工记账
单式记账凭证	又叫作单科目记账凭证，要求将某项经济业务所涉及的每个会计科目分别填制记账凭证，每张记账凭证只填列一个会计科目，其对方科目只供参考，不据以记账	便于汇总计算每一个会计科目的发生额，便于分工记账	填制记账凭证的工作量大，出现差错不易查找

注意：前述收款凭证、付款凭证、转账凭证及通用记账凭证的格式都是复式记账凭证的格式，单式记账凭证用得比较少。

表 3-14 为一张复式记账凭证，如果为单式记账凭证则应拆分成两张凭证，如表 3-16、表 3-17 所示。

表 3-16　单式记账凭证（1）

摘要	应贷科目		对方科目	过账	借方金额	贷方金额
	一级科目	二级科目			亿千百十万千百十元角分	亿千百十万千百十元角分
购入打印机	固定资产		银行存款		5 0 0 0 0 0	
			合计		￥5 0 0 0 0 0	

总号　　　　分号

记　账　凭　证
2019 年 02 月 05 日　　附件　1　张

财务主管　　　　记账　　　　出纳　　　　复核　　　　制单　王文

表 3-17　单式记账凭证（2）

摘要	应贷科目		对方科目	过账	借方金额	贷方金额
	一级科目	二级科目			亿千百十万千百十元角分	亿千百十万千百十元角分
购入打印机	银行存款		固定资产			5 0 0 0 0 0
			合计			￥5 0 0 0 0 0

总号　　　　分号

记　账　凭　证
2019 年 02 月 05 日　　附件　1　张

财务主管　　　　记账　　　　出纳　　　　复核　　　　制单　王文

3．根据是否汇总来分

记账凭证按其是否经过汇总，可以分为汇总记账凭证和非汇总记账凭证。

（1）汇总记账凭证

根据记账凭证按一定的方法汇总填制的记账凭证，又可以分为分类汇总记账凭证和全部汇总记账凭证两种，如表 3-18、表 3-19、表 3-20 所示。

（2）非汇总记账凭证

非汇总记账凭证就是没有经过汇总的记账凭证，如前面介绍的收款凭证、付款凭证、转账凭证及通用记账凭证，都是非汇总记账凭证。

表3-18 分类汇总记账凭证

记 账 凭 证
2019年02月05日

总号	
分号	

附件　1　张

摘要	应贷科目		过账	借方金额	贷方金额
	一级科目	二级科目		亿千百十万千百十元角分	亿千百十万千百十元角分
管理费用汇总	管理费用			1 7 1 6 7 5 8 6	
	银行存款				5 1 6 7 9 3 2
	库存现金				7 9 4 7 5 5
	应付职工薪酬				9 6 2 6 4 7 3
	累计折旧				1 5 7 8 4 2 6
		合计		¥ 1 7 1 6 7 5 8 6	¥ 1 7 1 6 7 5 8 6

财务主管　　　　　记账　　　　　出纳　　　　　复核　　　　　制单　王文

表3-19 全部汇总记账凭证（1）

记 账 凭 证
2019年02月05日

总号	53
分号	1/2

附件　1　张

摘要	应贷科目		过账	借方金额	贷方金额
	一级科目	二级科目		亿千百十万千百十元角分	亿千百十万千百十元角分
2019年2月1—10日汇总	银行存款			2 5 6 4 8 3 5 9	1 7 8 9 2 7 4 6
	库存现金			5 0 0 0 0 0	7 9 4 7 5 5
	管理费用			3 6 8 6 7 4 2	
	应交税费			1 5 7 4 6 9 1 2	1 5 9 7 3 4 8 8
	库存商品			5 7 6 4 8 4 7 9	
		合计			

财务主管　　　　　记账　　　　　出纳　　　　　复核　　　　　制单　王文

表3-20 全部汇总记账凭证（2）

记 账 凭 证
2019年02月05日

总号	53
分号	2/2

附件　1　张

摘要	应贷科目		过账	借方金额	贷方金额
	一级科目	二级科目		亿千百十万千百十元角分	亿千百十万千百十元角分
2019年2月1—10日汇总	主营业务收入				4 4 6 0 9 5 0 3
	其他业务收入				1 6 5 6 0 0 0 0
	应收账款			2 7 6 0 0 0 0 0	3 5 0 0 0 0 0 0
		合计		¥ 1 3 0 8 3 0 4 9 2	¥ 1 3 0 8 3 0 4 9 2

财务主管　　　　　记账　　　　　出纳　　　　　复核　　　　　制单　王文

3.4.2　记账凭证的填制

记账凭证要求要素齐全，并有严格的填制和审核的程序，填制和审核记账凭证是会计核算工作的起点。

在一般的会计学习中，有一个出现频率很高的术语——会计分录。会计分录是表明记账凭证中应借应贷的科目与金额，由应借应贷方向、对应账户（科目）名称及应记金额三要素构成，是记账凭证的初始形式。

注意：会计分录通常只是为了讲解方便而使用的，在会计实务中很少出现。在实务工作中，会计分录的编制是通过填制记账凭证来完成的。

会计分录的编制步骤如图 3-7 所示。

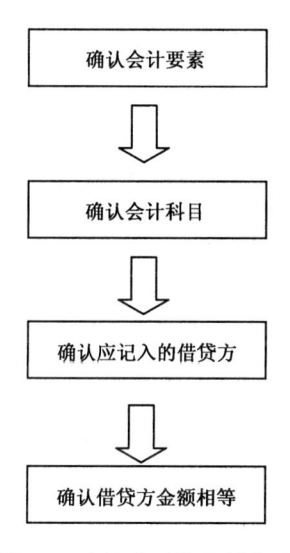

```
确认会计要素
    ↓
确认会计科目
    ↓
确认应记入的借贷方
    ↓
确认借贷方金额相等
```

图 3-7　会计分录的编制步骤

会计分录编制完成后，应当按照要求正确填制记账凭证，这样才能保证账簿记录的正确性。填制记账凭证应符合以下基本要求。

1．审核无误

这是企业内部控制制度的一个重要环节。除结账和更正错误等经济事项所做的记账凭证外，记账凭证必须附有原始凭证，并注明原始凭证的张数。在填制记账凭证前就要对原始凭证的合理性与合规性进行审核，以保证记账凭证所附原始凭证的正确性，同时也便于复核会计分录编制的正确性及日后查阅原始凭证。另外，记账凭证所填金额要与所附原始凭证或原始凭证汇总表的金额一致。

2．内容完整

（1）记账凭证的日期一般为编制记账凭证当天的日期（年、月、日应写全），按照权责发生制的原则计算收益、分配费用、结转成本利润等。调整分录和结账分录的记账凭证，虽然需要到下个月才能编制，但是应填写当月月末的日期，以便在当月内进行账簿的登记。

（2）记账凭证的摘要栏应填写经济业务的简要说明，填写时要用简明扼要的文字反映经济业务的概况。摘要应与原始凭证内容一致，能正确反映经济业务的主要内容，表述简单精练。摘要栏的填写没有统一格式，会计人员需要在日常工作中仔细归纳分析，掌握不同种类经济业务所共用的摘要事项，如"购甲材料 10 吨""提现，现金支票××号""收回 A 公司货款""冲销转××号"等。

（3）记账凭证中会计科目的书写要求一级、二级科目填写齐全，对应关系清楚，字迹工整清晰。填制会计科目时应先填写借方科目，后填写贷方科目，且借方金额合计与贷方金额合计应当相等。

（4）记账凭证一般为五行左右，在填写完经济事项后，如有空行，应当自最后一笔金额数字下的右上角处至最后一行的左下角处画一条对角斜线以示注销，防止错弊的发生。

（5）记账凭证合计行金额数字前必须填写人民币符号，所填金额要与所附原始凭证或原始凭证汇总表的金额一致。

3. 分类正确

分类正确要求会计人员正确编制会计分录，并保证借贷平衡。在编制记账凭证时，要求会计人员熟练掌握所发生经济事项的业务处理方法，并使用正确的会计分录来表述经济业务内容，这是对会计人员所学会计知识的检验，也是对会计人员基本功的考量。

注意：只涉及现金和银行存款之间收入或付出的经济业务，应以付款业务为主，只填制付款凭证，不填制收款凭证，以免重复。

在会计分录正确的基础上，记账凭证可以根据每一张原始凭证填制，也可以将若干张同类原始凭证汇总后，根据原始凭证汇总表填制。

4. 连续编号

连续编号有利于分清会计事项处理的先后，确保记账凭证的完整，也便于日后的查找，以及与会计账簿的核对。

给记账凭证编号的方法有许多种，企业应当根据具体情况选择简单、严密的编号方法。无论采用哪一种编号方法，都应该按月顺序编号，即每月都从1号编起，顺序编至月末。为记账凭证编号一般有以下三种方法：

（1）记账凭证数量较少，采用通用记账凭证的，可以将全部记账凭证统一编号，即按填制凭证的时间顺序编号，从1号编起，直到月末。

（2）可以按收款、付款、转账三类业务编号，即"收字第×号""付字第×号""转字第×号"。

（3）可以按现金收入、现金支出、银行存款收入、银行存款支出和转账五类进行编号，即"现收字第×号""银收字第×号""现付字第×号""银付字第×号""转字第×号"。

注意：当一笔业务需要填制两张以上的凭证时，可采取分数编号，如转5（1/3）、转5（2/3）、转5（3/3）。表3-19、表3-20采取的就是分数编号。

3.4.3 记账凭证的审核

记账凭证填制后，必须经过审核，审核无误后才能据以登记账簿。记账凭证审核的主要内容有以下几个方面。

（1）审核形式是否齐全

记账凭证上的项目是否填写清楚、完整，摘要、金额是否填写正确，编号是否连续，有关人员的签章是否齐全。

(2) 审核内容是否合法

记账凭证中载明的业务内容是否合法、符合公司实际经营情况，应借应贷科目的使用是否正确。

(3) 审核附件是否有效

记账凭证是否附有原始凭证，所附原始凭证是否齐全，记账凭证的经济内容是否与所附原始凭证的内容相符，记账凭证上的金额是否与所附原始凭证的金额合计相等。

在审核的过程中若发现记账凭证有错误，应重新编制正确的记账凭证，并将错误凭证作废或撕毁。

注意：已经登记入账的记账凭证在当年内发现填写错误时，应用红字填写一张与原内容相同的记账凭证，在摘要栏注明"注销某月某日某号凭证"，同时再用蓝字重新填制一张正确的记账凭证，注明"订正某月某日某号凭证"。如果会计科目没有错误，只是金额错误，也可以根据正确数字与错误数字之间的差额，另编一张调整的记账凭证，调增金额用蓝字，调减金额用红字。发现以前年度的错误，应用蓝字填制一张更正的记账凭证。

3.5 会计凭证的传递

会计凭证的传递过程是指从取得原始凭证、填制记账凭证、依据记账凭证登记账簿到归档保管为止的全部过程，也就是会计凭证在企业内部相关的人员和部门之间传递、交接的过程。

会计工作的最大特点在于分工负责、互相牵制，经济业务的发生、完成及记录是由若干责任人共同负责、分工完成的。会计凭证作为记录经济业务、明确经济责任的书面证明，需要制定严格的传递顺序来体现会计工作的严密分工与互相稽核的特质。

另外，由于会计工作的时效性比较强，会计部门需要及时了解经济业务的发生、执行及完成的情况，相关的管理部门也需要通过会计部门的工作及时了解公司整体的运营情况。从经济业务的发生到账簿登记有一定的时间间隔，通过合理规划会计凭证的传递，可以使各部门尽早了解经济业务的相关情况，并通过会计部门内部的凭证传递，及时记录经济业务、进行会计核算、实行会计监督。

会计凭证在传递过程中，既要做到完备严密，又要做到简便易行。凭证的签收、交接应当制定必要的制度，以保证会计凭证的安全与完整。要想满足上述要求，就需要在设计传递流程时综合考虑、整体规划。设计传递流程的过程可以归纳为"四定"，即定内容、定环节、定路线、定时间。

(1) 定内容

应根据本单位管理的需要和实际的业务特点，结合会计工作的规定与牵制要求，合理确定应传递的会计凭证的内容与种类，做到应传尽传，同时注意应保密的内容不会扩大传递范围。

(2) 定环节

应根据每种经济业务的特点、内部组织机构和人员分工情况及经营管理的需要，合理规定会计凭证必须经过的环节，让各有关部门和人员能够及时了解经济业务的情况，及时办理凭证手续，从而提高工作效率。

(3) 定路线

由于会计凭证在各个环节中的传递顺序会影响到各接收部门对会计凭证信息的接收与处理效果，因此要求各单位根据实际经营情况来确定会计凭证传递的顺序，以便经办业务的部门和人员能够及时办理各种凭证手续，既符合内部牵制原则，又能加速业务处理过程，提高工作效率。

(4) 定时间

要根据各个环节办理经济业务所必需的时间，合理规定凭证在各个环节的停留时间和交接时间，以确保凭证既能够保证各环节的处理时间和会计信息的处理质量，又能够在各环节中及时传递，满足会计信息的时效性要求。

总之，会计凭证的传递既要满足内部控制制度的要求，使传递程序合理有效，又要尽量节约传递时间，减少传递的工作量。

注意：由于一切会计凭证的传递和处理必须在会计报告期内完成，所以要及时传递，不得积压、跨期，以免影响会计核算的正确性和及时性。

3.6 会计凭证的保管

会计凭证的保管是指会计凭证经记账后的整理、装订、归档和存查工作。会计凭证的保管主要有下列要求：定期装订成册，防止散失；封面合乎规范，填写齐全；凭证加贴封条，防止抽换；按期移交归档，统一保管；遵守期限要求，按规销毁。

3.6.1 会计凭证的装订

会计凭证的装订是指定期把账务处理完毕的会计凭证按照编号顺序，外加封面、封底，装订成册，并在装订线上加贴封条。一般来讲，装订可依据以下程序进行，如图3-8所示。

在会计凭证装订前，要先对会计凭证进行整理。整理的程序包括对所附原始凭证的排序、粘贴和折叠。

原始凭证的纸张面积与记账凭证的纸张面积可能不完全一样，有时前者大于后者，有时前者小于后者，这就需要会计人员在制作记账凭证时对原始凭证加以适当整理。

(1) 对于纸张面积大于记账凭证的原始凭证，可按记账凭证的面积尺寸，先自右向后，再自下向后两次折叠。

注意：应把凭证的左上角或左侧面让出来，以便装订后可以展开查阅。

第 3 章 凭证的使用和管理 | 55

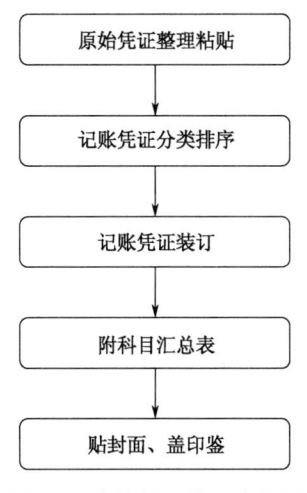

```
┌─────────────────┐
│  原始凭证整理粘贴  │
└────────┬────────┘
         ↓
┌─────────────────┐
│  记账凭证分类排序  │
└────────┬────────┘
         ↓
┌─────────────────┐
│   记账凭证装订    │
└────────┬────────┘
         ↓
┌─────────────────┐
│   附科目汇总表    │
└────────┬────────┘
         ↓
┌─────────────────┐
│  贴封面、盖印鉴   │
└─────────────────┘
```

图 3-8　会计凭证装订流程图

（2）对于纸张面积过小的原始凭证一般不能直接装订，可先按一定次序和类别排列，再将其粘贴在一张同记账凭证大小相同的白纸上，粘贴时宜用胶水。原始凭证应分张排列，同类、同金额的单据尽量粘贴在一起，并在一旁注明张数与合计金额。

（3）对于纸张面积略小于记账凭证的原始凭证，可先不用胶水粘贴，用曲别针将其别在记账凭证的后面，装订时再抽去曲别针。

（4）有的原始凭证不仅面积大，而且数量多，可以单独装订，如工资单、耗料单等，但在记账凭证上应注明保管地点。

注意：原始凭证附在记账凭证后面的顺序应尽量与记账凭证所记载的内容顺序一致，不应按原始凭证的面积大小来排序。

会计凭证经过上述方法加工整理之后，就可以按照凭证的种类分别整理排序，以便进一步装订成册。

一般的记账凭证在业务处理中是按时间顺序排列的，这就需要会计人员在装订之前按类别先行分类，再对同类别中的记账凭证按照时间排序，这样的处理便于日后的对账与查阅。

对会计凭证装订的要求是既要美观大方又要便于翻阅，所以在装订时应先设计好装订册数及每册的厚度。一般来说，一本凭证厚度以 1.5 厘米至 2.0 厘米为宜，太厚了不便于翻阅核查，太薄了不够美观。凭证太薄时可用纸折一些三角形纸条，均匀地垫在凭证下方，以保证其厚度与凭证中间的厚度一致。

注意：有了凭证的大体厚度要求后，在平常的业务处理中，如果某一类凭证的厚度达到要求就可进行装订，以减少月底的工作量。在最后统一装订时，要注意先按类别装订成册，对装订后各类别所余少数凭证可以将其合并为一册，并在封面上注明。

会计常用的装订工具有打孔机、线绳、引线的大针、长的凭证夹等。

（1）用长的凭证夹将凭证的上下两边紧紧地夹住，留出左侧的位置。有些会计人员会采用线绳捆绑的方式来保证凭证的整齐，这是需要一定技巧的。

注意：装订时要尽可能缩小装订部位的所占面积，使记账凭证及其附件保持尽可能大的显露面，便于日后查阅。

（2）夹好后的凭证用打孔机在左侧均匀地打三个孔，注意不要太靠下，以便折叠起来的原始凭证方便查阅，再用大针引线绳穿过去，如果孔不太通可以用锥子通一下。

（3）用大针引线绳依次经过打好的三个孔，最后将线绳的两头在背面打结，接头要尽量小，以免贴好封面后有凸起。

（4）在装订好的凭证册的正面，粘贴本册凭证的科目汇总表。

注意：在装订记账凭证时，要将科目汇总表及丁字账一起装订进去，这样便于快速查找某笔凭证。

（5）贴封面。封面纸应采用质地较好的牛皮纸印制，封面规格略大于所附记账凭证。在封面上，应写明单位名称、年度、月份、记账凭证的种类、起讫日期、起讫号数及记账凭证和原始凭证张数，并在封签处加盖会计主管的骑缝图章。装订会计凭证用的封面如图3-9所示。

会计凭证封面

册数号	本月共 册
	本册第 册

自 年 月 日起至 月 日止

记账凭证种类	凭单起讫号数	附原始凭证张数
收款凭证	共 张自第 号至第 号	共 张
付款凭证	共 张自第 号至第 号	共 张
转账凭证	共 张自第 号至第 号	共 张
记账凭证	共 张自第 号至第 号	共 张

备 注

年 月 日装订

会计主管人员　　　复核　　　装订员

图3-9 会计凭证封面

注意：在封面上填写好编号后，可在凭证的侧面再进行一下标注，写明××年××月转（收、付）字第×本，便于日后查阅。

对各种重要的原始单据及各种需要随时查阅和退回的单据，应另编目录，单独登记保管，并在有关的记账凭证和原始凭证上相互注明日期和编号。还有一种装订会计凭证的方法是角订法，操作起来简单易行。它的具体操作步骤如下：

（1）将封面和封底裁开，分别附在凭证册前面和后面，再拿一张质地相同的纸（可以另找一张凭证封面，裁下一半用，另一半为装订下一本凭证备用）放在封面上角，做护角线。

（2）在凭证的左上角画一边长为5厘米的等腰三角形，用夹子夹住，然后用打孔机在底线上分布均匀地打两个孔。

（3）用大针引线绳穿过两个孔，在凭证的背面打结。

（4）将护角向左上侧折，并将一侧剪开至凭证的左上角，然后涂上胶水。

（5）向上折叠，并将侧面和背面的线绳扣粘死。

3.6.2 会计凭证的归档

会计凭证是重要的经济资料和会计档案，每个单位在完成经济业务手续和记账以后，都应该按规定的立卷归档制度，形成会计档案资料，以便日后查阅。

会计凭证归档的第一步在于会计部门与档案部门的交接，《会计档案管理办法》规定："当年会计档案在会计年度终了后，可暂由本单位财务会计部门保管一年，期满之后原则上应由会计部门编制清册移交本单位的档案部门保管。"因此，在办理会计凭证的归档移交时，会计部门应当按照规定编制、开列交接清单，写明交接日期，并由交接人员在审核无误后签章。

注意：单位未设立档案机构的，应当在会计机构内部指定专人保管会计档案。出纳人员不得兼管会计档案。

交接后的会计档案，要求存放时注意防水、防火、防尘，并做到按序排放，留有适当的空间方便借阅，保证会计凭证不会散失。对于会计凭证的保管，还要求做到严格执行借阅手续，遵守保密制度。

（1）会计凭证应加贴封条，防止抽换凭证。

（2）原始凭证不得外借，其他单位如有特殊原因确实需要使用时，经本单位会计机构负责人、会计主管人员批准，可以复制。向外单位提供的原始凭证复制件，应在专设的登记簿上登记，并由提供人员和收取人员共同签名、盖章。

（3）对会计凭证要严格遵守保密制度，保证其安全性。

要严格遵守会计凭证的保管期限要求，期满前不得任意销毁。各种会计档案的保管期限如表 3-21 所示。

表 3-21　会计档案保管期限表

分类	名称	年限
会计凭证类	原始凭证	15 年
	记账凭证	15 年
	银行存款余额调节表	3 年
会计账簿类	现金日记账	25 年
	银行存款日记账	25 年
	其他日记账	15 年
	明细账	15 年
	总账	15 年
	辅助账（备查账）	15 年
	涉及外来和对私改造账簿	永久
财务报表类	主要财务指标报表	3 年
	月度财务报表	15 年
	季度财务报表	15 年
	年度财务报表	永久

续表

分类	名称	年限
其他	会计档案保管清册及销毁清册	25 年
	财务成本计划	3 年
	主要财务会计文件、合同、协议	永久

对到期的会计凭证需要销毁的,应执行严格的鉴定程序,并建立销毁清单,报经相关领导批准,且销毁现场要两人以上同时在场见证。

第 4 章 账簿的使用和管理

做好凭证后，下一步的工作就是登记账簿了。账簿和凭证所记录的经济业务是一样的，但两者的作用却不相同。通过登记账簿，可以把分散在会计凭证上的大量核算资料加以集中和归类整理，生成有用的会计信息，从而为编制财务报表、进行会计分析及审计提供主要依据。可以说，账簿起着承上启下的作用。

4.1 会计账簿的意义

会计账簿简称账簿，是由具有一定格式、相互联系的账页所组成的，用来序时、分类地全面记录一个企业、单位经济业务事项的会计簿籍。设置和登记会计账簿是重要的会计核算基础工作，是连接会计凭证和财务报表的中间环节。

在整个的会计账务处理过程中，登记账簿起着承上启下的作用，其意义可以归纳为以下几点，如图 4-1 所示。

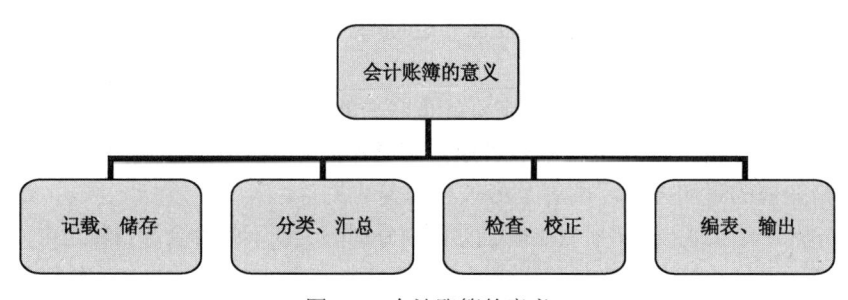

图 4-1 会计账簿的意义

（1）记载、储存会计信息

会计账簿是会计信息的另一种记载方式，将会计凭证所记录的经济业务记入有关账簿，可以全面反映会计主体在一定时期内所发生的各项资金运动，储存所需要的各项会计信息，也可以说是把记账凭证上的信息再进行一遍储存处理，避免有所遗漏。

注意：会计账簿与会计凭证对会计信息的记载是相辅相成的，即用相同的记载反映同一经济事项的不同侧面。

（2）分类、汇总会计信息

零散的数字只有进行了分类、汇总等处理后才能反映全面的情况。会计凭证可以如实地反映经济事项发生的情况，但是它对经济事项的记录零散地存在于各张凭证中，不利于全面、发展地反映经济信息。

账簿是由相互关联的账户构成的，它可以分门别类地反映各项会计信息，为企业提供一定时期内经济活动的详细情况；它还可以为各方面提供所需要的总括会计信息，反映企业整体的财务状况和经营成果。

（3）检查、校正会计信息

账簿记录是对会计凭证信息的进一步整理。会计账簿需要依据核对无误的会计凭证进行登记，登记账簿的过程又是对会计凭证二次核对的过程，对一些不能用试算平衡检查出来的错误，需要逐笔在账证之间进行核对。

（4）编表、输出会计信息

进行会计核算工作的目的是为了反映企业一定时期的财务状况及经营成果，而经营成果信息的取得在于计算与编制财务报表。

会计账簿作为编制财务报表的前置程序，其意义不可替代。企业应定期进行结账工作，并进行有关账簿之间的核对，计算出本期发生额和余额，据以编制财务报表，向有关各方提供所需要的会计信息。

4.2 会计账簿与账户的关系

在会计核算中，由于企业对每一项经济业务都必须取得和填制会计凭证，所以会计凭证的数量既多又分散，而且每张凭证只能记载个别经济业务的内容，所提供的资料是零散的，不能全面、连续、系统地反映企业在一定时期内的某一类或全部经济业务活动情况，也不便于日后查阅。

账户存在于账簿之中，账簿中的账页就是账户的存在形式和载体；账户不能独立于账簿而存在，账簿序时、分类地记载经济业务都是在账户中完成的；账簿是账户的外在形式，账户是账簿的真实内容，两者是形式和内容的关系。

在经济业务发生时，先将所发生的会计事项分别归类到不同的会计科目之中，然后把归类的会计事项用会计科目记录在会计凭证上；在会计账簿上按不同的会计科目开设会计账户，用来记录会计事项的发生；根据会计凭证上对会计事项的记载分别将不同的会计科目登记到会计账户中。会计凭证、会计账簿和会计账户三者是递进关系，又相互钩稽、相辅相成，不可舍其一而成立。

注意：在登记经济业务时，应先根据原始凭证做记账凭证；然后根据记账凭证集中和归类，即把经济业务按账户记入账簿中；最后根据账簿进行分析归纳，编制财务报表。这三个步骤的顺序不可颠倒。

在查找或核对相关经济业务时，则是相反的顺序，即从财务报表查到账簿，再查到凭证，直至找到原始凭证为止。

4.3 会计账簿的分类

会计账簿有多种不同的分类方式，如图 4-2 所示。

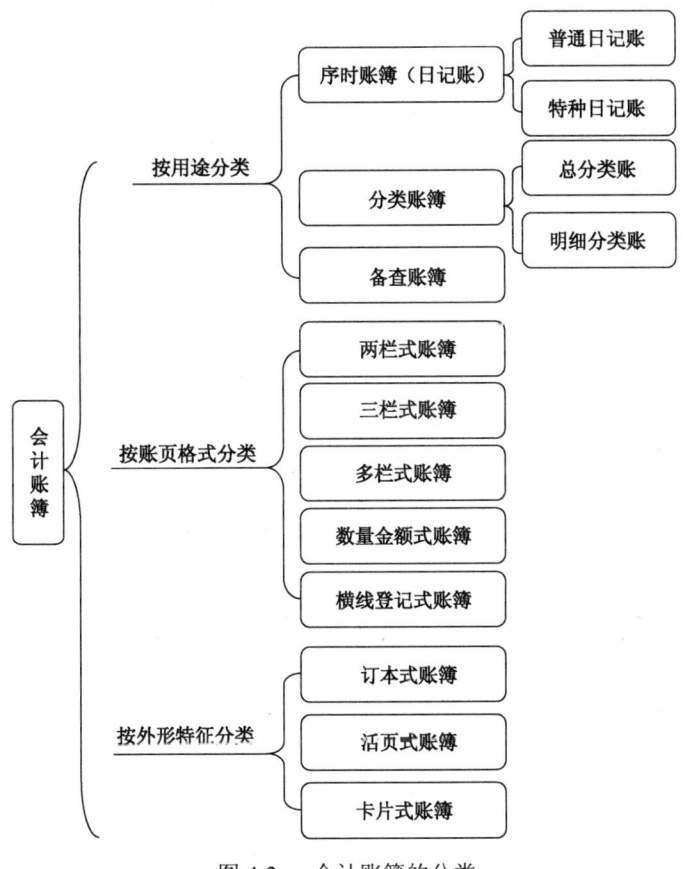

```
                           ┌─ 序时账簿（日记账）─┬─ 普通日记账
                           │                    └─ 特种日记账
              ┌─ 按用途分类 ─┼─ 分类账簿 ─┬─ 总分类账
              │             │           └─ 明细分类账
              │             └─ 备查账簿
              │
              │             ┌─ 两栏式账簿
              │             ├─ 三栏式账簿
  会计账簿 ───┼─ 按账页格式分类 ─┼─ 多栏式账簿
              │             ├─ 数量金额式账簿
              │             └─ 横线登记式账簿
              │
              │             ┌─ 订本式账簿
              └─ 按外形特征分类 ─┼─ 活页式账簿
                           └─ 卡片式账簿
```

图 4-2　会计账簿的分类

1. 按用途分类

（1）序时账簿：又称日记账，是会计部门按照收到会计凭证号码的先后顺序进行登记的账簿。

注意：我国在会计工作发展的早期，就要求企业必须将每天发生的经济业务逐项登记，以便记录当天业务发生的金额。因此，我们习惯性地称序时账簿为日记账。

序时账簿按其记录内容的不同，又分为普通日记账和特种日记账两种。

①普通日记账是将企业每天发生的所有经济业务，不论性质如何，按其先后顺序编成会计分录记入账簿。

②特种日记账是按经济业务性质单独设置的账簿，它只把特定项目按经济业务顺序记入账簿，反映其详细情况，如现金日记账（如表 4-1 所示）和银行存款日记账（如表 4-2 所示）。

表 4-1 现金日记账

现金日记账

年		凭证编号	摘要	对应科目	借方 千百十万千百十元角分	√	贷方 千百十万千百十元角分	√	余额 千百十万千百十元角分
月	日								
			承前页						

表 4-2 银行存款日记账

银行存款日记账

年		凭证编号	结算方式 类 号码	摘要	借方 千百十万千百十元角分	√	贷方 千百十万千百十元角分	√	余额 千百十万千百十元角分
月	日								

注意：特种日记账的设置应根据业务特点和管理需要而定，特别是那些发生烦琐、需严加控制的项目，应予以设置。

（2）分类账簿：对全部经济业务按照会计要素的具体类别而设置的分类账户进行登记的账簿。分类账簿按其提供核算指标的详细程度不同，又分为总分类账和明细分类账。

①总分类账，简称总账，是根据总分类科目开设账户，用来登记全部经济业务，进行总分类核算，提供总括核算资料的分类账簿，如表 4-3 所示。

表 4-3 总分类账

总分类账

科目名称 _____

年		凭证编号	摘要	借方 亿千百十万千百十元角分	贷方 亿千百十万千百十元角分	借或贷	余额 亿千百十万千百十元角分
月	日						

②明细分类账，简称明细账，是根据明细分类科目开设账户，用来登记某一类经济业务，进行明细分类核算，提供明细核算资料的分类账簿，如表4-4所示（应付账款的明细分类账）。

表4-4 明细分类账

应付账款

本账页数	
本户页数	
科目	乙公司

2019年		记账凭证号数	摘要	对方科目	页数	借方 亿千百十万千百十元角分	贷方 亿千百十万千百十元角分	借或贷	余额 亿千百十万千百十元角分
月	日								
2	12	转1	购买货物				6 0 0 0 0 0	贷	6 0 0 0 0 0
2	15	转2	冲回转1多计				-1 0 0 0 0 0	贷	5 0 0 0 0 0

（3）备查账簿：又称辅助账簿，是对某些在序时账簿和分类账簿等主要账簿中都不予登记或登记不够详细的经济业务进行补充登记时使用的账簿。它可以对某些经济业务的内容提供必要的参考资料。

注意：备查账簿的设置应视实际需要而定，并非一定要设置，而且没有固定格式，如设置租入固定资产登记簿、代销商品登记簿等。

2．按账页格式分类

（1）两栏式账簿：只有借方和贷方两个基本金额的账簿。各种收入、费用类账户都可以采用两栏式账簿。

（2）三栏式账簿：设有借方、贷方和余额三个基本栏目的账簿。日记账、总分类账及资本、债权、债务明细账通常采用三栏式账簿。

（3）多栏式账簿：在账簿的两个基本栏目及借方和贷方按需要分设若干专栏的账簿。收入、费用明细账一般采用多栏式账簿。

（4）数量金额式账簿：借方、贷方和金额三个栏目内都分设数量、单价和金额三小栏，以反映财产物资的实物数量和价值量的账簿。原材料、库存商品、产成品等明细账通常采用数量金额式账簿。

（5）横线登记式账簿：在同一张账页的同一行，记录某一项经济业务从发生到结束的相关内容的账簿。

3．按外形特征分类

（1）订本账：订本式账簿，简称订本账，是在启用前将编有顺序页码的一定数量账页装订成册的账簿。这种账簿一般适用于重要的和具有统御性的总分类账、现金日记账和银行存款日记账等。

优点：可以避免账页散失，防止账页被抽换，比较安全。

缺点：同一账簿在同一时间只能由一人登记，不便于会计人员分工协作记账，也不便于计算机记账。

注意：特种日记账，如现金日记账、银行存款日记账和总分类账必须采用订本账形式。

（2）活页账：活页式账簿，简称活页账，是将一定数量的账页置于活页夹内，可根据记账内容的变化随时增加或减少部分账页的账簿。活页账一般适用于明细分类账。

优点：可以根据实际需要增添账页，使用灵活，并且便于分工记账。

缺点：账页容易散失和被抽换。

注意：各种明细分类账可采用活页账形式。

（3）卡片账：卡片式账簿，简称卡片账，是将一定数量的卡片式账页存放于专设的卡片箱中，且账页可以根据需要随时增添的账簿。卡片账一般适用于低值易耗品、固定资产等的明细核算。

注意：我国一般只对固定资产明细账采用卡片账形式。

4.4 会计账簿的基本内容

各种账簿的形式和格式多种多样，主要包括以下几点内容：

（1）封面。封面主要标明账簿的名称，如总分类账、现金日记账、银行存款日记账。

（2）扉页。扉页标明会计账簿的使用信息，如账簿使用登记表、总账科目索引表等，如表4-5、表4-6所示。

表4-5 账簿使用登记表

单位名称					印花税票粘贴处
账簿名称					
账簿编号					
账簿页数	本账簿共计使用 100 页				
启用日期	20 年 01 月 01 日				
截止日期	20 年 12 月 31 日				
经管人员	出纳	审核	主管	部门领导	

	交 接 记 录				
姓名	交接日期		交接盖章	监交人员	
				职务	姓名
	经管	年　月　日			
	交出	年　月　日			
	经管	年　月　日			
	交出	年　月　日			
	经管	年　月　日			
	交出	年　月　日			
备注				单位公章	

表 4-6　总账科目索引表

科目名称	页码	科目名称	页码	科目名称	页码	科目名称	页码

（3）账页。账页是账簿用来记录经济业务事项的载体，其格式因反映经济业务内容的不同而有所不同，但基本内容应当包括：账户的名称及科目、二级或明细科目；登记账簿的日期栏；记账凭证的种类和号数栏；摘要栏，即对所记录经济业务内容的简要说明；金额栏，即记录经济业务的增减变动和余额；总页次和分户页次栏。

4.5　会计账簿的启用

启用会计账簿，包括新企业账簿的启用和企业每年年初对新账簿的启用。企业在启用会计账簿时，应当在账簿的有关位置记录以下相关信息，如图 4-3 所示。

封面和封底　　账簿使用登记表　　总账科目索引表　　印花税票

图 4-3　账簿启用记录信息

（1）设置账簿的封面和封底。订本账无须另设封面，因为封面都是印好的；而各种活页账都应设置封面和封底，并逐一登记单位名称、账簿名称和所属会计年度。账簿的封面一般是通用的，只要自行填写账簿的名称就可以了。

（2）填写账簿使用登记表。企业在启用会计账簿时，应首先填写关于该账簿的相关信息，包括单位名称、账簿名称、账簿编号、账簿页数、起止日期、经管人员等项目，并加盖单位公章。在会计人员发生变更时，应办理交接手续并填写交接记录，如表 4-5 所示。

（3）填写总账科目索引表。总账应按照会计科目的编号顺序填写科目名称及页码，这样在进行相关的查找时可以很快地定位科目页码。总账科目索引表如表 4-6 所示。

注意：在启用活页式明细分类账时，应按照所属会计科目填写科目名称和页码，在年度结账后，撤去空白账页，填写使用页码。因此，在正常使用的时期，活页式明细分类账的页码是不确定的，一般会先用各式的口曲纸进行区别定位。

（4）粘贴印花税票。印花税票应粘贴在账簿的右上角，并进行画线注销。印花税票与邮票相似，是每个账簿的封面都应贴具的，还应在上面用两条红色横线表示画线注销。

4.6 会计账簿的更换

会计账簿的更换是指在会计年度终了时,将上年旧账更换为下年新账。

更换新账的程序是:年度终了,在本年有余额的账户"摘要"栏内注明"结转下年"字样。在更换新账时,注明各账户的年份,在第一行"日期"栏内写明1月1日;"凭证编号"栏空置不填;将各账户的年末余额直接抄入新账"余额"栏内,并注明余额的借贷方向。过入新账的有关账簿余额的转移事项,无须编制记账凭证,如表4-7、表4-8所示。

表4-7 结转下年示例

现 金 日 记 账

年		凭证编号	摘要	对应科目	借方 千百十万千百十元角分	√	贷方 千百十万千百十元角分	√	余额 千百十万千百十元角分
月	日								
			承前页						7 2 6 8 5 4
12	30	现付20	业务部报销车费				3 2 0 0 0		6 9 4 8 5 4
			本月合计		1 9 3 2 5 0 0		1 7 4 6 8 5 4		
			本年累计		9 2 7 8 6 4 7		9 0 8 3 0 0 1		
			结转下年		6 9 4 8 5 4				0

表4-8 上年结转示例

现 金 日 记 账

年		凭证编号	摘要	对应科目	借方 千百十万千百十元角分	√	贷方 千百十万千百十元角分	√	余额 千百十万千百十元角分
月	日								
1	1		上年结转						6 9 4 8 5 4

在新的会计年度建账并不是说所有的账簿都需要更换为新的。一般来说,现金日记账、银行存款日记账、总分类账及大多数明细分类账应每年更换一次,但是有些财产物资明细账和债权债务明细账由于材料品种、规格和往来单位较多,若每年更换新账,重复抄写的工作量较大,因此,可以跨年度使用。第二年使用时,可直接在上年终了的双线下面记账。另外,各种备查账簿也可以连续使用。

注意:固定资产明细账是不需要每年更换的,一般按固定资产的名称分别登记、连续使用。

4.7 会计账簿的保管

会计账簿是重要的经济资料，必须建立相应的管理制度，妥善保管。账簿管理分为账簿的平时管理和旧账的归档保管两部分。

1. 账簿的平时管理

账簿要指定专人管理，经管人员既要负责记账、对账、结账等工作，又要负责保证账簿的安全。

非经管人员未经领导和会计负责人或者有关人员批准，不能随意翻阅、查看会计账簿。会计账簿除需要与外单位核对外，一般不能携带外出，对携带外出的账簿，一般应由经管人员或会计主管指定专人负责。会计账簿不能随意交予其他人员管理，以保证账簿安全和防止任意涂改账簿等情况的发生。

2. 旧账的归档保管

年度终了更换并启用新账后，要对更换下来的旧账进行整理装订、造册归档。旧账在归档前的整理工作包括检查和补齐应办的手续，如改错盖章、注销空行及空页、结转余额等。

注意：活页账应撤出未使用的空白账页再装订成册，并注明各账页号数。

除跨年使用的账簿外，各种会计账簿在年度结账后，应按时整理立卷，其基本要求是：账簿装订前，首先按账簿使用登记表核对账簿是否相符、页数是否齐全、序号排列是否连续；然后按会计账簿封面、账簿使用登记表、总账科目索引表、按页数顺序排列的账页、会计账簿封底的顺序装订。活页账装订的具体要求如下：

（1）保留已使用的账页，将账页数填写齐全，去除空白页并撤掉账夹，用质地较好的牛皮纸做封面、封底，装订成册。活页账一般按账户分类装订成册，一个账户装订成一册或数册；某些账户账页较少，也可以合并装订成一册。

（2）多栏式活页账、三栏式活页账、数量金额式活页账等不得混装，应按同类业务、同类账页装订在一起。

（3）在封面上填写账目的种类，编好卷号，会计主管和装订人员（经办人员）签章。

装订账簿后的其他要求：

（1）会计账簿应牢固、平整，不得有折角、缺角、错页、掉页、加空白纸等现象。

（2）会计账簿的封口要严密，封口处要加盖有关印章。

（3）封面应齐全、平整，并注明所属年度及账簿名称、编号，编号为一年一编，编号顺序为总账、现金日记账、银行存（借）款日记账、分户明细账。

（4）会计账簿按保管期限分别编制卷号，如现金日记账全年按顺序编制卷号，总账、各类明细账、辅助账全年按顺序编制卷号。

旧账装订完毕后应编制目录、编写移交清单，然后按期移交档案部门保管。各种会计账簿同会计凭证和财务报表一样，都是重要的经济档案，必须按照会计制度规定的保存年限妥善保管，不得丢失和任意销毁。

注意：根据《会计档案管理办法》的规定，总分类账、明细分类账、辅助账、日记账均应保存15年，现金日记账、银行存款日记账要保存25年，涉及外来和对私改造账簿应永久保存。

账簿保管期满后，应按照规定的审批程序报经批准后才能销毁。这些保管和销毁的规定与记账凭证的相关规定基本一致。

4.8　账务处理程序

账务处理程序也称会计核算组织程序，是指账簿组织和记账有机结合的方式和步骤。账簿组织是指初始对账簿种类、格式和各种账簿之间关系的设置。记账步骤是对会计数据的记录、归类、汇总、列报的步骤和方法，即从原始凭证的整理、汇总，记账凭证的填制、汇总，日记账、明细分类账的登记到财务报表编制的步骤和方法。

账务处理程序的基本模式可以概括为：原始凭证—记账凭证—会计账簿—财务报表。选择科学、合理的账务处理程序是组织会计工作、进行会计核算的前提。在实际工作中，企业可以选择不同的账务处理程序，但在进行选择时应符合以下要求：

（1）适合本单位的组织结构特点。考虑自身企业组织规模的大小、经济业务的性质和繁简程度，有利于会计工作的分工协作和内部控制。

（2）能够正确、及时和完整地提供相关会计信息。在保证会计信息质量的前提下，满足本单位各相关管理部门及人员对会计信息的需要。

（3）力求简化，减少不必要的环节。节约人力、物力和财力，提高工作效率。

常用的账务处理程序主要有记账凭证账务处理程序、汇总记账凭证账务处理程序、科目汇总表账务处理程序、多栏式日记账账务处理程序（略）和日记总账账务处理程序。

注意：不同账务处理程序的差别主要体现在登记总账的方法和依据不同，其中科目汇总表账务处理程序最为常见。

4.8.1　记账凭证账务处理程序

记账凭证账务处理程序是指对发生的经济业务事项，根据原始凭证或汇总原始凭证编制记账凭证，然后直接根据记账凭证逐笔登记总分类账的一种账务处理程序。它是基本的账务处理程序，如图4-4所示。

（1）根据原始凭证编制汇总原始凭证。

（2）根据原始凭证或汇总原始凭证编制记账凭证。

（3）根据收款凭证、付款凭证逐笔登记现金日记账和银行存款日记账。

（4）根据记账凭证登记各种明细分类账。

（5）根据记账凭证逐笔登记总分类账。

（6）期末，现金日记账、银行存款日记账和明细分类账的余额同有关总分类账的余额核对相符。

（7）期末，根据总分类账和明细分类账的记录编制财务报表。

注：——→ 表示填制和登记
　　◂---- 表示核对

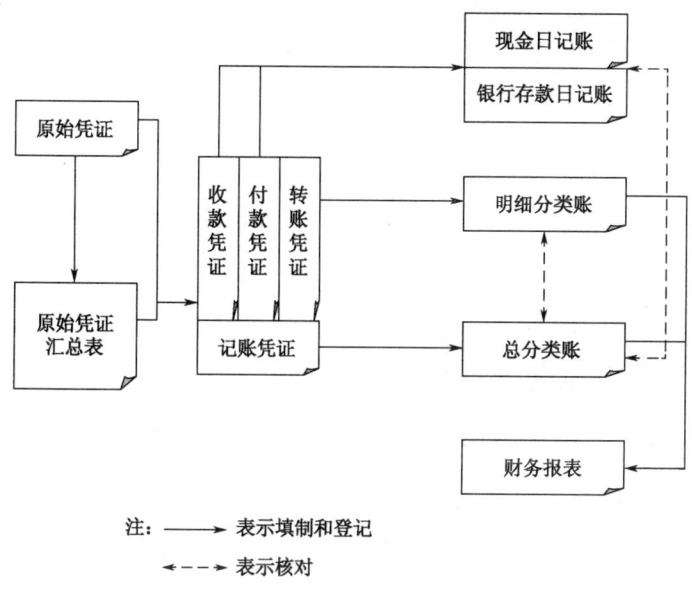

图 4-4　记账凭证账务处理程序示意图

4.8.2　汇总记账凭证账务处理程序

汇总记账凭证账务处理程序是指首先根据原始凭证或汇总原始凭证编制记账凭证，其次定期根据记账凭证分类编制汇总收款凭证、汇总付款凭证和汇总转账凭证，最后根据汇总记账凭证登记总分类账的一种账务处理程序，如图 4-5 所示。

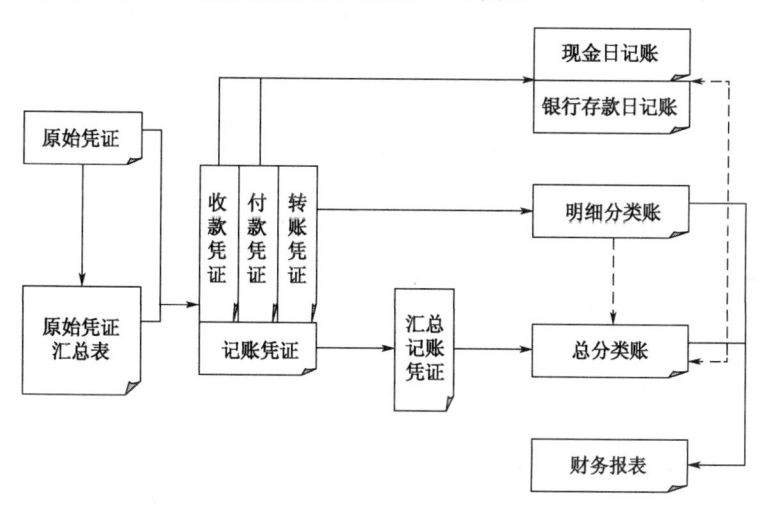

注：——→ 表示填制和登记
　　◂---- 表示核对

图 4-5　汇总记账凭证账务处理程序示意图

（1）根据原始凭证编制汇总原始凭证。

（2）根据原始凭证或汇总原始凭证编制记账凭证。

（3）根据收款凭证、付款凭证逐笔登记现金日记账和银行存款日记账。

（4）根据记账凭证登记各种明细分类账。

（5）根据各种记账凭证编制有关汇总记账凭证。

（6）根据各种汇总记账凭证登记总分类账。

（7）期末，现金日记账、银行存款日记账和明细分类账的余额同有关总分类账的余额核对相符。

（8）期末，根据总分类账和明细分类账的记录编制财务报表。

4.8.3 科目汇总表账务处理程序

科目汇总表账务处理程序又称记账凭证汇总表账务处理程序，是指根据记账凭证定期编制科目汇总表，再根据科目汇总表登记总分类账的一种账务处理程序，如图 4-6 所示。

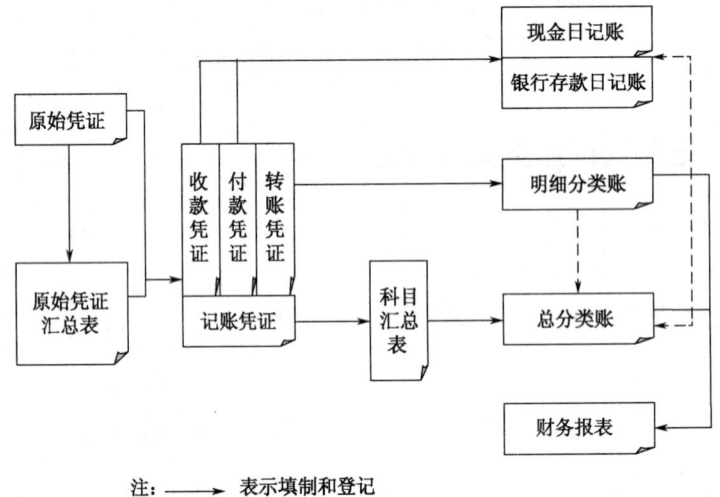

图 4-6 科目汇总表账务处理程序示意图

（1）根据原始凭证编制汇总原始凭证。

（2）根据原始凭证或汇总原始凭证编制记账凭证。

（3）根据收款凭证、付款凭证逐笔登记现金日记账和银行存款日记账。

（4）根据记账凭证登记各种明细分类账。

（5）根据各种记账凭证编制科目汇总表。

（6）根据科目汇总表登记总分类账。

（7）期末，现金日记账、银行存款日记账和明细分类账的余额同有关总分类账的余额核对相符。

（8）期末，根据总分类账和明细分类账的记录编制财务报表。

4.8.4 日记总账账务处理程序

将日记账和总分类账结合起来设置一本联合的账簿,并将所有经济业务都登记在其之上,称为日记总账。

五种账务处理程序都有其自身的优缺点,企业应该根据自身的实际情况进行选择,其优缺点及适用范围如表4-9所示。

注意:第四种和第五种方法在实际应用中比较少见,前三种更常见。

表4-9 五种账务处理程序的优缺点及适用范围

类别	优点	缺点	适用范围
记账凭证账务处理程序	简单明了、易于理解,总分类账可以较详细地反映经济业务的发生情况	登记总分类账的工作量较大	适用于规模较小、经济业务较少的单位
汇总记账凭证账务处理程序	减轻了登记总分类账的工作量,便于了解账户之间的对应关系	按每一贷方科目编制汇总转账凭证,不利于会计核算的日常分工;当转账凭证较多时,编制汇总转账凭证的工作量较大	适用于规模较大、经济业务较多的单位
科目汇总表账务处理程序	减轻了登记总分类账的工作量,并可做到试算平衡,简明易懂、方便易学	科目汇总表不能反映账户的对应关系,不便于查对账目	适用于经济业务较多的单位
多栏式日记账账务处理程序	收款凭证、付款凭证通过多栏式日记账进行汇总,再据以登记总分类账,可以减少登记总分类账的工作量	如果单位经济业务多,必然会造成日记账栏目过多、账页庞大,容易串行串栏,不便于登记	适用于生产经营规模大、经济业务多,但使用会计科目较少的单位
日记总账账务处理程序	简单易行	所有科目都设在一张账页内,必然会导致账页过长,不便于记账和查阅	适用于经济业务较少,使用会计科目也较少的单位

4.9 会计账簿的登记方法

为了保证账簿记录、成本计算和财务报表不出现差错,登记账簿必须根据审核无误的记账凭证进行。账簿的登记要求如图4-7所示。

(1)准确完整

这是一项最基本的要求,如果登记的内容不准确、不完整,就会给以后的对账工作或经济业务的查找工作设置障碍。

登记会计账簿时,应当将会计凭证日期、编号、业务内容摘要、金额等逐项登记入账,做到数字准确、摘要清楚、登记及时、字迹工整。

负责登记账簿的会计人员在登记账簿前,应对已经由专门复核人员审查过的记账凭证再复核一遍。

注意:账簿记录中的日期,应该填写记账凭证上的日期。

图 4-7 账簿登记要求

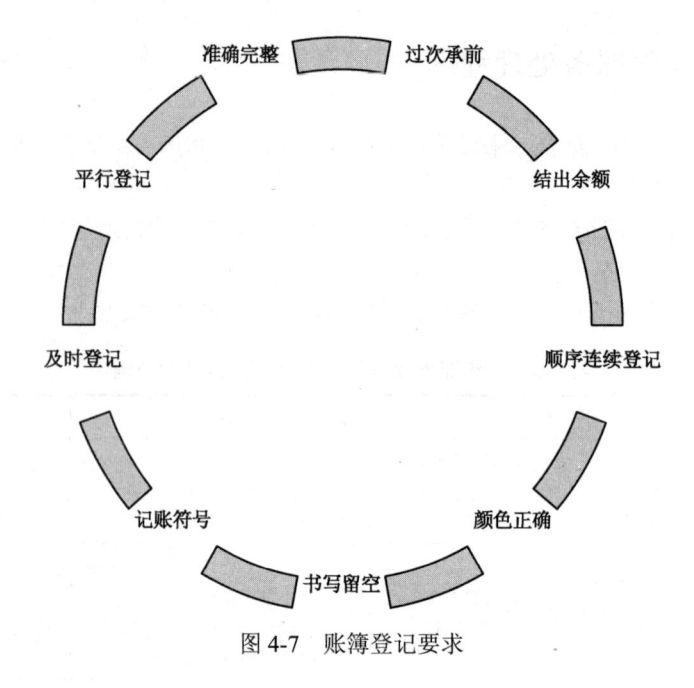

（2）平行登记

对于每一项会计事项，要在总账和明细账之间进行平行登记。

（3）及时登记

登记账簿的间隔时间总体来说越短越好。一般情况下，总账可以三五天登记一次；明细账的登记时间间隔要短于总账；日记账和债权债务明细账一般一天就要登记一次；现金、银行存款日记账应随时按照业务发生顺序逐笔登记，每日终了应结出余额。

（4）记账符号

登记完毕后，会计人员要在记账凭证上加盖自己的名章，并用"√"表示已经记账，以免发生重记或漏记的现象。

（5）书写留空

账簿中书写的文字和数字一般应占格距的1/2，这样在发生登记错误时，就能比较容易地进行更正。另外，这样做还方便查账工作。

（6）颜色正确

正常记账使用蓝笔或黑笔，特殊记账使用红笔。在实务工作中，红笔是用来冲账的，即在冲账或写负数时用红笔，而正常书写时应用蓝笔或黑笔。

（7）顺序连续登记

登记各种账簿时应按页次顺序连续登记，不得跳行、隔页。如果发生跳行、隔页，应当将空行、空页画线注销，或者注明"此行空白""此页空白"字样，并由记账人员签名或盖章，防止后续无关的填加引起的错弊。

（8）结出余额

凡需要结出余额的账户在结出余额后，应当在"借或贷"栏内写明"借"或"贷"字样。没有余额的账户，应当在"借或贷"栏内写"平"字，并在"余额"栏内用"0"表示。

注意：现金日记账和银行存款日记账是必须逐日结出余额的。

（9）过次承前

每一账页登记完毕结转下页时，应当结出本页合计数及余额，写在本页最后一行和下页第一行有关栏内，并在"摘要"栏内注明"过次页"和"承前页"字样。

4.10 会计账簿的对账

对账是为了保证会计数字的真实性与可靠性，每月末了应将各账簿的记录进行核对，以保证会计信息的可靠。对账包括账证核对、账账核对、账实核对和账表核对，如图 4-8 所示。

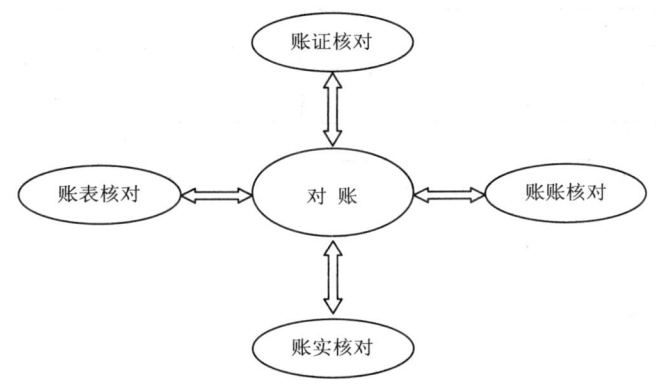

图 4-8 对账内容示意图

4.10.1 账证核对

账证核对是指将各种账簿（包括总账、明细账及现金日记账、银行存款日记账等）的记录与有关的记账凭证和原始凭证进行核对，要求做到账证相符。

会计凭证是登记账簿的依据，账证核对主要检查登账中的错误。核对时，应将凭证和账簿的记录内容、数量、金额和账户等相互对比，保证二者相符。

账证核对要求按照业务发生先后顺序一笔一笔地进行，检查的项目主要有：核对凭证的编号；检查记账凭证与原始凭证是否完全相符；查对账证金额与方向的一致性。如果在检查中发现差错，应立即按照规定的方法更正，以确保账证完全一致。

账证核对在日常记账过程中就应进行，以便及时发现错账并进行更正。这是保证账账相符、账实相符的基础。

注意：在实际的工作中，账证之间的核对应在依据记账凭证登记账簿时进行，而在核对时，可以应用科目汇总表（如表 4-10 所示）进行核对工作，更加快捷。

表 4-10　科目汇总表

科目汇总表			编号			
			凭证号数	现金	自第　号至　号止	
				银行	自第　号至　号止	
年　月　日至　月　日				转账	自第　号至　号止	
会计科目	借方金额	贷方金额	会计科目	借方金额	贷方金额	
合计			合计			
财务主管		记账		复核		制表

科目汇总表具体的编制过程详见本章第 4.13.2 节。

4.10.2　账账核对

账账核对是指对各种账簿之间的有关数字进行核对，主要包括以下几点内容：

（1）总分类账各账户本月借、贷方发生额合计数及期末借、贷方余额合计数应该分别核对相符，以检查总分类账户的登记是否正确。

（2）各明细分类账的本期借、贷方发生额合计数及期末余额合计数与总分类账应该分别核对相符，以检查各明细分类账的登记是否正确。

（3）现金日记账和银行存款日记账的本期借、贷方发生额合计数及期末余额合计数与总分类账应该分别核对相符，以检查日记账的登记是否正确。

（4）会计部门有关财产物资的明细分类账结存数与财产物资保管或使用部门的有关保管账的账存数应该核对相符，以检查双方记录是否正确。

4.10.3　账实核对和账表核对

账实核对是指各种财产物资的账面余额与实存数额相核对，主要包括以下几点内容：

（1）现金日记账账面余额与实地盘点的库存现金实有数相核对。

（2）银行存款日记账账面余额与开户银行账目（银行对账单）相核对。

（3）各种财产物资明细分类账账面余额与其清查盘点后的实存数相核对。

（4）各种应收、应付款明细分类账账面余额与有关债务、债权单位的账目相核对。

账表核对是对财务报表与会计账簿之间的数字进行进一步的核对，以保证财务报表的准确性和真实性。

4.11　会计账簿的结账

先对账还是先结账，可以根据具体的情况而定，理论上应该先进行结账再进行对账，但是如果发生错误，已经结账完成的账簿更改起来比较麻烦，也会影响到账簿的美观。因此，我们可以先进行预结账，计算相关合计数与余额，并在底稿上进行核对，核对无误后再进行正式的结账。

每个单位的经济活动都是连续不断进行的，为了总结每一会计期间（月度、季度、年度）的经济活动情况，考核经营成果，编制财务报表，必须在每一会计期末进行结账。

结账是指在将本期内所发生的经济业务全部登记入账的基础上，于会计期末按照规定的方法结算账目，包括计算出本期发生额和期末余额。结账的主要程序和内容有以下几点：

（1）结账前，必须将本期内发生的各项经济业务全部登记入账，一旦结账后，再发生的经济业务必须记入下期。

注意：企业结账一般都在每月的最后一天，而有些企业则在每月 25 日结账，从 26 日起的业务就算在下个月了。严格来讲，这种做法是不符合要求的。

（2）按照权责发生制的要求进行账项调整的账务处理，并在此基础上进行其他有关转账业务的账务处理，以计算确定本期的成本、费用、收入和利润，这是相关项目的匹配问题。

（3）结账时，应结出现金日记账、银行存款日记账及总分类账和明细分类账各账户的本期发生额和期末余额，并将期末余额结转下期。首先，在各账户本月最后一笔记录下面画一条通栏红线，表示本月结束；其次，在红线下面结出本月发生额和月末余额，如果没有余额，则在"余额"栏中写"平"或"0"，同时在"摘要"栏中注明"本月合计"字样；最后，再在下面画一条通栏红线，表示完成月结工作。现金日记账结账示例如表 4-11 所示。

表 4-11　现金日记账结账示例

现　金　日　记　账

年		凭证编号	摘要	对应科目	借方	√	贷方	√	余额
月	日				千百十万千百十元角分		千百十万千百十元角分		千百十万千百十元角分
			上年结转						1 3 7 9 1 3 8
1	4	现付15	支付销售部快递费				4 0 0 0		1 3 7 5 1 3 8
1	9	现付16	支付销售部交通费				5 5 6 7 0		1 3 1 9 4 6 8
1	12	现付17	支付销售部招待费				1 5 0 0 0 0		1 1 6 9 4 6 8
1	15	现付18	支付产品部广告费				3 2 9 0 0 0		8 4 0 4 6 8
1	10	银付3	取现		3 0 0 0 0 0				1 1 4 0 4 6 8
1	27	现付19	支付系统集成部费用				4 1 2 4 0		1 0 9 9 2 2 8
1	31	现付20	支付办公室办公用品				1 4 6 6 0 0		9 5 2 6 2 8
			本月合计		3 0 0 0 0 0		7 2 6 5 1 0		9 5 2 6 2 8

注意：不能为了编制财务报表而提前结账，不能将本期发生的经济业务延至下期登账，也不能先编财务报表后结账。

4.12　会计账簿的错账更正

账簿的登记有其特殊的要求，而且根据账簿种类的不同，具体的细节要求有所不同。登记账簿要求认真仔细，但难免有发生错误的时候，这个时候对错账的更正需要按照规定进行，以免错上加错。

账簿记录应做到整洁，记账应力求正确，如果账簿记录发生错误，应按规定的方法进行更正。更正错账的方法有：画线更正法、红字更正法、补充登记法。

1．画线更正法

在结账以前，如果发现账簿记录有错误，而记账凭证没有错误，仅属于记账时文字或数字上的笔误，应采用画线更正法。

更正的方法是：先将错误的文字或数字用一条红色横线画去，表示注销；再在画线的上方用蓝色字迹写上正确的文字或数字，并在画线处加盖更正人名章，以明确责任。

注意：画掉错误数字时，应将整笔数字画掉，不能只画掉其中一个或几个写错的数字，且应保持被画去的字迹仍可清晰辨认。

若记账时对错了位数，比如错把 2567.30 写成 25673.00，而记账凭证上没有错误，只是在登记账簿时的笔误，这时就可以使用画线更正法，如图 4-9 所示。

百	十	万	千	百	十	元	角	分
			2	5	6	7	3	0
		2	5	6	7	3	0	0

图 4-9　画线更正法

2．红字更正法

红字更正法是指由于记账凭证错误使账簿记录发生错误，而用红字冲销原记账凭证，以更正账簿记录的一种方法。红字更正法适用于以下两种情况。

（1）记账以后，如果发现账簿记录的错误是因记账凭证中的应借、应贷会计科目或记账方向错误而引起的，应用红字更正法进行更正。

更正的方法是：先用红字金额填写一张会计科目与原错误记账凭证完全相同的记账凭证，在"摘要"栏中写明"冲销错账"及错误凭证的号数和日期，并据以用红字登记入账，以冲销原来错误的账簿记录；然后用蓝字或黑字填写一张正确的记账凭证，在"摘要"栏中写明"更正错账"及冲账凭证的号数和日期，并据以用蓝字或黑字登记入账。

例如，将一笔"管理费用"误记为"销售费用"，会计分录为：

借：销售费用　　　　165

贷：库存现金　　　　　165

误记的会计凭证如表 4-12 所示。

表 4-12　误记的会计凭证

付　款　凭　证

总号：
分号：现付2号

贷方科目：库存现金　　　年　月　日　　　附件　2　张

摘要	应借科目		过账	金额（亿千百十万千百十元角分）
	一级科目	二级科目		
报销文印费	销售费用			1 6 5 0 0
			合计	¥ 1 6 5 0 0

财务主管　　记账　　出纳　　复核　　制单 王文

发现错误后，要用红字原样冲回（本例用负数表示，实际中要用红字书写）：

借：销售费用　　　　　-165
　　贷：库存现金　　　　-165

红字冲回的会计凭证如表 4-13 所示。

表 4-13　红字冲回的会计凭证

付　款　凭　证

总号：
分号：现付3号

贷方科目：库存现金　　　年　月　日　　　附件　　张

摘要	应借科目		过账	金额（亿千百十万千百十元角分）
	一级科目	二级科目		
冲回现付2号	销售费用			-1 6 5 0 0
			合计	-¥ 1 6 5 0 0

财务主管　　记账　　出纳　　复核　　制单 王文

下面，再做一笔正常的会计分录：

借：管理费用　　　　　165
　　贷：库存现金　　　　165

改正后的会计凭证如表 4-14 所示。

表 4-14　改正后的会计凭证

付款凭证				总号	
				分号	现付4号

贷方科目　库存现金　　　年　月　日　　　附件　　张

摘要	应借科目		过账	金额
	一级科目	二级科目		亿千百十万千百十元角分
更正现付2号凭证	管理费用			1 6 5 0 0
	合计			￥　　1 6 5 0 0

财务主管　　　记账　　　出纳　　　复核　　　制单　王文

根据这三张记账凭证登记入账，改正后的现金日记账如表 4-15 所示。

表 4-15　改正后的现金日记账

现　金　日　记　账

年		凭证编号	摘要	对应科目	借方	√	贷方	√	余额
月	日				千百十万千百十元角分		千百十万千百十元角分		千百十万千百十元角分
			承前页						3 2 6 7 5 0
9	1	现付2	报销文印费				1 6 5 0 0		3 1 0 2 5 0
		现付3	冲销现付2号				－1 6 5 0 0		3 2 6 7 5 0
		现付4	更正现付2号				1 6 5 0 0		3 1 0 2 5 0

注意：现金日记账的登记可以看到三笔记录，在销售费用上只能看到一正一负两笔记录，而在管理费用的登记上只有一笔正确的记录。

(2) 记账以后，如果发现记账凭证和账簿记录的金额有错误（所记金额大于应记的正确金额），而应借、应贷的会计科目没有错误，应用红字更正法进行更正。

更正的方法是：将多记的金额用红字填制一张记账凭证，而应借、应贷会计科目与原错误记账凭证相同，在"摘要"栏中写明"冲销多记金额"及原错误记账凭证的号数和日期，并据以登记入账，以冲销多记的金额。

例如，在做一笔进货的账务处理时，误将票面金额 5000 元记为 6000 元，登记账簿后才发现错误。原会计分录为：

借：库存商品　　　6000
　　贷：应付账款　　　6000

原会计凭证如表 4-16 所示。

改正时，应将多记的 1000 元做红字冲回。

借：库存商品　　　-1000
　　贷：应付账款　　　-1000

红字冲回的会计凭证如表 4-17 所示（负数表示红字书写）。

表 4-16　原会计凭证

转　账　凭　证

		总　号	
		分　号	转2号

年　　月　　日　　　　　　　　　　附件　1　张

摘要	一级科目	二级科目	过账	借方金额 千百十万千百十元角分	贷方金额 千百十万千百十元角分
购入商品	库存商品			6 0 0 0 0 0	
	应付账款	乙公司			6 0 0 0 0 0
		合计		¥ 6 0 0 0 0 0	¥ 6 0 0 0 0 0

财务主管　　　　记账　　　　出纳　　　　复核　　　　制单　王文

表 4-17　红字冲回的会计凭证

转　账　凭　证

		总　号	
		分　号	转2号

年　　月　　日　　　　　　　　　　附件　1　张

摘要	一级科目	二级科目	过账	借方金额 千百十万千百十元角分	贷方金额 千百十万千百十元角分
冲回9月12日转2号	库存商品			- 1 0 0 0 0 0	
多记金额	应付账款	乙公司			- 1 0 0 0 0 0
		合计		-¥ 1 0 0 0 0 0	-¥ 1 0 0 0 0 0

财务主管　　　　记账　　　　出纳　　　　复核　　　　制单　王文

所登记应付账款账簿如表 4-18 所示（负数表示红字书写）。

表 4-18　应付账款账簿

应　付　账　款

本账页数	
本户页数	
科目	乙公司

年 月日	记账凭证 号数	摘要	对方 科目	页数	借方 亿千百十万千百十元角分	贷方 亿千百十万千百十元角分	借或贷	余额 亿千百十万千百十元角分
9 12	转1	进货				6 0 0 0 0 0	贷	6 0 0 0 0 0
9 15	转2	冲回转1多记				-1 0 0 0 0 0	贷	5 0 0 0 0 0

3．补充登记法

记账以后，如果发现记账凭证和账簿记录的金额有错误（所记金额小于应记的正确金额),而应借、应贷的会计科目没有错误,应用补充登记法进行更正。

更正的方法是:将少记的金额用蓝字或黑字填制一张应借、应贷会计科目与原错误记账凭证相同的记账凭证,在"摘要"栏中写明"补充少记金额"及原错误记账凭证的号数和日期,并据以登记入账,以补充登记少额。

例如,在做一笔进货的账务处理时,误将票面金额 5000 元记为 2000 元,登记账簿后才发现错误。原会计分录为:

借:库存商品　　2000
　贷:应付账款　　2000

原会计凭证如表 4-19 所示。

表 4-19　原会计凭证

摘要	一级科目	二级科目	过账	借方金额	贷方金额
购入商品	库存商品			2000 00	
	应付账款	乙公司			2000 00
			合计	¥2000 00	¥2000 00

改正时,应将少记的 3000 元做补充登记。

借:库存商品　　3000
　贷:应付账款　　3000

补充登记的会计凭证如表 4-20 所示。

表 4-20　补充登记的会计凭证

摘要	一级科目	二级科目	过账	借方金额	贷方金额
补充登记9月12日	库存商品			3000 00	
转1号	应付账款	乙公司			3000 00
			合计	¥3000 00	¥3000 00

注意:补充登记会在账簿上显示为两笔,与前例类似。

4.13 实战案例

在实际的工作中，与账簿相关的业务工作主要集中在账簿的登记和对账上，启用、更换和保管账簿基本上每年进行一次，结账和错账的更正在前面的章节中我们也进行了举例说明。本节我们就实际工作中各种账簿的具体的登记方法和对账过程中的账证相符及账实相符部分的现金与银行存款的核对为大家进行详细的介绍。

4.13.1 各种账簿的具体登记方法

1. 出纳日记账的格式和登记方法

出纳日记账是一种特殊的明细账，包括现金日记账和银行存款日记账。设置现金日记账和银行存款日记账是为了加强现金和银行存款的管理和核算，以便逐日核算和监督现金与银行存款的收入、付出和结存情况。

现金日记账和银行存款日记账的账页一般采用三栏式，即借方、贷方和余额三栏，分别反映现金或银行存款的收入、付出和结存情况，并在"摘要"栏后面设置"对方科目"栏。

注意：现金日记账和银行存款日记账必须采用订本式账簿，不得用银行对账单或其他方法代替日记账。

现金日记账由出纳人员根据审核的现金收款凭证和现金付款凭证逐日、逐笔顺序登记，如表4-21所示。

表4-21 现金日记账登记示例

现 金 日 记 账

年		凭证编号	摘要	对应科目	借方	√	贷方	√	余额
月	日				千百十万千百十元角分		千百十万千百十元角分		千百十万千百十元角分
			上年结转						1 3 7 9 1 3 8
1	4	现付15	支付销售部快递费				4 0 0 0		1 3 7 5 1 3 8
1	9	现付16	支付销售部交通费				5 5 6 7 0		1 3 1 9 4 6 8
1	12	现付17	支付销售部招待费				1 5 0 0 0 0		1 1 6 9 4 6 8
1	15	现付18	支付产品部广告费				3 2 9 0 0 0		8 4 0 4 6 8
1	10	银付3	取现		3 0 0 0 0 0				1 1 4 0 4 6 8
1	27	现付19	支付系统集成部费用				4 1 2 4 0		1 0 9 9 2 2 8
1	31	现付20	支付办公室办公用品				1 4 6 6 0 0		9 5 2 6 2 8
			本月合计		3 0 0 0 0 0		7 2 6 5 1 0		9 5 2 6 2 8

注意：从银行提取现金的现金收入数额应根据有关的银行存款付款凭证登记。

每天下班前,出纳人员应计算登记当日现金收入合计数、现金支出合计数及账面余额数,并将现金日记账的账面余额与库存现金实有数核对,检查每日现金收入、付出和结存情况。

银行存款日记账是用来核算和监督企业银行存款每日的收入、支出和结存情况的账簿,应按企业在银行开立的账户和币种分别设置,每个银行账户设置一本日记账。银行存款日记账也是由出纳人员根据审核后的有关银行存款收、付款凭证,逐日、逐笔顺序登记的。

2. 总分类账的格式和登记方法

总分类账是按照总分类科目开设账户,用来登记全部经济业务,以提供总括会计信息的账簿。因为总分类账提供的是总括的信息,所以对记录在会计凭证上的摘要等内容要求不是很严格,企业可以根据自己的情况确定。总分类账最常用的格式为三栏式,设置借方、贷方和余额三个基本金额栏目。

如前所述,总分类账的登记方法根据账务处理程序的不同而有所不同,既可以根据记账凭证逐笔登记,也可以根据经过汇总的科目汇总表或汇总记账凭证等登记。根据科目汇总表进行总分类账登记的示例如表 4-22 所示。

表 4-22 总分类账登记示例

总 分 类 账

科目名称 银行存款

年		凭证编号	摘要	借方	贷方	借或贷	余额
月	日						
			上年结转				13257865 4
1	10	银付1-40			8456932 7		4800932 7
1	31	银收1-50		7945730 0			12746662 7
1	31	银付41-72			9327000 0		3419662 7
			本月合计	7945730 0	17783932 7		3419662 7

3. 明细分类账的格式和登记方法

明细分类账是根据二级账户或明细账户开设账页,分类、连续地登记经济业务,以提供明细核算资料的账簿。明细分类账的格式比较多,有三栏式、多栏式、数量金额式和横线登记式等,根据不同的科目可以选择不同的格式。

费用明细分类账一般采用多栏式,由两个账页拼接而成,如表 4-23、表 4-24 所示。

注意:不同类型经济业务的明细分类账可根据管理需要,依据记账凭证、原始凭证或汇总原始凭证逐日、逐笔或定期汇总登记。固定资产、债权、债务等明细账应逐日、逐笔登记;库存商品、原材料、产成品收发明细账,以及收入、费用明细账可以逐笔登记,也可以定期汇总登记。

第 4 章 账簿的使用和管理 | 83

表 4-23 费用明细分类账（正面）

费用明细

科目名称：管理费用

年		凭证号	摘要	借方	贷方	借或贷	余额	工资	福利费
月	日			千百十万千百十元角分	千百十万千百十元角分		千百十万千百十元角分	百十万千百十元角分	百十万千百十元角分
1	2	现付2号	文印费	3 2 7 0 0		借	3 2 7 0 0		
1	6	现付3号	招待费	3 5 0 0 0 0		借	3 8 2 7 0 0		
1	10	银付9号	水电费	6 7 4 2 5 6		借	1 0 5 6 9 5 6		
1	31	转58号	提取工资	4 5 6 2 7 8 9		借	5 6 1 9 7 4 5	4 5 6 2 7 8 9	
1	31	转59号	提取福利费	6 3 8 7 9 1		借	6 2 5 8 5 3 6		6 3 8 7 9 1
1	31	转60号	结转本年利润		6 2 5 8 5 3 6	平	0		
			本月合计	6 2 5 8 5 3 6	6 2 5 8 5 3 6			4 5 6 2 7 8 9	6 3 8 7 9 1

表 4-24 费用明细分类账（背面）

本账页数	
本户页数	

分 类 账

（借）方金额分析

业务招待费	折旧费	办公费	交通费	房租水电	电话费	税金	其他
3 5 0 0 0 0		3 2 7 0 0		6 7 4 2 5 6			
3 5 0 0 0 0		3 2 7 0 0		6 7 4 2 5 6			

4.13.2 账证相符——科目汇总表的编制

账证核对要求将账簿记录与会计凭证相互核对，如 A 公司采用科目汇总表记账程序，其账证核对就是查对总账与科目汇总表、科目汇总表与记账凭证、明细账与记账凭证是否相符。

注意：在编制科目汇总表时，对所有凭证的借、贷方发生额进行平衡验证，是一个核对的过程。

科目汇总表也叫记账凭证汇总表，它根据一定时期内的全部记账凭证，按相同的会计科目进行归类编制并定期汇总（如 5 天、10 天、15 天或 1 个月），然后将汇总出的每一会计科目的借方本期发生额和贷方本期发生额填写在科目汇总表的相关栏内，以反映全部会计科目在一定期间的借方发生额和贷方发生额。

依据借贷记账法的基本原理，科目汇总表中各个会计科目的借方发生额合计数与贷方发生额合计数应该相等，也就是说，科目汇总表具有试算平衡的作用。科目汇总表按汇总方式不同可以分为两种：

（1）全部汇总，是将一定时期（10 天、15 天或 1 个月）的全部记账凭证汇总到一张科目汇总表内的汇总方式。

（2）分类汇总，是将一定时期（10 天、15 天或 1 个月）的全部记账凭证分别按库存现金或银行存款收、付款的记账凭证和转账记账凭证进行汇总的方式。

注意：科目汇总表编制的时间一般应根据经济业务量的多少而定，可选择 3 天、5 天、10 天、15 天或 1 个月。一些公司因为要求在装订会计凭证时附上科目汇总表，所以编制科目汇总表的时间不定，以装订会计凭证的时间为准。

科目汇总表的编制是科目汇总表核算程序的一项重要工作，其编制过程和方法如下：

（1）将会计科目填制在"会计科目"栏。为了便于登记总分类账，排列顺序应与总分类账上的会计科目的顺序一致。

（2）根据记账凭证，按会计科目分别计算借方发生额和贷方发生额，然后填制在相应会计科目行的"借方金额"和"贷方金额"栏。

（3）将汇总完毕的所有会计科目的借方发生额和贷方发生额合计，进行总发生额的试算平衡。

在实际工作中编制科目汇总表时，可以设置"科目汇总表工作底稿"，先将本期记账凭证中各总账科目的借方和贷方发生额在"科目汇总表工作底稿"中记录、汇总，再将"科目汇总表工作底稿"中各总账科目的借方和贷方发生额合计数分别抄录到科目汇总表相应总账科目的"借方"和"贷方"栏内，从而提高编制科目汇总表的及时性。

注意：手工记账可以采用丁字账（如表 4-25 所示）登记记账凭证，计算出每个账户的借、贷发生额，然后登记在科目汇总表上，借贷双方平衡即可。

表 4-25　丁字账示意表

账户名称：应付账款

借方		贷方	
银付 5 号	230000.00	转 8 号	200000.00
银付 12 号	120000.00	转 15 号	36000.00
银付 18 号	57460.00	转 24 号	350000.00
银付 23 号	29720.00		
合计	437180.00	合计	586000.00

4.13.3　库存现金账实相符——库存现金的盘点

库存现金和银行存款账实相符的核对工作不一定要集中在月底，随时进行即可。对于库存现金的盘点，我们经常会用到库存现金盘点表。

注意：可以把库存现金盘点表以 Excel 的格式存入计算机中，并设置相关的公式，每次只要输入每种面额的张数，系统就能自动计算出库存现金的实存数，十分方便。

库存现金盘点表的格式如表 4-26 所示。

表 4-26　库存现金盘点表的格式

库存现金盘点表

单位名称：　　　　　　　　　　盘点日期：　　年　　月　　日

实有库存现金盘点记录		
面额	人民币	
	张数	金额
100 元		=100×张数
50 元		=50×张数
20 元		=20×张数
10 元		=10×张数
5 元		=5×张数
1 元		=1×张数
0.5 元		=0.5×张数
0.2 元		=0.2×张数
0.1 元		=0.1×张数
0.05 元		=0.05×张数
0.01 元		=0.01×张数
合计		
账面金额		
差异金额		=账面金额-合计数

续表

差异分析：
1.
2.
3.
4.
5.

出纳：　　　　　　　　　盘点人：　　　　　　　　　监盘人：

对于库存现金的实物与账面数的核对并非月底才需要做的事情，出纳人员应每天至少清点一遍库存现金，并保证账实相符。

4.13.4　银行存款账实相符——银行存款余额调节表

银行存款日记账与现金日记账的核对方法有一定的区别，现金日记账的账实核对是通过库存现金实地盘点核对的，而银行存款日记账的账实核对无法进行存款的实地盘点核对，它要通过与银行送来的对账单进行核对。银行存款日记账的核对主要包括以下三项内容，如图4-10所示。

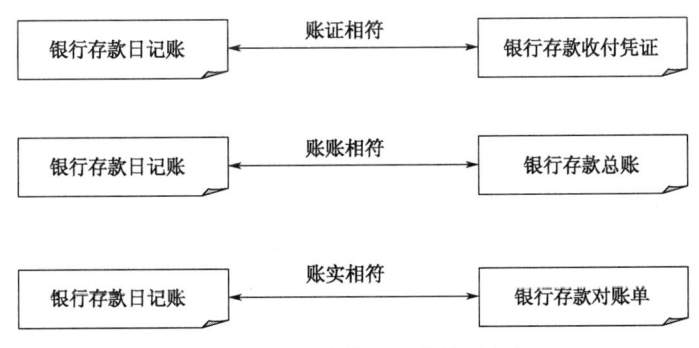

图4-10　银行存款日记账核对内容

如图4-10所示，银行存款日记账前两个方面的核对，与现金日记账的核对基本相同，其区别仅在于企业与银行之间的"账单核对"。

银行开出的银行存款对账单是银行对企业在银行的存款进行序时核算的账簿记录的复制件，与银行存款对账单进行核对实际上是与银行进行账簿记录的核对。

理论上讲，企业银行存款日记账的记录与银行开出的银行存款对账单无论是发生额还是期末余额，都应该是完全一致的，因为它们是对同一账号存款的记录。

但是，我们通过核对会发现，双方的账目经常出现不一致的情况。导致这种情况的原因有两个：一是双方账目可能发生记录错误；二是有未达账项。

未达账项是指银行收、付款结算凭证在企业和开户银行之间传递时，由于收到凭证的时间不同而发生的有些凭证一方已经入账，而另一方尚未入账，从而造成企业银行存款日记账记录与银行对账单记录不符的现象。

未达账项是银行存款收付结算业务中的正常现象，主要有以下四种情况：

(1)银行已经收款入账,而企业尚未收到银行的收款通知,因而未收款入账的款项,如委托银行收款或客户电汇来的款项、银行存款利息等。

(2)银行已经付款入账,而企业尚未收到银行的付款通知,因而未付款入账的款项,如借款利息的扣付、代扣的电话费或税费、保险费等。

(3)企业已经收款入账,而银行尚未办理完转账手续,因而未收款入账的款项,如收到外单位的转账支票存入银行,而银行尚未实际到账等。

(4)企业已经付款入账,而银行尚未办理完转账手续,因而未付款入账的款项,如企业已开出支票,而持票人尚未向银行提现或转账等。

出现第一种和第四种情况时,会使开户单位银行存款账面余额小于银行对账单的存款余额;出现第二种和第三种情况时,会使开户单位银行存款账面余额大于银行对账单的存款余额。

注意:未达账项不是出现了错误,而是款项在交接过程中存在时间差。

无论出现以上四种情况中的哪一种,都会使开户单位记录的存款余额与银行对账单显示的存款余额不一致,这样很容易导致企业开出空头支票。因此,必须编制银行存款余额调节表进行调节,如表4-27所示。

表4-27 银行存款余额调节表

银行存款余额调节表

开户银行:　　　　　　　　　账号:　　　　　　　　　　　年　月　日

项目	金额(元)	项目	金额(元)
企业银行存款日记账余额		银行对账单余额	
加:银行已收、企业未收款		加:企业已收、银行未收款	
减:银行已付、企业未付款		减:企业已付、银行未付款	
调节后的存款余额		调节后的存款余额	

不管是存在未达账项,还是账目记录出了错,企业都要通过对银行存款日记账与银行开出的银行存款对账单进行逐笔核对才能发现。核对时可在各自有关数额旁边画"√",以作标记。

对于已查出的错账、漏账需要分情况处理,有过错的一方应及时更正。对于未达账项,应编制余额调节表加以调节,进一步确定双方账目是否相符,查明企业银行存款的实有数额。

注意:银行的对账单一般打满一张就会给返还给企业,会计人员在拿到对账单后就应先进行核对。会计人员可以经常性地制作银行存款余额调节表,以便更好地把握银行存款的真实余额。

例4.1 经过核对,截至月末,智宇公司账面上的未达账项有以下几笔:

(1)银行存款利息2673.42元,银行的回单未到,公司未入账。

(2)贷款利息10853.43元,银行回单未到,公司未入账。

(3)银行代扣电话费8564.73元,银行回单未到,公司未入账。

(4) 公司开出两张支票，分别为 2.1 万元和 3.24 万元，尚未从银行划款。

(5) 公司收到支票 26 万元，已交银行，银行尚未入账。

(6) 客户汇款 10 万元，银行已入账，回单未到，公司未入账。

根据这些事项编制的银行存款余额调节表如表 4-28 所示。

表 4-28　银行存款余额调节表

银行存款余额调节表

开户银行：　　　　　　　　　　　　账号：　　　　　　　　　　　　　　　年　　月　　日

项目	金额（元）	项目	金额（元）
企业银行存款日记账余额	207019.27	银行对账单余额	83674.53
加：银行已收、企业未收款	102673.42	加：企业已收、银行未收款	260000.00
（1）存款利息 （6）客户汇款	2673.42 100000.00	（5）收到支票	260000.00
减：银行已付、企业未付款	19418.16	减：企业已付、银行未付款	53400.00
（2）贷款利息 （3）代扣话费	10853.43 8564.73	（4）开出支票 （4）开出支票	21000.00 32400.00
调节后的存款余额	290274.53	调节后的存款余额	290274.53

制表：　　　　　　　　　　　　　　审核：

注意：编制银行存款余额调节表只是用来调整余额数字的，以达到查清账目的目的，并非以查对到的情况直接记账，要依据日后凭证到达后再做账务处理。

第二篇 会计科目的账务处理

第 5 章 货币资金

我们在前面 4 个章节介绍了会计业务的基础知识，但这些基础知识都是较为抽象的概念、账务处理流程和处理方式。具体到每一笔经济业务，我们需要确认借贷双方应该分别记入的会计科目，因为只有确定了会计科目，才能将其登记到对应的会计账簿中，汇总各个科目的发生额，为财务报表的编制提供"一手"材料。

会计人员想做好账，除了要对会计流程有一定的了解，还要掌握每一笔经济业务的账务处理方式。从本章起，我们将通过大量的实例，介绍企业日常经济业务中具体采用的账务处理方式。

企业日常经济业务涉及货币资金、应收项目、存货、固定资产、投资、无形资产、负债项目、所有者权益、收入、费用和利润的账务处理。在介绍这些业务的账务处理过程中，原始凭证的整理和审核，账簿的登记和过账、结账等流程我们就不再赘述，只介绍它们应记入的会计科目。

货币资金是企业在生产经营过程中处于货币形态的所有资金，它可以立即作为支付手段并被普遍接受，因而流动性最强。

货币资金（广义的现金）包括库存现金、银行存款和其他货币资金等。为了维持日常经营和支付各类成本、费用，企业每天都有大量的货币资金流入和流出，因此，会计人员的日常核算工作也不可避免地会时时涉及货币资金。

5.1 库存现金

库存现金是指单位为了满足经营过程中零星支付需要而保留的现金（狭义的现金）。库存现金包括人民币现金和外币现金，一般存放在企业会计部门，由出纳人员专门经管。现金作为企业资产的重要组成部分，在管理和使用上有严格的规定，其会计核算与现金科目直接挂钩。合理地管理和使用现金，是会计部门工作的重要环节。

5.1.1 库存现金的使用范围

现金是企业中流动性最强的一种货币性资产,是立即可以投入流通的交换媒介,可以随时用其购买所需物资、支付有关费用、偿还债券,也可以随时存入银行。企业为了保证生产经营活动的正常进行,必须拥有一定数额的现金,用以购买零星材料、发放工资、缴纳税金、支付手续费或进行对外投资活动。企业现金拥有量的多少,是企业偿债和支付能力的标志,是投资者分析、判断企业财务状况好坏的重要指标之一。

根据国家现金管理制度的规定,企业收支的各种款项必须按照国务院颁布的《现金管理暂行条例》的规定办理,在规定的范围内使用现金。库存现金的使用范围包括以下几项内容,如表 5-1 所示。

表 5-1 库存现金的使用范围

使用范围	说明
(1) 职工工资、津贴	这里所说的职工工资指企业、事业单位和机关、团体、部队支付给职工的工资和工资性津贴
(2) 个人劳务报酬	具体指由于个人向企业、事业单位和机关、团体、部队等提供劳务,而由企业、事业单位和机关、团体、部队向个人支付的劳务报酬,包括新闻出版单位支付给作者的稿费,各种学校、培训机构支付给外聘教师的讲课费,以及设计费、装潢费、安装费、制图费、化验费、测试费、咨询费、医疗费、技术服务费、介绍服务费、经纪服务费、代办服务费、各种演出与表演费及其他劳务费用等
(3) 根据国家制度条例的规定,颁发给个人的科学技术、文化艺术、体育等方面的各种奖金	
(4) 各种劳保、福利费用及国家规定的对个人的其他支出	如退休金、抚恤金、学生助学金、职工生活困难补助
(5) 收购单位向个人收购农副产品和其他物资的价款	如金银、工艺品、废旧物资的价款
(6) 出差人员必须随身携带的差旅费	
(7) 结算起点(1000 元)以下的零星支出	超过结算起点的,应实行银行转账结算
(8) 中国人民银行确定需要支付现金的其他支出	如采购地点不确定、交换不便、抢险救灾及其他特殊情况,办理转账结算不够方便,必须使用现金的支出 对于这类支出,现金支取单位应向开户银行提出书面申请,由本单位财务部门负责人签字盖章,开户银行审查批准后予以支付现金

除上述(5)(6)两项外,其他各项支付给个人的款项中,支付现金每人不得超过 1000 元,超过限额的部分根据提款人的要求,在指定的银行转存为储蓄存款或以支票、银行本票支付。企业与其他单位的经济往来除规定的范围可以使用现金外,应通过开户银行进行转账结算。

5.1.2 库存现金的限额

库存现金限额是指国家规定由开户银行给各企业核定一个保留现金的最高额度。核定企业库存限额的原则是,既要保证日常零星现金支付的合理需要,又要尽量减少现金的使用。开户企业由于经济业务发展需要增加或减少库存现金限额,应按必要手续向开户银行提出申请。

按照《现金管理暂行条例》及实施细则规定,库存现金限额由开户银行和开户企业根据具体情况商定,凡在银行开户的企业,银行根据实际需要核定 3～5 天的日常零星开支数额作为该企业的库存现金限额。边远地区和交通不便地区的开户企业,其库存现金限额的核定天数可以适当放宽在 5 天以上,但最多不得超过 15 天的日常零星开支数额。

库存现金限额每年核定一次,经核定的库存现金限额,开户企业必须严格遵守。其核定具体程序为:

(1) 开户企业与开户银行协商核定库存现金限额。

通常,库存现金限额=每日零星支出额×核定天数。

其中,每日零星支出额=月(或季)平均现金支出额(不包括定期性的大额现金支出和不定期的大额现金支出)/月(或季)平均天数。

(2) 开户企业填制"库存现金限额申请批准书"。

(3) 开户企业将申请批准书报送企业主管部门,经主管部门签署意见,再报开户银行审查批准,开户企业凭开户银行批准的限额数作为库存现金限额。

5.1.3 库存现金管理注意事项

由于现金的流动性较强,企业在进行库存现金管理过程中需要注意的事项如表 5-2 所示。

表 5-2 库存现金管理注意事项

注意事项	内容
各企业应实行收、支两条线,不准坐支现金	坐支现金是指企业、事业单位和机关、团体、部队从本单位的现金收入中直接用于现金支出。各单位现金收入应于当日送存银行,如当日确有困难,由开户单位确定送存时间,如遇特殊情况需要坐支现金,应该在现金日记账上如实反映坐支情况,并同时报告开户银行,便于银行对坐支金额进行监督和管理
企业送存现金和提取现金必须注明送存现金的来源和支取的用途,且不得私设"小金库"	
现金管理"八不准"	(1) 不准用不符合财务制度的凭证顶替库存现金 (2) 不准企业之间互相借用现金 (3) 不准谎报用途套取现金 (4) 不准利用银行账户代其他单位和个人存入或支取现金 (5) 不准把企业收入的现金以个人名义存入储蓄账户 (6) 不准保留账外公款 (7) 不准发行变相货币。变相货币是指不是货币但具有货币功能的等价交换物,如某些偏远地区购买货物会用某种大家认同的东西来以物换物,这就是变相货币 (8) 不准以任何票券代替人民币在市场上流通
企业现金的收入、支出和保管都应由出纳人员或指定的专门人员负责办理	企业的一切现金收支必须取得或填制原始凭证,作为收、付款项的书面证明,具体包括: (1) 向银行提取现金时,要签发现金支票,以"支票存根"作为提取现金的证明 (2) 将现金存入银行时,要填写解款单,以银行退回的"解款单回单"作为收款的证明 (3) 支付零星、小额的开支,以发票作为付款的证明 (4) 收入小额销售货款,以销售部门开出的"发货单"和开具给对方的"收款收据"作为收款的证明

续表

注意事项	内容
企业现金的收入、支出和保管都应由出纳人员或指定的专门人员负责办理	（5）支付职工差旅费的借款，以有关主管批准并经本人签字的"借款单"作为付款的证明 （6）发放职工困难补助费等，以经领款人签字的"领款单"作为付款的证明 上述所有作为现金收支的原始凭证，都要由会计人员进行认真的审核。审核现金收支是否合理、合法，手续是否完备，所列项目内容是否齐全，数字是否准确等。在审核中，对不合理的开支应予以拒付；对不真实、不合法的原始凭证不予受理；对记载不准确、不完整的原始凭证应当退回，并要求更正补充。根据审核无误的原始凭证编制收款凭证和付款凭证，办理现金的收付 另外，对于办完现金收、付业务的凭证，出纳人员要加盖"现金收讫"或"现金付讫"的戳记，表示款项已经收、付完毕，可据以登记有关账簿
企业现金管理的内部控制要求	企业应配备专职的出纳人员办理现金收付和结算业务，登记现金和银行存款日记账，保管库存现金和各项有价证券，保管好有关印章、空白收据和空白支票。出纳人员不得监管稽核、会计档案保管和收入、费用、债权债务账目的登记工作 企业在设立现金管理的内部控制制度时，要实现现金开支审批制度、现金日清月结制度、现金保管制度和钱账分管制度

5.1.4 库存现金的账务处理

企业应该设置"库存现金"科目对企业的现金进行会计核算，企业有内部周转使用备用金的，还可以单独设置"备用金"科目。

企业应当设置现金日记账，根据收款凭证、付款凭证，按照业务发生顺序逐笔登记。每日终了，应当计算当日的现金收入合计额、现金支出合计额和结余额，将结余额与实际库存额核对，做到账款相符。除了日记账，企业还应设置总分类账和明细分类账。

当企业增加库存现金时，借记"库存现金"科目，贷记"银行存款"等科目，减少库存现金做相反的会计分录。"库存现金"科目期末借方余额，反映企业持有的库存现金。

例 5.1 朝阳机械有限公司 2019 年 3 月与库存现金相关的业务有以下几项。

（1）公司于 3 月 1 日从工商银行的基本户提现 4 万元，对应的会计分录为：

借：库存现金　　　　　　　　40000
　　贷：银行存款——基本户　40000

（2）公司于 3 月 2 日销售商品取得收入 800 元，增值税税率为 13%，价税合计 104 元，对应的会计分录为：

借：库存现金　　　　　　　　904
　　贷：主营业务收入　　　　800
　　　　应交税费——应交增值税（销项税额）　104

（3）公司收回应收账款 500 元，对应的会计分录为：

借：库存现金　500
　　贷：应收账款　500

（4）公司销售人员张三暂借差旅费 2000 元，对应的会计分录为：

借：其他应收款——张三　2000
　　贷：库存现金　　　　　　2000

(5) 管理部门报销市内交通费 380 元，对应的会计分录为：

借：管理费用　　380

　　贷：库存现金　　380

注意：例 5.1 中公司收到的现金货款是需要存入银行的，不可以放在库存现金里作为日常业务报销，这样才符合不坐支现金的现金管理条例，将其存入银行时应写明现金收货款。

5.1.5　库存现金清查及账务处理

库存现金的清查包括出纳人员每日的清点核对和其他清查人员定期和不定期的清查。库存现金清查的基本方法为实地盘点法。

库存现金的清点核对是指出纳人员在每日终了时清点库存现金，并将库存数与现金日记账的当天余额相核对。库存现金的清查工作一般由清查小组主持，清查盘点时，出纳人员应在场。清查完毕，出纳人员应编制库存现金盘点表，列明实存、账存与盈亏金额，以便据此进行库存现金的管理和盈亏的核算。

为了保证库存现金的安全、完整，企业应当按规定对库存现金进行定期和不定期的清查，对于清查的结果应当编制库存现金盘点表。

如果账款不符，发现有待查明原因的现金短缺或溢余，应先通过"待处理财产损益"科目核算。按管理权限报经批准后，分别按以下情况处理。

(1) 如为现金溢余，属于应支付给有关人员或单位的，计入其他应付款；属于无法查明原因的，计入营业外收入。

例 5.2　朝阳机械有限公司于 2019 年 3 月 31 日盘点库存现金时，发现实有库存现金比现金日记账多出 1200 元，即出现了现金长款，对应的会计分录为：

借：库存现金　　　　　　　　　　　　　　　1200

　　贷：待处理财产损益——待处理流动资产损益　　1200

经财务部门和其他部门对账未能找到原因，经批准后计入营业外收入，对应的会计分录为：

借：待处理财产损益——待处理流动资产损益　　1200

　　贷：营业外收入　　　　　　　　　　　　　　1200

(2) 如为现金短缺，属于应由责任人赔偿或保险公司赔偿的部分，计入其他应收款；属于无法查明原因的部分，计入管理费用。

例 5.3　朝阳机械有限公司于 2019 年 4 月 30 日盘点库存现金时，发现实有库存现金比现金日记账少了 60 元，即出现了现金短款，对应的会计分录为：

借：待处理财产损益——待处理流动资产损益　　60

　　贷：库存现金　　　　　　　　　　　　　　　60

如果清查不能确认原因，经批准后计入管理费用，对应的会计分录为：

借：管理费用　　　　　　　　　　　　　　　60

　　贷：待处理财产损益——待处理流动资产损益　　60

如果查明原因，为出纳小李收付款错误引起的，则应该由小李补齐，对应的会计分录为：

借：其他应收款——应收现金短缺款——小李　　60

贷：待处理财产损益——待处理流动资产损益　60

5.2　银行存款

银行存款是指企业存入银行或其他金融机构的货币资金。它是企业货币资金的重要组成部分，也是现代社会经济交往中的一种主要资金结算工具。

根据国家有关规定，凡是独立核算的企业都必须在当地银行开设账户。企业在银行开设账户后，除按银行规定的企业库存现金限额保留一定的库存现金外，超过限额的现金必须存入银行。企业、事业单位经济活动所发生的一切货币收支业务，除按国家《现金管理暂行条例》的有关规定可以使用现金直接支付的款项外，其他都必须按银行结算办法的规定，通过银行账户进行转账结算。

5.2.1　银行存款账户的种类

按账户性质和功能的不同，银行存款账户可分为基本存款账户、一般存款账户、临时存款账户和专用存款账户。银行存款账户的种类和作用如表5-3所示。

表 5-3　银行存款账户的种类和作用

账户种类	作用
基本存款账户	企业办理日常转账结算和现金收付
	工资、奖金等现金的支取
一般存款账户	企业在基本存款账户以外的银行账户
	可办理转账结算和现金缴存，但不能办理现金支取
临时存款账户	企业因临时生产经营活动需要开立的账户
	可办理转账结算和现金收付
专用存款账户	企业因特定用途需要开立的账户
	专用存款账户是存款人按照法律、行政法规和规章，对其特定用途资金进行专项管理和使用而开立的银行结算账户，如证券交易结算资金账户、期货交易保证金账户、住房基金账户、工会设在单位的组织机构经费专用账户等

任何企业均只能有一个基本存款账户，但可以在多家银行的不同分支机构开立多个一般存款账户。企业的银行存款账户只能用来办理本企业的生产经营业务活动的结算，不得出租或出借。

5.2.2　银行转账结算方式

银行转账结算方式包括银行汇票、银行本票、商业汇票、支票、汇兑、托收承付和委托收款等。银行转账结算方式的特点和适用范围如表5-4所示。

表 5-4　银行转账结算方式的特点和适用范围

结算方式	特点	适用范围
银行汇票	是出票银行签发的、由其在见票时按照实际结算金额无条件支付给收款人或者持票人的票据 银行汇票的出票银行为银行汇票的付款人。银行汇票一律记名，付款期限为 1 个月（按次月对日计算，到期遇假日顺延）。银行汇票的收款人可以将银行汇票背书转让给他人，背书转让以不超过出票金额的实际结算金额为限	异地支付使用
银行本票	是银行签发的、承诺在见票时无条件支付确定的金额给收款人或者持票人的票据。银行本票可以分为定额本票和不定额本票 银行本票的付款期限为自出票日起最长不超过 2 个月	同城支付使用
商业汇票	是出票人签发的、委托付款人在指定日期无条件支付确定的金额给收款人或者持票人的票据。在银行开立账户的法人及其他组织之间，必须具有真实的交易关系或债权债务关系，才能使用商业汇票 商业汇票的付款期限由交易双方商定，但最长不得超过 6 个月。商业汇票也可以背书转让	同城和异地支付均可使用
支票	是出票人签发的、委托办理支票存款业务的银行在见票时无条件支付确定的金额给收款人或者持票人的票据。支票有现金支票和转账支票两种，前者只能用于支取现金，后者只能用于转账 支票的付款期限为自出票日起 10 日	同城支付使用
汇兑	是汇款人委托银行将其款项支付给收款人的结算方式	异地结算使用
托收承付	是根据购销合同由收款人发货后委托银行向异地付款人收取款项，由付款人向银行承认付款的一种结算方式	异地结算使用
委托收款	是收款人委托银行向付款人收取款项的结算方式	在同城、异地均可办理，且不受金额起点限制

5.2.3　银行存款的账务处理

企业应该设置"银行存款"科目对企业银行存款进行会计核算，如果企业有多个银行存款账号，应对每个银行账户单独设立二级明细科目。

企业应当设置银行存款日记账，根据收款凭证、付款凭证，按照业务发生顺序逐笔登记。有外币存款的企业，应分别按人民币和各种外币设置银行存款日记账。

为了直观地介绍银行存款业务的会计处理，我们来举例说明。

例 5.4

（1）朝阳机械有限公司在 2019 年 4 月 1 日收到国家投资 20 万元，存入工商银行基本账户（会计分录中简称工行基本户），对应的会计分录为：

借：银行存款——工行基本户　　200000
　　贷：实收资本　　　　　　　　　　200000

（2）收到 A 客户支付的应收款项共 6000 元，对方汇入公司农业银行一般存款账户（会计分录中简称农行一般户），对应的会计分录为：

借：银行存款——农业银行一般户　　6000
　　贷：应收账款——A 客户　　　　　　　6000

（3）向工商银行借入 3 年期的长期借款 10 万元，存入工商银行基本账户，对应的会计分录为：
　　借：银行存款——工行基本户　　100000
　　　贷：长期借款——工商银行　　　100000
　　在实际业务中，除了按上述会计分录编制记账凭证，还需要按银行分别登记银行存款日记账。

5.2.4　银行存款的清查

银行存款清查又称银行对账，是指将银行存款日记账的账面余额与开户银行的对账单余额进行核对，查明账实是否相符的会计核对过程。

1．银行存款需要清查的原因

由于会计凭证传递需要时间，所以会出现企业与银行的记账时间不一致的现象，如一方已登记入账，而另一方尚未登记入账。未达账项具体包括如表 5-5 所示的四种情况。

表 5-5　未达账项的四种情况

情况	举例
企业已收款入账，银行尚未收款入账	企业将销售商品收到的支票存入银行，并登记了银行存款日记账，而银行对账单中没有此项目
企业已付款入账，银行尚未付款入账	企业用支票购买办公用品后，已登记日记账，而银行对账单中没有此项目
银行已收款入账，企业尚未收款入账	外地单位汇来前欠购货款，企业因未收到通知而尚未登记入账
银行已付款入账，企业尚未付款入账	银行贷款利息已由开户银行划出，企业因未收到通知而尚未登记入账

2．银行存款清查的目的

银行存款清查的目的是防止记账差错、避免存款被挪用、掌握企业银行存款实有数。

3．银行存款清查的方法

银行存款日记账应定期与银行对账单进行核对，且至少每月核对一次。企业银行存款账面余额与银行对账单余额之间如有差额，应编制银行存款余额调节表进行调节，如没有记账错误，调节后的双方余额应相等。银行存款余额调节表只是为了核对账目，不能作为调整银行存款账面余额的记账依据。下面我们来举例说明。

例 5.5　朝阳机械有限公司 2019 年 4 月 30 日的银行存款日记账显示，其工商银行基本账户的存款余额为 10.4 万元，而从银行取得的对账单上的余额为 10 万元，经查未达账项具体为：

（1）企业月末收到从其他单位转入的转账支票 1.5 万元，尚未到银行办理进账。
（2）银行代企业支付电话费 2000 元，但企业尚未收到付款通知。
（3）企业委托银行代收外地销货款 1.2 万元，银行已入账，但企业尚未收到收款通知入账。
（4）企业月末开出转账支票 1000 元，持票人尚未到银行办理转账手续，银行未入账。

会计人员应编制的银行存款余额调节表如表 5-6 所示。

表 5-6　银行存款余额调节表

期间：2019 年 4 月 30 日　　　　　　　　　　　　　单位：元
银行类别：工商银行基本账户　　　　　　　　　　　银行账号：00886005647

项目	金额	项目	金额
企业银行存款账面金额	104000	**银行对账单存款余额**	100000
加：企业未入账收入款项		加：银行未入账收入款项	15000
如银行代收款	12000	如存入转账支票	
如存款利息			
减：企业未入账支出款项		减：银行未入账支出款项	
如代扣电话费	2000	如开出转账支票	1000
		如开出现金支票	
调节后的存款余额	114000	调节后的存款余额	114000
备注：针对每一个银行账户，会计人员都需依据其每月的银行对账单编制银行存款余额调节表			

会计主管　张三　　　　　　　　　　　　　　　　编制人　李四

注意：编制银行存款余额调节表的目的只是为了检查账簿记录的正确性，不需要根据银行存款余额调节表做任何账务处理。对于未达账项，待有关原始凭证到达后再做账务处理即可。

5.2.5　其他货币资金的账务处理

其他货币资金指外埠存款、银行汇票存款、银行本票存款、信用卡存款、信用证保证金存款、存出投资款等。这些货币资金的核算不通过"银行存款"账户核算，而通过"其他货币资金"账户进行核算。

由于其他货币资金基本都通过"其他货币资金"账户核算，只在二级明细科目中会做区分，所以我们以银行汇票为例，来介绍其他货币资金的账务处理。

例 5.6　2019 年 4 月 10 日，朝阳机械有限公司向开户银行申请办理银行汇票业务，并存入 100 万元，获得银行汇票。公司持银行汇票采购生产用生铁，共花费 90.4 万元，并收到银行转来的"多余款收账通知"。

（1）公司办理银行汇票时，对应的会计分录为：
　借：其他货币资金——银行汇票　　1000000
　　　贷：银行存款——工行基本户　　1000000
（2）收到采购货物并办理入库时，对应的会计分录为：
　借：原材料——生铁　　　　　　　　800000
　　　应交税费——应交增值税（进项税额）　104000
　　　贷：其他货币资金——银行汇票　　904000
（3）收回多余的款项时，对应的会计分录为：
　借：银行存款——工行基本户　　96000
　　　贷：其他货币资金——银行汇票　　96000

第 6 章 应收项目

企业的日常经济业务除了内部结算，还有大部分业务是与供应商或客户相关的，这就涉及企业与其他企业往来业务的账务处理。

往来业务主要包括：与客户的结算，主要涉及应收账款、应收票据和预收款项等；与供应商的结算，主要涉及应付账款、预付款项等；其他结算，主要涉及其他应收款和其他应付款等。

本章我们将通过具体业务实例，详细介绍往来业务中应收项目的账务处理。资产负债表的应收项目主要有应收票据及应收账款、其他应收款、预收款项等。

6.1 应收账款

应收账款是指企业在正常经营过程中，由于销售商品或提供劳务而向客户收取的款项。应收账款一般按交易发生时或销售收入确认时确定为债权金额入账。

6.1.1 商业折扣

商业折扣是指对商品价目单中所列的商品价格，根据批发、零售、特约经销等不同销售对象，给予一定的折扣优惠。商业折扣通常用百分数来表示，如 5%、10%、15%等。扣减商业折扣后的价格才是商品的实际销售价格。商业折扣通常作为促销的手段，目的是扩大销路、增加销量。

由于商业折扣在交易发生时即已确定，是确定实际销售价格的一种手段，不在买卖双方任何一方的账上反映，所以它对应收账款的入账价值没有实质性的影响。在有商业折扣的情况下，企业应收账款入账金额应按扣除商业折扣以后的实际售价进行确认和计量。

一般情况下，商业折扣直接从商品价目单价格中扣减，购买单位应付的货款和销售单位应收的货款根据直接扣减商业折扣后的价格来计算，因此，商业折扣对企业的会计记录没有影响。

6.1.2 现金折扣

现金折扣是指企业为了鼓励客户在一定期限内早日偿还货款而给予客户的折扣优惠。现金折扣对于销售企业来说，称为销货折扣；对于购货企业来说，称为购货折扣。现金折扣一般表示为"2/10，1/20，n/30"等。2/10 表示如果客户在 10 天内偿付货款，给予 2%的折扣；

1/20 表示如果客户在 20 天内偿付货款，给予 1%的折扣；n/30 表示如果客户在 30 天内付款，则无折扣。现金折扣使得企业应收账款的实收数额随着客户付款的时间不同而有所差异，这样就产生了应收账款的现金折扣计价核算问题。

应收账款入账价值应将未扣减现金折扣前的实际售价（即总价）作为应收账款的入账价值，把实际发生的现金折扣视为销货企业为了尽快收回资金而发生的理财费用（在现金折扣实际发生时计入财务费用），即不把可能发生的现金折扣从应收账款中扣除，现金折扣不影响应收账款的入账价值（税法上也要求按全额计算增值税）。现金折扣在实际发生时直接作为理财费用在财务费用中核算。

在现金折扣的情况下，应收账款入账金额的计价方法有总价法和净价法两种，如表 6-1 所示。

表 6-1　应收账款入账金额的计价方法

计价方法	内容
总价法	是将未减去现金折扣前的金额作为实际售价，记作应收账款的入账价值的计价方法。在这种方法下，销售企业把给予客户现金折扣视为融资的理财费用，会计上作为财务费用处理
净价法	是将扣减最大现金折扣后的金额作为实际售价，据此确认应收账款入账价值的计价方法。这种方法把客户取得现金折扣视为正常现象，认为客户一般都会提前付款，而将由于客户超过折扣期限而多收入的金额，在会计上作为冲减财务费用处理

按我国现行企业会计准则的规定，发生现金折扣时，企业销售收入应按发票所列的总额入账，实际发生的折扣作为财务费用，即只能采用总价法。

6.1.3　应收账款的账务处理

按折扣情况的不同，对应收账款的账务处理分为以下三种情况。

1. 在没有折扣的情况下，按应收的全部金额入账

例 6.1　朝阳机械有限公司 2019 年 4 月 2 日销售一批产品给东海公司，价款为 10 万元，适用增值税税率为 13%，价税款尚未收到，则朝阳机械有限公司实现销售时的会计分录为：

借：应收账款——东海公司　　　　　　113000
　　贷：主营业务收入　　　　　　　　　100000
　　　　应交税金——应交增值税（销项税额）　13000

2. 在商业折扣的情况下，按扣除商业折扣后的金额入账

例 6.2　朝阳机械有限公司 2019 年 4 月 5 日销售一批产品给北大地公司，价款为 6000 元，给买方的商业折扣为 5%，适用增值税税率为 13%，价税款尚未收到，则朝阳机械有限公司实现销售时的会计分录为：

借：应收账款——北大地公司　　　　　　6441
　　贷：主营业务收入　　　　　　　　　　5700
　　　　应交税金——应交增值税（销项税额）　741

注意：价款为 6000 元，给予 5%的商业折扣后的价款为 5700 元，则对应的增值税为 741

元（5700×13%），所以应收账款总额为 6641 元（5700+741）。

3. 在现金折扣的情况下，采用总价法入账，发生的现金折扣作为财务费用处理

例 6.3 朝阳机械有限公司 2019 年 4 月 25 日销售一批产品给南方公司，共计 8000 元，规定的现金折扣条件为"2/10，n/30"，适用的增值税税率为 13%，产品已交付，企业在 5 月 2 日收到款项。

朝阳机械有限公司在 4 月 25 日的会计分录为：
借：应收账款——南方公司　　　　　9040
　　贷：主营业务收入　　　　　　　8000
　　　　应交税金——应交增值税（销项税额）　1040

朝阳机械有限公司在 5 月 2 日收到应收账款时的会计分录为：
借：银行存款　　　　8859.20
　　财务费用　　　　180.80
　　贷：应收账款——南方公司　9040

6.2　坏账准备

只要企业有应收账款，就存在坏账风险，因此，应该对企业的应收账款计提坏账准备。

企业确实无法收回的应收账款按管理权限报经批准后作为坏账转销时，应当冲减已计提的坏账准备。已确认并转销的应收账款以后又收回的，应当按照实际收到的金额增加坏账准备的账面余额。企业发生坏账损失时，借记"坏账准备"科目，贷记"应收账款""其他应收款"等科目。

6.2.1　坏账的一般知识

坏账的一般知识如表 6-2 所示。

表 6-2　坏账的一般知识

项目	内容
概念	坏账是指企业无法收回或收回的可能性极小的应收账款。由于发生坏账而产生的损失，称为坏账损失
确认	根据我国现行相关法规的规定，企业的应收账款符合下列条件之一的，应确认为坏账： （1）债务人死亡，以其遗产清偿后仍然无法收回的应收账款 （2）债务人破产，以其破产财产清偿后仍然无法收回的应收账款 （3）债务人较长时期内未履行其偿债义务，并有足够的证据表明无法收回或收回的可能性极小 注意：企业对于已确认为坏账的应收账款，并不意味着放弃了追索权，一旦重新收回，应及时入账
核算	企业采用备抵法进行坏账核算时，估计坏账损失的方法有应收账款余额百分比法和应收账款账龄分析法

6.2.2 应收账款余额百分比法

应收账款余额百分比法的具体内容如表 6-3 所示。

表 6-3 应收账款余额百分比法

项目	内容
概念	应收账款余额百分比法是指在每个会计期末，需根据企业期末应收账款的余额和计算出的坏账率估计坏账损失，并据以计提坏账准备的方法
核算方式	第一步：计算会计期末时"坏账准备"科目应保持的余额，具体公式为： 本期会计期末时"坏账准备"科目应保持的余额＝"应收账款"科目的期末余额×计提比例 第二步：对本期内"坏账准备"贷方余额与本期会计期末时"坏账准备"科目应保持的余额进行比较： 如果本期应保持的余额＞本期内"坏账准备"贷方余额时，按其差额补提坏账准备 如果本期应保持的余额＜本期内"坏账准备"贷方余额时，按其差额冲回多提的坏账准备 当"坏账准备"科目出现借方余额时，则按应保持的余额与"坏账准备"科目借方余额之和提取坏账准备

例 6.4 朝阳机械有限公司在 2019 年 4 月 1 日时的应收账款余额为 1926350 元，坏账计提比例为 0.5%，故"坏账准备"科目的贷方余额为 9631.75 元（1926350×0.5%），4 月发生的业务如下所示。

（1）收回已经作为坏账的 3 年前的应收账款 1 万元，对应的会计分录为：

借：应收账款——已记坏账的应收收回　10000
　　贷：坏账准备　　　　　　　　　　　　10000
借：银行存款　　　　　　　　　　　　　10000
　　贷：应收账款——已记坏账的应收收回　10000

（2）4 月底时，企业的应收账款总额为 2146350 元，则：

第一步：计算会计期末时"坏账准备"科目应保持的余额＝2146350×0.5%＝10731.75（元）。

第二步：判断目前"坏账准备"科目的贷方余额为 19631.75 元（9631.75+10000），比按百分比计算应保持的余额多 8900 元（19631.75-10731.75），所以本期应冲回多提的坏账准备，对应的会计分录为：

借：资产减值损失——坏账准备　-8900
　　贷：坏账准备　　　　　　　　-8900

6.2.3 应收账款账龄分析法

应收账款账龄分析法是根据应收账款入账时间的长短，并结合以往的经验来估计坏账损失、计提坏账准备的一种方法。这种方法的依据是：一般认为，应收账款拖欠的时间越长，发生坏账的可能性越大。这样可以比较客观地反映应收账款的估计可回收净额。

例 6.5 2019 年 4 月 30 日朝阳机械有限公司应收账款账龄分析表如表 6-4 所示（假设 4 月 1 日该公司坏账准备为贷方余额 9631.75 元，本期该科目没有其他借方或贷方发生额）。

表 6-4　朝阳机械有限公司应收账款账龄分析表

金额单位：元

账龄分布	0～30 天	30～180 天	180～360 天	360～720 天	720 天以上	合计
计提坏账的比例	0%	1%	5%	10%	20%	
应收金额	325000	786000	545250	354250	135850	2146350
按计提比例应提的坏账准备	0	7860	27262.5	35425	27170	97717.5

通过表 6-4 可以看出，采用账龄分析法时，企业 4 月底需要补提的坏账准备为 88085.75 元（97717.50–9631.75），对应的会计分录为：

　　借：资产减值损失——坏账准备　　88085.75
　　　　贷：坏账准备　　　　　　　　　　　88085.75

6.3　应收票据

应收票据是指企业持有的、尚未到期兑现的商业票据。商业票据是一种载有一定付款日期、付款地点、付款金额和付款人的无条件支付的流通证券，也是一种可以由持票人自由转让给他人的债权凭证。

应收票据和应收账款一样，都是由企业的销售业务形成的，但两者有本质区别。应收账款是未收到对方的付款承诺，而应收票据是收到了对方的付款承诺。由于应收票据表明了付款人的承诺，故其账务处理与应收账款有明显的差异。

6.3.1　应收票据入账的账务处理

应收票据是指企业因销售商品、提供劳务等而收到的商业汇票。商业汇票是一种由出票人签发的、委托付款人在指定日期无条件支付确定金额给收款人或者持票人的票据。

根据承兑人不同，商业汇票分为商业承兑汇票和银行承兑汇票。商业承兑汇票是指由付款人签发并承兑，或由收款人签发，交由付款人承兑的汇票。银行承兑汇票是指由在承兑银行开立存款账户的存款人（这里也是出票人）签发，由承兑银行承兑的票据。

例 6.6　朝阳机械有限公司 2019 年 4 月 10 日销售一批产品给北大地公司，货已发出，发票上注明的销售收入为 20 万元，增值税额为 2.6 万元，收到北大地公司交来的银行承兑汇票一张，票据为当天签发，期限为 3 个月，票面利率为 5%，则该企业在收到银行承兑汇票时的会计分录为：

　　借：应收票据　　　　　　　　　　　226000
　　　　贷：主营业务收入　　　　　　　　200000
　　　　　　应交税金——应交增值税（销项税额）　26000

6.3.2 应收票据贴现的账务处理

应收票据即使没有到期，企业也是可以到银行办理票据贴现的，即银行按照一定的利率，根据票据的金额收取相应的手续费，从而给企业兑换成银行存款。其实，这相当于是一种变相的银行贷款。为了便于理解，我们来举例说明。

例 6.7 延用例 6.6 的数据，2019 年 4 月 30 日，朝阳机械有限公司将北大地公司交来的银行承兑汇票拿到银行办理贴现，银行贴现率为 6%，朝阳机械有限公司的开户银行当天收到银行承兑汇票贴现款。请计算银行承兑汇票的贴现利息和银行入账金额，并编制会计分录。

应收票据的贴现利息=226000×6%×91/360=3427.67（元）

公司收到的实际金额=226000-3427.67=222572.33（元）

对应的会计分录为：

借：银行存款　　222572.33
　　财务费用　　3427.67
　　贷：应收票据　　　226000

注意：应收票据贴现率，一般是指年利率，如果按月计算利息，应将年利率换算为月利率；如果按日计算利息，应将年利率换算为日利率。为了计算方便，银行通常按一年 360 天计算。

6.3.3 应收票据到期的账务处理

应收票据到期时，我们需要到银行办理托收手续，一般在到期前的一个星期就可以到银行办理。如果票据过了到期日，则我们应先填写一份延期说明（如图 6-1 所示），再按照正常的托收程序办理票据托收手续。为了便于理解，我们来举例说明。

延期说明

××银行××支行：

　　现我司有银行承兑汇票一张，具体票据信息如下：

票据号：

收款人：

付款人：

出票日：

到期日：

承兑人：

金　额：

　　由于我司（××有限公司）财务人员疏忽，该银行承兑汇票到期未及时办理托收手续，现特写此延期说明，以此证明。

××有限公司

××年××月××日

图 6-1　延期说明

例 6.8 延用例 6.6 的数据，北大地公司交来的银行承兑汇票到期，出纳去银行办理了托收手续，银行收到票据承兑金额 226000 元，对应的会计分录为：

借：银行存款　　　　　　226000
　　贷：应收票据　　　　　　226000

6.4　其他应收项目

其他应收项目是指除应收账款、应收票据外的其他各种应收、暂付款项等，涉及的会计科目主要有其他应收款、预付款项等。

6.4.1　其他应收款的账务处理

其他应收款是指企业发生的、与销售产品无关的各种应收款项，如各种赔款、罚款、应向职工收取的各种垫付款项、企业存出的保证金等。为了便于理解，我们来举例说明。

例 6.9 朝阳机械有限公司销售部门的李经理由于出差需要，从财务部门预借差旅费 3000 元，借款申请已经提交，出纳也已经将现金支付给李经理，对应的会计分录为：

借：其他应收款——销售部——李经理　　3000
　　贷：库存现金　　　　　　　　　　　3000

在收回该笔其他应收款项时，做相反的会计分录即可。

注意：企业发生的其他应收款业务，同企业的应收账款业务一样，存在着难以收回的可能性，故企业应当定期或者至少于每年年度终了时，对其他应收款项目进行检查，预计其可能发生的坏账损失，并计提坏账准备。

6.4.2　预付款项的账务处理

预付款项是指企业按照购货合同规定预付给供应商的款项。预付款项属于会计要素中的资产，通俗地讲，就是企业暂存在供应商那里的钱，如果最终合同没有履行，供应商应该将钱归还给企业，所以它属于资产。预付款项应按实际付出的金额入账。为了便于理解，我们来举例说明。

例 6.10

(1) 朝阳机械有限公司需从 Q 公司订购一批原材料，2019 年 4 月 16 日预付了 10 万元货款，款项已从银行划转。该笔业务对应的会计分录为：

借：预付款项——Q 公司　　100000
　　贷：银行存款　　　　　　100000

(2) 2019 年 5 月 10 日，朝阳机械有限公司收到了 4 月中旬向 Q 公司定购的材料(聚酯)，材料已经验收入库，并取得了增值税专用发票，发票上注明价款为 9 万元，增值税额为 11.7 万元，余款尚未支付，对应的会计分录为：

借：原材料——聚酯　　　　　　　　　　90000
　　应交税费——应交增值税（进项税额）　11700
　贷：预付款项——Q公司　　　　　　　　100000
　　　应付账款——Q公司　　　　　　　　　1700

第 7 章 存 货

存货作为企业最重要的流动资产之一，是企业能够正常、连续和均衡地进行生产和经营的物质保障。存货的账务处理也是企业会计核算中必不可少的环节，尤其对工业企业来说，原材料的购进、领用，生产过程中料、工、费的结转，在产品和产成品成本的确认，销售产品成本的结算等，都与企业的其他经济业务直接关联，其核算的正确性，直接影响着企业资产负债表和利润表的准确性。因此，会计人员应该掌握存货账务处理的全部内容。

7.1 存货的基本知识

存货是指企业在日常活动中持有的以备出售的产成品或商品、处在生产过程中的在产品、在生产过程或提供劳务过程中耗用的材料和物料等，包括各类材料、在产品、半成品、产成品和库存商品，以及包装物、低值易耗品、委托加工物资等。

7.1.1 存货的内容

依据企业的性质、经营范围的不同，不同企业的存货内容也略有差异，如表 7-1 所示。

表 7-1 不同企业的存货内容

种类	内容
工业企业的存货	原材料、委托加工物资、包装物、低值易耗品、在产品、自制半成品和产成品等
商业企业的存货	外购商品、材料物资、低值易耗品、包装物等
包括服务业在内的其他企业的存货	各种少量物料用品、办公用品、家具用品等

7.1.2 存货的确认原则

既然存货均有实物形态，那么是不是只要存放在企业的存货就应该入账，而没有存放在企业内的就无须入账呢？或者说，是不是企业付了款的就是企业的存货，企业收到了款项的就不再是企业的存货呢？在会计准则中，针对何时确认存货、如何确认存货的金额等有明确的确认原则，那就是实质重于形式原则。

实质重于形式原则是指企业应当按照交易或事项的经济实质进行会计核算，而不应当仅仅按照它们的法律形式作为会计核算的依据。具体到存货，需要同时满足以下两个条件才能予以确认：

（1）与该存货有关的经济利益很可能流入企业

企业在确认存货时，需要判断与该存货相关的经济利益是否很可能流入企业。在实务中，主要通过判断与该项存货所有权相关的风险和报酬是否转移到了企业来确定。

通常情况下，取得存货的所有权是与存货相关的经济利益很可能流入企业的一个重要标志。例如，根据销售合同已经售出（取得现金或收取现金的权利）的存货，其所有权已经转移，与其相关的经济利益已不能再流入企业，此时，即使该存货尚未运离企业，也不能再确认为企业的存货。

（2）该存货的成本能够可靠地计量

存货的成本能够可靠地计量必须以取得确凿、可靠的证据为依据，并且具有可验证性。如果存货成本不能可靠地计量，则不能确认为一项存货。例如，企业承诺的订货合同，由于并未实际发生，不能可靠地计量其成本，所以不能确认为购买企业的存货。

因此，不管存货存放在何处、是否付款，都要依据上述两个条件来判断其所有权。

7.2 外购存货的账务处理

企业外购存货主要包括原材料和商品。外购存货的成本即存货的采购成本，指企业物资从采购到入库前所发生的全部支出，包括购买价款、相关税费、运输费、装卸费、保险费，以及其他可归属于存货采购成本的费用。

7.2.1 外购存货入账价值的内容

在实际成本法下，外购存货的入账价值成本包括以下六个方面的内容：

（1）购买价款，一般以企业购入材料或商品的发票和账单上列明的价款，但不包括按规定可以抵扣的增值税进项税额。

（2）运杂费，具体包括运输费、装卸费、保险费、包装费等。这些费用以运输单位或提供劳务单位开具的发票为记账依据。

（3）运输途中的合理损耗，指运输途中的定额内损耗。在运输途中发生的非合理的损耗，能确定由过失人员负责的，应向过失人员索赔，不计入购货成本；如果由于自然灾害而发生的意外损失，其净损失应作为营业外支出，不计入购货成本。

（4）入库前的挑选整理费用，指购入的存货在进入原料仓库前进行挑选的过程中发生的人工费用、残次料成本等。

（5）购入存货负担的税费，指企业购买、自制或委托加工存货所发生的消费税、资源税及不能从增值税销项税额中抵扣的进项税额等。

（6）其他费用，除上述项目外的其他费用，如市内零星的运杂费、采购人员的差旅费等。

7.2.2 外购存货入账的账务处理

企业在对外购存货入账进行账务处理时，会遇到以下三种情况：

（1）存货与发票和账单同时到达企业。企业收到存货办理验收入库手续，同时根据供应商开具的发票和账单等结算凭证进行账务处理。

（2）存货已验收入库，发票账单未到企业。在月末对入库的原材料按估计价格入账，下月初再用红字冲销，待收到发票和账单后按正常方法处理。

（3）购货发票和账单已经收到，但存货尚未运到企业或未验收入库。当所购货物的发票和账单已经收到，但货物尚未收到时，应设置"在途物资"科目记录存货的实际成本，待货物验收入库后，再转入"原材料"科目。

为了便于理解，我们来举例说明。

例 7.1

（1）朝阳机械有限公司从 A 商贸公司购买焦炭一批，价款为 1 万元，增值税额为 1300 元，款项已经全部通过工商银行账号划转，原材料也已入库，对应的会计分录为：

借：原材料——焦炭　　　　　　　　　　10000
　　应交税费——应交增值税（进项税额）　1300
　贷：银行存款　　　　　　　　　　　　11300

（2）朝阳机械有限公司委托 B 物流公司运输焦炭，为了节约运输成本，朝阳机械有限公司又从 A 商贸公司采购了木炭和耐火砖，三种原材料同时送达，其运输明细单如表 7-2 所示。

表 7-2　焦炭、木炭和耐火砖运输明细单

原材料名称	重量（吨）	单价（元/吨）	总买价（元）	运费（元）
焦炭	2.5	4000	10000	
木炭	2	3500	7000	2380
耐火砖	4	800	3200	
合计	8.5		20200	2380

备注：所有原材料的购入单价均为不含税价格。所有材料购进均取得一般纳税人开具的税控系统增值税专用发票，但运费为服务业发票

木炭和耐火砖在办理入库后，暂未付款，对应的会计分录为：

借：原材料——木炭　　　　　　　　　　7000
　　　　　——耐火砖　　　　　　　　　3200
　　应交税费——应交增值税（进项税额）　1326
　贷：应付账款——A 商贸公司　　　　　11526

运杂费应按材料的重量比例分摊，分别计入各种原材料的采购成本。三种原材料的运杂费分配表如表 7-3 所示。

表 7-3　焦炭、木炭和耐火砖运杂费分配表

原材料名称	重量（吨）	总运费（元）	单价（元）	应该分摊到的运费（元）
焦炭	2.5	2380	=2380/8.5=280	2.5×280=700
木炭	2			2×280=560
耐火砖	4			4×280=1120
合计	8.5			2380

对应的会计分录为：

借：原材料——焦炭　　　　　700
　　　　　——木炭　　　　　560
　　　　　——耐火砖　　　　1120
　贷：应付账款——B 物流公司　2380

通过上述会计分录，按原材料的类别分别登记原材料明细账，就可以计算出三种原材料的单位采购成本。三种原材料的采购成本如表 7-4 所示。

表 7-4　焦炭、木炭和耐火砖的采购成本

原材料名称	采购数量（吨）	购货总价（元）	运费（元）	总成本（元）	单位成本（元）
焦炭	2.5	10000	700	10700	4280
木炭	2	7000	560	7560	3780
耐火砖	4	3200	1120	4320	1080

通过上述步骤，我们基本完成了外购存货入账的账务处理。

注意：不能直接计入原材料成本的各种间接费用，应按一定标准在有关原材料之间进行分配。事实上，所有的存货成本发生的间接费用，在不能单一确认为某一存货的成本时，均可以采用上述方法进行分配，分配标准包括买价、重量、体积、加工工时等。

7.3　自制存货的账务处理

自制存货的初始成本包括投入的原材料或半成品、直接人工和按照一定方式分配的制造费用。制造费用是指企业为生产产品和提供劳务而发生的各项间接费用，包括企业生产部门（如生产车间）管理人员的薪酬、折旧费、办公费、水电费、机物料消耗、劳动保护费、季节性和修理期间的停工损失等。在生产车间只生产一种产品的情况下，企业归集的制造费用可以直接计入该产品的成本；在生产多种产品的情况下，企业应采用与该制造费用相关性较强的方法对其进行合理分配。企业通常采用的方法有生产工人工时比例法、生产工人工资比例法、机器工时比例法及按年度计划分配法等，企业还可以按照耗用原材料的数量或成本、直接成本及产品产量分配制造费用。

7.3.1 自制存货入账价值的内容

自制存货的入账价值即产成品的成本,具体包括以下三个方面:
(1) 领用原材料的成本。
(2) 生产、加工过程中的直接人工成本,包括车间员工的薪资、社会保险和福利等支出。
(3) 其他有关的费用,如计提的折旧费用、其他制造费用等。

通过归集上述成本项目,并确认在产品和产成品数量,完成总的生产成本在在产品和产成品间的分配,结转产成品成本。

7.3.2 自制存货入账的账务处理

自制存货是由企业的生产车间加工制造的,与制造产品一样,应设置"生产成本"科目来计算制造过程中所消耗的原材料、人工费和其他费用。为了便于理解,我们来举例说明。

例 7.2 2019 年 4 月 1 日,朝阳机械有限公司的气缸生产车间投产型号为 ø189 的气缸共 200 个,发生的经济业务如下所示。

(1) 车间领用焦炭 0.5 吨,木炭 0.2 吨,耐火砖 0.4 吨,聚酯胶 0.3 吨,其他材料 1000 元,其成本明细表如表 7-5 所示。

表 7-5 ø189 气缸生产材料成本明细表

投产数量:200 个　　　　　　　原材料数量单位:吨　　　　　　　金额单位:元

原材料名称	领用数量	单位成本	总成本
焦炭	0.5	4280	2140
木炭	0.2	3780	756
耐火砖	0.4	1080	432
聚酯胶	0.3	3020	906
其他材料			1000
合计			5234

对应的会计分录为:
借:生产成本——直接材料　　　5234
　　贷:原材料——焦炭　　　　　2140
　　　　　　——木炭　　　　　　756
　　　　　　——耐火砖　　　　　432
　　　　　　——聚酯胶　　　　　906
　　　　　　——其他材料　　　1000

(2) 通过工资核算和分配可知,生产 ø189 气缸的直接人工费用为 4200 元。
(3) 通过其他项目成本核算可知,企业最终生产型号为 ø189 的气缸 194 个,生产成本汇总表如表 7-6 所示。

表 7-6　ø189 气缸生产成本汇总表

单位：元

直接材料	直接人工	制造费用所有项目明细					成本合计
		折旧费	质检人员薪资	车间管理人员薪资	水电费	劳保耗费	
5234	4200	660	656	820	619	421	12610
生产 ø189 气缸的单位成本为：12610/194=65（元）							

假定上述产品在 5 月 15 日完成生产，办理入库手续，对应的会计分录为：

借：半成品——ø189 气缸　　　　12610
　　贷：生产成本——直接材料　　　5234
　　　　　　　　——直接人工　　　4200
　　　　　　制造费用——折旧费　　　660
　　　　　　　　　　——检验费　　　656
　　　　　　　　　　——工资费用　　820
　　　　　　　　　　——水电费　　　619
　　　　　　　　　　——劳保耗费　　421

7.4　委托加工存货的账务处理

委托加工的存货是指企业提供原材料或者半成品，委托其他企业进行适当加工后，使企业存货的某些特征得到改善或加工成可以供市场出售的产成品等过程，如铸造企业将铸件毛坯的抛光打磨过程的外包，委托外单位进行包装等过程都属于委托加工。

7.4.1　委托加工存货入账价值的内容

委托加工存货的入账价值具体包括以下三个方面：

（1）实际耗用的原材料或者半成品。该部分价值与发出委托加工材料的数量和单价直接相关。

（2）加工费。其受托单位按加工劳务的实际情况收取的加工费用和相关税金等。

（3）运输费、装卸费和保险费等。这些费用主要是原材料运抵受托企业，以及存货加工好以后运回本企业的过程中发生的费用等。

7.4.2　委托加工存货入账的账务处理

受加工工艺流程的影响，委托加工存货入账的账务处理需要按步骤逐一进行。为了便于理解，我们来举例说明。

（1）发出委托加工材料的账务处理

例 7.3　2019 年 4 月 16 日，朝阳机械有限公司将之前生产的型号为 ø189 的气缸毛坯件发出，委托 W 公司代为打磨加工，处理气缸内部毛刺，对应的会计分录为：

借：委托加工物资——ø189 气缸　　12610
　　贷：半成品——ø189 气缸　　　　12610

（2）支付加工费的账务处理

朝阳机械有限公司 4 月 21 日用银行转账支票支付 ø189 气缸加工费 3480 元，对应的会计分录为：

借：委托加工物资——ø189 气缸　　3480
　　贷：银行存款　　　　　　　　　3480

（3）加工完成，收回委托加工存货的账务处理

朝阳机械有限公司 4 月 28 日收回经 W 公司加工过的 194 件 ø189 气缸，同时用现金支付往返运费共 400 元，产成品已经办理入库手续，对应的会计分录为：

借：委托加工物资——ø189 气缸　　400
　　贷：银行存款　　　　　　　　　400
借：库存商品——ø189 气缸　　　　16490
　　贷：委托加工物资——ø189 气缸　16490

7.5　接受捐赠存货的账务处理

在企业的实际经营过程中，可能会出现供应商捐赠存货的情况。接受捐赠和直接外购时一样，存货的入账价值都应该包括买价（由于是捐赠，所以买价需要单独确认）、运杂费、运输途中的合理损耗、购入存货应负担的税金及其他费用等。

对于相当于买价的这部分赠送价值的确认，应区分以下两种情况，如表 7-7 所示。

表 7-7　赠送价值的确认

情形	内容
捐赠方提供了有关凭据	在这种情况下，应按凭据（如发票、报关单、协议等）上标明的金额确认赠送价值
捐赠方没有提供有关凭据	需要区分不同情况来处理： （1）如果同类或类似存货存在活跃市场，则存货的实际成本应以等于同类或类似存货的市场价格估计的金额加上应支付的相关税费等作为存货的入账价值 （2）如果同类或类似存货不存在活跃市场，则存货的实际成本以接受捐赠存货的预计未来现金流量现值作为入账价值

为了便于理解，我们来举例说明。

例 7.4　2019 年 4 月 10 日，朝阳机械有限公司收到采购的抛光机 10 台，同时到货的还有供货商 P 公司赠送的 10 个抛光机磨片，开具的发票显示，10 个抛光机磨片的单价为 30 元，对应的增值税额为 3.9 元，发票随货送达公司，对应的会计分录为：

借：低值易耗品——工具辅助用具——抛光机磨片　　300
　　应交税费——应交增值税（进项税额）　　　　　39
　　贷：营业外收入——捐赠收入　　　　　　　　　339

例 7.5 2019 年 4 月 20 日，某农机厂捐赠给朝阳机械有限公司一批报废的农机，经挑选、整理后，取得废钢 0.6 吨，按公司一直以来的经验，这些废钢为三级钢，目前的市价为 4200 元/吨。另外，农机运回公司共支付运费 120 元，用现金支付，对应的会计分录为：

借：原材料——废钢　　　　2640
　贷：营业外收入——捐赠收入　2520
　　　库存现金　　　　　　　120

7.6　其他方式取得存货的账务处理

其他方式取得的存货主要包括投资者投入的存货、受抵偿债务的存货、以非货币性交易换入的存货、盘盈的存货等，其入账价值如表 7-8 所示。

表 7-8　其他方式取得存货的入账价值

种类	内容
投资者投入的存货的入账价值	投资者投入的存货，应按投资各方确认的价值作为其入账价值
受抵偿债务的存货的入账价值	接受抵偿债务的存货，应按应收债权的账面价值减去可抵扣的增值税进项税额后的差额，加上应支付的相关税费作为其入账价值
以非货币性交易换入的存货的入账价值	以非货币性交易换入的存货，应按换出资产的账面价值加上应支付的相关税费作为其入账价值
盘盈的存货的入账价值	盘盈的存货，应按相同或类似存货的市场价格作为其入账价值

7.7　存货发出的账务处理

存货发出的账务处理是指存货被生产车间领用、销售或捐赠给他人时的价值确认和账务处理方式等。

按《企业会计准则第 01 号——存货》中第十四条的规定：企业应当采用先进先出法、加权平均法或者个别计价法确定发出存货的实际成本。对于性质和用途相似的存货，应当采用相同的成本计算方法确定发出存货的成本。对于不能替代使用的存货、为特定项目专门购入或制造的存货，以及提供劳务的成本，通常采用个别计价法确定发出存货的成本。对于已售存货，应当将其成本结转为当期损益。

因此，本节我们将分别介绍先进先出法、加权平均法和个别计价法确定发出存货的账务处理。其中，我们将加权平均法又区分为月末一次加权平均法和移动加权平均法进行介绍。

7.7.1 先进先出法

1. 先进先出法及其优缺点

先进先出法是指根据先入库先发出的原则,对于发出的存货以先入库存货的单价计算发出存货成本的方法。采用这种方法的具体做法是:先按存货的期初余额的单价计算发出存货的成本,领发完毕后,再按第一批入库的存货的单价计算,以此从前向后类推,计算发出存货和结转存货的成本。

先进先出法的优缺点如表 7-9 所示。

表 7-9 先进先出法的优缺点

项目	内容
优点	在物价变动时期,期末结存存货的价值比较符合物价变动趋势,能够比较准确地反映存货资金的占用情况
缺点	在发出存货时,按不同的单价反映发出存货的成本会加大核算工作量。当物价上涨时,会高估企业当期利润和存货价值;反之,会低估企业当期利润和存货价值

2. 先进先出法的账务处理

为了能直观地说明先进先出法的核算过程,我们来举例说明。

例 7.6 2019 年 5 月,朝阳机械有限公司某种材料购、耗、存资料明细表如表 7-10 所示。

表 7-10 朝阳机械有限公司某种材料购、耗、存资料明细表

数量单位:千克

时间	购进数量	发出数量	结余数量
5月1日库存			1000
5月7日	2000		3000
5月8日		2500	500
5月15日	2000		2500
5月20日		2100	400

在采用先进先出法计算发出存货的成本时,其成本计算结果如表 7-11 所示。

表 7-11 以先进先出法计算的材料成本表

数量单位:千克　　　　　　　　　　　　　　　　　　　　　　　　　　　金额单位:元

时间	购进 数量	购进 单价	购进 金额	发出 数量	发出 单价	发出 金额	结余 数量	结余 单价	结余 金额
5月1日库存							1000	2	2000
5月7日	2000	2.3	4600				1000	2	2000
							2000	2.3	4600
5月8日				1000	2	2000			
				1500	2.3	3450	500	2.3	1150
5月15日	2000	2.45	4900				500	2.3	1150
							2000	2.45	4900
5月20日				500	2.3	1150			
				1600	2.45	3920	400	2.45	980

从表 7-11 可以看出，在 5 月 8 日发出存货计算成本时，共领用了 2500 千克，但是成本分两部分来计算，其中 1000 千克为期初库存，单价为 2 元，另外 1500 千克为本期购进的，单价为 2.3 元，这样到 5 月 8 日时，留存的库存数为 500 千克，全部为本期购进留存，单价为 2.3 元。5 月 20 日的领用情况与 5 月 8 日的相似。这样计算出来耗费该材料的成本为 10520 元（2000+3450+1150+3920），对应的会计分录为：

借：生产成本——直接材料   10520
　　贷：原材料——某材料   10520

7.7.2 加权平均法

1. 月末一次加权平均法

（1）月末一次加权平均法及其优缺点

月末一次加权平均法是指以当月全部进货成本加上月初存货成本除以当月全部进货数量加上月初存货数量，计算出存货的加权平均单位成本，以此为基础计算当月发出存货的成本和期末存货成本的一种方法。

月末一次加权平均法的优缺点如表 7-12 所示。

表 7-12　月末一次加权平均法的优缺点

项目	内容
计算公式	（1）加权平均单位成本=（期初结存存货实际成本+本期购入存货实际成本）/（期初结存存货数量+本期购入存货数量） （2）本期发出存货成本=本期发出存货数量×加权平均单位成本 （3）期末结存存货成本=期末结存存货数量×加权平均单位成本
优点	只在月末一次计算加权平均单价，简化了成本计算的工作。在市场价格上涨或下跌时所计算出来的单位成本平均化，对存货成本的分摊较为折中
缺点	不利于核算的及时性。在物价变动幅度较大的情况下，按加权平均单价计算的期末存货价值与现行成本有较大的差异，适合物价变动幅度不大的情况。这种方法平时无法从账上提供发出和结余存货的单价及金额，不利于加强对存货的管理。为解决这一问题，可以采用移动加权平均法或按上月月末计算的平均单位成本计算

（2）月末一次加权平均法的账务处理

为了能直观地说明月末一次加权平均法的核算过程，我们来举例说明。

例 7.7　假定 2019 年 5 月时，朝阳机械有限公司某种材料购、耗、存资料明细表如 7.7.1 节中的表 7-10 所示，则采用月末一次加权平均法计算发出存货的成本时，其成本计算结果如表 7-13 所示。

表 7-13　以加权平均法计算的材料成本表

数量单位：千克　　　　　　　　　　　　　　　　　　　　　　　　　　　　金额单位：元

时间	购进			发出			结余		
	数量	单价	金额	数量	单价	金额	数量	单价	金额
5月1日库存							1000	2	2000
5月7日	2000	2.3	4600				3000		6600

续表

时间	购进			发出			结余		
	数量	单价	金额	数量	单价	金额	数量	单价	金额
5月8日				2500	2.3	5750	500		850
5月15日	2000	2.45	4900				2500		5750
5月20日				2100	2.3	4830	400	2.3	920

备注1：本月加权平均单位成本=（2000+4600+4900）/（1000+2000+2000）=2.3（元）
　　　　本期发出存货成本=（2500+2100）×2.3=10580（元）
　　　　期末结存存货成本=400×2.3=920（元）

备注2：采用加权平均法计算产品结余数时，通常只计算本月期初单价和期末结存单价，在月份内购进及领用时不单独计算单价，只在月底一次核算成本和结余数量及单价。

通过表 7-13 的计算，对应的会计分录为：
借：生产成本——直接材料　　10580
　　贷：原材料——某材料　　　　10580

2．移动加权平均法

（1）移动加权平均法及其优缺点

移动加权平均法是指每次购入存货时，都要以本次购入存货的实际成本加上以前结存存货的实际成本，除以本次购入存货的数量加上以前结存存货的数量，求得移动加权单价，在领用、发出存货时，以移动加权单价作为计价标准的一种方法。

移动加权平均法的优缺点如表 7-14 所示。

表 7-14　移动加权平均法的优缺点

项目	内容
计算公式	（1）移动加权平均单价=（结存存货成本+本次购入存货成本）/（原结存存货数量+本次购入存货数量） （2）发出存货成本=移动加权平均单价×本次发出存货数量 （3）期末结存存货成本=移动加权平均单价×期末结存存货数量
优点	由于每购一次货就对成本进行一次核算，所以能够使管理部门及时了解存货的结余情况，有利于对存货的适时控制，而且随时通过进价对存货单价进行调整，计算出的平均单价也比较客观
缺点	加大了核算的工作量

（2）移动加权平均法的账务处理

为了能直观地说明移动平均法的核算过程，我们来举例说明。

例 7.8　假定 2019 年 5 月时，朝阳机械有限公司某种材料购、耗、存资料明细表如 7.7.1 节中的表 7-10 所示，则采用移动加权平均法计算发出存货的成本时，其成本计算结果如表 7-15 所示。

表 7-15　以移动加权平均法计算的材料成本表

数量单位：千克　　　　　　　　　　　　　　　　　　　　　　　　　　　　金额单位：元

时间	购进			发出			结余		
	数量	单价	金额	数量	单价	金额	数量	单价	金额
5月1日库存							1000	2	2000
5月7日	2000	2.3	4600				3000	2.2	6600
5月8日				2500	2.2	5500	500	2.2	1100
5月15日	2000	2.45	4900				2500	2.4	6000
5月20日				2100	2.4	5040	400	2.4	960

备注 1：5 月 7 日需要计算一次移动加权平均单价，其计算过程为：
　　　　移动加权平均单价=（2000+4600)/(1000+2000）=2.2（元）
　　　　在 5 月 8 日领用存货时，即按此次移动加权平均单价来计算成本。

备注 2：5 月 15 日又购入存货，故需再次计算移动加权平均单价，其计算过程为：
　　　　移动加权平均单价=（1100+4900)/(500+2000）=2.4（元）
　　　　在此后的领用按新计算的平均单价来核算成本。

备注 3：本月的总成本=5500+5040=10540（元）

通过表 7-15 的计算，对应的会计分录为：

借：生产成本——直接材料　　10540
　　贷：原材料——某材料　　10540

注意：例 7.6、例 7.7 和例 7.8 对应的会计分录都是工业企业在生产过程中领用存货的账务处理，如果是商业企业购进存货后直接销售，对应的会计分录应该为：

借：主营业务成本（不同核算方法下的对应金额）
　　贷：库存商品——某材料（不同核算方法下的对应金额）

7.7.3　个别计价法

1. 个别计价法及其优缺点

个别计价法是假设存货的成本流转与其实物流转相一致，对每一批存货都单独计算成本和配比收入，并最终实现单独确认损益的成本计价方法。

个别计价法一般仅适用于存货数量不多、单位成本较高、变价大、珍贵或容易识别的存货。采用个别计价法要求存货项目必须是可以辨认的，且必须对每一批存货的购进和销售都有详细的记录，包括每一批存货的品种规格、入账时间、单位成本、存放地点等。

个别计价法的优缺点如表 7-16 所示。

表 7-16　个别计价法的优缺点

项目	内容
优点	计算发出存货的成本和期末存货的成本比较合理、准确，并能逐一确认所有存货的损益
缺点	实务操作的工作繁重，困难较大

2. 个别计价法的账务处理

为了能直观地说明个别计价法的核算过程，我们来举例说明。

例 7.9 某珠宝销售企业 2019 年 5 月的存货购、销、存资料如表 7-17 的"购入"列所示，则采用个别计价法计算销售商品的成本时，其成本计算结果如表 7-17 的"本月销售"列所示。

表 7-17 以个别计价法计算的营业成本表

数量单位：个　　　　　　　　　　　　　　　　　　　　　　　　　　　　　　　　　　金额单位：元

时间	购入			本月销售			结余		
	数量	单价	金额	数量	单价	金额	数量	单价	金额
A1 型 5 月 1 日库存	10	800	8000	4	800	3200	6	800	4800
A2 型 5 月 5 日购入	20	630	12600	18	630	11340	2	630	1260
A3 型 5 月 5 日购入	20	1500	30000	11	1500	16500	9	1500	13500
B1 型 5 月 1 日库存	5	980	4900	2	980	1960	3	980	2940
B2 型 5 月 5 日购入	20	750	15000	19	750	14250	1	750	750

备注 1：本月的营业成本=3200+11340+16500+1960+14250=47250（元）

通过表 7-17 的计算，对应的会计分录为：

借：主营业务成本　　　　　　47250
　　贷：库存商品——A1 型　　　3200
　　　　　　——A2 型　　　11340
　　　　　　——A3 型　　　16500
　　　　　　——B1 型　　　1960
　　　　　　——B2 型　　　14250

7.8 存货的期末处理

在存货的日常业务处理过程中，存在存货的购入、发出（或销售）及期末处理的问题。由于付款方式及物流配送的影响，企业一般需要在期末对存货进行适当的处理。存货的期末处理一般存在单料同到、单到料未到、料到单未到三种情况。

7.8.1 存货的单料同到的处理

单料同到是指企业在办理有关外购材料的结算手续时，同时收到材料并验收入库的情况，可以简单地概括为"购进存货验收入库，并同时结转款项"。在这种情况下，会计人员应根据入库材料的实际成本，借方登记原材料（委托加工材料、包装物、低值易耗品、在产品、自制半成品、产成品等）和应交税费——应交增值税（进项税额），贷方登记银行存款或其他货币资金（应付票据、应付账款等）。为了便于理解，我们来举例说明。

例 7.10 朝阳机械有限公司从广州甲企业购入 A 材料 600 千克，200 元/千克，发票上注明价款为 12 万元，增值税额为 1.56 万元。发票已收到，款项已付，材料也已验收入库，对应的会计分录为：

  借：原材料——A 材料　　　　　　　　　　120000
    应交税费——应交增值税（进项税额）　　15600
   贷：银行存款　　　　　　　　　　　　　　135600

7.8.2　存货的单到料未到的处理

  单到料未到是指企业在办理有关外购材料的结算手续时，虽然已获得了材料的所有权证明（如发票等），但材料尚未到达本企业，尚未办理有关验收手续，只有等材料到达，办理验收入库，才算完成采购过程，可以简单地概括为"先收到结算凭证结算款项，后收到材料验收入库"。在这种情况下，会计人员应根据有关结算凭证中记载的材料价款，借方登记在途物资和应交税费——应交增值税（进项税额），贷方登记银行存款或其他货币资金（应付票据、应付账款等）。为了便于理解，我们来举例说明。

  例 7.11　朝阳机械有限公司从广州甲企业购入 A 材料 600 千克，200 元/千克，发票上注明价款为 12 万元，增值税额为 1.56 万元。发票及结算凭证已收到，款项已付，但因公司仓库暂满，要求卖方 10 天后送货。

  款项已付，材料未验收入库时的会计分录为：

  借：在途物资——A 材料　　　　　　　　　　120000
    应交税费——应交增值税（进项税额）　　15600
   贷：银行存款　　　　　　　　　　　　　　135600

  10 天后，收到材料验收入库时的会计分录为：

  借：原材料——A 材料　　120000
   贷：在途物资——A 材料　　120000

7.8.3　存货的料到单未到的处理

  料到单未到是指企业收到材料并已验收入库，但结算凭证（一般为发票）尚未到达本企业的情况。企业在收到材料验收入库时可暂时不做账务处理，只将有关的入库凭证单独保管，待购货的结算凭证到达后，再按单料同到的情况处理。若会计期末结算凭证仍未到达本企业，则需将已入库的材料按暂估价入账，可以简单地概括为"先收到材料验收入库，平时不做核算；月末仍未收到结算凭证，按暂估价格核算；下月初将上月末的处理进行相反处理"。在这种情况下，会计人员应该先暂估入账，借方登记原材料（委托加工材料、包装物、低值易耗品、在产品、自制半成品和产成品等），贷方登记应付账款，暂估价应该为不含税价。在下月初时，需按原分录用红字冲回，待结算凭证到达后，按单料同到的情况处理。

  例 7.12　朝阳机械有限公司 2019 年 4 月 25 日从广州甲企业购入 A 材料 600 千克，已由卖方送货上门，并验收入库。发票及结算凭证未收到，款项尚未支付。5 月 8 日收到发票及结算凭证，发票上注明价款为 12 万元，增值税额为 1.56 万元。

注意：若在月份中间，可不做任何处理，等单据到达企业后，做单料同到的业务处理；若在月末，则需要对料暂估入账。

4月25日暂估价格为10万元，对应的会计分录为：
借：原材料——A材料　　　　　　　100000
　　贷：应付账款——暂估入库（甲公司）　100000

5月1日将暂估入账的材料用红字冲回，对应的会计分录为：
借：原材料——A材料　　　　　　　-100000
　　贷：应付账款——暂估入库（甲公司）　-100000

5月8日，收到发票及结算凭证，做单料同到的处理，对应的会计分录为：
借：原材料——A材料　　　　　　　120000
　　应交税费——应交增值税（进项税额）　15600
　　贷：银行存款　　　　　　　　　135600

7.8.4 存货跌价准备计提

存货属于存放在企业的以待销售的产品，它有自己的成本价格，但是什么时候能够实现销售、价格多少是未知的。如果市场行情好，企业销售存货高于其成本价格，那么销售就可以形成销售毛利；如果市场行情不好，则有可能亏本。这里的预计售出价格减去存货加工可能发生的成本、销售费用和相关税费后的金额，我们可以称之为可变现净值。

如果存货的可变现净值小于存货成本，即存货发生了贬值，则我们需要计提存货跌价准备。当然，如果我们在计提存货跌价准备以后，市场行情变好，存货的可变现净值大于存货成本，即存货发生了增值，则我们需要将计提的存货跌价准备转回。为了便于理解，我们来举例说明。

例7.13　朝阳机械有限公司2018年12月31日H型材料账面成本为3.5万元，由于市场行情不好，H型材料的市场价格下跌，预计可变现净值为3万元，请计算公司需要计提多少存货跌价准备，并编制对应的会计分录。

应计提存货跌价准备=35000-30000=5000（元）
借：资产减值损失　5000
　　贷：存货跌价准备　5000

延伸例7.13，如果H型材料在2019年12月31日的账面成本仍然为3.5万元，但是H型材料的市场价格上升了，其可变现净值为3.3万元，请分析公司是否要计提存货跌价准备，并编制对应的会计分录。

分析：由于H型材料可变现净值上升了3000元，之前又对其计提过存货跌价准备，因此我们需要转回这3000元，存货跌价准备科目的余额应为2000元（5000-3000）。

对应的会计分录为：
借：存货跌价准备　3000
　　贷：资产减值损失　3000

7.9 存货清查

由于存货在通常情况下品种很多、收发频繁，所以难免在日常收发、计量、计算上出现差错，再加上有些存货会发生自然损耗，或者由于管理不善出现丢失或毁损，造成账实不符，这些都属于企业的正常现象。

存货的清查是指通过对存货的实地盘点，确定存货的实有数量，并与账面资料相核对，从而确定存货实存数与账面数是否相符的一种专门的方法。

7.9.1 存货清查的内容和方法

存货清查的内容和方法如表 7-18 所示。

表 7-18 存货清查的内容和方法

项目	内容
内容	（1）通过盘点，确认企业存货的账面结存数是否与实际结存数相符，由此确认账实不符存货的种类及数量 （2）在盘点数量的基础上，查明变质、毁损的存货及超储积压和长期闲置存货的种类和数量等
方法	存货清查的方法是进行实地盘点，实地盘点的一般步骤为： （1）在存货清查之前，应确定需要清查存货的范围，对于外单位寄存的存货、尚未办理入库的存货等，应明确标示，对于本企业寄存在外单位的存货，要通过函证、实地盘点等方式进行确认 （2）采用过磅、测量、点数等方法进行实物盘点 （3）在清查盘点之后，应编制存货盘点表，详细记录各种存货的账面数与实存数，反映账面数与实存数不符存货的数量及原因，并揭示存货管理中可能存在的问题 （4）通过存货盘点表的提示，与各相关责任人确认处理方式，并以此为依据，做出账务处理

7.9.2 存货清查的账务处理

在存货清查中，造成存货账实不符的原因有很多，企业应根据不同情况做出相应的账务处理。一般的处理方法是：定额内的盘亏，应增加费用；责任事故造成的损失，应由过失人负责赔偿；由于自然灾害等原因造成的损失，应在扣除保险公司赔款和残料收入后，经批准，作为营业外支出。如果发生盘盈，则应冲减费用。

1. 存货盘盈的账务处理

如果企业在存货清查中盘盈了存货，需根据存货盘点表所列数量及金额，通过"待处理财产损益"科目进行处理。为了便于理解，我们来举例说明。

例 7.14

（1）朝阳机械有限公司于 2019 年 6 月底进行存货的半年度盘点，盘盈产成品 ø240 气缸 11 个，单位成本 485 元。在确认盘盈后，对应的会计分录为：

借：库存商品——ø240 气缸　　　　　　　　5335

贷：待处理财产损益——待处理流动资产损益　　5335
　（2）经报批后，相关主管同意冲减费用，对应的会计分录为：
　　借：待处理财产损益——待处理流动资产损益　　5335
　　贷：管理费用　　　　　　　　　　　　　　　　5335

2. 存货盘亏的账务处理

当存货盘亏时，一般需要先分析原因，然后按不同情况分别进行处理。为了便于理解，我们来举例说明。

例 7.15

（1）朝阳机械有限公司于 2019 年 6 月底进行存货的半年度盘点时，盘亏原材料焦炭 4200 元。在确认盘亏后，对应的会计分录为：
　　借：待处理财产损益——待处理流动资产损益　　4200
　　贷：原材料——焦炭　　　　　　　　　　　　　4200
（2）上述盘亏原材料经分析确认：盘亏金额中有 1000 元为定额内自然损耗，列为制造费用；有 2100 元为保管不善所致，由有关责任人小李赔偿；另有 1100 元属于自然灾害造成的非正常损失，列为营业外支出。经核准后，对应的会计分录为：
　　借：制造费用　　　　　　　　　　　1000
　　　　其他应收款——库房——小李　　2100
　　　　营业外支出　　　　　　　　　　1100
　　贷：待处理财产损益——待处理流动资产损益　　4200

第 8 章 固定资产

企业要进行正常的生产和经营活动，除了要购进原材料，还要有一定的硬件设备作为保障，如机器设备、运输设备、工具器具和办公场所等，这就是企业的固定资产。

固定资产一般价值较高，其会计核算涉及购进、折旧、修理改良、报废及出售等。本章我们将对与企业日常经营直接相关的固定资产的账务处理进行介绍。

8.1 固定资产的基本知识

固定资产是指企业为生产产品、提供劳务、出租或经营管理而持有的、使用期限超过一年的、单位价值较高的资产。

固定资产是指同时具有以下特征的有形资产：为生产商品、提供劳务、出租或经营管理而持有；使用寿命超过一个会计年度。

8.1.1 固定资产的分类

采用的标准不一样，固定资产分类的结果也不一样。通常，固定资产的分类有以下几种，如表 8-1 所示。

表 8-1 固定资产的分类

分类标准	种类	含义
按经济用途不同	生产经营用固定资产	指参加生产经营过程或直接服务于企业生产、经营过程的各种房屋及建筑物，机器设备、运输设备和工具器具等 注意：由于季节性生产和修理等原因暂停使用及存放在车间备用的固定资产，仍属企业生产经营所需，属于生产经营用固定资产
	非生产经营用固定资产	指不直接服务于企业生产、经营过程，而用于职工宿舍、公用事业、文化生活、卫生保健及科研试验等方面的房屋及建筑物和器具等
按使用状态不同	使用中的固定资产	指正在使用中的经营性和非经营性固定资产
	未使用的固定资产	指已完工或虽已购建但尚未交付使用的新增固定资产，以及因改建、扩建等原因暂停使用的固定资产
	不使用的固定资产	指本企业多余或不适用的固定资产

8.1.2 固定资产的计价原则

根据现行会计准则的规定，企业固定资产应按取得时的实际支出计价。固定资产的计价原则如表 8-2 所示。

表 8-2　固定资产的计价原则

范围	计价原则
从外单位购入的固定资产	以购入价加上应由企业负担的运输费、装卸费、安装调试费、保险费及税金等合计数计价 企业外购固定资产的成本包括购买价款、相关税费、使固定资产达到预定可使用状态前所发生的可归属于该项资产的运输费、装卸费、安装费及专业人员服务费等
自制、自建的固定资产	以建造和制造过程中实际发生的全部支出计价
在原有固定资产基础上进行改造、扩建的固定资产	按固定资产原值减去改建、扩建过程中发生的变价收入，加上由于改建、扩建而增加的支出计价
作为资本或合作条件投入的固定资产	按评估确定价值或按投资时的合同、协议约定的价格计价。其中，投资人以设备投入企业的，在确定原始价值时，应提供原始发票
以融资租赁方式租入的固定资产	按租赁协议规定的价款加上应由企业负担的运输费、装卸费、保险费及税金等计价
接受捐赠、从境外调入或引进的固定资产	以所附发票、账单等凭证所确定的金额，加上应由企业负担的运输费、保险费、安装调试费、税金等计价。无所附单据的，按照同类固定资产市场价格计价。企业为取得固定资产而发生的借款利息支出和有关费用，在固定资产尚未交付使用或已拨入使用但尚未办理竣工决算前发生的，应计入固定资产价值；在此之后发生的，应计入当期损益
盘盈的固定资产	按照同类固定资产的重置完全价值计价
企业兼并、投资、变卖、租赁、清算时的固定资产	固定资产应依法进行评估

8.1.3　购入固定资产发生的增值税计价问题

以下项目不能抵扣进项税额，具体为：

（1）用于非增值税应税项目、免征增值税项目、集体福利或者个人消费的固定资产进项税额不得抵扣。

（2）非正常损失的不动产，以及该不动产所耗用的购进货物、设计服务和建筑服务进项税额不得抵扣。

（3）国务院财政、税务主管部门规定的纳税人自用消费品进项税额不得抵扣。个人拥有的应征消费税的游艇、汽车和摩托车等物品与企业技术改进、生产设备更新无关，容易混入生产经营用品计算抵扣进项税额。为堵塞税收漏洞，借鉴国际惯例，对纳税人自用的应征消费税的游艇、汽车、摩托车进项税额不得抵扣。如果是外购后用于销售的普通货物，仍可以抵扣进项税额。

8.1.4　固定资产的折旧

固定资产一般价值较高、使用期较长，如果与一般的成本费用一样，一次计入某期损益，会使企业当期利润大量减少，增加企业负担，也不符合权责发生制的原理，所以一般会按一定方式分摊到实际使用的较长期间内计算各期成本支出，也就是对固定资产计提折旧。对固定资产计提折旧是按照"当月购入，下月计提折旧"的原则来计提折旧费的。固定资产的使用寿命、预计净残值一经确定，不得随意变更。

折旧是指固定资产由于磨损或损耗而转移到产品中去的那一部分价值的补偿。

1. 固定资产折旧的计算方法

为了使固定资产由于损耗而减少的价值在会计核算中得到体现，应将其以折旧费的形式分期计入产品成本或费用。固定资产折旧的计算方法一般有年限平均法、工作量法、双倍余额递减法及年数总和法等。

（1）年限平均法（直线法）

年限平均法的具体内容如表 8-3 所示。

表 8-3　年限平均法的具体内容

项目	具体内容	
概念	年限平均法是指按照固定资产的预计使用年限平均计算折旧的方法	
计算折旧步骤	确定固定资产应提折旧总额	应提折旧总额=固定资产原价−预计净残值
	计算固定资产年折旧额和月折旧额	固定资产年折旧额=应提折旧总额/预计使用年限×100% 固定资产月折旧额=固定资产年折旧额/12
	在实际工作中，固定资产折旧额一般根据固定资产原价和月折旧率来计算	月折旧率=（1−预计残值率）/预计使用年限/12 固定资产的月折旧额=固定资产原价×月折旧率 注意：当月取得的固定资产当月不计提折旧，次月开始计提；当月报废的固定资产当月仍需计提折旧，次月不再计提

年限平均法是我们在实际工作中使用最多的一种折旧方法。为了便于理解，我们来举例说明。

例 8.1　朝阳机械有限公司 2019 年 4 月购入车床一台，原价总额为 5 万元，预计净残值率为 4%，预计使用年限为 10 年，则在 2019 年 5 月，该项固定资产计提折旧的计算过程为：

①年折旧率=（1−4%）/10×100%=9.6%

②月折旧率=9.6%/12=0.8%

③月折旧额=50000×0.8%=400（元）

所以，采用年限平均法计提折旧时，每月应对该项固定资产计提 400 元折旧。

（2）工作量法

工作量法是指按实际工作量计提固定资产折旧额的一种方法，一般按固定资产所能工作的时数平均计算折旧额。实质上，工作量法是平均年限法的补充和延伸，且"年折旧率"为固定值。

工作量法计算固定资产折旧额的公式为：

①按照行驶里程计算折旧，单位里程折旧额=原值×（1−预计净残值率）/总行驶里程。

②按工作小时计算折旧，每工作小时折旧额=原值×（1−预计净残值率）/工作总小时。

③按台班计算折旧，每台班折旧额=原值×（1−预计净残值率）/工作总台班数。

为了便于理解，我们来举例说明。

例 8.2　某公司有货运卡车一辆，原价为 15 万元，预计净残值率为 5%，预计总行驶里程为30万千米，当月行驶里程为5000千米，则该项固定资产的月折旧额计算如下：

单程里程折旧额=150000×（1–5%）/300000=0.475（元/千米）

月折旧额=5000×0.475=2375（元）

（3）双倍余额递减法

双倍余额递减法是一种加速折旧法，采用双倍余额递减法计提折旧，其年折旧率是年限平均法下折旧率的2倍，并需根据本期期初固定资产的净值和折旧率计算当期应提折旧额。为了便于理解，我们来举例说明。

例8.3 朝阳机械有限公司2014年10月购入车床一台，原价总额为2万元，预计净残值率为3%，预计使用年限为5年，则至2019年对该车床按双倍余额递减法来计提折旧的计算过程为：

①计算车床的年折旧率=1/5×2×100%=40%

②计算第一年全年的折旧额=20000×40%=8000（元）（备注1）

计算第一年各月的月折旧额=8000/12=666.67（元）

③计算第二年时固定资产的期初净值=20000–8000=12000（元）

计算第二年全年的折旧额=12000×40%=4800（元）

计算第二年各月的月折旧额=4800/12=400（元）

④计算第三年时固定资产的期初净值=12000–4800=7200（元）

计算第三年全年的折旧额=7200×40%=2880（元）

计算第三年各月的月折旧额=2880/12=240（元）

⑤计算第四、第五年的折旧额（备注2）

先计算第四年时固定资产的期初净值=7200–2880=4320（元）

再计算固定资产的残值=20000×3%=600（元）

最后计算第四、第五年的年折旧额=（原值–已计提的折旧额–预计净残值）/2

=（20000 8000 4800–2880–600）/2

=3720/2=1860（元）

则第四、第五年时的月折旧额=1860/12=155（元）

备注1：在计算前面各年的年折旧额时，不减掉预计净残值，只有在摊销的最后两年计算固定资产折余金额时，才减掉预计净残值[详见第（5）步"最后计算第四、第五年的年折旧额"的公式]，这是双倍余额递减法与年限平均法的重要区别之一。

备注2：在折旧的最后两年，双倍余额递减法对年折旧额的计算与年限平均法一致。

如例8.3，按双倍余额递减法得到的月折旧额表如表8-4所示。

表8-4 双倍余额递减法下的月折旧额表

年份	1–9月	10月	11月	12月	本年实际计提的折旧额
2014年	0	0	666.67元	666.67元	1333.34元
2015年	每月均为666.67元	666.67元	400元	400元	7466.70元
2016年	每月均为400元	400元	240元	240元	4480元

续表

年份	1—9月	10月	11月	12月	本年实际计提的折旧额
2017年	每月均为240元	240元	155元	155元	2710元
2018年	每月均为155元	155元	155元	155元	1860元
2019年	每月均为155元	155元			1550元
合计					19400.04元

备注：截至2019年11月，该项固定资产已经计提完折旧，残值为599.96元

（4）年数总和法

年数总和法又称折旧年限积数法、年数比率法、级数递减法、年限合计法，是将固定资产的原值减去预计净残值后的净额乘以一个逐年递减的分数计算折旧额的一种加速折旧方法，这个分数的分子代表固定尚可使用的年数，分母代表使用年限的年数总和。

年折旧率=尚可使用年数/年数总和×100%

年折旧额=（固定资产原值-预计残值）×年折旧率

月折旧率=年折旧率/12

月折旧额=（固定资产原值-预计净残值）×月折旧率

为了便于理解，我们来举例说明。

例8.4 某企业某项固定资产原价为8万元，预计净残值为5000元，预计使用年限为5年。

第一年折旧=（80000-5000）×（5/15）=25000（元）

第二年折旧=（80000-5000）×（4/15）=20000（元）

第三年折旧=（80000-5000）×（3/15）=15000（元）

第四年折旧=（80000-5000）×（2/15）=10000（元）

第五年折旧=（80000-5000）×（1/15）=5000（元）

2．不应计提折旧的固定资产

并不是企业所有的固定资产都需要计提折旧，按相关法规的规定，以下情况的固定资产不计提折旧：

（1）已提足折旧，仍在继续使用的固定资产。

（2）按规定单独估价作为固定资产入账的土地。

（3）提前报废的固定资产。

（4）融资租出的固定资产。

在确定固定资产折旧范围时，应注意以下几点：

（1）对已达到预定可使用状态的固定资产，无论是否交付使用，尚未办理竣工决算的，应当按照估计价值确认为固定资产并计提折旧，待办理竣工决算手续后，再按实际成本调整原来的暂估价值，但不需要调整原来已计提的折旧额。

（2）对符合固定资产确认条件的固定资产装修费用，应当在两次装修期间与固定资产剩余使用寿命两者中较短的期间内计提折旧。

（3）对融资租赁方式租入的固定资产发生的装修费用，符合固定资产确认条件的，应当

在两次装修期间、剩余租赁期与固定资产剩余使用寿命三者中较短的期间内计提折旧。

（4）处于更新改造过程而停止使用的固定资产，符合固定资产确认条件的，应当转入在建工程，停止计提折旧；不符合固定资产确认条件的，不应转入在建工程，照提折旧。

（5）固定资产提足折旧后，不管能否继续使用，均不再计提折旧；提前报废的固定资产，不再补提折旧。（提足折旧是指已经提足该项固定资产的应计折旧额。）

8.2 固定资产的账务处理

固定资产的账务处理包括固定资产从进入企业到退出企业的全过程，具体包括初始入账处理、折旧处理。

8.2.1 固定资产入账的账务处理

企业取得固定资产的途径有很多，最常见的是直接购入，其他还有捐赠取得、投资方投入取得等。

1. 购入不需要安装的固定资产的账务处理

固定资产由于其功能的差异，在取得后，有的需要经安装调试后才能使用，有的不需要安装就可以直接投入使用。对于不需要安装的固定资产，以实际支付的固定资产买价、税金和包装运杂费等作为固定资产入账的依据。结合前面介绍过的关于固定资产增值税的处理，我们来举例说明。

例 8.5 朝阳机械有限公司 2019 年 4 月购入车床一台，其不含税价格为 5 万元，增值税额为 6500 元、款项已经通过银行划转。另外，运输该车床支付运杂费 7500 元，则对应的会计处理为：

借：固定资产——生产用设备——车床　　57500
　　应交税费——应交增值税（进项税额）　6500
　　贷：银行存款——工行基本户　　　　　56500
　　　　库存现金　　　　　　　　　　　　7500

2. 购入需要安装的固定资产的账务处理

当企业购入需要安装的固定资产时，应以实际支付的固定资产买价、税金、包装运杂费及安装调试费等作为固定资产原价。为了体现此类固定资产处于安装调试状态，在调试阶段应设置"在建工程"科目，核算购入固定资产的全部支出，待安装工程完工后，再根据全部支出，借记"固定资产"科目，贷记"在建工程"科目。为了便于理解，我们来举例说明。

例 8.6 朝阳机械有限公司 2019 年 4 月购入需要安装的铣床一台，用银行存款支付买价 1 万元，税金 1300 元（取得增值税专用发票），款项已经用银行转账支票支付，另用库存现金支付包装运杂费 500 元。购入后需要安装，在 5 月时用银行存款支付安装费 800 元。该项固定资产 5 月份完成安装工作后交付使用。

(1) 4月购入设备时的会计分录为:

借: 在建工程——生产用设备——铣床　　10500
　　应交税费——应交增值税（进项税额）　1300
　贷: 银行存款——工行基本户　　　　　　11300
　　　库存现金　　　　　　　　　　　　　500

(2) 5月支付安装费时的会计分录为:

借: 在建工程——生产用设备——铣床　　800
　贷: 银行存款——工行基本户　　　　　800

(3) 5月安装工程完工，办理验收手续后的会计分录为:

借: 固定资产——生产用设备——铣床　　11300
　贷: 在建工程——生产用设备——铣床　　11300

3. 其他方式取得的固定资产的账务处理

(1) 对于投资者投入企业的固定资产，应按投资各方确认的价值，借记"固定资产"科目，贷记"实收资本"科目。为了便于理解，我们来举例说明。

例 8.7　朝阳机械有限公司接受乙公司作为资本投入的设备一台，该设备不需要安装，合同约定该设备的价值为2万元，与其公允价值相符，不考虑其他因素，对应的会计分录为:

借: 固定资产　　20000
　贷: 实收资本　　20000

(2) 对于接受捐赠取得的固定资产，应按确定的价值，借记"固定资产"科目，贷记"营业外收入"科目，同时需计算接受该固定资产捐赠应缴纳的所得税，如果所得税金额较大，可以在若干年内分摊缴纳。为了便于理解，我们来举例说明。

例 8.8　朝阳机械有限公司2019年5月10日接受外商捐赠的轿车一辆，根据发票及报关单有关单据，该轿车账面原值30万元，估计折旧10万元，运费2000元，对应的会计分录为:

借: 固定资产　　　　　　　　　　202000
　贷: 营业外收入——捐赠利得　　200000
　　　银行存款　　　　　　　　　　2000

8.2.2　固定资产折旧的账务处理

在8.1.4小节中，我们介绍了常用的一些固定资产折旧的计算方法，对于固定资产的折旧，一般采用哪个部门使用的固定资产，其折旧额就计入相关部门费用的方式。为了便于理解，我们来举例说明。

例 8.9　2019年5月时，朝阳机械有限公司需要计提的固定资产折旧费明细表如表 8-5 所示。

表 8-5 固定资产折旧费明细表

单位：元

资产使用部门	本月需要计提的折旧费	费用归属科目
管理部门	2569.60	管理费用
铸一车间	3456.45	制造费用
铸二车间	2547.42	制造费用
销售部门	1324.24	销售费用
合计	9897.71	

对应的会计处理为：

借：管理费用——折旧费　　　　　　　2569.60
　　制造费用——铸一车间——折旧费　3456.45
　　　　　　——铸二车间——折旧费　2547.42
　　销售费用——折旧费　　　　　　　1324.24
　　贷：累计折旧　　　　　　　　　　9897.71

8.3 固定资产减少的账务处理

固定资产虽然使用时间较长，但也有其寿命，在达到使用寿命时要报废，或者由于其他原因需要提前对固定资产进行处置，并做出相应的账务处理，这就是固定资产的减少。引起固定资产减少的原因不同，其账务处理也稍有差异。

8.3.1 固定资产报废或毁损的账务处理

固定资产报废或毁损的核算方式基本相同，主要区别在于固定资产报废不存在经济索赔问题，而固定资产毁损则可能获得保险公司或有关责任者的经济赔偿。

固定资产报废和毁损的核算步骤大体为：

（1）应注销固定资产原价和已提折旧额，借记"固定资产清理""累计折旧"科目，贷记"固定资产"科目；根据清理过程中实际发生的清理费用，借记"固定资产清理"科目，贷记"银行存款"等科目。

（2）根据清理过程中收回的残料价值或变价收入，借记"原材料""银行存款"等科目，贷记"固定资产清理"科目。

（3）毁损的固定资产，应根据保险公司或有关责任者应赔偿的损失，借记"银行存款""其他应收款"科目，贷记"固定资产清理"科目。

（4）结转固定资产报废或毁损的净损益是指已丧失使用功能或自然灾害发生的毁损而正常报废的利得或损失，应记入"营业外收入""营业外支出"科目。

为了便于理解，我们来举例说明。

例 8.10　2019 年 4 月 10 日，朝阳机械有限公司有一台抛丸机因自然灾害提前报废，该抛丸机原价为 5 万元，已提折旧额为 26125 元。在清理过程中，用库存现金支付清理费 1200 元，残料入库计价 4500 元，应由保险公司赔偿 3000 元。请问公司在进行固定资产清理过程中需要做的账务处理。

分析：根据题意，该抛丸机是因为自然灾害提前报废的，不属于因正常出售或转让等原因产生的利得或损失，所以应计入营业外收支。

（1）注销毁损固定资产的原价和已提折旧额，对应的会计分录为：

借：固定资产清理　　23875
　　累计折旧　　　　26125
　　贷：固定资产　　　　50000

（2）用库存现金支付清理费用，对应的会计分录为：

借：固定资产清理　　1200
　　贷：库存现金　　　　1200

（3）残料入库，对应的会计分录为：

借：原材料——废钢　4500
　　贷：固定资产清理　　4500

（4）计算并确认应由保险公司赔偿的损失，对应的会计分录为：

借：其他应收款　　　3000
　　贷：固定资产清理　　3000

（5）结转毁损固定资产净损失，先计算净损失，即把"固定资产清理"科目进行汇总，其结果如表 8-6 所示。

表 8-6 "固定资产清理"科目发生额汇总表

单位：元

摘要	借方	贷方
注销毁损固定资产的原价和已提折旧额	23875	
用库存现金支付清理费用	1200	
残料入库		4500
计算并确认应由责任者赔偿的损失		3000
发生额合计	25075	7500
备注：确认损益=25075-7500=17575（元）		

对应的会计分录为：

借：营业外支出——处理固定资产净损失　17575
　　贷：固定资产清理　　　　　　　　　　17575

注意：如果例 8.10 中改为公司正常转让抛丸机，而不是自然灾害造成损毁，那么我们在最后结转"固定资产清理"科目时，应将该科目余额转入"资产处置损益"科目。

8.3.2 固定资产出售的账务处理

企业将闲置不用的固定资产出售给其他单位时，其账务处理与固定资产报废或毁损的账务处理类似，其处理步骤大体为：

（1）确认应注销售出固定资产的原价、已提折旧额和减值准备，并将其净值转入"固定资产清理"科目。

（2）企业按双方协商确定的价格取得收入时，应借记"银行存款"等科目，贷记"固定资产清理"科目。

（3）如果企业出售的固定资产是房屋、建筑物等不动产，应按实际取得的收入和规定的税率计算缴纳相关税费，借记"固定资产清理"科目，贷记"应交税费"等科目。

（4）最后计算损益，当出售固定资产实际取得的收入大于其净值和税金之和的差额，即为出售固定资产取得的净收益，应借记"固定资产清理"科目，贷记"资产处置损益"科目；反之，即为出售固定资产发生的净损失，借记"资产处置损益"科目，贷记"固定资产清理"科目。

为了便于理解，我们来举例说明。

例 8.11 朝阳机械有限公司为了提高生产效率，用技术更先进的 5 台新机床替换使用中的 5 台旧机床，替换下来的旧机床没有其他用途，公司决定出售。5 台旧机床每台原价 30 万元，每台已提折旧 20 万元，每台出售收入 11 万元，款项已存银行。为了提高旧机床的售价，公司在出售前对其进行了维修清理，每台发生维修清理费 3000 元，用银行存款支付。

（1）注销旧机床的原价和累计折旧，对应的会计分录为：

借：固定资产清理　　　　500000
　　累计折旧　　　　　　1000000
　　贷：固定资产——机床　　1500000

（2）发生维修清理费，对应的会计分录为：

借：固定资产清理　　　　15000
　　贷：银行存款　　　　　15000

（3）取得旧机床出售收入，对应的会计分录为：

借：银行存款　　　　　　550000
　　贷：固定资产清理　　　550000

（4）结转出售旧机床的净收益，对应的会计分录为：

净收益=550000−500000−15000=35000（元）

借：固定资产清理　　　　　　　　35000
　　贷：资产处置损益　　　　　　35000

8.4　固定资产清查

固定资产清查是指从实物管理的角度，对企业实际拥有的固定资产进行实物清查，并与固定资产账目进行核对，确定企业的固定资产是否保存完好的过程。清查时需要编制固定资产盘点表，通过盘点表清查的数量与相应账目的核对，可以发现个别固定资产被毁损、可以报废、盘盈、盘亏等情况。

企业应定期或者至少于每年年末对固定资产进行清查盘点，以保证固定资产核算的真实性，充分挖掘企业现有固定资产的潜力。在固定资产清查过程中，如果发现盘盈、盘亏的固定资产，应填制固定资产盘盈、盘亏报告表。清查出固定资产的损益，应及时查明原因，并按照规定程序报批处理。

8.4.1 固定资产盘盈的账务处理

根据《企业会计准则第 4 号——固定资产》及其应用指南的规定，固定资产盘盈应作为前期差错记入"以前年度损益调整"科目（旧准则时作为当期损益直接计入营业外收入）。为了便于理解，我们来举例说明。

例 8.12 2019 年 6 月 30 日，朝阳机械有限公司对企业内全部固定资产进行清查，盘盈一台打磨机，该设备同类产品市场价格为 5 万元，企业所得税税率为 25%，则对应的会计分录为：

借：固定资产　　　　　　　　50000
　　贷：以前年度损益调整　　　　50000

因盘盈设备涉及的所得税为 1.25 万元（5×25%），故需同时调整本期企业所得税，对应的会计分录为：

借：以前年度损益调整　　　　12500
　　贷：应交税费——应交所得税　12500

最后再结转"以前年度损益调整"科目，对应的会计分录为：

借：以前年度损益调整　　　　37500
　　贷：利润分配——未分配利润　37500

8.4.2 固定资产盘亏的账务处理

企业在财产清查中盘亏的固定资产，应通过"待处理财产损益——待处理固定资产损益"科目进行核算，盘亏造成的损失，应通过"营业外支出——盘亏损失"科目进行核算，计入当期损益。为了便于理解，我们来举例说明。

例 8.13 2018 年 12 月 31 日，朝阳机械有限公司对企业内全部固定资产进行清查，盘亏一台车床，该车床原价为 9000 元，已提折旧额为 4275 元，净值为 4725 元。报经相关主管审批后，由过失人（车间主任赵二）赔偿 700 元，将盘亏的固定资产净值转入营业外支出。

（1）通过固定资产盘点表确认盘亏时，对应的会计分录为：

借：待处理财产损益——待处理固定资产损益　4725
　　累计折旧　　　　　　　　　　　　　　4275
　　贷：固定资产　　　　　　　　　　　　9000

（2）审核确认过失人责任时，对应的会计分录为：

借：其他应收款——车间主任赵二　　　　700
　　贷：待处理财产损益——待处理固定资产损益　700

（3）按余额确认为营业外支出时，对应的会计分录为：

借：营业外支出——盘亏损失　　　　　　4025
　　贷：待处理财产损益——待处理固定资产损益　4025

第 9 章 投 资

随着市场经济的发展和全球经济一体化进程的推动，企业的生产、经营也日趋多元化。除了传统的经过原材料投入、加工、销售方式获取利润，企业还可以通过投资、收购、兼并、重组等方式来拓宽生产经营渠道，提升获利能力。投资是"企业为通过分配来增加财富，或为谋求其他经济利益，而将资产让渡给其他单位所获得的另一项资产"。作为企业经营状态"号脉者"的会计人员，当然必须掌握投资的账务处理过程。

在企业进行投资时，会计人员需要区分投资的类型，并采用不同的核算方法进行相应的账务处理。本章我们就来逐一介绍与投资相关的知识。

9.1 投资的基本知识

投资是企业为了获得收益或实现资本增值，向被投资单位投放资金的经济行为。一般企业具有投资性质的资产包括交易性金融投资、债权投资、长期股权投资等。

9.1.1 投资的特点

从投资的定义可以看出，作为企业"特殊性质"的资产，投资具有如下特点：

（1）投资的形成过程非常特殊。买入"投资"，是将企业已经拥有的一项资产让渡给其他企业，如把货币资金、房产、生产线等，让渡给别的企业用以生产经营，由此产生了企业对"别的企业——被投资者"的投资。

（2）投资的目的是为企业带来间接的经济利益，既然把自己已有资产让渡给他人，投资者当然有条件向被投资者要求一定的经济利益。

（3）随着资本市场的不断发展，对企业来说，某些投资（如可以在证券市场上进行短期性质的股票或债券的买卖）可以通过买卖差价来获取利益。

（4）投资具有一定的风险性。

9.1.2 投资的分类

目前，我们对于投资有新的分类方式，包括金融资产投资和长期股权投资。金融资产的分类如表 9-1 所示。

表 9-1 金融资产的分类

分类	特点
以摊余成本计量的金融资产	这类金融资产需要按照实际利率来计算利息,将利息分摊至各个会计期间,摊余成本是扣除已偿还本金,加上或减去采用实际利率法将该初始确认金额与到期日金额之间的差额进行摊销形成累计摊销额的
以公允价值计量且其变动计入其他综合收益的金融资产	这类金融资产所产生的所有利得或损失,除减值损失或利得和汇兑损益外,均应计入其他综合收益,直到该金融资产终止确认或被重新分类
以公允价值计量且其变动计入当期损益的金融资产	这类金融资产所产生的利得或损失,都计入当期损益

9.2 金融资产投资的账务处理

2018 年我国对金融资产投资的账务处理方法进行了改革,即从之前的四类金融资产改为三类,具体的金融资产会计科目也做了调整,这使得金融资产投资的账务处理方法更加规范、合理。本节我们将逐一进行介绍。

9.2.1 以摊余成本计量的金融资产投资的账务处理

以摊余成本计量的金融资产,顾名思义,是按照摊余成本来计算相关利息成本的金融资产,并据此进行账务处理。它按照实际利率来计算金融资产的摊余成本,并将利息收入分摊计入各个会计期间,一般通过用"债权投资"会计科目来核算,可在该科目下设置"成本""利息调整"等明细科目。为了便于理解,我们来举例说明。

例 9.1 朝阳机械有限公司于 2018 年 1 月 1 日从证券交易所购入香草公司 5 年期公司债券 1250 份,债券面值总额为 1250 万元,票面利率为 4.72%,朝阳机械有限公司支付价款 1000 万元,实际利率为 10%,该债券于年末支付当年度债券利息,本金在债券到期时一次性偿还。该公司将其作为以摊余成本计量的金融资产核算,请问 2018 年到 2019 年该债券的账务处理。

分析:根据题意,我们知道该金融资产要以摊余成本计量,那么我们需要列表计算其相关成本和利息,如表 9-2 所示。

表 9-2 债券摊余成本计量表

单位:万元

日期	期初摊余成本 A(实际价款)	实际利息收入 B=A×10%	现金流入 C=债券面值×4.72%	期末摊余成本 D=A+B-C
2018 年	1000	100	59	1041
2019 年	1041	104	59	1086

(1) 2018 年 1 月 1 日购入债券,对应的会计分录为:

借:债权投资——成本　　　　12500000

　　　　贷：银行存款　　　　　　　　10000000
　　　　　　债权投资——利息调整　　2500000
（2）2018 年 12 月 31 日确认债券实际利息收入，对应的会计分录为：
　　借：应收利息　　　　　　　　　　590000
　　　　债权投资——利息调整　　　　410000
　　　　贷：投资收益　　　　　　　　1000000
（3）2018 年 12 月 31 日确认收到债券利息，对应的会计分录为：
　　借：银行存款　　　　　　　　　　590000
　　　　贷：应收利息　　　　　　　　590000
（4）2019 年 12 月 31 日确认债券实际利息收入，对应的会计分录为：
　　借：应收利息　　　　　　　　　　590000
　　　　债权投资——利息调整　　　　450000
　　　　贷：投资收益　　　　　　　　1040000
（5）2019 年 12 月 31 日确认收到债券利息，对应的会计分录为：
　　借：银行存款　　　　　　　　　　590000
　　　　贷：应收利息　　　　　　　　590000

　　注意：如果题目中有交易费用，那么应将其计入该债券的购入成本，因为除了以公允价值计量且其变动计入当期损益的金融资产的相关交易费用直接计入当期损益，其他类别的金融资产的相关交易费用都计入初始确认金额。

9.2.2　以公允价值计量且其变动计入其他综合收益的金融资产投资的账务处理

　　以公允价值计量且其变动计入其他综合收益的金融资产是指在购入时按照公允价格计入成本，后期公允价值变动计入其他综合收益的金融资产。我们一般通过"其他权益工具投资"（股票购入用）、"其他债权投资"（债券购入用）科目来核算这类金融资产投资，可在该科目下设置"成本""公允价值变动"等明细科目。为了便于理解，我们来举例说明。

　　例 9.2　2019 年 1 月 1 日，朝阳机械有限公司购入 A 公司发行的股票 200 万股，占 A 公司有表决权股份的 0.1%，支付价款 1016 万元，其中包括交易费 1 万元，已宣告发放的现金股利 15 万元。该公司将其作为以公允价值计量且其变动计入其他综合收益的金融资产核算，请问该股票的账务处理。
（1）2019 年 1 月 1 日购入股票，对应的会计分录为：
　　借：应收股利　　　　　　　　　　150000
　　　　其他权益工具投资——成本　　10010000
　　　　贷：银行存款　　　　　　　　10160000
（2）假定 2019 年 1 月 10 日收到该现金股利，对应的会计分录为：
　　借：银行存款　　　　　　　　　　150000
　　　　贷：应收股利　　　　　　　　150000

（3）假定 2019 年 3 月 15 日该股票上涨为 1050 万元，对应的会计分录为：
借：其他权益工具投资——公允价值变动　　　　490000
　　贷：其他综合收益——其他权益工具投资公允价值变动　　490000

（4）假定 2019 年 6 月 30 日该股票下跌为 1000 万元，对应的会计分录为：
借：其他综合收益——其他权益工具投资公允价值变动　　500000
　　贷：其他权益工具投资——公允价值变动　　　　500000

9.2.3　以公允价值计量且其变动计入当期损益的金融资产投资的账务处理

以公允价值计量且其变动计入当期损益的金融资产是指按照公允价格计入成本，其公允价值变动计入当期损益的金融资产。该类金融资产的交易费用也直接计入当期损益，冲减投资收益。我们一般通过"交易性金融资产"科目来核算这类金融资产，可在该科目下设置"成本""公允价值变动"等明细科目。为了便于理解，我们来举例说明。

例 9.3　2019 年 1 月 1 日，朝阳机械有限公司购入 B 公司发行的股票 100 万股，占 B 公司有表决权股份的 0.2%，支付价款 806 万元，其中包括交易费 1 万元，已宣告发放的现金股利 5 万元。2019 年 1 月 10 日收到 B 公司发放的现金股利；2019 年 3 月 1 日该股票市价为 9 元/股；2019 年 5 月 15 日朝阳机械有限公司将该股票以 9.6 元/股全部售出，收到价款 960 万元。朝阳机械有限公司将其作为以公允价值计量且其变动计入当期损益的金融资产核算，请问该股票的账务处理。

（1）2019 年 1 月 1 日购入股票，对应的会计分录为：
借：交易性金融资产——成本　　　　8000000
　　应收股利　　　　　　　　　　　 50000
　　投资收益　　　　　　　　　　　 10000
　　贷：银行存款　　　　　　　　　8060000

（2）2019 年 1 月 10 日收到现金股利，对应的会计分录为：
借：银行存款　　　　　　　　　　　50000
　　贷：应收股利　　　　　　　　　 50000

（3）2019 年 3 月 1 日确认股票价格变动，对应的会计分录为：
借：交易性金融资产——公允价值变动　　1000000
　　贷：公允价值变动损益　　　　　　　1000000

（4）2019 年 5 月 15 日出售该股票，对应的会计分录为：
借：银行存款　　　　　　　　　　　9600000
　　公允价值变动损益　　　　　　　1000000
　　贷：交易性金融资产——成本　　　　8000000
　　　　　　　　　　——公允价值变动　1000000
　　　　投资收益　　　　　　　　　　1600000

9.3 长期股权投资的账务处理

长期股权投资包括对子公司投资、联营企业投资、合营企业投资，它是一种权益性投资，是通过付出现金或非现金资产等而取得被投资单位的股权。本节我们将对长期股权投资进行介绍。

长期股权投资的账务处理包括对投资初始成本的确定、持有期间的后续计量及处置损益的结转等。

9.3.1 以现金购入的长期股权投资的账务处理

以现金购入的长期股权投资应当按照实际支付的购买价款作为初始投资成本，包括购买过程中支付的手续费等必要支出，但所支付价款中包含的被投资单位已宣告但尚未发放的现金股利或利润应作为应收项目核算，不构成取得长期股权投资的成本。为了便于理解，我们来举例说明。

例9.4 朝阳机械有限公司2019年5月10日从公开市场购入花亭公司20%的股份，实际支付价款5.2亿元，其中包含已经宣告但尚未发放的现金股利2000万元。另外，在购买过程中支付手续费等相关费用105万元。朝阳机械有限公司取得该部分股权后，能够对花亭股份有限公司的生产经营决策施加重大影响，则朝阳机械有限公司应当按照实际支付的购买价款作为取得长期股权投资的成本，对应的会计分录为：

借：长期股权投资——花亭公司　　501050000
　　应收股利　　　　　　　　　　 20000000
　贷：银行存款——工行证券户　　　521050000

9.3.2 以发行权益性证券方式取得的长期股权投资的账务处理

企业以发行权益性证券方式取得长期股权投资时，其成本为所发行权益性证券的公允价值，但不包括应被投资企业收取的已宣告但尚未发放的现金股利或利润。另外，为发行权益性证券支付给有关证券承销机构等的手续费、佣金等与权益性证券发行直接相关的费用，不构成取得长期股权投资的成本。该部分费用应自权益性证券的溢价发行收入中扣除。权益性证券的溢价收入不足以冲减的，应冲减盈余公积和未分配利润。为了便于理解，我们来举例说明。

例9.5　2019年5月时，朝阳机械有限公司通过增发6000万股本公司普通股（每股面值1元）取得五谷公司20%的股权，按照增发前后的平均股价计算，该6000万股股份的公允价值为1.04亿元。为增发该部分股份，朝阳机械有限公司向证券承销机构等支付了400万元的佣金和手续费。假定朝阳机械有限公司取得该部分股权后能够对五谷公司的生产经营决策施加重大影响，则朝阳机械有限公司应当以所发行股份的公允价值作为取得长期股权投资的成本，对应的会计分录为：

借：长期股权投资——五谷公司　　104000000

贷：股本　　　　　　　　　　　　60000000
　　　　资本公积——股本溢价　　　　44000000

发行权益性证券过程中支付的佣金和手续费，在实际发生时，直接冲减权益性证券的溢价发行收入，对应的会计分录为：

　　借：资本公积——股本溢价　　　　4000000
　　　贷：银行存款　　　　　　　　　　4000000

注意：在确定发行的权益性证券的公允价值时，如果所发行的权益性证券存在公开市场、有明确的市价可供遵循，应以该证券的市价作为确定其公允价值的依据，同时应考虑该证券的交易量、是否存在限制性条款等因素的影响；如果所发行权益性证券不存在公开市场、没有明确的市价可供遵循，应考虑以被投资企业的公允价值为基础确定权益性证券的价值。

9.3.3　接受投资者投入的长期股权投资的账务处理

如果企业的长期股权投资是接受投资者投入的方式取得的（即投资者以其所持有的其他公司的某种股权入股），则该长期股权投资应当按照投资合同或协议约定的价值作为初始投资成本，但合同或协议约定的价值不公允的除外。为了便于理解，我们来举例说明。

例 9.6　建国公司成立时，作为主要出资方之一的 A 公司以持有的对 B 公司的长期股权投资作为出资投入建国公司。投资各方在投资合同中约定：作为出资的该项长期股权投资作价 4000 万元。该作价是按照 B 公司股票的市价经考虑相关调整因素后确定的。建国公司注册资本为 1.6 亿元，A 公司出资占建国公司注册资本的 20%。取得该项投资后，建国公司根据其持股比例，能够派人参与 B 公司的财务和生产经营决策，则建国公司对于投资者投入的该项长期股权投资应编制的会计分录为：

　　借：长期股权投资——B 公司　　　40000000
　　　贷：实收资本　　　　　　　　　　32000000
　　　　资本公积——资本溢价　　　　8000000

注意：例 9.6 中所列的是同一控制下的企业控股合并，在日常会计工作中，也有非同一控制下的企业控股合并。

除了以上介绍的这些账务处理的方法，企业还可能通过合并等方式取得长期股权投资。这类长期股权投资的账务处理相对较复杂，但其账务处理方法与我们介绍过的方法是一样的。

9.3.4　长期股权投资的成本法

长期股权投资的成本法是指长期股权投资按成本计价入账的会计核算方法。

1. 成本法的适用范围

长期股权投资采用成本法核算，一般是指投资企业能够对被投资企业实施控制的长期股权投资，通俗地讲，就是投资企业持有的对子公司的长期股权投资。

2．成本法核算的账务处理

采用成本法核算长期股权投资时，除追加或收回投资外，长期股权投资的账面余额一般保持不变，而且在股权持有期间内，企业应于被投资企业宣告发放现金股利或利润时确认投资收益。为了便于理解，我们来举例说明。

例 9.7 建国公司 2019 年 1 月 1 日，以 2000 万元购入 W 公司 80%的股权。建国公司取得该部分股权后，能够主导 W 公司的相关活动并获得可变回报。2019 年 3 月 22 日，W 公司宣告分派现金股利 20 万元，建国公司按照其持股比例确定可分回 16 万元。请据此做出账务处理。

（1）建国公司 2018 年 1 月 1 日投资时，对应的会计分录为：

借：长期股权投资——W 公司　　20000000
　　贷：银行存款　　　　　　　　　20000000

（2）W 公司宣告发放现金股利时，对应的会计分录为：

借：应收股利　　　　　　　　　160000
　　贷：投资收益　　　　　　　　　160000

9.3.5 长期股权投资的权益法

长期股权投资权益法的概念、适用范围和核算程序如表 9-3 所示。

表 9-3　长期股权投资权益法的概念、适用范围和核算程序

项目	内容
概念	所谓长期股权投资的权益法是指投资以初始投资成本计量后，在投资持有期间，根据投资企业享有被投资企业所有者权益份额的变动，对投资的账面价值进行调整的会计核算方法
适用范围	投资企业对联营企业及合营企业的投资，应当采用权益法进行核算
核算程序	按权益法核算长期股权投资大体有如下几个步骤： 第一步，在初始投资或追加投资时，按照初始投资成本或追加投资的投资成本，增加长期股权投资的账面价值 第二步，比较初始投资成本与投资时应享有被投资单位可辨认净资产公允价值的份额，对于初始投资成本小于应享有被投资单位可辨认净资产公允价值份额的，应对长期股权投资的账面价值进行调整，计入取得投资当期的营业外收入 第三步，在持有投资期间，应随着被投资单位所有者权益的变动，相应调整增加或减少长期股权投资的账面价值，并按不同情况分别处理：对属于因被投资单位实现净损益产生的所有者权益的变动，投资企业按照持股比例计算应享有的份额，增加或减少长期股权投资的账面价值，同时确认为当期投资损益；对被投资单位除净损益外其他因素导致的所有者权益变动，在持股比例不变的情况下，按照持股比例计算应享有或应分担的份额，增加或减少长期股权投资的账面价值，同时确认为资本公积——其他资本公积 第四步，当被投资企业宣告分派利润或现金股利时，投资企业按持股比例计算应分得的部分，一般应冲减长期股权投资的账面价值

权益法核算下的长期股权投资，我们可以在其下设置"投资成本""损益调整""其他综合收益""其他权益变动"明细科目。为了便于理解，我们来举例说明。

例 9.8 建国公司 2018 年 1 月取得 K 公司 30%的股权，支付价款 1 亿元。取得投资时被投资企业净资产账面价值为 3 亿元（假定被投资企业各项可辨认资产、负债的公允价值与其账面价值相等）。假设建国公司在取得 K 公司的股权后，能够对 K 公司施加重大影响，所以对该投资应采用权益法核算，对应的会计分录为：

  借：长期股权投资——投资成本——K 公司 100000000
   贷：银行存款   100000000

  注意：长期股权投资的初始投资成本 1 亿元，大于取得投资时应享有被投资的 K 公司可辨认净资产公允价值的份额 9000 万元（30000×30%），该差额不调整长期股权投资的账面价值。

  如果例 9.8 中，取得投资时被投资的 K 公司可辨认净资产的公允价值为 4 亿元，建国公司按持股比例 30%，计算确定应享有 1.2 亿元，则初始投资成本与应享有被投资单位可辨认净资产公允价值份额之间的差额 2000 万元，应计入取得投资当期的营业外收入，对应的会计分录为：

  借：长期股权投资——投资成本——K 公司 120000000
   贷：银行存款   100000000
    营业外收入   20000000

  如果 K 公司 2018 年亏损 5000 万元，建国公司按其持股比例确认应分担的损失为 1500 万元，对应的会计分录为：

  借：投资收益   15000000
   贷：长期股权投资——损益调整——K 公司 15000000

9.3.6　长期股权投资核算方法的转换

  企业的长期股权投资在持有期间，因为各种情况的变化，可能出现其核算需要由一种方法转换成另外一种方法，具体的转换方法有六种，如表 9-4 所示。长期股权投资可能由成本法转换为权益法，也有可能从权益法转换为成本法。长期股权投资核算方法的转换是一个复杂的会计核算过程，我们在这里只做简单介绍。

表 9-4　长期股权投资的转换方法

类型	转换形式	个别财务报表	合并财务报表
上升	公允价值计量转换为权益法	原投资调整到公允价值	—
	权益法转换为成本法（非同控）	保持原投资账面价值	原投资调整到公允价值
	公允价值计量转换为成本法（非同控）	原投资调整到公允价值	因为个别报表原投资已经调整为公允价值，所以合并报表无须调整
下降	成本法转换为权益法	剩余投资追溯调整为权益法核算的账面价值	剩余投资调整到公允价值
	权益法转换为公允价值计量	剩余投资调整到公允价值	—
	成本法转换为公允价值计量	剩余投资调整到公允价值	无须调整剩余投资价值

1. 成本法转换为权益法

成本法转权益法应用于因处置投资导致对被投资单位的影响力下降，由控制转换为具有重大影响的情况。这里需要注意的是剩余持股比例部分的账务处理，我们应对其进行追溯，即视同从取得投资时点就采用权益法核算，将其调整到权益法核算的结果。对于处置部分，我们应直接按照投资的账面价值比例计算，差额记入"投资收益"科目。

为了便于理解，我们来举例说明。

例9.9 建国公司原持有 B 公司 60%的股权，能够对 B 公司实施控制。2018 年 12 月 31 日该股权投资账面余额为 6000 万元，未计提减值准备。2019 年 3 月 3 日，建国公司将该长期股权投资的 1/3 出售给 C 公司，取得价款 3600 万元。出售后，建国公司不能够对 B 公司实施控制，但是仍然具有重大影响。建国公司取得 B 公司 60%的股权时，B 公司可辨认净资产公允价值为 9000 万元（与账面价值相同）。自建国公司取得 B 公司长期股权投资后至部分处置投资前，B 公司实现净利润 6000 万元，其中，自建国公司取得投资日至 2018 年年末 B 公司实现净利润 5000 万元。假定 B 公司一直未进行利润分配，除所实现的净损益外，B 公司未发生其他计入其他综合收益和资本公积的交易或事项，建国公司按照净利润的 10%提取盈余公积，请据此编制相关的会计分录。

分析：建国公司出售 1/3 股权，即出售 20%（60%×1/3）股权，还剩余 40%的持股比例，不能对 B 公司实施控制，但是仍然具有重大影响。因此，该长期股权投资应由成本法改为权益法核算。

（1）2019 年 3 月 3 日出售长期股权投资，确认处置损益，对应的会计分录为：

借：银行存款　　　　　　　　36000000
　　贷：长期股权投资　　　　　　20000000
　　　　投资收益　　　　　　　　16000000

（2）调整剩余部分长期股权投资账面价值。

剩余长期股权投资的账面价值为 4000 万元（6000-2000），与应享有原投资时被投资单位可辨认净资产公允价值份额 3600 万元（9000×40%）相差 400 万元，因此这部分差额属于商誉，不需要调整长期股权投资的成本。

从例 9.9 中我们可以知道：处置日与原投资在同一个会计年度（即 2019 年度）中实现的净利润为 1000 万元，这一部分调整当期损益，剩余持股比例享有被投资单位自取得投资日至处置投资日的上一个会计年度净损益为 5000 万元，这一部分调整留存收益。因此，对应的会计分录为：

借：长期股权投资　　　　　　24000000（60000000×40%）
　　贷：盈余公积　　　　　　　　2000000（50000000×40%×10%）
　　　　利润分配——未分配利润　18000000（50000000×40%×10%）
　　　　投资收益　　　　　　　　4000000（10000000×40%）

2. 权益法转换为成本法

权益法转换为成本法是一种上升型的转换方法，所谓"上升"是指控股比例增加，这里我们以非同一控制下企业合并来讲述其具体的账务处理方法。非同一控制下企业合并的合并方在购买日之前持有的股权投资因采用权益法核算而确认的其他综合收益，应当在处置该项投资时采用与被投资单位直接处置相关资产或负债相同的处置方法的基础上进行账务处理；因被合并方除确认的净损益、其他综合收益及利润分配外的其他所有者权益变动而确认的"资本公积——其他资本公积"，应当在处置该项投资时（终止采用权益法核算时）全部转入处置当期投资收益。

购买日初始投资成本=原投资账面价值+新增投资成本

为了便于理解，我们来举例说明。

例 9.10 建国公司 2018 年以银行存款 1.2 亿元取得 A 公司 30%有表决权的股份，由于能够对 A 公司的生产经营决策施加重大影响，故采用权益法核算。当年建国公司确认对 A 公司的投资收益 450 万元，其他综合收益 550 万元。2019 年 6 月，建国公司又斥资 1.5 亿元自非关联方 B 公司取得 A 公司另外 35%的股权。建国公司通过分步交易最终能够控制 A 公司，形成非同一控制下企业合并，请据此编制相关的会计分录。

（1）购买日建国公司个别财务报表中应编制以下会计分录：

借：长期股权投资——A 公司　　　　150000000
　　贷：银行存款　　　　　　　　　150000000
借：长期股权投资——A 公司　　　　130000000
　　贷：长期股权投资——投资成本　120000000
　　　　　　　　　　——损益调整　　4500000
　　　　　　　　　　——其他综合收益 5500000

购买日建国公司个别财务报表中对 A 公司长期股权投资的账面价值为 2.8 亿元（1.5+1.3）。

（2）假定建国公司在形成控制 A 公司时，即购买日原投资的公允价值为 1.4 亿元，那么建国公司在合并财务报表中需要将该长期股权投资原投资调整到 1.4 亿元，而不是账面价值 1.3 亿元，则该长期股权投资在合并财务报表中的金额应为 2.9 亿元（1.5+1.4）。

第 10 章 无形资产

在企业的日常生产经营过程中，除了必需的存货和固定资产，还有一些具有"特色"的资产——虽然没有形态，但是在企业的资产里面起着重要的作用——它们就是无形资产。

在部分软件和新技术企业中，无形资产所占资产的比重在提升企业价值和核心竞争力上，甚至比存货和固定资产"更高一筹"，作为会计人员，需要全面掌握无形资产的账务处理。

10.1 无形资产的基本知识

无形资产是指企业拥有或者控制的、没有实物形态的、可辨认的非货币性资产。它主要包括专利权、非专利技术、商标权、著作权、土地使用权和特许权等。本节我们先简单介绍无形资产的特征，再详细介绍无形资产的内容。

10.1.1 无形资产的特征

无形资产，顾名思义，即"没有外在形态"的资产，这一特征主要是与企业内存货、固定资产等"有形"资产比较得来的，根据《企业会计准则》中关于无形资产的描述，无形资产具有两个特征，如表 10-1 所示。

表 10-1 无形资产的特征

特征	内容
不具有实物形态	无形资产通常表现为某种权利、某项技术或某种获取超额利润的综合能力，它们不具有实物形态，如前文提到的非专利技术、土地使用权等
具有可辨认性	可辨认性是指无形资产能从企业分离或者划分出来，并能单独用于出租、出售或转让。关于企业无形资产的可辨认性，可以做这样简单的区分：如果企业有权获得一项无形资产产生的未来经济利益，并能有效控制别的企业或利益集团获取这些利益，则表明企业控制了该项无形资产。例如对于商标权，企业是有控制权和追诉权的，即企业控制了某一商标权的相关利益，商标作为无形资产是可辨认的 而客户关系、人力资源等，由于企业无法控制其带来的未来经济利益，不符合无形资产的定义，所以不应将其确认为无形资产

10.1.2 无形资产的内容

企业无形资产的范围比较广泛，通常可确指的无形资产包括专利权、非专利技术、商标权、著作权、土地使用权、特许权等。

1. 专利权

专利权是指国家专利主管机关依法授予发明创造专利申请人对其发明创造在法定期限内所享有的专有权利，包括发明专利权、实用新型专利权和外观设计专利权。它给予持有者独家使用或控制某项发明的特殊权利。《中华人民共和国专利法》明确规定，专利人拥有的专利权受到国家法律保护。专利权是允许其持有者独家使用或控制的特权，但它并不保证一定能给持有者带来经济效益，比如有的专利可能会被另外更有经济价值的专利所淘汰等。因此，企业不应将其所拥有的一切专利权都予以资本化，作为无形资产管理和核算。一般而言，只有从外单位购入的，或者自行开发并按法律程序申请取得的专利，才能作为无形资产管理和核算。这种专利可以降低成本、提高产品质量，将其转让出去可以获得转让收入。

企业从外单位购入的专利权，应按实际支付的价款作为专利权的成本。企业自行开发并按法律程序申请取得的专利权，应按照无形资产准则确定的金额作为成本。

2. 非专利技术

非专利技术即专有技术，或技术秘密、技术诀窍，是指先进的、未公开的、未申请专利的、可以带来经济效益的技术及诀窍。非专利技术的主要内容包括：工业专有技术，即在生产上已经采用，仅限于少数人知道，不享有专利权或发明权的生产、装配、修理、工艺或加工方法的技术知识；商业（贸易）专有技术，即具有保密性质的市场情报、原材料价格情报，以及用户、竞争对象的情况和有关知识；管理专有技术，即生产组织的经营方式、管理方式、培训职工方法等保密知识。非专利技术并不是专利法的保护对象，其所有人依靠自我保密的方式来维持其独占权，可以用于转让和投资。

企业的非专利技术有些是自己研发的，有些是根据合同规定从外部购入的。如果是企业自己研发的，应将符合《企业会计准则第 6 号——无形资产》规定的研发支出资本化条件的，确认为无形资产。对于从外部购入的非专利技术，应将实际发生的支出予以资本化，作为无形资产入账。

3. 商标权

商标是用来辨认特定的商品或劳务的标记，是指专门在某类指定的商品或产品上使用特定的名称或图案的权利。商标经过注册登记，就获得了法律上的保护。《中华人民共和国商标法》明确规定，经商标局核准注册的商标为注册商标，商标注册人享有商标专用权，受法律的保护。

企业自创商标并将其注册登记，所花费用一般不大，是否将其资本化并不重要。能够给拥有者带来获利能力的商标，往往是通过多年的广告宣传和其他传播商标名称的手段及客户的信赖等树立起来的。广告费一般不作为商标权的成本，而在发生时直接计入当期损益。

按照《中华人民共和国商标法》的规定，商标可以转让，但受让人应保证使用该注册商标产品的质量。企业购买他人的商标，一次性支出费用较大的，可以将其资本化，作为无形资产管理。这时，应根据购入商标的价款、支付的手续费及有关费用作为商标的成本。

4. 著作权

著作权又称版权，是指作者对其创作的文学、科学和艺术作品依法享有的某些特殊权利。

著作权包括两方面的权利,即精神权利(人身权利)和经济权利(财产权利)。前者指作品署名、发表作品、确认作者身份、保护作品的完整性、修改已经发表的作品等各项权利,包括作品署名权、发表权、修改权和保护作品完整权;后者指以出版、表演、广播、展览、录制唱片、摄制影片等方式使用作品,以及因授权他人使用作品而获得经济利益的权利。

5. 土地使用权

土地使用权是指国家准许某一企业或单位在一定期间内对国有土地享有开发、利用、经营的权利。根据我国土地管理法的规定,我国土地实行公有制,任何单位和个人不得侵占、买卖或者以其他形式非法转让。企业取得土地使用权,应将取得时发生的支出资本化,作为土地使用权的成本,记入"无形资产"科目核算。

6. 特许权

特许权又称经营特许权、专营权,是指企业在某一地区经营或销售某种特定商品的权利,或者一个企业接受另一个企业使用其商标、商号、技术秘密等的权利。前者一般是由政府机构授权,准许企业使用或在一定地区享有经营某种业务的特权,如水、电、邮电通信等专营权、烟草专卖权等;后者指企业间依照签订的合同,有限期或无限期使用另一个企业的某些权利,如连锁店、分店使用总店的名称等。

10.2 无形资产的账务处理

企业无形资产的账务处理包括无形资产从进入企业到最终退出企业的全过程。

"无形资产"科目核算企业持有的无形资产成本,借方登记取得无形资产的成本,贷方登记出售无形资产转出的无形资产账面余额。期末借方余额,反映企业无形资产的成本。本科目应按无形资产项目设置明细账,进行明细核算。

10.2.1 外购无形资产的账务处理

外购的无形资产,其成本包括购买价款、相关税费,以及直接归属于使该项无形资产达到预定用途所发生的其他支出。其中,直接归属于使该项无形资产达到预定用途所发生的其他支出包括:使无形资产达到预定用途所发生的专业服务费用、测试无形资产是否能够正常发挥作用的费用等,但不包括为引入新产品进行宣传发生的广告费、管理费用及其他间接费用,也不包括在无形资产已经达到预定用途以后发生的费用。为了便于理解,我们来举例说明。

例 10.1 朝阳机械有限公司 2019 年 1 月从麦肯公司购买了一项专利技术,按照协议约定,该专利技术以现金支付,实际支付的价款为 300 万元,并支付相关税费 18 万元和有关专业服务费用 5 万元。款项已通过银行转账支付,对应的会计分录为:

```
借:无形资产——专利权              3050000
    应交税费——应交增值税(进项税额)  180000
    贷:银行存款——工行基本户              3230000
```

10.2.2 投资者投入无形资产的账务处理

《企业会计准则》规定："投资者投入的无形资产的成本，应当按照投资合同或协议约定的价值确定，但合同或协议约定价值不公允的除外。"也就是说，投资者投入的无形资产的入账成本，应当按照投资合同或协议约定的价值确定，如果投资合同或协议约定价值不公允，则应按无形资产的公允价值入账。为了便于理解，我们来举例说明。

例 10.2 南方公司为股份制公司，在 2019 年 1 月成立时，其中一个股东 R 以一项非专利技术作为初始资本投入，各股东确认该非专利技术的价值是 150 万元，而其市值为 120 万元，则南方公司对该笔投资者投入的无形资产应编制的会计分录为：

借：无形资产——非专利权　　　　1200000
　　资本公积——股本溢价　　　　 300000
　　贷：股本　　　　　　　　　　　1500000

10.2.3 土地使用权的账务处理

土地使用权是指国家准许某企业在一定期间内对国有土地享有开发、利用、经营的权利。土地使用权用于自行开发建造厂房等地上建筑物时，其账面价值不与地上建筑物合并计算成本（也就是不能合并确认为固定资产），而仍作为无形资产进行核算，即土地使用权与地上建筑物应分别进行摊销和提取折旧，但《企业会计准则》规定，如下情况除外：

（1）房地产开发企业取得的土地使用权，用于建造对外出售的房屋建筑物，相关的土地使用权应当计入所建造的房屋建筑物成本，计入存货核算。

（2）企业外购的房屋建筑物，如果实际支付的价款中包括土地及建筑物的价值，则应当对支付的价款按照合理的方法（如公允价值）在土地和地上建筑物之间进行分配；如果确实无法在地上建筑物与土地使用权之间进行合理分配，则应当全部作为固定资产核算。

（3）企业改变土地使用权的用途，将其作为用于出租或增值目的时，应将其转为投资性房地产。

10.2.4 企业内部研发费用的账务处理

企业可以通过自行研发取得无形资产。根据《企业会计准则》的规定，对于这样的无形资产的核算，应当区分研究阶段和开发阶段分别进行核算。下面我们就来介绍研究阶段与开发阶段的账务处理。

1. 研究阶段费用的账务处理

无形资产的研究阶段，是指为获取新的技术和知识等进行的有计划的调查，有关研究活动包括：为获取知识而进行的研究活动，研究成果或其他知识的应用研究、评价和最终选择，材料、设备、产品、工序、系统或服务替代品的研究，以及新的或经改进的材料、设备、产品、工序、系统或服务的可能替代品的配制、设计、评价和最终选择等。

我们一般认为，无形资产的研究活动更多的是探索性的，其研究是否能在未来获得成果，即通过开发是否会形成无形资产，具有很大的不确定性。由于企业无法证明研究活动是否能带来未来经济利益，因此，研究阶段的有关支出在发生时，应当予以费用化计入当期损益。

2. 开发阶段费用的账务处理

无形资产的开发阶段，是指企业在进行商业性生产或使用前，将研究成果或其他知识应用于某项计划或设计，以生产出新的或具有实质性改进的材料、装置、产品等。

我们一般认为，无形资产的开发阶段具有明确的针对性，且获得成果的可能性较大。

由于开发阶段相对于研究阶段更进一步，也就是说，相对于研究阶段来讲，进入开发阶段表明形成一项新产品或新技术的基本条件已经具备，此时如果企业能够证明满足无形资产的定义及相关确认条件，则所发生的开发支出可予以资本化，确认为无形资产的成本。

根据《企业会计准则》的规定，开发阶段有关支出资本化的条件主要有：

（1）完成该无形资产，使其能够使用或出售在技术上具有可行性。
（2）企业具有完成该无形资产并使用或出售的意图。
（3）无形资产产生经济利益的方式，包括能够证明运用该无形资产生产的产品等。
（4）有足够的技术、财务资源和其他资源支持，以完成该无形资产的开发，并有能力使用或出售该无形资产。
（5）归属于该无形资产开发阶段的支出能够可靠地计量。

虽然辨认无形资产的研究阶段和开发阶段有一定的难度，在实际工作中，一般由研发等职能部门来做出专业判断，但是其账务处理并不复杂。为了便于理解，我们来举例说明。

例 10.3 2019 年 1 月起，朝阳机械有限公司自行研究开发一项新产品专利技术，在研究开发过程中发生材料费 40 万元、人工工资 12 万元，另外用银行存款支付其他费用 13 万元，总计 65 万元，其中符合资本化条件的支出为 15 万元。2019 年 10 月，该专利技术已经达到预定用途。

在不考虑相关税费的情况下，发生上述费用时的会计分录为：

借：研发支出——费用化支出　　　500000
　　　　　　——资本化支出　　　150000
　　贷：原材料　　　　　　　　　400000
　　　　应付职工薪酬　　　　　　120000
　　　　银行存款　　　　　　　　130000

在 2019 年 10 月研发部门确认专利技术已经达到预定用途时，对应的会计分录为：

借：管理费用——研发支出　　　　500000
　　无形资产　　　　　　　　　　150000
　　贷：研发支出——费用化支出　500000
　　　　　　　　——资本化支出　150000

10.3 无形资产后继支出的账务处理

无形资产入账后,为确保它能够给企业带来预定的经济利益而发生的支出,如相关的宣传活动支出等,便是无形资产的后续支出。

"累计摊销"科目属于无形资产的调整科目,核算企业对使用寿命有限的无形资产计提的累计摊销,贷方登记企业计提的无形资产摊销,借方登记处置无形资产转出的累计摊销,期末贷方余额,反映企业无形资产的累计摊销额。无形资产与固定资产不同,它一般当月购入当月摊销。

要确定无形资产在使用过程中的累计摊销额,先要估计其使用寿命。按无形资产准则规定,企业应当于取得无形资产时分析判断其使用寿命:无形资产的使用寿命如为有限的,应当估计该使用寿命的年限或者构成使用寿命的产量等类似计量单位数量;无法预见无形资产为企业带来未来经济利益期限的,应当视为使用寿命不确定的无形资产。

10.3.1 使用寿命有限的无形资产摊销的账务处理

按无形资产准则规定,使用寿命有限的无形资产,应在其预计的使用寿命内采用系统、合理的方法对应摊销金额进行摊销。应摊销金额是指无形资产的成本扣除残值后的金额。使用寿命有限的无形资产摊销的账务处理如表10-2所示。

表10-2 使用寿命有限的无形资产摊销的账务处理

项目	内容
无形资产的摊销期间	无形资产的摊销期自其可供使用(即其达到预定用途)时始至终止确认时止 这与固定资产的摊销起始期间存在本质差别,固定资产从使用的次月开始计提折旧,而无形资产从使用的当月就要进行摊销
无形资产摊销时残值的确定	无形资产的残值与固定资产的残值类似,即在无形资产的使用寿命结束前,企业预计将会处置该无形资产,并从中取得利益 按照规定,无形资产的残值一般为零,除非有第三方承诺在无形资产使用寿命结束时,愿意以一定的价格购买该项无形资产,或者该无形资产存在活跃的市场,可以得到其在使用寿命结束时的残值信息,才可以确认无形资产的残值额
无形资产的摊销方法	无形资产在其使用寿命内,按期分摊其应摊销金额的方法有很多种,具体包括直线法、生产总量法等

为了便于理解,我们以比较常用的直线法来举例说明。

例10.4 2019年7月,朝阳机械有限公司从外单位购入一项商标权,支付价款60万元,款项已支付,该商标权的使用寿命为10年,不考虑残值的因素,以直线法摊销作为预期实现经济利益的方式。

(1)取得无形资产时的会计分录为:

借:无形资产——商标权　　　　　　600000

贷：银行存款　　　　　　　　　　600000
　（2）月底对商标权的费用进行摊销，对应的会计分录为：
　　借：管理费用——无形资产摊销　　5000
　　　贷：累计摊销——商标权　　　　　　5000
摊销额的计算步骤为：600000/10/12=5000（元）。
注意：无形资产的摊销一般应计入当期损益，除非某项无形资产是专门用于生产某种产品的，它所包含的经济利益是通过转入所生产的产品中体现的，则该专项无形资产的摊销费用才能构成对应产品成本的一部分。

10.3.2　使用寿命不确定的无形资产摊销的账务处理

按照规定，只有依据可获得的情况判断，有确凿的证据表明，无法合理估计某项无形资产的使用寿命，才可以将其作为使用寿命不确定的无形资产。企业不得随意判断使用寿命不确定的无形资产。

按照规定，对于使用寿命不确定的无形资产，企业在持有期间无须摊销，如果期末重新复核后仍为不确定的无形资产，应当在每个会计期间进行减值测试，严格按照《企业会计准则第 8 号——资产减值》的规定，需要计提减值准备的，相应计提有关的减值准备，借记"资产减值损失"科目，贷记"无形资产减值准备"科目。

10.4　无形资产处置的账务处理

无形资产的处置，主要是指无形资产对外出租、捐赠、出售、或者是无法为企业带来未来经济利益时，应予转销并终止确认的过程。本节只介绍无形资产的出租、出售和报废这三种最常见的处置方式的账务处理，下面我们以实例来一一介绍。

10.4.1　无形资产出租的账务处理

企业将所拥有的无形资产的使用权让渡给他人，即出租无形资产并收取租金，在满足收入准则规定的确认标准的情况下，应确认相关的收入及成本。

为了便于理解，我们来举例说明。

例 10.5　2019 年 1 月，朝阳机械有限公司将一项专利技术出租给 Q 公司使用，该专利技术的账面余额为 60 万元，摊销期限为 10 年。出租合同规定，承租方 Q 公司每销售一件用该专利生产的产品，必须付给出租方 1 元专利技术使用费。2019 年 5 月，承租方 Q 公司销售该产品 10 万件、相应的专利技术费已经支付给朝阳机械有限公司。假定不考虑其他相关税费，则朝阳机械有限公司应编制的会计分录为：

　　借：银行存款　　　　　100000
　　　贷：其他业务收入　　　　100000

同时需结转对应的成本，对应的会计分录为：

借：其他业务成本　　　　　5000
　　贷：累计摊销　　　　　　5000

10.4.2　无形资产出售的账务处理

企业将无形资产出售，表明企业放弃无形资产的所有权。无形资产准则规定，企业在出售无形资产时，应将所取得的价款与该无形资产账面价值的差额作为资产处置利得或损失，并记入"资产处置损益"科目。

为了便于理解，我们来举例说明。

例 10.6　2019 年 6 月，朝阳机械有限公司将拥有的一项非专利技术出售，取得收入 50 万元，应交增值税销项税额为 3 万元。如果该非专利技术的账面余额为 70 万元，累计摊销额为 20 万元，已计提的减值准备为 6 万元，则朝阳机械有限公司应编制的会计分录为：

借：银行存款　　　　　　　　　　　　　500000
　　累计摊销　　　　　　　　　　　　　200000
　　无形资产减值准备　　　　　　　　　60000
　　贷：无形资产　　　　　　　　　　　　　700000
　　　　应交税费——应交增值税（销项税额）　30000
　　　　营业外收入——处置非流动资产利得　　30000

10.4.3　无形资产报废的账务处理

如果无形资产的预期不能为企业带来经济利益，如该无形资产已被其他新技术所代替，则应将其报废并予以转销，其账面价值转作当期损益。转销时，应该按照已计提的累计摊销，借记"累计摊销"科目；按其账面余额，贷记"无形资产"科目；按其差额借记"营业外支出"科目。已计提减值准备的，还应该同时结转减值准备。

为了便于理解，我们来举例说明。

例 10.7　2019 年 6 月，朝阳机械有限公司的一项专利技术状况如下：账面余额为 60 万元，摊销期限为 10 年，采用直线法进行摊销，已摊销了 5 年。该项专利权的残值为 0，计提的减值准备为 15 万元，年底经测评确认，由于其生产的产品没有市场，应予转销。假定不考虑其他相关因素，则朝阳机械有限公司应编制的会计分录为：

借：营业外支出　　　　　　　　150000
　　累计摊销　　　　　　　　　300000
　　无形资产减值准备　　　　　150000
　　贷：无形资产　　　　　　　　　600000

第 11 章 负债项目

在企业的经营过程中，不可避免地会延期支付供应商货款，计算工资和实际发放工资存在时间差等，这就是负债。负债，通俗地讲，就是欠别人钱。负债项目具体包括短期借款、应付票据、应付账款、应付职工薪酬、应付股利、应交税费、其他应付款、长期借款等。

本章我们将选择企业经常发生且账务处理有代表性的，或者业务情况与一般负债项目账务处理有差异的项目，通过实例来介绍。

11.1 负债项目的基本知识

负债是指企业过去的交易或事项形成的、预期会导致经济利益流出企业的现时义务。负债一般按其偿还速度或偿还时间的长短划分为流动负债和非流动负债两类。

流动负债是指将在 1 年或超过 1 年的一个营业周期内偿还的债务，包括短期借款、应付票据、应付账款、预收款项、应付职工薪酬、应交税费、应付股利、其他应付款等。

非流动负债是指偿还期在 1 年或超过 1 年的一个营业周期以上的债务，包括长期借款、应付债券、长期应付款、专项应付款、其他长期负债项目等。

11.1.1 负债的特征及确认条件

负债的特征及确认条件如表 11-1 所示。

表 11-1 负债的特征及确认条件

项目	内容
特征	（1）负债中的"现时义务"，是指企业在现行条件下已经承担的义务。未来将会发生的交易或事项形成的义务，不属于现时义务，不应当确认为负债 （2）负债是由过去的交易或事项产生的，即导致负债的交易或事项必须已经发生 （3）现时义务的履行通常关系到企业放弃已有经济利益的资产，以满足对方的要求。现时义务的履行，可采取若干方式，如支付现金、转让其他资产、提供劳务、以其他义务替换该项义务、将该项义务转换为所有者权益等 （4）负债通常在未来某一时日通过交付资产（如现金或其他资产）或提供劳务来清偿。有时，企业可以通过承诺新的负债或转化为所有者权益来了结一项现有负债，前一种情况只是负债的展期，后一种情况则相当于用增加所有者权益来了结债务 总之，负债是企业承担的、以货币计量的、在将来需要以资产或劳务偿还的债务

续表

项目	内容
确认条件	一个企业要确认一项交易是否产生负债，只要看这项交易是否具备如下条件： （1）与该交易有关的义务，其经济利益将流出企业 （2）未来流出的经济利益的金额能够可靠地计量 如果同时满足上述两个条件，则该交易的结果可以确认为负债

11.1.2 负债的分类

按不同的标准，负债的分类不同，常见的分类如表 11-2 所示。

表 11-2 负债的分类

分类标准	种类	内容
按偿付期长短的差异	流动负债	是指将在 1 年或超过 1 年的一个营业周期内偿还的债务，包括短期借款、应付票据、应付账款、预收款项、应付职工薪酬、应交税费、应付股利、其他应付款等
	非流动负债	是指偿还期在 1 年或超过 1 年的一个营业周期以上的债务，包括长期借款、应付债券、专项应付款、其他长期负债项目等
按偿付金额可确定性的不同	金额确定的负债	在到偿付期时，企业必须以原来确定的金额偿还，如短期借款、应付账款等
	金额取决于经营成果的负债	根据企业一个会计期间经营成果才能确定金额的负债，如应交税费、应付股利等

11.2 流动负债项目的账务处理

企业的负债有流动负债（短期）和非流动负债（长期）之分，流动负债是企业常用的融资方式之一，也是会计人员接触较频繁的业务之一，具有融资速度快、弹性好、成本低的特点。

本节我们将简单介绍短期借款、应付票据、应付账款、预收款项、应付职工薪酬、应交税费等常用负债项目的账务处理。

11.2.1 短期借款的账务处理

短期借款是指企业从银行和其他金融机构借入的，用于企业经营活动，偿还期限在 1 年以下的各种借款。为了便于理解，我们来举例说明。

例 11.1 2019 年 7 月 1 日，朝阳机械有限公司从工商银行取得临时借款 3 万元，年利息率为 6%，3 个月后一次还本付息。

（1）取得借款时的会计分录为：

借：银行存款——工行基本户　　30000
　　贷：短期借款——工商银行　　30000

（2）在 7 月、8 月末计提借款利息时，计算利息=30000×6%/12=150（元），对应的会计分录分别为：

借：财务费用　　150
　　贷：应付利息　　150

（3）9月末还本付息时的会计分录为：

借：财务费用　　150
　　贷：应付利息　　150
借：短期借款　　30000
　　应付利息　　450
　　贷：银行存款　　30450

11.2.2　应付票据的账务处理

商业票据是一种载有付款日期、付款地点、付款金额和付款人的无条件支付的流通证券，也是一种可以由持票人自由转让给他人的债权凭证。

应付票据是指企业购买材料、商品和接受劳务供应等而开出、承兑的商业汇票，包括商业承兑汇票和银行承兑汇票。

为了便于理解，我们来举例说明。

例 11.2

（1）2019 年 6 月 1 日时，朝阳机械有限公司购入生铁一批，价款为 10 万元，增值税额为 1.3 万元，原材料已验收入库，价税款尚未支付。假定朝阳机械有限公司给销货方开具了一张面值为 11.3 万元的 3 个月期、商业承兑汇票，则对应的会计分录为：

借：原材料——生铁　　　　　　　　100000
　　应交税费——应交增值税（进项税额）　　13000
　　贷：应付票据　　　　　　　　　　113000

（2）2019 年 8 月 31 日，朝阳机械有限公司兑付了商业承兑汇票，对应的会计分录为：

借：应付票据　　　　　　　　113000
　　贷：银行存款——工行基本户　　113000

11.2.3　应付账款的账务处理

应付账款是企业在生产经营活动中因购买材料、物资和接受劳务等业务而发生的，应付而尚未支付的款项所产生的一种结算性债务。

应付账款和应付票据都是企业的负债，都是企业在交易活动中形成的，且都是在取得某项物资时，由于取得物资与支付货款在时间上的不一致而产生的。虽然两种负债都属于流动负债，但是应付账款属于尚未清偿的债务，而应付票据是有承诺、有证明的延期偿付的债务。

应付账款与应付票据的账务处理类似。为了便于理解，我们来举例说明。

例 11.3

（1）2019 年 6 月 15 日，朝阳机械有限公司从 V 商贸企业购入角钢一批，价款为 10 万元，增值税额为 1.3 万元，材料已验收入库。假定价税款在 6 月时未支付，则 6 月时的会计分录为：

  借：原材料——角钢   100000
    应交税费——应交增值税（进项税额） 13000
   贷：应付账款——V商贸企业   113000

（2）2019年7月10日，朝阳机械有限公司通过银行转账支付了全部价税款，对应的会计分录为：

  借：应付账款——V商贸企业 113000
   贷：银行存款——工行基本户 113000

在实际的会计工作中，还可能出现债务重组性质的少付应付账款的情况。为了便于理解，我们来举例说明。

例11.4 南方公司因业务往来欠南北公司货款3.5万元，由于南方公司发生临时财务困难，无法按合同规定日期偿还这笔债务，经双方协商，南北公司同意减免南方公司5000元债务，余款用现金立即偿付。对于该笔业务，南方公司应编制的会计分录为：

  借：应付账款——南北公司   35000
   贷：银行存款——工行基本户 30000
     营业外收入——债务重组利得 5000

在会计实务中，通常都是例11.3这样的付款业务，偶尔也会涉及例11.4的债务重组应付账款，以及以非现金资产清偿债务、以债务转为资本等应付账款付款情况，这时就需要会计人员区分情况分别处理。

11.2.4 预收款项的账务处理

在短期负债各项目中，会计人员常常会接触到一个与应付账款类似的会计科目，即预收款项。预收款项是卖方企业在交付货物之前，向买方预先收取的部分或全部货款的信用形式。对于卖方来说，预收款项相当于向买方借用资金后用货物抵偿。

预收款项与应付账款的账务处理类似。为了便于理解，我们来举例说明。

例11.5

（1）2019年3月1日，朝阳机械有限公司收到Y公司支付的预付抛丸机货款5万元，对应的会计分录为：

  借：银行存款   50000
   贷：预收账款——Y公司 50000

（2）2019年6月20日，朝阳机械有限公司向Y公司交付抛丸机，同时开具增值税专用发票，含税金额为11.3万元，尚未收到余款，对应的会计分录为：

  借：预收账款——Y公司   50000
    应收账款——Y公司   63000
   贷：应交税费——应交增值税（销项税额） 13000
     主营业务收入   100000

注意：预收款项一般用于生产周期长、资金需求量大的货物的销售。如果企业预收款项发生的可能性非常小，也可以将其记入"应收账款"科目的贷方。

11.2.5 应付职工薪酬的账务处理

职工薪酬是指企业为获得职工提供的服务而给予各种形式的报酬及其他相关支出。

职工薪酬的内容包括：

(1) 职工工资、奖金、津贴和补贴。
(2) 职工福利费。
(3) 医疗保险费、养老保险费、失业保险费、工伤保险费和生育保险费等社会保险费。
(4) 住房公积金。
(5) 工会经费和职工教育经费。
(6) 非货币性福利。
(7) 因解除与职工的劳动关系给予的补偿。
(8) 其他与获得职工提供的服务相关的支出。

企业应当设置"应付职工薪酬"科目，核算应付职工薪酬的提取、结算、使用等情况。该科目的贷方登记已分配计入有关成本费用项目的职工薪酬的数额，借方登记实际发放职工薪酬的数额，包括扣还的款项等；该科目期末贷方余额，反映企业应付未付的职工薪酬。"应付职工薪酬"科目应当按照"工资""职工福利""社会保险费""住房公积金""工会经费""职工教育经费""非货币性福利"等应付职工薪酬项目设置明细科目，进行明细核算。本节我们来学习应付职工薪酬的确认和发放两个方面内容。

一、应付职工薪酬的确认

1. 货币性薪酬

企业应当在职工为其提供服务的会计期间，根据职工提供服务的受益对象，将应确认的职工薪酬（包括货币性薪酬和非货币性福利）计入相关资产成本或当期损益，同时确认应付职工薪酬。货币性职工薪酬的账务处理的具体情况如下：

(1) 生产部门人员的职工薪酬，借记"生产成本""制造费用""劳务成本"等科目，贷记"应付职工薪酬"科目。

(2) 管理部门人员的职工薪酬，借记"管理费用"科目，贷记"应付职工薪酬"科目。

(3) 销售人员的职工薪酬，借记"销售费用"科目，贷记"应付职工薪酬"科目。

(4) 应由在建工程、研发支出负担的职工薪酬，借记"在建工程""研发支出"科目，贷记"应付职工薪酬"科目。

企业在计量应付职工薪酬时，对于国家（或企业年金计划）统一规定了计提基础和计提比例的，如企业应向社会保险经办机构（或企业年金基金账户管理人）缴纳的医疗保险费、养老保险费、失业保险费、工伤保险费、生育保险费等社会保险费，应向住房公积金管理中心缴存的住房公积金，以及应向工会部门缴纳的工会经费等，应当按照国家规定的标准计提。

对于国家（或企业年金计划）没有明确规定计提基础和计提比例的，如职工福利费等职工薪酬，企业应当根据历史经验数据和实际情况，合理预计当期应付职工薪酬。当期实际发生金额大于预计金额的，应当补提应付职工薪酬；当期实际发生金额小于预计金额的，应当冲回多计提的应付职工薪酬。

2. 非货币性薪酬福利

企业以其自产产品作为非货币性福利发放给职工的，应当根据受益对象，按照该产品的公允价值计入相关资产成本或当期损益，同时确认应付职工薪酬，借记"管理费用""生产成本""制造费用"等科目，贷记"应付职工薪酬——非货币性福利"科目。

将企业拥有的房屋等资产无偿提供给职工使用的，应当根据受益对象，将该住房每期应计提的折旧计入相关资产成本或当期损益，同时确认应付职工薪酬，借记"管理费用""生产成本""制造费用"等科目，贷记"应付职工薪酬——非货币性福利"科目，并且同时借记"应付职工薪酬——非货币性福利"科目，贷记"累计折旧"科目。租赁住房等资产供职工无偿使用的，应当根据受益对象，将每期应付的租金计入相关资产成本或当期损益，并确认应付职工薪酬，借记"管理费用""生产成本""制造费用"等科目，贷记"应付职工薪酬——非货币性福利"科目。难以认定受益对象的非货币性福利，直接计入当期损益和应付职工薪酬。

二、应付职工薪酬的发放

1. 支付职工工资、奖金、津贴和补贴

实务中，企业一般会在每月发放工资前，先根据工资结算汇总表中的"实发金额"栏的合计数向开户银行提取现金，并借记"库存现金"科目，贷记"银行存款"科目，然后再向职工发放。

企业按照有关规定向职工支付工资、奖金、津贴等，借记"应付职工薪酬——工资"科目，贷记"银行存款""库存现金"等科目；企业从应付职工薪酬中扣还的各种款项（代垫的家属药费、个人所得税等），借记"应付职工薪酬"科目，贷记"银行存款""库存现金""其他应收款""应交税费——应交个人所得税"等科目。

2. 支付职工福利费

企业向职工食堂、职工医院、生活困难职工等支付职工福利费时，借记"应付职工薪酬——职工福利"科目，贷记"银行存款""库存现金"等科目。

3. 支付工会经费、职工教育经费和缴纳社会保险费、住房公积金

企业在支付工会经费和职工教育经费用于工会运作和职工培训，或者按照国家有关规定缴纳社会保险费及住房公积金时，借记"应付职工薪酬——工会经费（或职工教育经费、社会保险费、住房公积金）"科目，贷记"银行存款""库存现金"等科目。

4. 发放非货币性福利

企业以自产产品作为职工薪酬发放给职工时，应确认主营业务收入，借记"应付职工薪酬——非货币性福利"科目，贷记"主营业务收入"科目，同时结转相关成本，涉及增值税销项税额的，还应进行相应的处理。企业支付租赁住房等资产供职工无偿使用所发生的租金，借记"应付职工薪酬——非货币性福利"科目，贷记"银行存款"等科目。

为了便于理解，我们来举例说明。

例 11.6 朝阳机械有限公司 2019 年 5 月的工资汇总表如表 11-3 所示。

表 11-3 工资汇总表

单位：元

部门		工资总额	代扣社会保险费	代扣个人所得税	实际发放工资额
管理部门		64580	13399.2	2120	49060.8
生产部门	铸一车间	147000	31270	4320	111410
	铸二车间	213750	46320	5687.5	161742.5
	检验科	36462	8150	1193	27119
	车间办公室	43767	9404.08	1578.8	32784.12
销售部门		326540	68369.6	13327	244843.4
在建工程部门		32574	7612.76	1028.7	23932.54
合计		864673	184525.64	29255	650892.36

（1）根据表 11-3 所示的工资汇总表，通过银行转账发放工资时，对应的会计分录为：

借：应付职工薪酬——工资　　　　　　　864673
　　贷：其他应付款——社会保险费　　　184525.64
　　　　应交税费——应交个人所得税　　29255
　　　　银行存款　　　　　　　　　　　650892.36

（2）对上述工资进行计提，对应的会计分录为：

借：管理费用——工资　　　　　　　　　　64580
　　生产成本——铸一车间——直接人工　147000
　　　　　　——铸二车间——直接人工　213750
　　制造费用——质检费用　　　　　　　　36462
　　　　　　——工资　　　　　　　　　　43767
　　销售费用　　　　　　　　　　　　　　326540
　　在建工程——工资　　　　　　　　　　32574
　　贷：应付职工薪酬——工资　　　　　　864673

（3）计提企业应该承担的社会保险后，也应该按第（2）步的分配方式入账。

例 11.7 朝阳机械有限公司将企业拥有的住房无偿提供给职工居住，当月铸一车间生产工人无偿居住住房的折旧费 2400 元，铸二车间生产工人无偿居住住房的折旧费 2900 元，管理人员 1800 元，在建工程人员 1600 元。

（1）计提应付职工薪酬，对应的会计分录为：

借：生产成本——铸一车间——直接人工　2400
　　　　　　——铸二车间——直接人工　2900
　　管理费用——员工住房折旧　　　　　1800
　　在建工程——应付工资　　　　　　　1600
　　贷：应付职工薪酬——非货币性福利　8700

（2）计提折旧费，对应的会计分录为：

借：应付职工薪酬——非货币性福利　　8700
　　贷：累计折旧　　　　　　　　　　　8700

11.2.6　应交税费的账务处理

应交税费是指企业根据在一定时期内取得的营业收入、实现的利润等，按照现行税法规定，采用一定的计税方法计提的应缴纳的各种税费。

应交税费包括企业依法缴纳的增值税、消费税、所得税、资源税、土地增值税、城市维护建设税、房产税、土地使用税、车船税、教育费附加、矿产资源补偿费等税费，以及在上缴国家之前，由企业代扣代缴的个人所得税等。

关于应交税费的账务处理，我们在前面章节介绍其他科目时已有涉及。为了便于理解，我们来举例说明。

例11.8　通过核算可知，朝阳机械有限公司2019年6月的应交税费为：应交消费税3000元，应交城建税210元，应交教育费附加90元，应交房产税2.36万元，应交车船税1200元。朝阳机械有限公司本期应交税费对应的会计分录为：

借：税金及附加　　　　　　　　　　28100
　　贷：应交税费——应交消费税　　　3000
　　　　　　　　——应交城建税　　　210
　　　　　　　　——应交教育费附加　90
　　　　　　　　——应交房产税　　　23600
　　　　　　　　——应交车船税　　　1200

例11.9　朝阳机械有限公司2019年6月的销项税额为240万元，进项税额为150万元，本期应缴纳的增值税额为90万元。

（1）计提2019年6月增值税时，对应的会计分录为：

借：应交税费——转出未交增值税　　900000
　　贷：应交税费——未交增值税　　　900000

（2）实际缴纳2019年6月增值税时，对应的会计分录为：

借：应交税费——未交增值税　　　　900000
　　贷：银行存款　　　　　　　　　　900000

11.3　非流动负债项目的账务处理

本节我们将简单介绍长期借款和应付债券这两个具有代表性的非流动负债项目的账务处理。

11.3.1 长期借款的账务处理

长期借款是指企业为扩大生产经营增加固定资产而向金融机构等借入的偿还期在 1 年以上的款项。

长期借款按其偿还方式,可分为定期偿还和分期偿还。定期偿还的长期借款是指按规定的借款到期日一次还清全部本息。分期偿还的长期借款是指在借款期内,按规定分期偿还本息。

长期借款按计算利息的方法,可分为单息长期借款和复息长期借款。单息长期借款是指计算利息时,上期的利息并不计入本金之内,仅按本金计算的利息;复息长期借款计算利息的方法是,上期利息计入本金,再行计息,俗称"利滚利"。

长期借款的偿还方式、计息的利率、偿还期等都要在借款协议中明确规定。

长期借款和长期借款费用的账务处理如表 11-4 所示。

表 11-4　长期借款和长期借款费用的账务处理

项目	内容
长期借款的账务处理	企业在取得长期借款时,如果将款项存入银行,应借记"银行存款"科目,贷记"长期借款"科目;如果将款项直接用于购置固定资产或支付工程项目的支出,应借记"固定资产""在建工程"等科目,贷记"长期借款"科目
长期借款费用的账务处理	企业发生的长期借款费用(如利息等),应区分不同情况,予以资本化或费用化,记入有关科目。所谓资本化,是指借款费用计入相关资产的成本;所谓费用化,是指将借款费用作为期间费用(财务费用)计入当期损益。长期借款费用的账务处理如下: (1)属于筹建期间使用的长期借款发生的费用,应计入管理费用,借记"管理费用"科目,贷记"长期借款"科目 (2)属于日常生产经营使用的长期借款发生的费用,应计入财务费用,借记"财务费用"科目,贷记"长期借款"科目 (3)属于发生的与固定资产购建相关,专门的长期借款发生的费用,在固定资产达到预定可使用状态前的部分,应按规定予以资本化,借记"在建工程"科目,贷记"长期借款"科目;固定资产达到预定可使用状态后所发生的借款费用,以及按规定不能予以资本化的借款费用,应直接计入当期损益,借记"财务费用"科目,贷记"长期借款"科目

1. 长期借款的取得与使用

企业借入长期借款,应按实际收到的金额,借记"银行存款"科目,贷记"长期借款——本金"科目;如存在差额,还应借记"长期借款——利息调整"科目。

2. 发生长期借款利息的确认

长期借款利息费用应当在资产负债表日按照实际利率法计算确定,实际利率与合同利率差异较小的,也可以采用合同利率计算确定利息费用。长期借款计算确定的利息费用,应当按以下原则计入有关成本、费用:属于筹建期间的,计入管理费用;属于生产经营期间的,计入财务费用。如果长期借款用于购建固定资产的,在固定资产尚未达到预定可使用状态前,所发生的应当资本化的利息支出,计入在建工程成本;固定资产达到预定可使用状态后发生的利息支出,以及按规定不予资本化的利息支出,计入财务费用。长期借款(分期付息)按合同利率计算确定的应付未付利息，计入应付利息，借记"在建工程""制造费用""财务费用""研发支出"等科目，贷记"应付利息"科目。

3. 长期借款的归还

企业归还长期借款的本金时，应按归还的金额，借记"长期借款——本金"科目，贷记"银行存款"科目；按归还的利息，借记"应付利息"科目，贷记"银行存款"科目。

为了便于理解，我们来举例说明。

例 11.10

（1）2018 年 2 月 1 日，朝阳机械有限公司从招商银行借入 2 年期长期借款 100 万元，年利息 12%，借入长期借款时对应的会计分录为：

借：银行存款——招行一般户　1000000
　　贷：长期借款——招行　　　　1000000

（2）2018 年 2 月 28 日应计提的利息费用为 1 万元，即 1000000×12%/12=10000（元），对应的会计分录为：

借：财务费用　　　　　　　10000
　　贷：长期借款——招行　　10000

（3）2018 年 3 月 1 日，公司用该笔长期借款支付了建造厂房用的材料款，对应的会计分录为：

借：在建工程——工程物资　1000000
　　贷：银行存款——招行一般户　1000000

（4）2018 年 3 月起，每月应计提的利息费用为 1 万元，对应的会计分录为：

借：在建工程　　　　　　　10000
　　贷：长期借款——招行　　10000

（5）截至 2018 年 12 月底，厂房建设尚未完成，则 2018 年年底支付长期借款利息时的会计分录为：

借：长期借款——招行　　　110000
　　贷：银行存款——招行一般户　110000

注意：由于 2018 年 2 月才借入，所以 2018 年的利息为 11 万元。

（6）2019 年 1 月 31 日，厂房交付使用，对应的会计分录为：

借：在建工程　　　　　　　10000
　　贷：长期借款——招行　　10000
借：固定资产——厂房　　　1110000
　　贷：在建工程　　　　　　1110000

（7）从 2019 年 2 月底起，每月应计提的利息费用仍为 1 万元，对应的会计分录为：

借：财务费用　　　　　　　10000
　　贷：长期借款——招行　　10000

注意：由于长期借款从 2018 年 3 月份开始用于建造厂房，厂房于 2019 年 1 月份完工交付使用，因此这 11 个月的利息费用需要资本化，计入建造厂房的成本中；不在厂房建造期间的借款利息，则计入财务费用。

11.3.2 应付债券的账务处理

应付债券是企业为筹集长期资金而实际发行的债券及应付的利息，它是企业筹集长期资金的一种重要方式。企业发行债券的价格受同期银行存款利率的影响较大，一般情况下，企业可以按面值发行、溢价发行和折价发行债券。

1．企业债券的内容

企业债券实质上是一种长期应付票据，这种票据被大众所认可、被融资者所接受，有其固有的内容。一般来说，企业债券必须记载以下几个方面的内容：

（1）发行债券企业的名称、地址。
（2）债券的票面额及票面利率。
（3）还本付息的期限和方式。
（4）发行债券的日期和编号。
（5）发行企业的印鉴和法定代表人的签字。
（6）审批机关文号、日期。

2．企业债券的分类

按不同的标准，企业债券有多种分类，如表 11-5 所示。

表 11-5　企业债券的分类

分类标准	种类	内容	
按发行方式划分	记名企业债券	记录债券持有者的姓名	
	无记名企业债券	无须记录持有者的姓名	
按有无担保划分	有担保企业债券	以某种特定财产作为执行债券协议的保证而发行的企业债券	
		按抵押资产的不同分	不动产抵押债 动产抵押债 证券担保债 设备信托债 其他担保债
		按同一财产多次作为公司债的抵押品的次序分	第一抵押公司债 第二抵押公司债：其偿还排在第一抵押公司债之后
	无担保企业债券	完全以企业的信用作为担保而发行的企业债券	
按偿还方式划分	定期偿还企业债券	在同一个到期日全部清偿的企业债券	
	分期偿还企业债券	分期分批偿还本金的企业债券	

3．应付债券的一般知识

企业债券一般都通过"应付债券"科目进行核算，我们还可以为其设置"债券面值""利息调整""应计利息"等二级明细科目。

企业发行债券不可避免地会涉及债券的价格问题，债券价格又无外乎三种情况，如表 11-6 所示。

表 11-6 债券价格的三种情况

种类	概念
平价发行	即债券的票面利率与市场利率一致的情况下，债券价格与面值一致
溢价发行	即债券的票面利率高于市场利率，此时债券的发行价格高于其面值
折价发行	即债券的票面利率低于市场利率，此时债券的发行价格低于其面值

4．应付债券平价发行的账务处理

应付债券的平价发行，即其发行价格与面值相等，它的账务处理相对简单。为了便于理解，我们来举例说明。

例 11.11 美嘉公司 2018 年 1 月 1 日发行期限为 2 年、到期一次还本付息、年利率为 6%、面值总额为 20 万元的债券，该债券按面值发行，已经收到全部认购款。美嘉公司对应的会计分录为：

　　借：银行存款　　　　　　　　　200000
　　　　贷：应付债券——债券面值　　　200000

同时，企业需按月计提债券利息，对应的会计分录为：

　　借：财务费用　　　　　　　　　1000
　　　　贷：应付债券——应计利息　　1000

注意：如果债券筹资用于在建工程，则相应的利息费用应计入工程成本，其会计科目由"财务费用"变为"在建工程"。

2019 年 12 月 31 日债券到期，赎回时支付相应的利息和本金的会计分录为：

　　借：应付债券——应计利息　　　　24000
　　　　　　　——债券面值　　　　　200000
　　　　贷：银行存款　　　　　　　　224000

5．应付债券溢价发行的账务处理

企业在溢价发行企业债券时，针对债券溢价，应在债券存续期间内分期摊销。企业债券溢价发行的摊销方法有直线法和实际利率法两种，这里我们只介绍常用的直线法。为了便于理解，我们来举例说明。

例 11.12 美嘉公司 2018 年 1 月 1 日发行期限为 2 年、每半年付息一次、年利率为 9%、面值总额为 20 万元的债券，该债券溢价发行，发行总价为 22.4 万元。

（1）收到认购款时，对应的会计分录为：

　　借：银行存款　　　　　　　　　224000
　　　　贷：应付债券——债券面值　　　200000
　　　　　　　　　——利息调整　　　　24000

（2）企业按月计提债券利息，对应的会计分录为：

　　借：财务费用　　　　　　　　　1500
　　　　贷：应付利息　　　　　　　　1500

同时，每月需摊销溢价发行的溢价费用为 1000 元，即 24000/24=1000（元），对应的会计分录为：

借：应付债券——利息调整　　　1000
　　贷：财务费用　　　　　　　　　1000

如果将上述两条会计分录合并，对应的会计分录为：
借：财务费用　　　　　　　　　500
　　应付债券——利息调整　　　1000
　　贷：应付利息　　　　　　　　　1500

（3）每半年支付一次利息 9000 元（200000×9%/2），对应的会计分录为：
借：应付利息　　　　　　　　　9000
　　贷：银行存款　　　　　　　　　9000

到期赎回时，其账务处理与平价发行时的一样。

注意：到期一次还本付息的债券利息记入"应付债券——应计利息"科目，到期一次还本、分期付息的债券利息记入"应付利息"科目。

6. 应付债券折价发行的账务处理

企业在折价发行企业债券时，针对债券折价，应在债券存续期间内分期摊销。同溢价发行一样，折价发行的摊销方法也有直线法和实际利率法两种，这里我们只介绍常用的直线法。为了便于理解，我们来举例说明。

例 11.13　美嘉公司 2018 年 1 月 1 日发行期限为 2 年、每半年付息一次、年利率为 3%、面值总额为 20 万元的债券，该债券折价发行，发行总价为 16.4 万元。

（1）收到认购款时，对应的会计分录为：
借：银行存款　　　　　　　　　164000
　　应付债券——利息调整　　　36000
　　贷：应付债券——债券面值　　　200000

（2）企业按月计提债券利息，即 200000×3%/12=500（元），对应的会计分录为：
借：财务费用　　　　　　　　　500
　　贷：应付利息　　　　　　　　　500

同时，每月需摊销折价发行的折价费用为 1500 元，即 36000/24=1500（元），对应的会计分录为：
借：财务费用　　　　　　　　　1500
　　贷：应付债券——利息调整　　　1500

如果将上述两条会计分录合并，对应的会计分录为：
借：财务费用　　　　　　　　　2000
　　贷：应付利息　　　　　　　　　500
　　　　应付债券——利息调整　　　1500

（3）每半年支付一次利息 3000 元（200000×3%/2），对应的会计分录为：
借：应付利息　　　　　　　　　3000
　　贷：银行存款　　　　　　　　　3000

到期赎回时，其账务处理与平价发行时的一样。

第 12 章 所有者权益

所有者权益是企业成立的基础，是企业投资人对企业净资产的所有权，它受总资产和总负债变动的影响而发生增减变动。所有者权益包含所有者以其出资额的比例分享企业利润，与此同时，所有者也必须以其出资额承担企业的经营风险。所有者权益虽然在企业中起着决定性的作用，但其核算并不复杂，本章我们就来介绍所有者权益的基本知识及其账务处理。

12.1 所有者权益的基本知识

所有者权益是企业资产减去负债以后由所有者享有的剩余权益，包括实收资本、资本公积、盈余公积、未分配利润四部分内容，其中的盈余公积和未分配利润又称为留存收益。所有者权益的来源包括投资者投入的资本、直接计入所有者权益的利得和损失、留存收益等。

12.1.1 所有者权益的内容及特点

所有者权益的内容及特点如表 12-1 所示。

表 12-1 所有者权益的内容及特点

项目	说明	
内容	所有者权益包括实收资本、资本公积、盈余公积和未分配利润	
特点（也是负债与所有者权益的本质区别）	两者的来源基础不同	负债来源于债权人，表明企业对债权人负担的经济责任的大小；所有者权益来源于投资者投入的资本和企业盈利在企业内的留存，表明的是企业应该对投资人负担的经济责任
	两者的偿还期不同	作为负债，不管是短期的还是长期的，都有固定的偿还期限；所有者权益则不同，除非减少注册资本或解散企业，否则投资人不能收回投资
	两者的"主人"享受的权利不同	负债体现的是债权人对企业债务的权利，但债权人只享受收回本金和利息的权利，无权参与企业收益的分配；所有者权益体现的是投资者对投入的资本及盈余的权利，投资人享有获取收益和参与企业经营管理的权利

12.1.2 所有者权益核算的一般要求

由于所有者权益的初始来源为投资者投入的资本，即实收资本，所以为了确保不同投资者的利益，使所有投资者的权利、义务符合《公司法》的要求和企业章程的规定，在对所有者权益进行核算时，有以下一些基本要求：

（1）企业必须据实登记投资者的出资额，并按各投资主体进行明细核算，确定各投资主体的出资比例。

（2）企业的资本金是企业存在的基础，故必须随时监督投入企业资本的增减变动情况。一般情况下，企业的资本金确定之后，除按规定程序办理增资或减资外，不得随意变动。

（3）会计人员必须按期核算和监督实收资本的增值和积累情况，以便正确评价企业经营者的经营效果，真实反映所有者对企业的权益。

要实现上述要求，就必须对所有者权益项目进行正确的账务处理。

12.2 所有者权益的账务处理

按投资形式的不同，所有者对企业的投资可以分为货币投资、实物投资和无形资产投资等。不同的投资形式，其账务处理稍有差异。

12.2.1 实收资本的账务处理

实收资本是指投资者按照企业章程、合同或协议的约定实际投入企业的资本。

为了对投入资本进行核算，除股份公司外，其他各类企业都应设置"实收资本"科目，借方登记实收资本的减少数，贷方登记实收资本的增加数，期末余额在贷方，反映投资者投入企业的实收资本数。由于股份公司采用发行股票的方式筹集资本，所以应设置"股本"科目，借方登记减少的股本数额，贷方登记实际发行股票的面值，余额在贷方，反映公司的股本总额。为了便于理解，我们来举例说明。

1. 接受现金资产投资

（1）股份有限公司以外的企业接受现金资产投资

实收资本的构成比例，即投资者的出资比例或股东的股份比例，通常是确定所有者在企业所有者权益中所占的份额和参与企业生产经营决策的基础，也是企业进行利润分配或股利分配的依据，同时还是企业在清算时确定所有者对净资产的要求权的依据。

（2）股份有限公司接受现金资产投资

股份有限公司在发行股票时，既可以按面值发行股票，也可以溢价发行股票（我国目前不允许折价发行）。股份有限公司在核定的股本总额及核定的股份总额的范围内发行股票时，应在实际收到现金资产时进行账务处理。

例 12.1 2019 年 6 月 25 日，A、B、C 三位投资者出资组建星光有限责任公司，注册资本为 300 万元，A、B、C 三位投资者的持股比例分别为 50%、30%和 20%。按照公司章程规定，A、B、C 三位投资者投入资本分别为 150 万元、90 万元和 60 万元。假定星光有限责任公司如期收到各投资者的款项，则它在进行账务处理时的会计分录为：

```
借：银行存款              3000000
    贷：实收资本——A        1500000
            ——B        900000
            ——C        600000
```

2. 接受非现金资产投资

(1) 接受投入固定资产

企业接受投资者作价投入的房屋、建筑物、机器设备等固定资产，应按投资合同或协议约定价值确定固定资产价值（投资合同或协议约定价值不公允的除外）和在注册资本中应享有的份额。

例 12.2 2019 年 4 月 1 日，A 公司接受 B 公司作为资本投入的设备一台，该设备不需要安装，合同约定该设备的价值为 200 万元，与其公允价值相符。假定不考虑其他因素，则 A 公司在进行账务处理时的会计分录为：

借：固定资产　　　　　　　2000000
　　贷：实收资本——B 公司　　2000000

(2) 接受投入材料物资

企业接受投资者作价投入的材料物资，应按投资合同或协议约定价值确定材料物资价值（投资合同或协议约定价值不公允的除外）和在注册资本中应享有的份额。

例 12.3 2019 年 5 月 12 日，天明公司于设立时接受 A 公司作为资本投入的原材料一批，该批原材料投资合同约定的价值为 20 万元，增值税进项税额为 3.2 万元。A 公司已开具增值税专用发票。假设合同约定的价值与材料的公允价值相符，该进项税额允许抵扣，不考虑其他因素，则天明公司在进行账务处理时的会计分录为：

借：原材料　　　　　　　　　　　　　　200000
　　应交税费——应交增值税（进项税额）　32000
　　贷：实收资本——A 公司　　　　　　232000

(3) 接受投入无形资产

企业接受投资者以无形资产方式投入的资本，应按投资合同或协议约定价值确定无形资产价值（投资合同或协议约定价值不公允的除外）和在注册资本中应享有的份额。

例 12.4 2019 年 3 月 20 日，甲企业收到乙企业作为资本投入的一项专利权，该专利权按照投资合同或协议约定的价值为 10 万元。假设合同约定的价值与公允价值相符，不考虑其他因素，则甲企业在进行账务处理时的会计分录为：

借：无形资产　　　　　　　100000
　　贷：实收资本——乙企业　100000

注意：如果按协议约定减少注册资本等，则应借记"实收资本"科目，贷记"库存现金"等科目。

12.2.2 资本公积的账务处理

资本公积是企业收到投资者的出资额大于其在注册资本或股本中所占份额的部分，以及直接计入所有者权益的利得和损失等。资本公积包括资本溢价、股本溢价，以及直接计入所有者权益的利得和损失等。资本溢价是指投资者缴付的出资额超过其在注册资本中所占份额的部分。股本溢价是指股份公司溢价发行股票实际收到的款项超过股票面值总额的部分。资本公积可以按法定程序转增注册资本。

企业应设置"资本公积"科目,并且按"资本溢价(或股本溢价)""其他资本公积"二级科目进行明细核算。

1. 资本公积的分类

按是否可以直接用于转增资本,我们可以把资本公积分为两类,如表 12-2 所示。

表 12-2　资本公积的分类

种类	内容
可以直接用于转增资本的	资本溢价、接受现金捐赠、拨款转入、外币资本折算差额和其他资本公积等
不可以直接用于转增资本的	接受捐赠的非现金资产准备等

2. 资本公积与实收资本（或股本）、留存收益的区别

资本公积、实收资本（或股本）、留存收益看似相同,其实三者是有区别的,如表 12-3 所示。

表 12-3　资本公积与实收资本（或股本）、留存收益的区别

项目		内容
资本公积与实收资本（或股本）的区别	从来源和性质看	实收资本（或股本）是指投资者按照企业章程或合同、协议的约定,实际投入企业并依法进行注册的资本,它体现了企业所有者对企业的基本产权关系;资本公积是投资者的出资中超出其在注册资本中所占份额的部分,以及直接计入所有者权益的利得和损失,它不直接表明所有者对企业的基本产权关系
	从用途看	实收资本（或股本）的构成比例是确定所有者参与企业财务经营决策的基础,也是企业进行利润分配或股利分配的依据,同时还是企业在清算时确定所有者对净资产的要求权的依据;资本公积主要是用来转增资本（或股本）的,它不体现各所有者的占有比例,也不能作为所有者参与企业财务经营决策或进行利润分配（或股利分配）的依据
资本公积与留存收益的区别		留存收益是企业从历年实现的利润中提取或形成的留存于企业的内部积累,来源于企业生产经营活动实现的利润;资本公积的来源不是企业实现的利润,而是资本溢价（或股本溢价）等

3. 资本溢价的核算

（1）资本溢价

除股份有限公司外的其他类型的企业在创立时,投资者认缴的出资额与注册资本一致,一般不会产生资本溢价,但在企业重组或有新的投资者加入时,常常会出现资本溢价的情况。这是因为在企业进行正常生产经营后,其资本利润率通常要高于企业初创阶段,另外,由于企业有内部积累,新投资者加入企业后,对这些积累也要分享,所以新加入的投资者往往要付出大于原投资者的出资额,才能取得与原投资者相同的出资比例。投资者多缴的这部分出资额就形成了资本溢价。

（2）股本溢价

股份有限公司以发行股票的方式筹集股本,其股票可按面值发行,也可按溢价发行(我国目前不允许折价发行)。与其他类型的企业不同,股份有限公司在成立时可能会溢价发行股票,因而在成立之初,就可能会产生股本溢价。股本溢价的数额等于股份有限公司发行股

票时实际收到的数额超过股票面值总额的部分。

在按面值发行股票的情况下，企业发行股票取得的收入，应全部作为股本处理；在溢价发行股票的情况下，企业发行股票取得的收入，等于股票面值部分作为股本处理，超出股票面值的溢价收入作为股本溢价处理。

为了便于理解，我们来举例说明。

例 12.5 2019 年 7 月 1 日，朝阳机械有限公司注册资本已有 190 万元，东方公司希望加入。经协商后，东方公司投入银行存款 12 万元，占注册资本 5% 的份额，对应的会计分录为：

借：银行存款　　　　　　　　120000
　　贷：实收资本　　　　　　　100000
　　　　资本公积——资本溢价　　20000

12.2.3　盈余公积的账务处理

盈余公积是指企业按规定从净利润中提取的积累资金。公司制企业的盈余公积包括法定盈余公积和任意盈余公积。

公司制企业应该按照净利润的 10% 提取法定盈余公积，提取的法定盈余公积累计金额达到企业注册资本的 50% 时，可以不再提取。非公司制企业可以按照超过 10% 的比例提取。

1. 法定盈余公积的形成和用途

法定盈余公积应按企业税后利润的 10% 提取，当达到注册资本的 50% 时，可以不再提取，超过 25% 的部分，可以用于弥补亏损或转增资本。

2. 法定盈余公积提取的账务处理

为了便于理解，我们来举例说明。

例 12.6 2019 年 12 月 31 日，朝阳机械有限公司在编制年度财务报表时可以确认，公司于 2019 年实现税后净利润 154.94 万元，同时通过股东大会决议，将往年累计的法定盈余公积中的 3 万元转增资本。

（1）假设累计计提的法定盈余公积尚未达到企业注册资本的 50%，则 2019 年应计提的金额=税后净利润×10%=1549400×10%=154940（元），对应的会计分录为：

借：利润分配——提取法定盈余公积　　154940
　　贷：盈余公积——法定盈余公积　　　　154940

（2）将往年累计的法定盈余公积中的 3 万元转增资本，对应的会计分录为：

借：盈余公积——法定盈余公积　　30000
　　贷：实收资本　　　　　　　　　30000

任意盈余公积和法定公益金的账务处理与法定盈余公积的处理类似，按《公司法》的相关规定，"公司从税后利润中提取法定盈余公积后，经股东会决议，可以提取任意盈余公积"。任意盈余公积的提取与否及提取比例由股东会根据公司发展的需要和盈余情况决定，法律不做强制规定；而法定公益金按税后利润的 5%～10% 提取，专门用于职工集体福利设施的购建。

12.2.4 未分配利润的账务处理

未分配利润是企业留待以后年度进行分配的结存利润。未分配利润是企业实现的净利润经过弥补亏损、提取盈余公积和向投资者分配利润后留存企业的、历年结存的利润。未分配利润相对于盈余公积来讲，属于未确定用途的留存收益。

企业应设置"利润分配"科目核算利润的分配或亏损的弥补与历年分配或弥补后的余额。"利润分配"科目应按"提取法定盈余公积""提取任意盈余公积""应付现金股利或利润""盈余公积补亏""未分配利润"二级科目进行明细核算。

为了便于理解，我们来举例说明。

例 12.7 2019 年 12 月 31 日，朝阳机械有限公司在编制年度财务报表时可以确认，公司于 2019 年实现税后净利润 154.94 万元，应分别按 10%、10%、5%的比例提取盈余公积，同时通过股东大会决议，分配现金股利 20 万元，分配股票股利 30 万元。

（1）年终的利润结转，对应的会计分录为：

借：本年利润　　　　　　　　　1549400
　　贷：利润分配——未分配利润　　1549400

（2）计算各类盈余公积：

法定盈余公积=税后净利润×10%=1549400×10%=154940（元）
任意盈余公积=税后净利润×10%=1549400×10%=154940（元）
法定公益金=税后净利润×5%=1549400×5%=77470（元）

（3）编制利润分配的会计分录为：

借：利润分配——未分配利润　　　887350
　　贷：盈余公积——法定盈余公积　　154940
　　　　　　　　——任意盈余公积　　154940
　　　　　　　　——法定公益金　　　 77470
　　　　利润分配——应付利润　　　 500000

（4）待分配方案最终对外公布时，对应的会计分录为：

借：利润分配——应付利润　　　　500000
　　贷：应付股利——应付现金股利　　200000
　　　　　　　　——应付股票股利　　300000

第 13 章
收入、费用和利润项目

维系企业发展离不开日常经营,企业在日常经营的过程中会产生收入与费用,收入减去费用便是利润。本章我们就来详细介绍收入、费用与利润的核算。

13.1 收入

收入是企业在日常活动中形成的、会导致所有者权益增加的、与所有者投入资本无关的经济利益的总流入。收入包括销售商品收入、提供劳务收入、让渡资产使用权收入、利息收入、租金收入、股利收入等。

13.1.1 收入概述

收入本身具有明显的特点。收入的特点、确认与计量如表 13-1 所示。

表 13-1 收入的特点、确认与计量

项目		内容
特点		(1) 收入是企业在日常活动中产生的,而不是在偶发的交易中产生的 (2) 收入可能表现为企业资产的增加,也可能表现为企业负债的减少。总之,收入能导致企业所有者权益的增加 (3) 计算并确认收入时,只包括本企业经济利益的流入,不包括为第三方或客户代收的款项
确认与计量	概念	收入的确认,是指收入在什么时候记账并在利润上反映 企业的收入可以分为产品销售收入、提供劳务收入、提供他人使用本企业资产的收入等,收入的金额应当反映企业因转让商品或提供劳务而预期有权收取的对价金额
	确认与计量步骤	收入确认与计量大致分为五步: (1) 识别与客户订立的合同 (2) 识别合同中的单项履约义务 (3) 确定交易价格 (4) 将交易价格分摊至各个单项履约义务当中 (5) 履行各单项履约义务时确认收入
	确认原则	企业应当在客户取得相关商品控制权时确认收入,即企业在履行了合同中的履约义务后,能够主导合同中商品的使用并从中获得几乎全部的经济利益

13.1.2 收入的账务处理

1. 一般销售产品业务收入的账务处理

企业销售产品或提供劳务实现的收入，应按实际收到、应收或预收的金额，借记"银行存款""应收账款""应收票据""预收款项"等科目；按确认的营业收入，贷记"主营业务收入"科目。

对于增值税销项税额，一般纳税人应贷记"应交税费——应交增值税（销项税额）"科目，小规模纳税人应贷记"应交税费——应交增值税"科目。

期（月）末，企业应根据本期（月）销售各种产品、提供各种劳务等实际成本，计算应结转的主营业务成本，借记"主营业务成本"科目，贷记"库存产品""劳务成本"等科目。

确认收入的同时，需要结转销售产品的成本。为了便于理解，我们来举例说明。

例 13.1 朝阳机械有限公司与甲公司签订销售合同，于 2019 年 5 月 20 日销售 A 产品 100 件，每件售价 500 元，单位成本 400 元，增值税税率为 13%；销售一批多余的 B 材料 1000 元，成本为 800 元。销售款项在甲公司收到货物后一个月内结算。

分析：根据收入确认与计量的五步法，第一步，我们确认与客户订立的合同为销售 A 产品和 B 材料的销售合同；第二步，合同中有两个履约义务，即销售 A 产品和 B 材料；第三步，确定交易价格，合同中规定 A 产品销售金额为 5 万元、成本为 4 万元，B 材料销售金额为 1000 元、成本为 800 元；第四步，这两项履约义务相互独立，不存在相互影响的因素，因此不需要分摊交易价格，直接按照合同金额确认对价；第五步，当公司将 A 产品和 B 材料发出并开具增值税专用发票时，我们便可以确认对应的收入。

（1）确认收入时，对应的会计分录为：

借：应收账款　　　　　　　　　　　　　57630
　　贷：主营业务收入——A 产品　　　　　　50000
　　　　其他业务收入——B 材料　　　　　　1000
　　　　应交税费——应交增值税（销项税额）　6630

（2）结转成本时，对应的会计分录为：

借：主营业务成本——A 产品　　40000
　　其他业务成本——B 材料　　　800
　　贷：库存产品——A 产品　　　　40000
　　　　原材料——B 材料　　　　　　800

2. 已经发出但不符合销售产品收入确认条件的产品的账务处理

如果企业售出产品不符合销售产品收入确认条件，则不应确认收入。为了单独反映已经发出但尚未确认销售收入的产品成本，企业应增设"发出产品"等科目。

当发出产品不符合收入确认条件时，如果销售该产品的纳税义务已经发生，如已经开出增值税专用发票，则应确认应交的增值税销项税额，借记"应收账款"等科目，贷记"应交税费——应交增值税（销项税额）"科目；如果纳税义务没有发生，则无须进行上述处理。

为了便于理解，我们来举例说明。

例 13.2　朝阳机械有限公司于 2019 年 4 月 9 日与 H 公司订立销售合同，合同约定销售给 H 公司 B 设备一台，价款为 10 万元，H 公司在合同订立时支付设备款订金 1 万元，公司于 2019 年 4 月 15 日将设备送至 H 公司并开具增值税专用发票，B 设备在 H 公司试用 2 个月后，如果符合 H 公司的设备使用要求，则付清设备余款，否则退回 B 设备并取回订金。B 设备的成本为 6 万元。假定设备符合 H 公司的要求，请据此编制会计分录。

分析：我们可以确认合同为销售产品合同，且合同规定订金 1 万元，总价款 10 万元，产品试用期 2 个月。产品试用期 2 个月这个条件说明虽然我们已经开出发票发生了纳税义务，也发出了产品，但是产品的实际控制权并没有完全转移，也就是说，"对客户转让产品而有权收取的对价很可能收回"这个条件在设备试用期内不符合，我们在此期间不应该确认收入。如果试用期后设备符合要求，则我们有权收取设备价款，因此，我们要在试用期后确认设备收入。

（1）发出产品时，对应的会计分录为：
　　借：发出产品　　　　　60000
　　　　贷：库存产品　　　　60000

同时，因为朝阳机械有限公司销售该产品的纳税义务已经发生，所以应确认应交增值税销项税额，对应的会计分录为：
　　借：应收账款——H 公司　　　　　　　13000
　　　　贷：应交税费——应交增值税（销项税额）　13000

收到 H 公司支付的订金时，对应的会计分录为：
　　借：银行存款　　　　　　　10000
　　　　贷：预收款项　　　　　　10000

（2）2019 年 6 月，B 设备通过试用期。
确认销售收入时，对应的会计分录为：
　　借：银行存款　　　103000
　　　　预收款项　　　 10000
　　　　贷：主营业务收入　100000
　　　　　　应收账款　　　 13000

同时结转成本，对应的会计分录为：
　　借：主营业务成本　　60000
　　　　贷：发出产品　　　60000

3. 分摊固定交易价格的账务处理

当企业为销售产品订立的合同包含两项或是多项履约义务时，如果各单项资产的售价合计不等于合同价格，则需要按照合同价格分摊至各单项资产，从而分别确认收入。在账务处理时，我们应该设置"合同资产"科目来处理，该科目不同于应收账款，它是指企业已向客户转让商品而有权收取对价的权利，而且该权利取决于时间流逝之外的其他因素。为了便于理解，我们来举例说明。

例 13.3　朝阳机械有限公司 2019 年 6 月 1 日与客户签订合同，向其销售 Q、W 两种产品，Q 产品的单独售价为 20 万元，W 产品的单独售价为 5 万元，合同价款为 24 万元，增值税额为 3.12 万元。合同约定，W 产品在合同开始日交付，Q 产品在一个月之后交付，且只有当两种产品全部交付之后，公司才有权向客户收取 24 万元合同对价和增值税 3.12 万元。Q、W 两种产品分别构成单项履约义务，其控制权在交付时转移，请此计算并编制会计分录。

分析：此合同中有两项资产，分别为单项履约义务，且控制权在交付时转移。由于合同总价款为 24 万元，增值税额为 3.12 万元，且 Q、W 两种产品分两个时间段交付，所以我们需要对交易价格进行分摊，从而分别确认收入。

分摊至 W 产品的合同价款=50000/（200000+50000）×240000=48000（元）
分摊至 Q 产品的合同价款=200000/（200000+50000）×240000=192000（元）
分摊至 W 产品的增值税=48000×13%=6240（元）
分摊至 Q 产品的增值税=192000×13%=24960（元）

（1）交付 W 产品时，对应的会计分录为：
借：合同资产　　　　　　　　　　　　　　54240
　　贷：主营业务收入　　　　　　　　　　48000
　　　　应交税费——应交增值税（销项税额）　6240

（2）交付 Q 产品时，对应的会计分录为：
借：应收账款　　　　　　　　　　　　　　271200
　　贷：合同资产　　　　　　　　　　　　54240
　　　　主营业务收入　　　　　　　　　　192000
　　　　应交税费——应交增值税（销项税额）　24960

4．分摊可变交易价格的账务处理

企业销售商品订立的合同中有可能会包含可变对价，这时我们要分清楚该可变对价是与整个合同的履约义务有关，还是只与合同中的某项或是某几项履约义务有关：如果与整个合同相关，则根据相关履约义务依次分摊可变对价；如果只与几项相关，则将可变对价分摊至与之相关的履约义务上。为了便于理解，我们来举例说明。

例 13.4　朝阳机械有限公司与红旗公司订立合同，约定将 A、B 两项专利技术转让给红旗公司使用，A 专利技术的价格为 50 万元，B 专利技术的价格为红旗公司使用 B 专利技术生产的产品销售额的 5%。假定 2019 年 5 月份红旗公司的销售额为 500 万元，其中使用 B 专利技术生产的产品销售额为 100 万元，请据此分析并计算分摊可变对价。

分析：根据题意可知，B 专利技术的价格在合同中是一项可变的金额，它是根据以其生产产品销售额的百分比来确定的，而 A 专利技术有可靠的价格，我们不需要对其进行分摊。因此，题目中的可变对价只与 B 专利技术有关，且题目给出了 2019 年 5 月份红旗公司使用 B 专利技术生产的产品销售额，则：

B 专利技术 2019 年 5 月份的使用费=1000000×5%=50000（元）

例 13.5　朝阳机械有限公司与甲公司签订合同，向其销售 A、B 两种产品（两种产品售价相同）。合同约定，A 产品和 B 产品分别于 2019 年 4 月 15 日和 2019 年 6 月 15 日交付给甲公司，其中包含 2 万元的固定对价和 4000 元的可变对价，请据此分析、计算并编制会计分录。

分析：根据题意可知，由于 A 产品和 B 产品的价格相同，因此题目中给出的固定对价和可变对价我们可以平均分摊，已知合同的总价款为 2.4 万元，则：

分摊至 A 产品的对价=24000/2=12000（元）

分摊至 B 产品的对价=24000/2=12000（元）

（1）A 产品 2019 年 4 月 15 日交付时确认收入，对应的会计分录为：

借：应收账款　　　　　　　　　　　　　13560

　贷：主营业务收入　　　　　　　　　　　12000

　　　应交税费——应交增值税（销项税额）　1560

（2）B 产品 2019 年 6 月 15 日交付时确认收入，对应的会计分录为：

借：应收账款　　　　　　　　　　　　　13560

　贷：主营业务收入　　　　　　　　　　　12000

　　　应交税费——应交增值税（销项税额）　1560

延伸例 13.5，如果在交付 B 产品时，发现可变对价下降了，如降为 3000 元，则我们需要重新计算 A 产品和 B 产品的交易价格，之前已经确认的收入，由于可变对价的下降，在后期需要冲回，即：

分摊至 A 产品的对价=（20000+3000）/2=11500（元）

分摊至 B 产品的对价=（20000+3000）/2=11500（元）

A 产品需要冲回价格=12000-11500=500（元）

A 产品需要冲回销项税额=500×13%=65（元）

（1）B 产品 2019 年 6 月 15 日交付时确认收入，对应的会计分录为：

借：应收账款　　　　　　　　　　　　　12995

　贷：主营业务收入　　　　　　　　　　　11500

　　　应交税费——应交增值税（销项税额）　1495

（2）冲回 A 产品前期已确认的收入，对应的会计分录为：

借：应收账款　　　　　　　　　　　　　-565

　贷：主营业务收入　　　　　　　　　　　-500

　　　应交税费——应交增值税（销项税额）　-65

13.2　费用

费用是企业在销售产品、提供劳务等日常活动中发生的、会导致所有者权益减少的、与向所有者分配利润无关的经济利益的总流出。

13.2.1　费用概述

费用是企业在生产、经营过程中发生的各种耗费，包括原材料的耗费、机器设备等劳动手段的耗费，以及人工等"活劳动"的耗费等。

费用的特点及分类如表 13-2 所示。

表 13-2　费用的特点及分类

项目	内容
特点	（1）费用是企业在日常活动中产生的经济利益的流出，如销售产品、提供劳务等，这一点与收入的性质匹配 （2）费用最终会导致企业经济资源的减少，进而最终会减少企业的所有者权益 费用导致经济资源的减少一般表现为企业的库存现金支出或其他资产的耗费，它与资源流入企业形成收入相反。具体而言，支付工资、发生费用、消耗材料和机器设备等，最终都将导致企业资源的耗费。费用也可以理解为耗费资产，其目的是取得收入，从而获得更多的资产
分类	计入产品成本的费用：直接计入产品成本的费用指的是产品成本项目，具体包括直接材料、直接人工、制造费用等
	不计入产品成本的费用：不直接计入产品成本的费用指的是期间费用项目，具体包括管理费用、财务费用、营业费用等

13.2.2　费用的账务处理

1．营业成本

营业成本是指企业为生产产品、提供劳务等发生的可归属于产品成本、劳务成本等的费用，应当在确认销售商品收入、提供劳务收入等时，将已销售商品、已提供劳务的成本等计入当期损益。营业成本包括主营业务成本和其他业务成本。

主营业务成本是指企业销售商品、提供劳务等日常活动所发生的成本。企业一般在确认销售商品、提供劳务等主营业务收入时（或在月末），将已销售商品、已提供劳务的成本结转入主营业务成本。

企业在结转主营业务成本时，借记"主营业务成本"科目，贷记"库存商品""劳务成本"科目。期末，应将"主营业务成本"科目余额结转入"本年利润"科目，借记"本年利润"科目，贷记"主营业务成本"科目，结转后本科目无余额。

其他业务成本是指企业确认的除主营业务活动外的其他经营活动所发生的成本，包括销售材料的成本、出租固定资产的折旧额、出租无形资产的摊销额、出租包装物的成本或摊销额等。

企业发生或结转的其他业务成本，借记"其他业务成本"科目，贷记"原材料""周转材料""累计折旧""累计摊销""银行存款"等科目。期末，应将"其他业务成本"科目余额结转入"本年利润"科目，借记"本年利润"科目，贷记"其他业务成本"科目，结转后本科目无余额。具体的账务处理过程在本章第 13.1.2 小节中的例 13.1 中提到过，在此不再举例。

2．税金及附加

税金及附加是指企业经营活动应负担的相关税费，包括印花税、车船税、房产税、消费税、城市维护建设税、教育费附加、地方教育费附加和资源税等。

例 13.6　朝阳机械有限公司 2019 年 8 月实现营业收入 500 万元，抵扣进项税额为 40 万元。该公司适用的增值税税率为 13%，城市维护建设税税率为 7%，教育费附加税率为 3%，地方教育费附加税率为 2%，请据此计算应缴纳的增值税及附加并编制会计分录。

增值税额=5000000×13%-400000=250000（元）

城市维护建设税=250000×7%=17500（元）

应交教育费附加=250000×3%=7500（元）

应交地方教育费附加=250000×2%=5000（元）

（1）计提 2019 年 8 月的增值税，对应的会计分录为：

借：应交税费——转出未交增值税　　250000
　　贷：应交税费——未交增值税　　　250000

（2）计提 2019 年 8 月的税金及附加，对应的会计分录为：

借：税金及附加　　　　　　　　　　30000
　　贷：应交税费——应交城市维护建设税　17500
　　　　　　　　　——应交教育费附加　　　7500
　　　　　　　　　——应交地方教育费附加　5000

注意：城市维护建设税、教育费附加和地方教育费附加的计税依据是增值税税额。

3. 期间费用

期间费用是指企业日常活动发生的不能计入特定核算对象的成本，而应计入当期损益的费用。期间费用包括销售费用、管理费用和财务费用。

（1）销售费用。销售费用是指企业在销售商品和材料、提供劳务过程中发生的各项费用，包括企业在销售商品过程中发生的包装费、保险费、展览费和广告费、商品维修费、预计产品质量保证损失、运输费、装卸费等费用，以及企业发生的为销售本企业商品而专设的销售机构的职工薪酬、业务费、折旧费、固定资产修理费等费用。

（2）管理费用。管理费用是指企业为组织和管理生产经营活动而发生的各项费用，包括企业在筹建期间发生的开办费、董事会和行政管理部门在企业的经营管理中发生的，或者应由企业统一负担的公司经费（包括行政管理部门职工工资、修理费、物料消耗、低值易耗品摊销、办公费和差旅费等）、工会经费、待业保险费、劳动保险费、董事会会费（包括董事会成员津贴、会议费和差旅费等）、聘请中介机构费、咨询费（含顾问费）、诉讼费、业务招待费、技术转让费、矿产资源补偿费、研究费用、排污费及企业生产车间（部门）和行政管理部门发生的固定资产修理费等。

（3）财务费用。财务费用是指企业为筹集生产经营所需资金等而发生的筹资费用，包括利息支出、汇兑损益及相关的手续费、企业发生的现金折扣或收到的现金折扣等。

由于企业每月均有大量的期间费用发生，所以我们一定要掌握期间费用的账务处理。为了便于理解，我们来举例说明。

例 13.7　2019 年 6 月 15 日，朝阳机械有限公司管理部门购买办公用品共花费 800 元，行政部门办理公司公用公交卡充值 1000 元，公用食堂餐卡充值 1000 元。上述业务已被核准后到财务部门办理报销，以现金支付，对应的会计分录为：

借：管理费用——办公费　　　　800
　　　　　　——交通费　　　　1000
　　　　　　——业务招待费　　1000
　　贷：库存现金　　　　　　　2800

例 13.8　2019 年 6 月 20 日，朝阳机械有限公司销售一部张三报销差旅费 2000 元，销售二部李四报销车辆维修费 600 元，商务部王一报销交通费 60 元。上述业务已被核准后到财务部门办理报销，以现金支付。另外，公司以银行存款支付产品推广费 5 万元。请据此编制会计分录。

（1）现金报销业务，对应的会计分录为：

借：销售费用——差旅费　　　　2000
　　　　　——车辆维修费　　　　600
　　　　　——交通费　　　　　　60
　　贷：库存现金　　　　　　　2660

（2）以银行存款支付推广费，对应的会计分录为：

借：销售费用——产品推广费　　50000
　　贷：银行存款　　　　　　　50000

例 13.9　2019 年 6 月 21 日，朝阳机械有限公司收到季度存款利息 3661.25 元，银行扣除短期贷款利息 23330.51 元，请据此编制会计分录。

（1）收到季度存款利息，对应的会计分录为：

借：银行存款　　　　　　　　3661.25
　　贷：财务费用——利息收入　3661.25

（2）银行扣除短期贷款利息，对应的会计分录为：

借：财务费用——利息支出　　23330.51
　　贷：银行存款　　　　　　23330.51

13.3　利润

利润是企业的总收入减去有关的成本与费用后的差额，它体现了企业在一定期间的经营成果。

13.3.1　利润概述

利润反映的是收入减去费用、利得减去损失后的净额，因此，利润的确认主要依赖于收入和费用、利得和损失的确认，其金额的确定也主要取决于收入、费用、利得、损失金额的计量。收入大于成本费用即为盈利，收入小于成本费用即为亏损。

计算企业利润的步骤及内容如表 13-3 所示。

表 13-3　计算企业利润的步骤及内容

步骤	内容
确认营业收入	具体包括主营业务收入和其他业务收入
计算营业利润	计算过程为：营业收入 营业成本 税金及附加-销售费用-管理费用-财务费用-资产减值损失+公允价值变动收益（ 公允价值变动损失）+投资收益（-投资损失）=营业利润
计算利润总额	计算过程为：营业利润+营业外收入-营业外支出=利润总额
计算净利润	计算过程为：利润总额-所得税费用=净利润

13.3.2 营业外收支的账务处理

与利润计算相关的各个项目，在前面章节中均有涉及，为了便于理解营业外收支的概念，本节我们就来详细介绍该项目。

营业外收支的概念如表 13-4 所示。

表 13-4 营业外收支的概念

项目	概念
营业外收入	指企业发生的与生产经营无直接关系的各项收入
营业外支出	指企业发生的与生产经营无直接关系的各项支出

1. 营业外收入的账务处理

营业外收入主要包括非流动资产毁损报废利得、政府补助、捐赠利得等。

非流动资产毁损报废利得是指自然灾害毁损、已丧失使用功能而报废的非流动资产所取得价款或报废非流动资产的材料价值和变价收入等，扣除处置非流动资产的账面价值、清理费用、处置相关税费后的净收益。它包括固定资产毁损报废利得和无形资产毁损报废利得。

政府补助是指与企业日常业务无关、从政府无偿取得货币性资产或非货币性资产形成的利得。

捐赠利得是指企业接受捐赠产生的利得。

企业应通过"营业外收入"科目核算营业外收入的取得及结转情况。该科目贷方登记企业确认的各项营业外收入，借方登记期末结转入本年利润的营业外收入。结转后，该科目应无余额。该科目应按照营业外收入的项目进行明细核算。

例 13.10 朝阳机械有限公司 2019 年 6 月 15 日出售一台因被洪水浸泡已丧失使用功能的机器设备，设备原价 14.8 万元，已提折旧 7 万元，保险公司赔偿 5 万元，按协商价 3 万元出售设备，同时用银行存款支付拆卸费用 1200 元。假定公司并未对该设备计提减值准备，请据此编制会计分录。

（1）出售固定资产转入清理时，对应的会计分录为：
借：固定资产清理　　　　78000
　　累计折旧　　　　　　70000
　贷：固定资产　　　　　148000

（2）保险公司赔偿时，对应的会计分录为：
借：其他应收款——保险理赔　50000
　贷：固定资产清理　　　　50000

（3）支付清理费用时，对应的会计分录为：
借：固定资产清理　　　　1200
　贷：银行存款　　　　　1200

（4）收到出售设备价款时，对应的会计分录为：
借：银行存款　　　　　　30000
　贷：固定资产清理　　　30000

（5）结转出售设备净收益 800 元（-78000+50000-1200+30000），对应的会计分录为：
借：固定资产清理　　　　　　800
　　贷：营业外收入——处理固定资产净收益　　800

2. 营业外支出的账务处理

营业外支出主要包括非流动资产毁损报废损失、盘亏损失、罚款支出等。

非流动资产毁损报废损失是指因自然灾害等发生毁损、已丧失使用功能的非流动资产处置材料价值和变价收入等，抵补非流动资产的账面价值、清理费用、处置相关税费所发生的净损失。它包括固定资产处置损失和无形资产出售损失。

盘亏损失是指属于自然灾害毁损等非常原因造成的存货毁损，其净损失计入营业外支出。

罚款支出是指企业由于违反税收法规、经济合同约定等而支付的各种滞纳金和罚款。

企业应通过"营业外支出"科目核算营业外支出的发生及结转情况。该科目借方登记企业发生的各项营业外支出，贷方登记期末结转入本年利润的营业外支出。结转后，该科目应无余额。该科目应按照营业外支出的项目进行明细核算。

例 13.11 朝阳机械有限公司 2018 年 1 月 1 日以银行存款 20 万元购入一项专利技术的所有权，该专利技术法律规定的有效年限为 10 年，预计该专利技术的使用年限为 10 年。2019 年 6 月，由于该专利技术被市场上新的技术所替代，不能再为公司带来经济利益，因此公司将上述专利报废并予以转销。请据此编制该企业每年专利权摊销和转让专利权的会计分录。

（1）2018 年 1 月 1 日购入专利权时，对应的会计分录为：
借：无形资产　　　200000
　　贷：银行存款　　　200000

（2）2018 年专利权摊销时，对应的会计分录为：
借：管理费用　　　20000
　　贷：累计摊销　　　20000

（3）2019 年 6 月报废该专利时，对应的会计分录为：
借：累计摊销　　　　　　30000
　　营业外支出　　　　　170000
　　贷：无形资产　　　　　　200000

13.3.3　本年利润的账务处理

在每个会计期间的期末，我们都需要对所有收入、成本及费用项目进行结转核算，目的是把本期实现的利润结转到"本年利润"科目，最终建立利润表和资产负债表的关联性。

要结转本年利润，先要对编制的记账凭证进行汇总整理，整理的方法有很多种，我们在第 5 章中详细介绍了不同方法的工作步骤和特点。为了便于理解，我们来举例说明。

例 13.12　2019 年 6 月 30 日，朝阳机械有限公司与计算利润相关项目的科目余额表如表 13-5 所示。

表 13-5　与计算利润相关项目的科目余额表

日期：2019年6月30日　　　　　　　　　　　　　　　　　单位：元

项目	期末贷方余额	项目	期末借方余额
主营业务收入	7569000	主营业务成本	6065400
其他业务收入	437800	其他业务成本	330600
营业外收入	76730	税金及附加	152700
投资收益	0	管理费用	481290
		财务费用	53000
		销售费用	621500
		营业外支出	30000
备注：按项目的性质不同，收入项目期末为贷方余额，而成本及费用项目期末为借方余额			

通过表 13-5 可知，月底时对应的会计分录为：

借：主营业务收入　　　7569000
　　其他业务收入　　　437800
　　营业外收入　　　　76730
　　贷：本年利润　　　8083530
借：本年利润　　　　　7734490
　　贷：主营业务成本　6065400
　　　　其他业务成本　330600
　　　　税金及附加　　152700
　　　　管理费用　　　481290
　　　　财务费用　　　53000
　　　　销售费用　　　621500
　　　　营业外支出　　30000

通过上述会计分录可知，企业本月实现利润 349040 元（8083530-7734490），如果"本年利润"科目出现借方余额，则表明企业本期产生的是亏损。

13.3.4　所得税费用的一般知识及其账务处理

企业应根据会计准则的规定，计算确定的当期所得税和递延所得税费用之和，即应从当期利润总额中扣除的所得税费用。

企业应通过"所得税费用"科目核算企业所得税费用的确认及结转情况。

1. 所得税费用的一般知识

当期所得税即为当期应交所得税。应交所得税是根据税法规定计算确定的、针对当期发生的交易和事项应缴纳给税务部门的所得税金额。应纳税所得额是在企业税前会计利润（利润总额）的基础上调整确定的，其计算公式为：

应纳税所得额=税前会计利润+纳税调整增加额-纳税调整减少额

纳税调整增加额主要包括税法规定允许扣除的项目中，企业已计入当期费用但超过税法规定扣除标准的金额（如超过税法规定标准的职工福利费、工会经费、职工教育经费、业务招待费、公益性捐赠支出、业务宣传等广告费），以及企业已计入当期损失但税法规定不允许扣除项目的金额（如税收滞纳金、罚款、罚金）。

2．所得税费用的账务处理

所得税费用=当期所得税+递延所得税

当期所得税费用=当期应交所得税

递延所得税费用=（递延所得税负债期末余额-递延所得税负债期初余额）-（递延所得税资产期末余额-递延所得税资产期初余额）

企业应通过"所得税费用"科目核算企业所得税费用的确认及其结转情况。期末，应将该科目的余额转入"本年利润"科目，借记"本年利润"科目，贷记"所得税费用"科目。结转后，该科目应无余额。

例 13.13 朝阳机械有限公司适用的企业所得税税率为 25%，2019 年实现的利润总额为 1000 万元，其中账务处理和税法规定存在差异的项目有：2019 年 1 月 1 日新购固定资产 10 万元，可用年限为 5 年，无残值，会计按照年限平均法计提折旧，而税法要求按照双倍余额递减法计提折旧；公司被罚车辆违章款 2000 元，会计将其计入营业外支出，而税法不允许税前扣除；从应收账款中提取坏账准备 200 万元，而税法规定提取的坏账准备不允许税前扣除。假定朝阳机械有限公司年初递延所得税资产和递延所得税负债余额都为零，请据此分析、计算应交所得税和所得税费用，并编制会计分录。

分析：固定资产折旧的账务处理方法和税法规定的方法不一样，形成了应纳税暂时性差异，应当计入递延所得税负债；车辆违章罚款税法不允许抵扣，应当调增应纳税所得额；应收账款坏账计提税法不允许扣除，形成了可抵扣暂时性差异，应当计入递延所得税资产。

固定资产递延所得税负债=（100000×2/5-100000/5）×25%=5000（元）

应收账款坏账准备递延所得税资产=2000000×25%=50000（元）

应交所得税=[10000000-（100000×2/5-100000/5）+2000+2000000]×25%=2999250（元）

借：所得税费用　　　　　　　　　　2949250
　　递延所得税资产　　　　　　　　　50000
　　贷：应交税费——应交企业所得税　　　2994250
　　　　递延所得税负债　　　　　　　　　5000

第三篇 纳税处理

第 14 章 纳税的基础知识

在企业中,纳税工作是必不可少的。可以说,税务部门是会计人员在工作中需要经常面对的外部单位之一,每月末、每季末和每年末都要按照相关的规定,在指定的时间将这一期间的财务报表申报至国家或地方税务局。

本章我们将对办理税务登记、开发票、发票的使用规定、纳税申报等四个方面对纳税进行简单介绍。

14.1 办理税务登记

目前,我国的税收分别由税务、海关等部门负责征收与管理。面对众多的税种,会计人员特别是会计新手在报税前首先要解决的就是该到哪些部门报税,以及到这些部门报何种税的问题。

初学税务的人员在学习本节内容之后,上述问题便迎刃而解了。

14.1.1 税种税制

1. 我国现行的税制

我国现行的税制实体法将各项税收按性质和作用分为五大类:

(1)流转税类,包括增值税、消费税、关税。
(2)资源税类,包括资源税和城镇土地使用税。
(3)所得税类,包括企业所得税和个人所得税。
(4)特定目的税类,包括城市维护建设税、土地增值税、车辆购置税、耕地占用税、烟叶税和环境保护税。
(5)财产和行为税类,包括房产税、车船税、印花税和契税。

2. 应交的税种

目前，税务局征收的税种一般包括增值税、消费税、企业所得税、个人所得税、城市维护建设税、教育费附加、地方教育费附加、车辆购置税、车船税、印花税、房产税、契税、资源税、城镇土地使用税、耕地占用税、土地增值税、烟叶税、进出口税收、环境保护税等，企业需要缴纳上述哪些税种主要根据其日常经营业务来确定。

14.1.2 税务申报平台

从 2019 年 1 月起，我国将传统的纳税申报系统平台进行了全面的升级，将原来的国税、地税概念取消，纳税人申报税务只需登录税务局网，进入"国家税务总局××市电子税务局"进行除个人所得税外的其他税种申报，个人所得税申报则进入"自然人税收管理系统扣缴客户端"进行申报。如果在申报平台上遇到解决不了的问题，企业也可以去其所属税务局的柜台办理。

14.1.3 税务登记

自 2015 年 10 月 1 日起，"三证合一、一照一码"登记制度改革在全国推行。它规定"三证合一"后，新设立的企业领取由工商行政管理部门核发加载法人和其他组织统一社会信用代码的营业执照后，无须再次进行税务登记，也不再领取税务登记证。对于 2015 年 10 月 1 日之前成立的公司，要求陆续更换原来的公司证件，统一合并改革到"三证合一"中来。所谓"三证"，指的是工商营业执照、组织机构代码证和税务登记证。

"三证合一"后，企业在办理涉税事宜时，只需携带新颁发的营业执照即可，即凭加载统一代码的营业执照代替税务登记证使用。"三证合一"的做法实现了各个监督管理部门的有效衔接、资源共享，对于企业的监管更加严格，这就要求企业在自身的资料、数据提供上，必须真实、准确。

14.2 开发票

发票是指一切单位和个人在购销商品、提供或接受服务及从事其他经营活动中，所开具和收取的业务凭证。它是会计核算的原始依据，也是审计机关、税务机关执法检查的重要依据。

目前，纳税人使用的发票一般都由国家税务总局管理，如增值税专用发票（包括服务业、建筑安装业、运输业、金融保险业）、增值税普通发票、电子发票、机动车专用发票、机打发票（如出租车上使用的发票）等各种发票。

发票的种类繁多，主要按行业特点和纳税人的生产经营项目分类，每种发票都有特定的使用范围。

14.3 发票的使用规定

发票是确定经营收支行为发生的法定凭证,是会计核算的原始凭证,是税务机关进行税源控制管理和开展税务稽查的重要依据,是国家发挥财税监督职能和维护社会经济秩序的主要工具。

14.3.1 发票的领购及开具

税务机关是发票的主管机关,负责发票的印制、领购、开具、取得、保管、缴销的管理和监督,因此,企业首次购买发票需要购票人到企业注册地对应的主管税务机关票证中心现场购买发票。企业首次购买发票需要带齐以下资料:带有统一社会信用代码的营业执照(副本)、购票人持本人身份证原件、发票专用章、税控盘。办理发票领购事项的具体流程如图 14-1 所示。

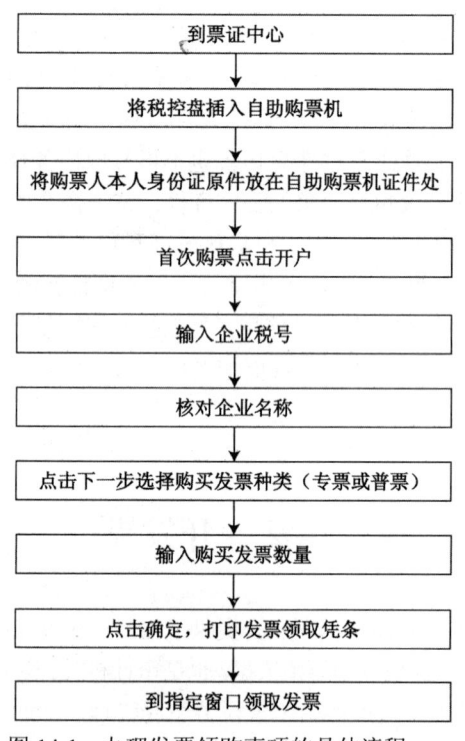

```
到票证中心
   ↓
将税控盘插入自助购票机
   ↓
将购票人本人身份证原件放在自助购票机证件处
   ↓
首次购票点击开户
   ↓
输入企业税号
   ↓
核对企业名称
   ↓
点击下一步选择购买发票种类(专票或普票)
   ↓
输入购买发票数量
   ↓
点击确定,打印发票领取凭条
   ↓
到指定窗口领取发票
```

图 14-1 办理发票领购事项的具体流程

非首次领购发票的,购票人需确认上期领购的发票已经开具完,并携带上期购买的且已经开具的最后一份发票的存根联和带有统一社会信用代码的营业执照(副本),先到税务局的发票验票窗口办理验票,验票无误后,购票人一定要持本人身份证,拿着企业的发票专用章、税控盘,再到自助购票机上按照流程购买发票。另外,在新月份开始时去购买发票的企业,必须先把上期开具发票需要申报的有关税额申报完毕,才能成功领购发票。其实,现在也可以在网上购买发票。首先购票人需要在税务局网站上提交发票信息，进行验旧，验旧完成后会收到短信，然后点击购买发票，输入发票类型、购买数量提交即可，最后填好接收发票的地址、联系人及电话，一般第二天就可以收到快递来的发票。

发票的开具是实现企业使用价值、反映经济业务活动的重要环节，发票开具得是否真实、完整、正确，直接关系到能否达到发票管理的预期目的。因此，作为管理货币资金收付业务的会计人员，开具发票是其工作的一部分，对于发票的开具要求、要点应十分熟悉。

会计人员必须按照规定开具发票：使用税控装置开具发票，并按期向主管税务机关报送开具发票的数据；在开具发票时，要按照规定的时限、顺序、逐栏、全部联次一次性如实填写，做到按号码顺序开具、开具项目齐全、内容真实、全部联次一次性打印、内容完全一致，并在发票联和抵扣联加盖单位发票专用章。

现在我国实现全面营改增，增值税专用发票的开具十分普遍，下面我们就来详细地介绍增值税专用发票的开具要求：

（1）发票抬头齐全、清楚。购货方的名称、纳税人识别号、地址与三证合一后的营业执照一致，四项内容（名称、纳税人识别号、地址和电话、开户行及账号）都要填写完整，不可以空白。

（2）发票的货物名称或服务项目要填开正确。从2018年1月1日起，企业在通过增值税发票管理新系统开具增值税发票（包括增值税专用发票、增值税普通发票、增值税电子普通发票）时，选择对应的商品和服务税收分类编码简称将会自动显示并打印在发票票面"货物或应税劳务、服务名称"或"项目"栏次中。需要注意的是，项目的品名与销售方经营范围应该相符，否则税务局的金税开票系统会监测到企业开票异常。

（3）发票中的规格、单位、数量、单价四项内容是反映所销商品和服务项目具体内容的，必须齐全地填写清楚，不得遗漏。单位应为中文，注意数量和单位不可以空白，也不可以为"一批"，对于相同的品名可汇总开票。销售清单必须从开票系统中填开，联次与发票相同，并加盖发票专用章。发票的全部联次务必一次填开，其上、下联的内容和金额应当一致。

（4）开票人、复核人、收款人必须从开票系统中打印，不可手写，且开票人和复核人不可为同一个人，这是分清责任的重要一环。

（5）发票联和抵扣联必须联次齐全、同时交付，并加盖发票专用章，印章不得覆盖金额，印章模糊不清晰需要加盖一个。

（6）票面字迹打印清楚，没有与发票内容无关的其他字迹，打印不得压线、错格，保证票面整洁，没有划痕、折痕和涂写痕迹。

（7）发票印刷的代码、号码要与打印的一致，不可错号。

（8）不重复开具发票。取得发票联的一方如丢失发票联，可向开具发票方申请出具曾于×年×月×日开具××发票，说明购货单位名称、购货或服务的单位、数量、单价、规格、大小写、发票号码等情况的书面证明，绝不能重复开具发票，以免双方重复依据。

对不符合上述要求的增值税专用发票，购买方有权扣收。销售方在开票系统中作废发票时务必确认购买方没有认证抵扣才能够作废，并且收回纸质发票所有联次盖上"作废"字样。增值税普通发票的开具要求相对于增值税专用发票来说稍微宽松一些，比如发票抬头的四项内容，可以只填写购买方的全称。

14.3.2　发票的管理

对发票的管理是税务机关很重要的一项日常性工作，是对发票印制、发票领购审核、冠名发票行政许可审批、发票发售、发票填开保管、发票代开、发票缴销核销、发票销毁、发票鉴定、发票举报和发票有奖活动等各个环节进行的一系列筹划、组织和控制活动。

发票要通过使用才能对经济业务活动发生作用，未经收款开具的发票是不会产生法律效力的凭证，不会成为合法的财务收支凭证。空白发票只有按照经济业务发生的真实内容，真实、合法、正确地开具，并加盖发票专用章，才能成为合法的收支凭证。一张开具无误的发票不但能反映商品购销或劳务供受中财务收支的来龙去脉，还便于税务部门进行监督管理及财务人员进行收支审核把关，防止违反财经法规的行为发生。因此，财务人员对于发票的管理应该做到"心境明晰"。

（1）对于发票的取得，应该合乎税法规定。只有经过税务机关监制，且从税务机关购买领用的发票才能使用。对于外部开具的填写项目不齐全、内容不真实、字迹打印不清楚、没有加盖发票专用章的发票，或是伪造、作废及其他不符合税务机关规定的发票，出纳人员应该拒收，且一律不得作为财务报销凭证。

（2）企业只有在发生经营业务收入时才能开具发票，未发生经营业务一律不得开具发票，且开票时必须做到内容真实、完整，全部联次一次开具。若开具发票时由于疏忽打印错误，应该予以作废处理，重新填开。

（3）发票的保管主要是指对尚未开具的空白发票、作废的发票和已经开具发票的存根进行专门的保存管理，确保其安全的全过程。

①空白发票的保管。企业对于领回的空白发票要设立专库或专柜进行保管，做到防盗、防失、防潮，确保发票安全。若发现发票丢失，要及时到主管税务机关报失。

②作废发票的保管。对于开错的发票必须在开错发票上注明"作废"字样，且必须将全部联次妥善保管，粘贴在原发票存根上不得撕毁，以备核查。对于发票换版或政策变化等原因造成的发票作废，应该在规定的期限内将旧版发票全部作废，由税务机关组织全面清理和收缴，再由专人集中保管并登记造册，按照统一规定集中销毁。

③发票存根的保管。用票单位和个人已经开具的发票存根联和发票登记簿应妥善保管，保管期为 5 年，在此期间，任何人不得擅自损毁，待到保存期满，报经主管税务机关查验后现场销毁。

按照现行税制，发票分为增值税普通发票和增值税专用发票两大类：增值税普通发票是增值税专用发票以外的纳税人使用的其他发票；增值税专用发票只有增值税一般纳税人和税务机关为增值税小规模纳税人代开时才能使用的发票。纳税人在从事正常的生产经营活动时，一方面要向收款方索取发票，同时也要向付款方开具发票，特别是增值税制实行凭票抵扣税款的制度，发票已不仅仅是商事凭证，也是税款缴纳和抵扣的凭证，因此，发票是企业从事经济活动非常重要的凭证。正是由于发票如此重要，所以一些不法分子为牟利益，从中作假，财务人员一定要擦亮双眼，学会鉴别发票的真伪。识别真假发票可以从以下几方面进行：

（1）看防伪油墨。真发票的发票联和抵扣联均使用红色荧光油墨套印。"全国统一发票监制章"及发票号码在自然光线下，油墨呈暗红色；在紫外线照射下，油墨呈亮红色且有荧光。

（2）看防伪纸。机打发票联和抵扣联使用彩色加无色荧光纤维无碳复写纸印制；定额发票和其他发票使用彩色加无色荧光纤维原纸印制。彩色纤维在自然光下目视可见，无色蓝荧光纤维在紫外线光照射下显示出蓝色荧光，且在纸的正面、反面均可观察到彩色纤维，撕开纸后，彩色纤维可跳出。

（3）看发票联。发票联有密码，密码被银粉遮盖，可以刮去银粉在税务局网站上输入发票号码及密码查询真假。

14.3.3 新时代产物——电子发票

随着电子时代和互联网时代的到来，在信息技术发达的现今社会，电子发票登上舞台，国家税务总局专门发表公告，规定了打印版式电子发票的法律效力、基本使用规定和基本用途等与税务机关监制的增值税普通发票是相同的。

1．什么是电子发票

电子发票是指我们在购销商品或提供、接受服务等业务活动中，开具、收取的以电子方式存储的收付款凭证。目前我们用的电子发票是增值税电子普通发票，它广泛应用于各种网上购物平台、打车平台、餐饮行业等。电子发票不能够抵扣进项税额，但是具有与纸质发票同等的法律效力。

首先，电子发票与纸质发票一样，是可以用于报销的，也可以作为记账凭证。我们可以将其打印在A4纸上作为纸质凭证，并将其与会计凭证一起保存；当然，我们也可以仅以电子形式对发票进行归档保存。

其次，电子发票与纸质发票一样，可以作为我们售后维权的凭据，比如我们在网上购买的商品出现问题需要维修时，可以凭电子发票要求商家或是厂家进行维修。需要注意的是，我们在办理退货时是不需要将电子发票退回的。

下面我们来看一下电子发票的票样，如图14-2所示。

2．电子发票的优越性

国家提倡绿色环保生活，电子发票正是绿色环保的代表，与纸质发票相比，它有许多新时代发票的优点：

（1）开具电子发票简单、方便，我们只要根据税务机关提供的发票在互联网上开具即可，对于发票的真假即刻就能知晓。

（2）电子发票节约了发票印制成本，减少了印制纸质发票在资源上的浪费，比较环保。

（3）电子发票方便保管和查询，在配合其他部门或人员查阅已开具的发票时，不需要进入资料室查找、翻阅厚厚的会计凭证，只需要打开电脑，就能够找到电子发票的原件。

（4）电子发票相对于纸质发票的开具、使用更加便捷，一般只需要5分钟就可以收到电子发票，这大大地提高了工作效率，降低了时间成本。

图 14-2　电子发票的票样

3. 电子发票的开具流程

电子发票作为新时代产物，将成为未来税务信息化的趋势。目前，它被广泛地应用于各类网络平台，我们应该积极尝试使用电子发票。下面我们举例来说明电子发票的开票流程。

步骤一，我们用软件打车需要发票，可以打开打车平台开票框，然后点击"开具发票"，如图 14-3 所示。

图 14-3　打车平台开票框

步骤二，这时我们会进入打车行程明细框，没有开具过发票的行程都会呈现出来，我们只需要选中要开具的行程，然后点击"下一步"，如图 14-4 所示。

图 14-4 打车行程明细框

步骤三，这时会弹出一个开票金额提示框，上面有总行程单和合计金额，我们点击"确认"进入下一个步骤，如图 14-5 所示。

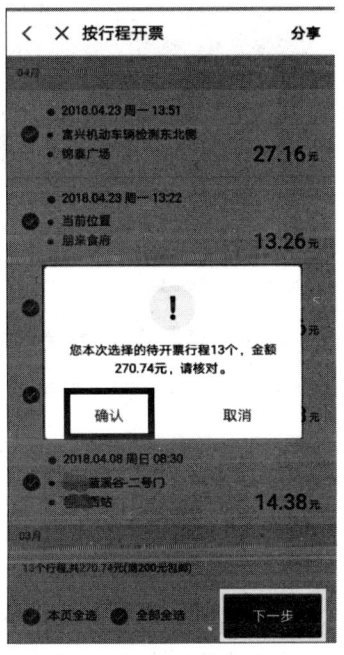

图 14-5 开票金额提示框

步骤四，这时我们会进入开票内容选择框，电子发票会根据我们选择的票据内容生成文字，如图 14-6 所示。

图 14-6　开票内容选择框

步骤五，这时我们会进入开具电子发票抬头信息填写框，如图 14-7 所示。图中显示，我们只需要 5 分钟就可以收到电子发票，可见电子发票的时间效率之高。

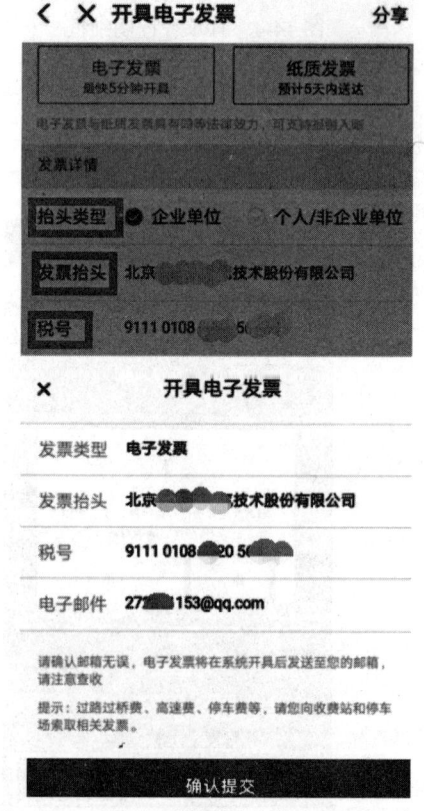

图 14-7　开具电子发票抬头信息填写框

步骤六，这时我们会进入电子发票核对信息框，只要核对需要开具电子发票的信息，如抬头、金额等，并填写接收电子发票的邮箱即可，然后点击"提交"，如图14-8所示。

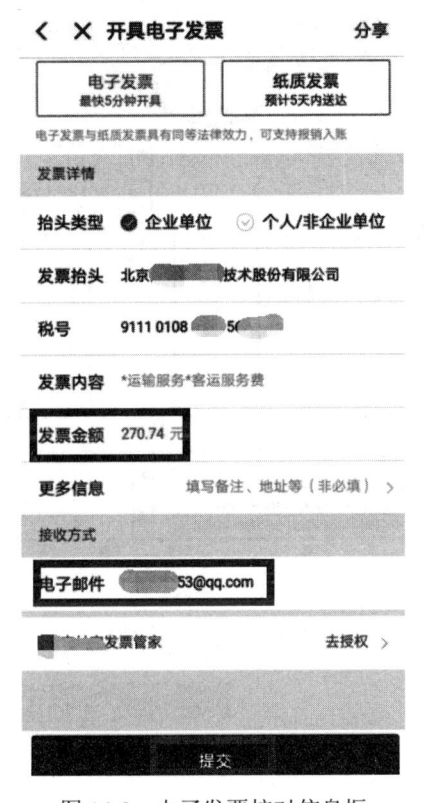

图14-8　电子发票核对信息框

步骤七，这时我们会进入电子发票开具完成框，只需要等待5分钟，然后去邮箱查收电子发票即可，如图14-9所示。

图14-9　电子发票开具完成框

步骤八，我们收到的根据打车行程单汇总开具的电子发票如图 14-10 所示，该发票可以作为记账凭证，也可以用来报销，与纸质发票的法律效力是一样的。

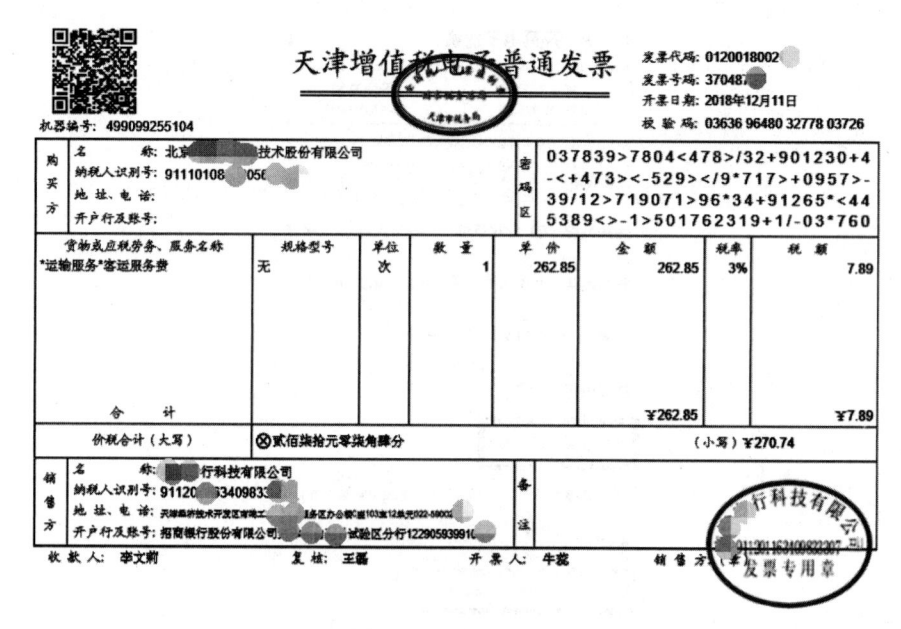

图 14-10 电子发票

14.4 纳税申报

纳税申报是纳税人按照税法规定的期限和内容向税务机关提交有关纳税事项书面报告的法律行为，是纳税人履行纳税义务、承担法律责任的主要依据，是税务机关税收管理信息的主要来源和税务管理的一项重要制度。

纳税申报是指纳税人、扣缴义务人为了履行纳税义务，就纳税事项向税务机关提出书面申报的一种法定手续。它是企业财务工作的重中之重，也是从企业流转税到企业所得税的认定。

14.4.1 什么是纳税申报

企业购买的发票一经使用，就会产生销售额，有了销售额，企业就要纳税了。企业是通过纳税申报来完成纳税事务的。

所谓纳税申报，就是企业在纳税申报期内，将所属期间的收入资料向税务主管机关进行申报，从而确定其所属经营期需要缴纳的税款，并且将税款缴纳给国库的行为。

注意：在纳税申报过程中，企业不仅作为纳税人进行纳税申报，还以扣缴义务人的身份进行纳税申报。企业作为纳税人进行纳税申报，比较容易理解。企业本身就是纳税人，它所进行的申报，就是对其应该缴纳的税款进行申报。通俗地说，就是企业向主管税务机关申报自己应当负担的税款。企业以扣缴义务人的身份进行纳税申报，是指对于一部分税金含有纳税申报的责任，根据我国税收法律法规的规定，企业负有代为扣缴的义务。也就是说，当企业以扣缴义务人的身份进行纳税申报时，它所申报缴纳的税款，并不是企业负担的税款，而是其他纳税人应当缴纳的税款，企业只是履行了代为申报的义务。

14.4.2　纳税申报的流程与时间节点

在我国，纳税申报是一般企业财务工作流程的重要组成部分。因此，我们在了解纳税申报的流程时，应当与企业财务工作的流程相结合。

通常情况下，企业的财务人员应当于每月的月初，完成上一个月的结账工作。在结账工作完成后，我们就知道当月应申报及缴纳的税款了。缴纳税款的方式我们将在后文中阐述，这里需要了解的是，当企业纳税申报成功并且及时缴纳税款后，税款所属月度的纳税申报工作就算完成了，纳税任务也就完成了。

在纳税申报工作中，纳税申报的时间节点是很重要的，我国的税收法律法规规定了各税种的申报期限。

一般来说，增值税、消费税等税种的纳税申报，以 1 个月或 1 个季度为一个纳税期间的，应当在纳税期间后 15 日内进行纳税申报；以 1 天、3 天、5 天等不满 1 个月为纳税期间的，应当在纳税期间后 5 日内预缴，并于次月的 15 日内进行纳税申报。

注意：预缴并不等于实缴。预缴只是将预估需要缴纳的税款，预先缴纳进国库，当正式进行纳税申报时，再进行结算。在实务中，企业遇到预缴增值税的情形，主要是当企业刚获得一般纳税人资格的时候。一般来说，由于一般纳税人的税务操作较为烦琐，而且国家对一般纳税人的税务监管较为严格，因此，企业在刚获得一般纳税人资格时，将有 6 个月的一般纳税人辅导期。企业在辅导期内使用其一般纳税人资格时，会有一些限制。较为典型的，就是增值税发票使用数量的限制。在辅导期内，如果企业在一个申报期限内的增值税专用发票使用完了，需要购买新的发票，则必须先根据已经使用完的发票计算并预缴增值税，然后才可以购买新的发票。

纳税人进口货物的，应当自海关签发海关进口增值税专用缴款书之日起 15 日内缴纳税款。在消费税方面，纳税人进口应税消费品的，应当自海关签发进口消费税专用缴款书之日起 15 日内缴纳税款。

对于附加税费，即依附在主要流转税上需要一并缴纳的税费，其申报和缴纳应与流转税的申报与缴纳同步进行。

所得税的规定与流转税是不同的。一般来说，企业所得税的纳税人，应当在季度终了后 15 日内申报季度企业所得税，并根据申报结果预缴税款。在年度终了后的 5 个月内，以汇算清缴的方式，向税务主管机关结转所得税的应纳税额，从而完成企业所得税的纳税申报。

一般来说，如果遇到法定节假日，以上纳税申报的期限根据法定节假日的放假天数相应延长。企业确实在规定的日期前无法完成申报的，必须向主管税务机关进行申请，批准后方可延后。企业未经主管税务机关批准，而在纳税申报的期限前未能完成申报的，应当联系企业的税务专管员询问补报事宜。

14.4.3 柜台申报与电子申报

纳税申报方式分为柜台申报和电子申报。柜台申报，是指到税务主管机关办理企业纳税申报事宜的受理窗口进行申报。电子申报，是指通过企业纳税申报客户端来进行纳税申报，并将税款扣缴的工作自动完成。通过电子申报的纳税人可以全天候（24 小时）使用申报系统，不必到办税服务厅申报，减少等候时间，提高工作效率。

在完成柜台申报后，企业会拿到税务主管机关受理窗口打印的税单。税单就是纳税的凭证，企业拿到税单后，需要携带现金或支票到能够受理企业纳税业务的银行，根据税单的内容，将税款自行缴纳进国库。在电子申报中，企业可以在税务主管机关的网络申报电子后台登记用于扣缴税款的账户，电子申报完成后，税款扣缴工作会自动完成。

可见，使用电子申报的方式进行纳税申报是非常方便快捷的，能够大幅度地提高纳税申报的工作效率，节约企业的人力资源成本。

14.4.4 如何办理电子申报

电子申报有诸多好处，但企业使用电子申报的方式进行纳税申报是需要向税务主管机关申请的，没有申请的企业，只能采用柜台申报的方式进行纳税申报。

企业办理电子申报的手续并不复杂，只要携带规定的资料到主管税务机关办理即可。办理电子申报需要提供的材料如表 14-1 所示。

表 14-1　办理电子申报需要提供的材料

序号	材料名称	备注
1	营业执照（副本）	原件及复印件
2	办理人身份证	原件及复印件
3	网上电子报税申请审批表	
4	单位证书申请（更新）表	
5	提供网上电子申报税款扣缴银行及银行账号	
6	CA 数字证书	材料费用
7	税务机关规定应当报送的其他有关证件、资料	

当纳税人办理电子申报成功后，会收到税务主管机关发放给纳税人的网上电子申报申请审批表、CA 证书和电子申报企业客户端。

企业拿到网上电子申报申请审批表，表明税务主管机关已经同意企业办理电子申报。CA 证书是一个类似于 U 盘的东西，作用相当于银行网银的 KEY，即一个在网络上证明企业身份的密钥。装有 CA 证书的盒子里还会有一张密码单，是企业使用 KEY 在网上进行电子申报时需要使用的。电子申报企业客户端是一个软件，在软件安装完成后，计算机中就有了电子申报的程序。

注意：由于电子申报企业客户端是一个通用软件，所以我们在第一次使用它时，需要新建一个用户。电子申报企业客户端，是允许众多企业共同使用的。一般来说，税务主管机关会为新办理电子申报的企业提供具体使用方法的培训，只要认真参加培训，一般都能顺利使用。

14.4.5 什么是纳税申报表

无论是柜台申报，还是电子申报，都只是申报的手段。纳税申报的关键，是要向税务主管机关自主申报企业的应纳税金。因此，我们必须认识纳税申报表。

纳税申报表，是企业进行纳税申报所使用的表格的总称。根据不同的税种，所使用的纳税申报表也是不一样的。在实际工作中，企业是根据其自身需要纳税的税种来选择使用申报表的。采用柜台申报的企业，需要自行根据应纳税的税种来选择填报纳税申报表；采用电子申报的企业，一般来说，税务主管机关会事先在后台系统中将企业应使用的纳税申报表进行核定，企业只要根据系统的提示来填写申报表就可以了。

比如，如果企业是增值税一般纳税人，在申报增值税时，就需要填报增值税纳税申报表（适用于增值税一般纳税人），该表由多张表组成，其中包括增值税纳税申报表附列资料（表一）、增值税纳税申报表附列资料（表二）、增值税纳税申报表附列资料（表三）、增值税纳税申报表附列资料（表四）等，表一填列本期销售情况明细，表二填列本期进项税额明细，纳税申报表附列资料都是作为附表的形式存在的，且填列的内容都可以反映在主表上。一般纳税人增值税纳税申报表，如表 14-2 所示。

如果企业是小规模纳税人，在申报增值税时，应该使用增值税纳税申报表（适用于小规模纳税人）进行申报。由于小规模纳税人的税务操作较为简单，所以相对于增值税一般纳税人所使用的纳税申报表来说，这张申报表填写起来要简单很多。

综上所述，企业需要根据实际情况来选择使用纳税申报表，而这些纳税申报表的填报，必须符合我国纳税申报的要求。

注意：在实际工作中，虽然企业可以就纳税申报表的填报咨询其所属的税务主管机关，但是由于税务主管机关并不会就如何填写纳税申报表进行统一的培训，因此，企业应当聘请有经验的涉税工作人员来处理企业的纳税申报事宜，以免出现不必要的问题，使企业蒙受损失。

在实际工作中，还要注意附加税费申报表的使用，其柜台申报和电子申报的处理在有些地方是不同的。

注意：在众多纳税申报表中，有专门用于申报附加税费的报表。在进行柜台申报时，一般来说，企业需要单独填写附加税费的申报表进行申报，有些地方的税务主管机关已经免去了此报表的递送，只要填写主税种的申报表就行了，原因在于，附加税费是以主税种的纳税额为基础进行计算的，企业在申报主税种后，也就相当于申报了企业应当缴纳的附加税费。

表 14-2　一般纳税人增值税纳税申报表

增 值 税 纳 税 申 报 表
（适用于增值税一般纳税人）

根据《中华人民共和国增值税暂行条例》第二十二条和第二十三条的规定制定本表。纳税人不论有无销售额，均应按主管税务机关核定的纳税期限按期填报本表，并于次月一日起十日内，向当地税务机关申报。

税款所属时间：自　年　月　日至　年　月　日　　　填表日期：　年　月　日　　　　　金额单位：元至角分

纳税人识别号					所属行业	
纳税人名称	（公章）	法定代表人姓名		注册地址		营业地址
开户银行及账号		企业登记注册类型				电话号码

	项目	栏次	一般货物及劳务		即征即退货物及劳务	
			本月数	本年累计	本月数	本年累计
销售额	（一）按适用税率征税货物及劳务销售额	1				
	其中：应税货物销售额	2				
	应税劳务销售额	3				
	纳税检查调整的销售额	4				
	（二）按简易征收办法征税货物销售额	5				
	其中：纳税检查调整的销售额	6				
	（三）免、抵、退办法出口货物销售额	7			—	—
	（四）免税货物及劳务销售额	8				
	其中：免税货物销售额	9				
	免税劳务销售额	10				
税款计算	销项税额	11				
	进项税额	12				
	上期留抵税额	13		—		
	进项税额转出	14				
	免抵退货物应退税额	15				
	按适用税率计算的纳税检查应补缴税额	16				
	应抵扣税额合计	17=12+13-14-15+16				
	实际抵扣税额	18（如17<11，则为17，否则为11）				
	应纳税额	19=11-18				
	期末留抵税额	20=17-18				
	简易征收办法计算的应纳税额	21				
	按简易征收办法计算的纳税检查应补缴税额	22				
	应纳税额减征额	23				
	应纳税额合计	24=19+21-23				
税款缴纳	期初未缴税额（多缴为负数）	25				
	实收出口开具专用缴款书退税额	26				
	本期已缴税额	27=28+29+30+31				
	①分次预缴税额	28			—	—
	②出口开具专用缴款书预缴税额	29				
	③本期缴纳上期应纳税额	30				
	④本期缴纳欠缴税额	31				
	期末未缴税额（多缴为负数）	32=24+25+26-27				
	其中：欠缴税额（≥0）	33=25+26-27			—	—
	本期应补（退）税额	34=24-28-29				
	即征即退实际退税额	35	—	—		
	期初未缴查补税额	36				
	本期入库查补税额	37				
	期末未缴查补税额	38=16+22+36-37				

授权声明	如果你已委托代理人申报，请填写下列资料： 为代理一切税务事宜，现授权 （地址） 为本纳税人的代理申报人，任何与本申报表有关的往来文件，都可寄予此人。 授权人签字：	申报人声明	此纳税申报表是根据《中华人民共和国增值税暂行条例》的规定填报的，我相信它是真实的、可靠的、完整的。 声明人签字：

以下由税务机关填写：

收到日期：　　　　　　　　　　　接收人：　　　　　　　主管税务机关盖章：

这一点在电子申报中体现得尤为明显。在电子申报中，附加税费没有单独填写的申报表。当企业在电子申报企业客户端填写完成主税种的申报表后，只要用鼠标单击"显示其附加税费"的按钮，就会显示出根据主税种的纳税额计算出来的附加税费的缴纳额了。附加税费表中的数据是根据企业电子申报完成主税种的申报后系统自动带过来的，无须手填，只要用鼠标单击"申报"按钮，即会扣款，完成申报。

第 15 章 增值税

增值税纳税人分为小规模纳税人和一般纳税人两种，小规模纳税人没有进项税额抵扣的问题，而一般纳税人按 2019 年 4 月 1 日的新政策可以分为几个税率，其中最常见的税率为 13%、9%、6%、3%。本章主要讲解一般纳税人的增值税计税方法（包含进出口增值税计算）和账务处理。

15.1 增值税的基础知识

在所有税种中，增值税是最重要的，也是流转税中最复杂、内容最多的税种。下面我们就从各个方面对增值税进行介绍。

增值税属于流转税的一种，它是以在商品生产和流通、劳务、服务等流转环节中所产生的增值额作为计税依据而征收的一种税收。我国税法规定，增值税是对在我国境内销售货物、劳务、服务、无形资产、不动产及进口货物的单位和个人，就其货物销售或提供劳务的增值额，以及货物进口金额为计税依据而征收的一种流转税。

15.1.1 增值税涉及的业务范围

企业在进行增值税的纳税申报前，必须先明确什么样的业务才需要缴纳增值税，判断自己企业的生产经营行为是否属于增值税的征收范畴。

根据《增值税暂行条例》的规定，在我国境内销售或进口货物、销售劳务、销售服务、销售无形资产、销售不动产等单位和个人都是增值税的纳税人。也就是说，企业从事此类业务取得的营业收入都属于增值税的征收范围。

增值税缴纳概念中的货物，指的是有形动产，包括电力、热力和气体在内；加工指的是受托加工货物，即由委托方委托企业进行加工，并且由委托方提供加工所需要的主要材料，受托方只收取一定的加工费；修理修配是指受托方接受委托方的委托，对损坏和丧失功能的货物进行修复，使其恢复原状和功能的业务。

注意： 企业聘用员工为本单位提供劳务，不属于增值税应税劳务。

也就是说，企业的生产经营业务，比如销售有形动产（包括电力、热力和气体），提供受托加工服务收取服务费，接受委托使委托方的货物恢复原状和功能，销售交通运输服务、邮政服务、电信服务、建筑服务、金融服务、现代服务、生活服务等服务，转让技术、商标、著作权、商誉等无形资产，销售建筑物、构筑物等不动产等，都需要缴纳增值税。

15.1.2 增值税的特殊性

增值税作为我国的重要税种之一，具有如下特殊性：

（1）普遍征收。增值税的征税范围面向商品增值的各个生产流通环节，对在我国从事商品生产经营和提供劳务的所有单位和个人进行征收。

（2）保持税收中性。同类产品只要最终的增值额相同，那么它们的税负与其流转环节的多少没有关系，最终税负也相同。

例 15.1 A、B两种产品经过的流转环节及税负如表 15-1 所示，假定增值税的税率均为 13%，计算两种产品的总体税负。

表 15-1 A、B两种产品经过的流转环节及税负

单位：元

产品 A				产品 B			
流转环节	销售额	增值额	增值税额	流转环节	销售额	增值额	增值税额
1. 生产原材料	200	200	26	1. 生产原材料	200	200	26
2. 生产半成品	400	200	26	2. 生产半成品	400	200	26
3. 生产产成品	700	300	39	3. 生产产成品	700	300	39
4. 批发	900	200	26	4. 批发	900	200	26
5. 零售	1200	300	39	5. 代理零售	1000	100	13
—	—	—	—	6. 最终零售	1200	200	26
合计		1200	156			1200	156

从表 15-1 中可以看出，A、B 两种产品虽然经过的流转环节不同，但因为两者的最终增值额都为 1200 元，所以它们的税负相同，都为 156 元。

（3）实行税款抵扣制度。商品新增价值或商品附加值在商品生产和流通过程中往往难以准确计算，因此，在计算企业应纳税款时，应采取扣除商品在以前生产环节已负担的税款的方法，避免重复征税。

（4）价外税及比例税率。在增值税计算依据中的销售额里是不包含增值税额的，为了贯彻征收简便易行的原则，企业普遍采用比例税率。

（5）税收负担最终的承担者是商品消费者。增值税属于间接税，具有转嫁的性质，企业在销售商品时通过价格将税负转嫁给下一流通环节，最终由消费者承担。

15.1.3 增值税的类型

按照增值税的定义，从理论上来说，增值税的计税依据应该是商品、劳务等的增值额，但在实际执行中，各国法定增值额与理论增值额往往不一致，主要的区别就在于对购入固定资产的增值税是否允许抵扣。

按照扣除项目中对外购固定资产的处理方式不同，增值税可分为生产型增值税、收入型增值税和消费型增值税三种类型，它们各自的特点与法定增值额如表 15-2 所示。

表 15-2 增值税的类型、特点与法定增值额

类型	特点	法定增值额
生产型增值税	不扣除购入固定资产价值中所含的增值税额，生产经营过程中固定资产磨损的那部分转移价值（折旧）也不予考虑	等于工资+租金+利息+利润+折旧
收入型增值税	可以按照磨损程度相应地扣除购入固定资产价值中所含的增值税额	类似国民收入
消费型增值税	允许在购置当期全部一次扣除购置物质资料的价值和用于生产、经营的固定资产价值中所含的增值税额	课税对象仅限于当期生产销售的所有消费品，不包括生产资料部分

注意：我国在 1994 年到 2008 年实行的是生产型增值税，从 2009 年 1 月 1 日起转型实施消费型增值税，允许将购置物质资料的价值和用于生产、经营的固定资产价值中所含的增值税额在购置后抵扣。

15.1.4 增值税的特殊行为

增值税征收范围的特殊规定分为征收范围的特殊项目和特殊行为，特殊行为又分为以下两种。

1. 视同销售行为

（1）将货物交付其他单位或个人代销，指代销货物的委托方。
（2）销售供销货物，指代销货物的受托方。
（3）设有两个以上机构并实行统一核算的纳税人，且相关机构不在同一县（市），将货物从一个机构移送至其他机构用于销售。
（4）将自产或委托加工的货物用于非增值税应税项目（用于企业内部）。
（5）将自产或委托加工的货物用于企业内部，如集体福利或个人消费（用于企业内部）。
（6）将自产或委托加工或购买的货物作为投资，提供给其他单位或个体经营者（对企业外部提供）。
（7）将自产或委托加工或购买的货物分配给股东或投资者（对企业外部提供）。
（8）将自产或委托加工或购买的货物无偿赠送其他单位或个人（对企业外部提供）。
（9）单位或个体工商户向其他单位或个人无偿销售应税服务、无偿转让无形资产、不动产（如果是用于公益事业或以社会公众为对象的，则不作为视同销售）。

注意：在我国全面实行营改增以后，代销货物属于提供代销服务，取得的手续费应当计算增值税额。

2. 混合销售行为

混合销售行为是指一项销售行为既涉及货物又涉及服务。如果是从事货物生产、批发零售的单位与个体工商户的混合销售，则按照销售货物缴纳增值税；如果是其他单位与个体工商户的混合销售，则按照销售服务缴纳增值税。

15.1.5 增值税的纳税义务人

凡在中华人民共和国境内销售货物、劳务、服务、无形资产、不动产，以及进口货物的单位和个人，都为增值税的纳税义务人。

注意：单位是指企业（国有企业、集体企业、私有企业、股份制企业、外商投资企业、外国企业、其他企业等）、行政单位、事业单位、军事单位、社会团体和其他单位；个人是指个体工商户和其他个人。

为了便于增值税的征收管理并简化计税，我国将增值税纳税人划分为小规模纳税人和一般纳税人，这也是我国增值税的特点之一。两者按会计核算水平和经营规模的不同进行划分，分别采取不同的增值税计税方法，它们各自的认定标准如表 15-3 所示。

表 15-3　纳税人认定标准

纳税人	认定标准	
	小规模纳税人	一般纳税人
从事货物生产、提供应税劳务及以从事货物生产或提供应税劳务为主，并兼营货物批发或零售的纳税人	年度应纳税销售额在 500 万元及以下	年度应纳税销售额在 500 万元以上
批发或零售货物的纳税人	年度应纳税销售额在 500 万元及以下	年度应纳税销售额在 500 万元以上
年应税销售额超过小规模纳税人标准的其他个人	按小规模纳税人纳税	—
非企业性单位、不经常发生应税行为的企业	可选择按小规模纳税人纳税	—
提供交通运输和现代服务的纳税人	年度应纳税服务销售额在 500 万元及以下	年度应纳税服务销售额在 500 万元以上

根据有关规定，符合一般纳税人标准的纳税人，应向主管税务机关办理认定手续，提交书面报告及税务局要求的营业执照、银行账号等资料、证件，填写增值税一般纳税人申请认定表，经县级以上的税务机关审核（在收到申请表 30 日内），对于符合条件的，批准其为一般纳税人。

增值税一般纳税人申请认定表由国家税务总局统一制定，其格式如表 15-4 所示。

表 15-4　增值税一般纳税人申请认定表格式

纳税人名称	×××有限责任公司		纳税人识别号	441900××××××
法定代表人（负责人、业主）	刘××	证件名称及号码	430××××××××××××	联系电话
财务负责人	何××	证件名称及号码	510××××××××××××	联系电话
办税人员	李××	证件名称及号码	420××××××××××××	联系电话
生产经营地址	广东省广州市××××××			
核算地址	广东省广州市××××××			
纳税人类别：企业、企业性单位☑　非企业性单位☐　个体工商户☐　其他☐				
纳税人主业：工业☑　商业☐　其他☐				
认定前累计应税销售额（连续不超过 12 个月的经营期内）			2018 年 01 月至 2018 年 12 月共 1033652 元。	

续表

纳税人声明	上述各项内容真实、可靠、完整。如有虚假，本纳税人愿意承担相关法律责任。 （签章） 2019 年 1 月 12 日
税务机关	
受理意见	受理人签名： 年　月　日
查验意见	查验人签名： 年　月　日
主管税务机关意见	（签章） 年　月　日
认定机关意见	（签章） 年　月　日

新办小型商贸企业自税务登记之日起，一年内实际销售额达到 80 万元，方可申请一般纳税人资格认定。在认定一般纳税人之前，一律按小规模纳税人管理。

注意：2018 年我国税法对小规模纳税人的判定标准进行了调整，从事货物生产、提供应税劳务及以从事货物生产或提供应税劳务为主，并兼营货物批发或零售的纳税人，其判定标准由之前年应纳增值税销售额 50 万元调整至 500 万元；批发或零售货物的纳税人，其判定标准由之前的 80 万元调整至 500 万元；提供交通运输和现代服务的纳税人，其判定标准为年度应税服务销售额 500 万元。对于之前按低标准认定的一般纳税人，可按新标准在 2019 年 12 月 31 日前选择转登记为小规模纳税人。

15.1.6　增值税的税率及征收率

增值税税率一般是指增值税一般纳税人销售商品或提供应税劳务时所适用的税率。目前，增值税税率主要有三档，即基础税率、低税率和零税率。营改增后，原来的营业税已改为增值税。

增值税采用比例税率计税，它具有税收中性，即对不同的行业和不同的企业都实行统一税率，但由于我国将增值税纳税人分为一般纳税人和小规模纳税人，所以对这两类不同的纳税人应采用不同的税率。

注意：财税〔2019〕13 号文件规定，自 2019 年 1 月 1 日至 2021 年 12 月 31 日，我国对于月销售额在 10 万元以下（含本数）的增值税小规模纳税人，免征增值税。

1. 基本税率

增值税的基本税率为 13%，它是针对增值税一般纳税人销售或进口货物、提供应税劳务除低税率适用范围外所采用的税率。

2. 低税率

国家对下列货物的销售或进口实行按低税率计征增值税（低税率为 9%）：

(1) 粮食、食用植物油、鲜奶。
(2) 自来水、暖气、冷气、热水、煤气、石油液化气、天然气、沼气、居民用煤炭制品。
(3) 图书、报纸、杂志。
(4) 饲料、化肥、农药、农机（整机）、农膜。
(5) 国务院及其有关部门规定的其他货物。

注意：农用挖掘机、养鸡设备系列、养猪设备系列产品属于农机。

营改增后，国家对以下货物的销售或进口按低税率 6%计征增值税：金融服务、生活服务、增值电信服务、现代服务（有形动产租赁、不动产租赁除外）、销售无形资产（转让土地使用权除外）。

3. 零税率

除国务院另有规定的外，我国纳税人出口货物实行零税率。

有些读者在理解零税率时往往会将其与"免税"等同起来，其实两者是有区别的：出口货物免税是指不征收出口环节的增值税；零税率是指除了出口环节不征税，还需要将货物出口前已经缴纳的增值税进行退税，使货物在出口时完全不含增值税。

注意：在我国，不是所有出口货物都实行零税率的，如国家禁止出口的货物和纳税人出口的原油、援外出口货物等就应按规定缴纳增值税。

4. 营改增的税率

自 2013 年 8 月 1 日开始，营改增试点在全国范围内进行。目前交通运输业、邮政业、电信业、部分现代服务业等，已经从营业税改为增值税。

为了方便记忆，我们将最新的增值税税率表汇总如表 15-5 所示。

表 15-5 增值税税率表

项目	内容	税率或征收率
小规模纳税人	从事货物销售，提供增值税加工、修理修配劳务，以及营改增各项应税服务	3%
一般增值税纳税人	原增值税纳税人	
	销售或进口货物（另有列举的货物除外），提供加工、修理修配劳务	13%
	粮食、食用植物油、鲜奶	9%
	自来水、暖气、冷气、热水、煤气、石油液化气、天然气、沼气、居民用煤炭制品	
	图书、报纸、杂志	
	饲料、化肥、农药、农机（整机）、农膜	
	国务院及其有关部门规定的其他货物	
	出口货物	0
	营改增之后的增值税纳税人	
交通运输业	陆路运输服务（铁路运输服务、其他陆路运输服务）	9%
	水路运输服务（程租业务、期租业务）	
	航空运输服务（湿租业务）	

续表

项目		内容	税率或征收率
一般增值税纳税人	邮政业	邮政普遍服务（函件、包裹）	9%
		邮政特殊服务（义务兵平常信函、机要通信、盲人读物、革命烈士遗物的寄递等业务）	
		其他邮政服务（邮册等邮品销售、邮政代理等业务）	
	电信业	提供基础电信服务	
		提供增值电信服务	
	部分现代服务业	研发和技术服务（研发服务、技术转让服务、技术咨询服务、合同能源管理服务、工程勘察勘探服务）	6%
		信息技术服务（软件服务、电路设计及测试服务、信息系统服务、业务流程管理服务）	
		文化创意服务（设计服务、商标和著作权转让服务、广告服务、会议展览服务）	
		物流辅助服务（航空服务、港口码头服务、货运客运场站服务、打捞救助服务、货物运输代理服务、代理报关服务、仓储服务、装卸搬运服务、收派服务）	
		鉴证咨询服务（认证服务、鉴证服务、咨询服务）	
		广播影视服务[广播影视节目（作品）制作服务、广播影视节目（作品）发行服务、广播影视节目（作品）播映服务]	
		有形动产租赁服务（有形动产融资租赁、有形动产经营性租赁） 注意： （1）营改增之后，有形不动产的租赁服务仍然缴纳营业税 （2）营改增之后，有形动产融资租赁被归到部分服务业的有形动产租赁服务中，按照部分服务业的税率缴纳增值税 （3）远洋运输的光租业务、航空运输的干租业务属于部分现代服务业中的有形动产经营性租赁	13%

5. 征收率

我国对小规模纳税人采用简易征收办法，它所适用的税率称为征收率。小规模纳税人征收增值税的一般规定为商业与工业统一征收率3%。

根据我国现行增值税制度的规定，小规模纳税人和特定的一般纳税人销售货物或提供劳务采取简易计税办法，按照销售额和征收率计算缴纳增值税，并且不能抵扣增值税进项税额。简易计税办法的增值税征收率有3%和5%两种。简易计税表如表15-6所示。

表15-6 简易计税表

	简易计税	征收率
小规模纳税人及允许适用简易计税办法的一般纳税人	小规模纳税人销售货物或提供劳务，销售应税服务、无形资产；一般纳税人发生按规定适用或者可以选择适用简易计税方法计税的特定应税行为（但适用5%征收率的除外）	3%
	销售不动产；经营租赁不动产（土地使用权）；转让营改增前取得的土地使用权；房地产开发企业销售、出租自行开发的房地产老项目；一级二级公路、桥、闸通行费；特定的不动产融资租赁；选择差额纳税的劳务派遣、安全保护服务；一般纳税人提供人力资源外包服务等	5%

注意：个人出租住房，按照 5%的征收率减按 1.5%计算应纳税额。纳税人销售旧货、小规模纳税人及符合规定情形的一般纳税人销售自己使用过的固定资产，可按 3%的征收率减按 2%缴纳增值税。

例 15.2 东方公司为一般纳税人，主要从事电子元器件代理销售业务。2019 年 5 月 20 日，其采购部人员自己开车去总公司出差，出差回公司报销差旅费时，其中有高速公路通行费 500 元，过桥费 150 元，请据此计算过路费对应的进项税额。

分析：根据题意可知，高速公路通行费 500 元，可以按照 3%的扣除率计算扣除进项税；过桥费 150 元，可以按照 5%的扣除率计算扣除进项税。

进项税额=500/（1+3%）×3%+150/（1+5%）×5%=14.56+7.14（元）

15.1.7　增值税的计税方法

增值税的计税方法包括三种，即一般计税方法、简易计税方法、扣缴计税方法。
（1）一般计税方法
一般纳税人销售货物、提供应税劳务等应税行为适用一般计税方法，计算公式如下：
当期应交增值税=当期销项税额-当期进项税额
（2）简易计税方法
小规模纳税人销售货物、提供应税劳务等应税行为适用简易计税方法，计算公式如下：
当期应交增值税=当期销售额×征收率
（3）扣缴计税方法
境外的单位或个人在境内销售劳务，而境内没有其经营机构的，以其境内代理人为扣缴义务人；在境内没有代理人的，则以购买方为扣缴义务人。其计算公式如下：
应扣缴增值税=接收方支付的价款/（1+税率）×税率
我国实际征收中采用以票抵扣法，即采用增值税专用发票或其他合法扣税凭证注明税款进行抵扣计算应纳增值税额。

注意：关于增值税专用发票的使用及管理本书不做介绍，读者可以参考相关书籍进行了解。

从上述一般计税方法的公式可以看出，纳税人只有先计算出销项税额和进项税额，再将两者进行扣减后才能得出准确的应纳增值税额。下面我们就来介绍公式中各个项目的计算方法。

15.2　销项税额的计算

增值税作为企业最常见的税种之一，其核算方法财务人员应熟练掌握。众所周知，核算一般纳税人应缴纳的增值税并不容易。

销项税额是指纳税人销售货物或提供应税劳务，按照销售额和规定的税率计算并向购买方收取的增值税额，其计算公式为：销项税额=销售额×增值税税率。

15.2.1 销售额的确认

我国增值税税率基本实行单一税率，因此在销项税额的计算中，增值税税率不难确定，而销售额是销项税额计算的关键。企业的销售方式多种多样，对于不同的销售方式，其销售额应如何确认呢？

1. 一般销售方式下的销售额

销售额是指纳税人因销售货物或提供应税劳务向购买方收取的全部价款和价外费用。价外费用是指销货方在价外向购买方收取的手续费、违约金、滞纳金、延期付款利息、赔偿金、包装费、包装物租金、运输装卸费、代收代垫款项及其他各种性质的价外收费。

销售额中不包括以下项目：

（1）应征消费税的消费品中所包含的受托加工代收代缴的消费税。

（2）同时满足下列条件的代垫运费。

①承担运输方的运费发票开具给购货方的。

②纳税人将该项发票转交给购货方的。

（3）符合条件代为收取的政府性基金或者行政事业性收费。

（4）销售货物的同时代买方办理保险等而向购买方收取的保险费，以及代买方办理相关手续而向购买方收取的车辆购置税、车辆牌照费。

注意：增值税一般纳税人向购买方收取的价外费用应视为含税收入，在计算税额时，应换算成不含税收入再并入销售额。

2. 特殊销售方式下的销售额

在企事业单位实际的销售活动中，往往采用多种销售方式来吸引买家，其销售额的取得也各有不同，针对这些特殊销售方式的销售额的确认，税法上有明确的规定。

（1）折扣销售

销货方给予购货方相应的价格优惠或补偿等折扣、折让可以从销售额中扣除，但如果销货方将自产、委托加工和购买的货物用于实物折扣的，应按视同销售中的"无偿赠送"进行处理，不得在销售额中扣除实物款项。

（2）销售折扣

销售折扣是企业的一种融资行为，它所发生的折扣额不得从销售额中扣除。

（3）销售折让

销售折让是销售方因产品品种、质量等问题给购货方的一种价格折让或补偿，其折让额可以从销售额中扣除。

注意：在学习上述三种特殊销售方式时，应从三种折扣、折让方式的概念上进行理解。

折扣销售又称为商业折扣，是销货方在销售货物或应税劳务时，因购货方购货数量较大等原因而给予购货方的价格优惠，如购买10件商品，可享受9折优惠。

销售折扣又称为现金折扣，是销货方在销售货物或应税劳务后，为了鼓励购货方早日付款而给予购货方的一种折扣优待，如10天内付款，货款折扣2%。它相当于企业的一种融资理财行为。

销售折让是销货方在销售货物后，由于产品品种、质量等出现问题而购货方未退货，由销货方给予一定价格折让的方式。

（4）以旧换新销售

应按新货物（金银首饰除外）的同期销售价格确定销售额，不得扣减旧货物的收购价格。

例 15.3 百货超市为一般纳税人，采取以旧换新的方式向消费者销售电视机 120 台，新电视机每台零售价为 4500 元，旧电视机每台作价为 1000 元，每台电视机取得差价款为 3500 元，请计算百货超市以旧换新销售电视机的销项税额。

分析：按照税法规定，以旧换新销售应按新货物的同期销售价格确定销售额，不得扣减旧货物的收购价格，因此，应按每台电视机 4500 元的售价进行计税。

销项税额=销售额×适用税率=120×4500/（1+13%）×13%=62123.89（元）

注意：金银首饰的以旧换新业务，可以按销售方实际收取的不含增值税的全部价款征收增值税。

（5）还本销售

还本销售是以货物换取资金的使用价值，到期还本不付息的一种筹资方式。它是指纳税人在销售货物后，在一定期限由销货方一次或分次退还给购货方全部或部分价款。还本销售货物的销售额就是货物的销售价格，不得从销售额中扣除还本支出。

（6）以物易物销售

以物易物销售是购销双方以同等价款的货物进行结算，实现货物购销的一种方式，双方均做购销处理，以各自发出的货物核算销售额并计算销项税额，以各自收到的货物核算购货额并计算进项税额（进项税额必须取得增值税专用发票或其他合法扣税凭证，方可抵扣）。

（7）包装物押金

①销售货物收取的包装物押金，如果单独记账核算，时间在 1 年以内，又未过期的，在账务处理上不作为销售额征税（酒类产品应区别对待：啤酒、黄酒按前述根据是否逾期处理，除啤酒、黄酒外的其他酒类产品收取的押金，无论是否逾期，一律并入销售额征税）。

②因逾期（以 1 年为限）未收回且不再退还的押金，应并入销售额征税。包装物押金视为含税，将其换算成不含税销售额后乘以包装货物适用税率计税。

例 15.4 某酒厂为一般纳税人，其在 2019 年 11 月销售黄酒收取包装物押金 4.6 万元，销售白酒收取包装物押金 4.8 万元，2019 年 12 月均已逾期，请计算酒厂该月的包装物销项税额。

分析：黄酒、啤酒销售所收取的包装物押金根据一般押金的规定按是否逾期处理，而除此以外的其他酒类，在销售时收取的包装物押金不论是否返还及账务上如何处理，均应并入当期销售额征税。可见，白酒包装物押金 4.8 万元于当时（2019 年 11 月）就已计算销项税额，2019 年 12 月应计算的包装物销项税额为黄酒包装物的逾期押金 4.6 万元。

包装物押金销项税额=46000/（1+13%）×13%=5292（元）

（8）视同销售货物行为

视同销售货物行为的销售额，应按正常销售价格来确定，如果存在无销售额的，按下列顺序确定销售额：

①按纳税人最近时期同类货物平均售价。

②按其他纳税人最近时期同类货物平均售价。

③按组成计税价格。

组成计税价格=成本×（1+成本利润率）

注意：如果纳税人销售货物或应税劳务的价格明显偏低又无正当理由的，可以由主管税务机关按以上次序核定其销售额。

15.2.2 含税销售额的换算

增值税实行的是价外税，以不含增值税的销售额作为计税销售额，因此，为了避免重复计税，在计算增值税额时应分清楚销售额是否含税，对于含税的销售额应换算为不含税销售额进行计税，避免出现增值税销售额本身的重复征税现象。

一般纳税人销售额换算公式：

（不含税）销售额=含税销售额/（1+增值税税率）

小规模纳税人销售额换算公式：

（不含税）销售额=含税销售额/（1+增值税征收率）

在实际工作中，如果出现不明确价格是否含税的情况，可以通过以下三点来判断：

（1）看发票（普通发票要换算）。

（2）分析行业（零售行业的售价含税要换算）。

（3）分析业务（价外费用、建筑业总承包额中的自产货物要换算）。

例15.5 某企业为一般纳税人，其在2019年10月向小规模纳税人销售商品一批，开具增值税普通发票。发票上注明交易额为260万元，请计算该笔交易中企业的销项税额。

分析：一般纳税人向小规模纳税人销售产品开具的增值税普通发票，其销售额为含税销售额，在计算应纳税额时，应进行换算。

不含税销售额=2600000/（1+13%）=2300884.95（元）

计算销项税额=2300884.95×13%=299115.05（元）

或=2600000-2300884.95=299115.05（元）

15.3 进项税额的计算

进项税额是指纳税人购进货物或应税劳务所支付或者承担的增值税额。购进货物或应税劳务包括外购（含进口）货物或应税劳务、以物易物换入货物、抵偿债务收入货物、接受投资转入的货物、接受捐赠转入的货物，以及在购销货物过程中支付的运费。在确定进项税额抵扣时，必须按税法规定严格审核。

15.3.1 准予抵扣进项税额的确认

按规定，准予抵扣的进项税额如下：
（1）从销售方取得的增值税专用发票上注明的增值税额。
（2）从海关取得的海关进口增值税专用缴款书上注明的增值税额。
（3）从境外单位或个人购进服务、无形资产或不动产，为税务机关或者扣缴义务人取得的解缴税款的完税凭证上注明的增值税额。
（4）一般纳税人购进的免税农产品，可以按收购发票或销售发票上注明的买价乘以9%进行计算扣税，其中的农产品是指直接从事植物种植、收割和动物饲养、捕捞的单位和个人销售的自产且免征增值税的农业产品。
（5）纳税人购进国内旅客运输服务，其进项税额允许从销项税额中扣除，如机票、火车票、公路和水路旅客运输票等。
（6）自2019年4月1日至2021年12月31日，允许生产、生活性服务纳税人按照当期可抵扣进项税额加计10%，抵减应纳税额。

财政部、税务总局、海关总署公告2019年第39号规定，将购进的固定资产进项税由分两年抵扣改为一次性抵扣。

以上准予从销项税额中抵扣的进项税额可以总结为如表15-7所示。

表15-7 准予抵扣的进项税额

分类	扣税方法	备注
以票抵税	从销售方取得的增值税专用发票上注明的增值税额	—
	从海关取得的进口增值税专用缴款书上注明的增值税额	—
计算抵税	①外购免税农产品：进项税额=买价×9% ②国内旅客运输服务（火车、飞机）：进项税额=原价/(1+9%)×9% ③生产、生活性服务业纳税人：当期可抵扣进项税额=当期可抵扣进项税×(1+10%)	买价包含纳税人购进免税农产品时支付的价款和按规定代收代缴的农业特产税

例15.6 某企业为一般纳税人，2019年10月从农业生产者手中购进免税农产品一批，收购凭证上注明金额为34万元，另支付1万元运费，取得邮政开具的增值税专用发票，请计算该笔业务中可抵扣的进项税额，以及应计入采购的成本。

分析：外购免税农产品及外购运输劳务都属于计算抵税的范围。
进项税额=340000×9%＋10000/（1+9%）×9%=31425.69（元）
应计入采购的成本=（340000+10000）-31425.69=318574.31（元）

15.3.2 不得从销项税额中抵扣的进项税额

纳税人取得的增值税专用发票、海关进口增值税专用缴款书、农产品收购发票等不符合规定的，不予以从销项税额中抵扣。另外，国家对以下项目的进项税额也做了不予抵扣的规定：
（1）用于非增值税应税项目、免征增值税项目、集体福利或个人消费的购进货物或应税劳务。

（2）因管理不善造成被盗、丢失、损毁等非正常损失的购进货物或应税劳务，以及非正常损失的在产品、产成品所耗用的购进货物或应税劳务。

（3）国务院财政、税务主管部门规定的纳税人自用消费品。

（4）前述各项中规定的货物的运输费用和销售免税货物的运输费用。

（5）一般纳税人兼营免税项目或非增值税应税劳务的，应分开核算各自的进项税额，如果无法划分的，可按照下面的公式进行不得抵扣进项税的计算：

不得抵扣的进项税额=无法划分的全部进项税额×免税或非应税收入/全部收入

例 15.7 企业于 2019 年 12 月末盘点时发现，上月从农民手中购进的粮食（库存账面成本为 12.4 万元，已申报抵扣进项税额）发生霉烂，使账面成本减少 8.32 万元（包括运费成本 4800 元），请计算因此造成的不得抵扣进项税额。

分析： 例 15.7 中的粮食霉烂属于因管理不善而造成的非正常损失，其购进货物及货物的运输费不得从销项税额中抵扣。

不得抵扣进项税额（进项税额转出）=（83200-4800）/（1-9%）×9%+4800/（1-9%）×9%=8228.58（元）

注意： 自 2019 年 4 月 1 日起，试行增值税期末留抵税额退税制度。

15.4 应纳税额的计算

应纳税额是指企业按照税法的规定，经过计算得出的应向税务机关缴纳的所得税金额。

在计算出销项税额和进项税额后，根据"销项税额减进项税额"的公式即可得出纳税人的应纳税额。但在确定应纳税额之前，我们需要掌握几个时间限定，这样才能准确计算当期纳税人应缴纳的增值税额。税法规定，只有在纳税期限内实际发生的销项税额和进项税额才是法定的当期销项税额和当期进项税额，因此"当期"的时间限定极为重要。

15.4.1 销项税额的时间限定

销项税额的确定与销售额的确定关系极为紧密，企业应遵循税法规定的纳税义务发生时间确认销售额。销售货物或应税劳务的纳税义务发生时间可以分为一般规定和具体规定，如表 15-8 所示。

表 15-8 销售货物或应税劳务的纳税义务发生时间

类别	税法规定
一般规定	1. 纳税人销售货物或应税劳务，收讫销售款项或者取得索取销售款项凭证的当天为纳税义务发生时间，先开具发票的，为开具发票的当天
	2. 纳税人进口货物，以报关进口的当天为纳税义务发生时间
	3. 增值税纳税义务发生的当天为扣缴义务发生时间
具体规定	1. 采取直接收款方式销售货物的，均以收到销售款或者取得索取销售款凭据的当天为纳税义务发生时间，而不论货物是否发出

续表

类别	税法规定
具体规定	2. 采取托收承付和委托银行收款方式销售货物的，以发出货物并办妥托收手续的当天为纳税义务发生时间
	3. 采取赊销和分期收款方式销售货物的，纳税义务发生时间为书面合同约定的收款日期的当天；无书面合同的或者书面合同没有约定收款日期的，纳税义务发生时间为货物发出的当天
	4. 采取预收货款方式销售货物的，纳税义务发生时间为货物发出的当天；生产销售生产工期超过12个月的大型机械设备、船舶、飞机等货物，纳税义务发生时间为收到预收款或者书面合同约定的收款日期的当天
	5. 委托其他纳税人代销货物的，纳税义务发生时间为收到代销单位的代销清单或者收到全部或者部分货款（二者中的较早者）；未收到代销清单及货款的，纳税义务发生时间为发出代销货物满180天的当天
	6. 销售应税劳务的，提供劳务同时收讫销售款或者取得销售款的凭证的当天为纳税义务发生时间
	7. 纳税人发生视同销售服务、无形资产或不动产，纳税义务发生时间为服务、无形资产转让完成的当天或不动产权属变更的当天

对销项税额的时间限定，总体来说即为纳税义务发生时间，不得延后。

15.4.2 进项税额的时间限定和抵扣

增值税实行购进扣税法，对于扣减的进项税额实行认证抵扣的方式，其抵扣时间如表15-9所示。

表 15-9 进项税额抵扣时间

票据类别	税法规定
专用发票	开具之日起360日内到税务机关认证，否则不予抵扣进项税额；认证通过的当月申报抵扣，否则不予抵扣进项税额
海关完税凭证	开具之日起360日后的第一个纳税申报期结束以前向主管税务机关申报抵扣，逾期不得抵扣进项税额
运费发票	纳税人取得的运费发票，在开票之日起360日内向主管税务机关申报抵扣，逾期不得抵扣进项税额

注意：进项税额新的认证抵扣时间于2017年7月1日起实行，更改前期限为180天，更改后期限为360天。

15.4.3 应纳税额计算的其他规定

除上述两点外，纳税人在计算应纳税额时还应注意以下三条规定：

（1）纳税人当期销项税额小于进项税额不足抵扣时，当期进项税额不足抵扣的部分可以结转至下期继续抵扣。

（2）纳税人销售货物或应税劳务，开具增值税专用发票后发生销售退回、折让等情形的，应按规定开具红字增值税专用发票，销货方依此冲减销项税额，购货方冲减进项税额。

（3）商业企业纳税人向供货方收取的与商品销售量、销售额挂钩的各种返还收入，均按平销返利行为的有关规定冲减当期进项税额，计算公式如下：

当期应冲减进项税额=当期取得的返还资金/（1+所购货物适用增值税税率）×所购货物适用增值税税率

注意：平销返利是指生产企业以商业企业经销价或高于商业企业经销价的价格将货物销售给商业企业，商业企业再以进货成本甚至低于进货成本的价格进行销售，生产企业则以返还利润等方式弥补商业企业的进销差价损失的行为。

例 15.8 某商业企业 2019 年 5 月 19 日与某厂家达成平销返利的协议，从厂家购买冰箱 35 台，每台 4600 元（不含税），该商业企业以进货价 4600 元/台卖给消费者，厂家每台返利 800 元，请计算商业企业该笔业务应缴纳的增值税额（假定当月全部销售完毕）。

分析：按照国家税法的有关规定，对商业企业向供货方收取的与商品销售量、销售额挂钩（如以一定比例、金额、数量计算）的各种返还收入，均应按照平销返利行为的有关规定冲减当期增值税销项税额，不征收增值税。因此，该商业企业收取的返利（800 元/台）应从当期的销项税额中扣减。

增值税销项税额=4600×13%×35=20930（元）

应冲减的销项税额=800/（1+13%）×13%×35=3221.24（元）

应纳增值税=20930-3221.24=17708.76（元）

（4）一般纳税人在注销或取消一般纳税人资格，转为小规模纳税人时，其存货不做进项税额转出处理，企业所留抵税额也不予以退税。

结合上述规定，在确定应纳税额各项目的前提下，其计算公式如下：

一般纳税人应纳税额=当期销项税额-同期准予抵扣的进项税额

小规模纳税人应纳税额=不含税销售额×征收率

例 15.9 某企业为增值税一般纳税人，其在 2019 年 10 月发生下列生产经营业务，请针对每一笔业务计算相关的税金。

第一，购进原材料一批，取得的增值税专用发票上注明价款为 100 万元，增值税税率为 13%，进项税额为 13 万元，另支付运输公司运费 12 万元，取得运输公司开具的发票。

外购货物可抵扣的进项税额=13+12/（1+9%）×9%=13.99（万元）

第二，销售产品一批给小规模纳税人，开具增值税普通发票，取得含税收入 124 万元。

销售产品销项税额=124/（1+13%）×13%=14.27（万元）

第三，将本企业一批产品用于员工福利，该批产品成本价为 45 万元，市场销售价（不含税）为 56 万元。

视同销售产品销项税额=56×13%=7.28（万元）

第四，销售 2019 年 5 月购买的机器设备一台，开具增值税普通发票，取得含税销售额 15 万元，该设备原价 9.8 万元。

销售使用过的固定资产销项税额=15/（1+13%）×13%=1.73（万元）

第五，销售产品一批给某一般纳税人，开具增值税专用发票，取得不含税销售收入 110.5 万元，另取得销售产品的送货运输费收入 34.6 万元，开具增值税普通发票。

销售产品的销项税额=110.5×13%+34.6/(1+9%)×9%=17.23（万元）

第六，向农业生产者购进免税农产品一批，支付收购价 43.52 万元，支付运费 6.8 万元，企业在当月将其中的 10%用于职工福利。

外购免税农产品应抵扣的进项税额=[43.52×9%+6.8/（1+9%）×9%]×（1-10%）
　　　　　　　　　　　　　　　=（3.92+0.56）×（1-10%）=4.03（万元）

第七，请计算该企业 10 月应缴纳的增值税额。

应缴纳的增值税额=14.27+7.28+1.73+17.23-13.99-4.03=22.49（万元）

例 15.10 某商店为增值税小规模纳税人，其在 2019 年 10 月取得销售收入总额（含税）为 38 万元，请计算该商店 10 月应缴纳的增值税额。

分析：小规模纳税人的应纳税额=不含税销售额×征收率

取得的不含税销售额=38/（1+3%）=36.89（万元）

应缴纳的增值税额=36.89×3%=1.11（万元）

15.5 进出口货物纳税和退税的计算

海关征收税款是海关依据国家有关法律、行政法规和规章要求，征收进出口货物的税款、滞纳金及办理退补税等的执法行为。

出口货物退税是指对出口产品退还其在国内生产和流通环节实际缴纳的增值税、消费税。出口产品退税制度，是一个国家税收的重要组成部分。

15.5.1 进口货物应纳增值税的计算

根据税法有关条例的规定，凡在我国海关申报进口的应税货物，无论是国外生产制造还是在我国已出口转销国内的货物，无论是进口者自行采购还是国外捐赠的货物，无论是进口者自用还是作为贸易或其他用途等，均应按照规定缴纳进口环节的增值税，其所适用的增值税税率与前述知识点提到的相同。

注意：我国对某些进口货物也制定了减免税或不征税的规定，如"来料加工、进料加工"贸易方式进口的原料在我国国内加工复出口的，对进口的料、件给予免税或减税。

进口货物的收货人或办理报关手续的单位和个人，为进口货物增值税的纳税义务人。

纳税人进口货物，按照组成计税价格和规定的税率计算应纳税额，计算增值税组成计税价格和应纳税额的计算公式如下：

组成计税价格=关税完税价格+关税+消费税

应纳进口增值税=组成计税价格×税率

注意：关税完税价格是以海关审定的成交价格为基础的到岸价格作为完税价格的。成交价格是指一般贸易项下进口货物的买方为购买货物向卖方实际支付或者应当支付的价格。到岸价格是指包括货价、货物运到我国关境内输入地点前的包装费、运输费、保险费和其他劳务费等构成的价格。

例 15.11 某企业 2019 年 10 月进口货物一批，该批货物的国外买价为 150 万元，运抵我国海关前发生的运费、保险费等共计 50 万元，委托运输公司将进口货物从海关运回本单位，支付运输公司运输费用 16 万元，取得了运输公司开具的货运发票。当月，该批货物全部销售，取得不含税销售额 260 万元，请计算该企业当月应缴纳的增值税额（进口关税税率为 10%）。

（1）关税的组成计税价格=150+50=200（万元）

（2）应缴纳的进口关税=200×10%=20（万元）

（3）进口环节应纳增值税的组成计税价格=200+20=220（万元）

（4）进口环节应缴纳的增值税额=220×13%=28.6（万元）

（5）当月可以抵扣的进项税额=28.6+16/（1+9%）×9%=29.92（万元）

（6）当月销售税额=260×13%=33.8（万元）

（7）当月应缴纳的增值税额=33.8-29.92=3.88（万元）

进口货物应当在报关进口的当天，由进口人或代理人向报关地海关进行纳税申报，并自海关填发海关进口增值税专用缴款书之日起15日内缴纳税款。

15.5.2　出口货物退（免）税的形式及适用范围

为鼓励出口货物公平竞争，我国在国际贸易上实行出口货物退（免）税的惯例，避免货物的双重征税和价格扭曲。我国的出口货物退（免）税是国家对报关出口的货物退还或免征其在国内各生产和流转环节已缴纳的增值税和消费税，对增值税出口货物实行零税率，对消费税出口货物实行免税。

各国根据自身出口体制的不同，对出口货物实行不同的税收优惠政策，有的国家实行出口退税政策，有的国家实行在出口前免税政策。我国结合本国的出口体制及出口货物的类别实行"出口免税并退税、出口免税但不退税及出口不免税也不退税"的出口货物税收政策，三种形式的概念及适用范围如表15-10所示。

表15-10　三种形式的概念及适用范围

形式	概念	适用范围
出口免税并退税	出口免税：对货物在出口销售环节不征增值税、消费税 出口退税：对货物在出口前实际承担的税收负担，按规定的退税率计算后予以退还	1. 生产企业自营出口或委托外贸企业代理出口的自产货物 2. 有出口经营权的外贸企业收购后直接出口或委托其他外贸企业代理出口的货物 3. 特定出口的货物 （1）对外承包工程公司运出境外用于对外承包项目的货物 （2）对外承接修理修配业务的企业用于对外修理修配的货物 （3）外轮供应公司、远洋运输供应公司销售给外轮、远洋国轮而收取外汇的货物 （4）企业在国内采购并运往境外作为在国外投资的货物
出口免税但不退税	出口免税：同上 出口不退税：因适用此政策的出口货物在前一环节（生产、销售、进口）免税，因此，其在出口时无须退税	1. 来料加工复出口的货物 2. 避孕药品和用具、古旧图书 3. 出口卷烟：有出口卷烟权的企业出口国家出口卷烟计划内的卷烟。其他非计划内出口的卷烟照章征收增值税和消费税，出口一律不退税 4. 军品及军队系统企业出口军需工厂生产或军需部门调拨的货物免税 5. 国家规定的其他免税货物
出口不免税也不退税	对国家限制或禁止出口的货物在出口环节视同内销征税，同时也不予退还这些货物出口前所负担的税款	1. 出口的原油 2. 援外出口货物 3. 国家禁止出口的货物

除上述规定外，还有一些特殊的规定。

（1）下列企业出口的货物，除另有规定外，给予免税但不予退税：

①属于生产企业的小规模纳税人自己经营出口或是委托外贸企业代理其出口的自产货物。

②外贸企业从小规模纳税人处购进的货物开具增值税普通发票的，免税但不予退税。

③外贸企业直接购进属于国家规定的免税货物出口的，免税但不予退税。

（2）对生产企业出口的下列四类产品，视同自产产品给予退（免）税，具体内容如表15-11所示。

表15-11 视同自产产品给予退（免）税的产品

产品类别	应符合条件	备注
生产企业出口外购的产品	1. 与本企业生产的产品名称、性能相同	同时符合
	2. 使用本企业注册商标或外商提供给本企业使用的商标	
	3. 出口给进口本企业自产产品的外商	
生产企业外购的与本企业所生产的产品配套出口的产品，若出口给进口本企业自产产品的外商	1. 用于维修本企业出口的自产产品的工具、零部件、配件	满足条件之一
	2. 不经过本企业加工或组装，出口后能直接与本企业自产产品组合成成套产品的	
被税务机关认定的集团成员，集团公司收购成员企业的产品	1. 经县级以上政府主管部门批准为集团公司成员的企业，或由集团公司控股的生产企业	同时符合
	2. 集团公司及其成员企业均实行生产企业财务会计制度	
	3. 集团公司必须将有关成员企业的证明材料报送给主管出口退税的税务机关	
生产企业委托加工收回的产品	1. 必须与本企业生产的产品名称、性能相同，或者是用本企业生产的产品再委托深加工收回的产品	同时符合
	2. 出口给进口本企业自产产品的外商	
	3. 委托方执行的是生产企业财务会计制度	
	4. 委托方与受托方必须签订委托加工协议	

15.5.3 出口货物的退税率

我国的出口货物退（免）税是对我国报关出口的货物退还或免征其在国内各生产和流转环节已缴纳的增值税和消费税。出口退税率是出口货物实际退税额与退税计税依据的比例。根据所退税种的不同，出口退税率分为消费税的出口退税率和增值税的出口退税率。

1. 消费税的出口退税率

出口货物消费税的退税率与征税率相同，即出口货物的消费税能够实现完全退税，但对不同税率的出口应税消费品，在会计上应该分开核算和申报，如果未能分开核算而不能分清适用税率的，一律从低适用税率计算免退税税额。

2. 增值税的出口退税率

考虑税收减免及国家经济政策等原因，增值税的退税率与征税率不一致，我国现行出口货物的增值税退税率根据不同的货物有不同的税率，各自适用的产品也不同。另外，我国根据国际贸易环境的变化,每年都会对出口货物的退税率进行调整。

15.5.4 出口货物应退税额的计算

我国出口退税额的计算方法根据出口企业会计核算的不同分为两种:一种是"免、抵、退"税计算方法,主要适用于自营和委托出口自产货物的生产企业;另一种是"先征后退"计算方法,目前主要用于收购货物出口的外(工)贸企业。

1. "免、抵、退"税的计算方法

按照规定,生产企业自营或委托外贸企业代理出口自产货物,除另有规定外,增值税一律实行"免、抵、退"税管理办法。

"免、抵、退"税到底应该怎样理解呢?"免"税针对的是出口的货物,即生产企业出口的自产货物,在出口时免征本企业生产销售环节的增值税;"抵"税针对的是内销部分,即生产企业出口自产货物所耗用的原材料、零部件、燃料、动力等所含应予退还的进项税额,抵顶内销货物的应纳税额;"退"税是指生产企业出口的自产货物在当月内应抵扣的进项税额大于应纳税额时,对未抵扣完的部分予以退税。

在学习计算实行"免、抵、退"税办法的生产企业当期应纳税额前,我们应先了解以下计算公式,再以实例形式逐步了解整个应纳税额的计算过程。

(1)应纳税额的计算

当期应纳税额=当期内销货物的销项税额-(当期进项税额-当期免抵退税不得免征和抵扣税额)-上期留抵税额

其中:

当期免抵退税不得免征和抵扣税额=出口货物离岸价×外汇人民币牌价×(出口货物征税率-出口货物退税率)-免抵退税不得免征和抵扣税额抵减额

免抵退税不得免征和抵扣税额抵减额=免税购进原材料价格×(出口货物征税率-出口货物退税率)

(2)免抵退税额的计算

免抵退税额=出口货物离岸价×外汇人民币牌价×出口货物退税率-免抵退税额抵减额

其中:

免抵退税额抵减额=免税购进原材料价格×出口货物退税率

(3)当期应退税额和免抵税额的计算

如当期期末留抵税额≤当期免抵退税额,则:

当期应退税额=当期期末留抵税额

当期免抵税额=当期免抵退税额-当期应退税额

如当期期末留抵税额>当期免抵退税额,则:

当期应退税额=当期免抵退税额

当期免抵税额=0

例15.12 某自营出口生产企业是增值税一般纳税人,其出口货物的征税率为13%,退税率为10%。2019年10月该企业有关的经营业务:购入原材料一批,取得的增值税专用发票上注明的价款为 140 万元，外购货物准予抵扣进项税额 20 万元通过认证；当月进料加工免税进口料件的组成计税价格为 140 万元；上期期末留抵税款为 8 万元；本月内销货物不含税销售额为 100 万元；本月收款 98 万元，已存入银行；本月出口货物销售额折合人民币为 180 万元。综上所述，请计算该企业当期的"免、抵、退"税额。

第一步：计算免抵退税不得免征和抵扣税额抵减额。

当期免抵退税不得免征和抵扣税额抵减额=免税进口料件的组成计税价格×(出口货物征税税率-出口货物退税税率)=140×(13%-10%)=4.2（万元）

第二步：计算不得免征和抵扣税额。

免抵退税不得免征和抵扣税额=当期出口货物离岸价×外汇人民币牌价×(出口货物征税税率-出口货物退税税率)-免抵退税不得免征和抵扣税额抵减额=180×(13%-10%)-4.2=1.2（万元）

第三步：计算当期应纳增值税额。

当期应纳税额=内销的销项税额-(进项税额-免抵退税不得免抵税额)-上期期末留抵税额=100×13%-(20-1.2)-8=-13.8（万元）

第四步：计算免抵退税额抵减额。

免抵退税额抵减额=免税购进原材料×材料出口货的退税率=140×10%=14（万元）

第五步：计算免抵退税额。

免抵退税额=出口货物离岸价×外汇人民币牌价×出口货的退税率-免抵退税额抵减额=180×10%-14=4（万元）

第六步：进行期末留抵税额与当期免抵退税额的比较，确定应退税额。

当期期末留抵税额＞当期免抵退税额时，当期应退税额=当期免抵退税额

企业当期应退税额=5.4（万元）

第七步：确定免抵税额。

当期免抵税额=当期免抵退税额-当期应退税额=4-4=0（万元）

2．"先征后退"的计算方法

"先征后退"的计算方法适用于外贸企业及实行外贸企业财务制度收购货物出口的外（工）贸企业。

外贸企业出口货物增值税以购进出口货物增值税专用发票上注明的计税金额为计算依据，乘以相应的退税率计算。

应退税额=外贸收购不含增值税购进金额×退税率

外贸企业委托生产企业加工收回后报关出口的货物，按购进国内原辅材料的增值税专用发票上注明的进项税额、依原辅材料的退税率计算原辅材料退税额。支付的加工费，凭受托方开具货物的退税率计算应退税额。

例15.13 某进出口公司 2019 年 10 月购进布料一批委托加工成服装出口，取得布料增值税发票一张，注明计税金额为 38 万元（退税率 9%），服装加工费计税金额为 12 万元（退税率 13%），请计算该企业的应退税额。

应退税额=外贸收购不含增值税购进金额×退税率
　　　　=38×9%+12×13%=3.42+1.56=4.98（万元）

15.6 增值税专用发票

增值税专用发票是由国家税务总局监制设计印制的,只限于增值税一般纳税人领购使用的,既作为纳税人反映经济活动中的重要会计凭证又兼记销货方纳税义务和购货方进项税额的合法证明,是增值税计算和管理中重要的、决定性的、合法的专用发票。

增值税专用发票将一个产品从最初生产到最终消费的各环节联系起来,保持了税赋的完整,体现了增值税的作用。

15.6.1 什么是增值税专用发票

增值税专用发票是相对于普通发票而言的,只有增值税一般纳税人才能够使用增值税专用发票。增值税专用发票,就是一般纳税人在增值税涉税业务中所使用的、仅供增值税应税项目使用的发票。它是增值税一般纳税人销售货物或提供应税劳务开具的发票,是购买方支付增值税额后可按照增值税有关规定据以抵扣增值税进项税额的唯一凭证。因此,要实现增值税层层转嫁的税负制度,增值税专用发票是其中的关键。增值税专用发票的样式全国统一,如图15-1所示。

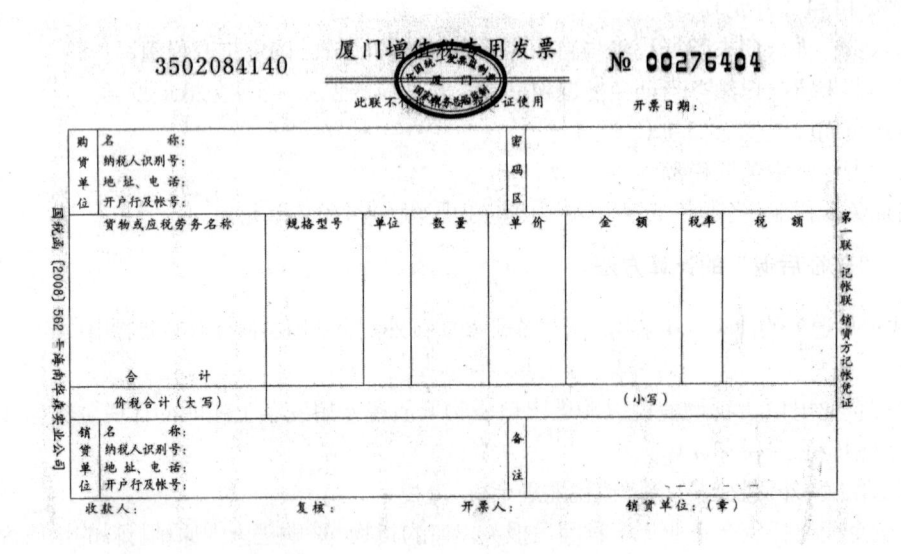

图 15-1 增值税专用发票的样式

15.6.2 如何使用和管理增值税专用发票

增值税专用发票非常重要,企业必须遵守《增值税专用发票使用规定》的要求,妥善使用和管理增值税专用发票。

(1) 一般纳税人应通过增值税防伪税控系统使用增值税专用发票。使用，包括领购、开具、缴销、认证纸质专用发票及其相应的数据电文。防伪税控系统是增值税专用发票使用的专用设备，是运用数字密码和电子存储技术管理专用发票的计算机管理系统。

(2) 企业应当按照增值税专用发票不同联次的使用规定来使用它。增值税专用发票由基本联次或者基本联次附加其他联次构成，基本联次为三联，即发票联、抵扣联和记账联。发票联，作为购买方核算采购成本和增值税进项税额的记账凭证；抵扣联，作为购买方报送主管税务机关认证和留存备查的凭证；记账联，作为销售方核算销售收入和增值税销项税额的记账凭证；其他联次的用途，由一般纳税人自行确定。

(3) 增值税专用发票实行最高开票限额管理。最高开票限额，是指单份增值税专用发票开具的销售额合计数不得达到的上限额度。最高开票限额由一般纳税人申请，税务机关依法审批。最高开票限额为 10 万元及以下的，由区县级税务机关审批；最高开票限额为 100 万元的，由地市级税务机关审批；最高开票限额为 1000 万元及以上的，由省级税务机关审批。防伪税控系统的具体发行工作由区县级税务机关负责。

注意：

根据《增值税专用发票使用规定》，一般纳税人有下列情形之一的，不得领购、开具增值税专用发票。

①会计核算不健全，不能向税务机关准确提供增值税销项税额、进项税额、应纳税额数据及其他有关增值税税务资料的。上列其他有关增值税税务资料的内容，由省、自治区、直辖市和计划单列市国家税务局确定。

②有《税收征管法》规定的税收违法行为，拒不接受税务机关处理的。

③有下列行为之一，经税务机关责令限期改正而仍未改正的：虚开增值税专用发票；私自印制增值税专用发票；向税务机关以外的单位和个人买取增值税专用发票；借用他人增值税专用发票；未按本规定第十一条开具增值税专用发票；未按规定保管增值税专用发票和专用设备；未按规定申请办理防伪税控系统变更发行；未按规定接受税务机关检查。

有上列情形的，如已领购增值税专用发票，主管税务机关应暂扣其结存的增值税专用发票和 IC 卡。

(4) 企业零售的烟、酒、食品、服装、鞋帽（不包括劳保专用部分）、化妆品等消费品不得开具增值税专用发票。企业如果是增值税小规模纳税人需要开具增值税专用发票的，可向主管税务机关申请代开。销售免税货物不得开具增值税专用发票，法律、法规及国家税务总局另有规定的除外。

(5) 一般纳税人在取得增值税专用发票后，发生销货退回、开票有误等情形但不符合作废条件的，或者因销货部分退回及发生销售折让的，购买方应向主管税务机关填报申请开具红字发票。

15.6.3 增值税专用发票认证抵扣的规定

企业取得了增值税专用发票，并不意味着自动获得了可以抵扣的进项税额。企业要想获得可以抵扣的进项税额，必须对获得的增值税专用发票进行认证；而且，增值税专用发票的认证自发票开出日起，是有时限规定的，一旦超过了规定的认证时限，企业就无法通过发票认证来获得可以抵扣的进项税额了。因此，了解增值税专用发票认证抵扣的时限是很重要的。

（1）增值税一般纳税人取得增值税专用发票、公路内河货物运输业统一发票和机动车销售统一发票，应在开具之日起360日内到税务机关办理认证，并在认证通过的次月申报期内，向主管税务机关申报抵扣进项税额。

（2）实行海关进口增值税专用缴款书（以下简称海关缴款书）"先比对后抵扣"管理办法的增值税一般纳税人，应在海关缴款书开具之日起360日内向主管税务机关报送"海关完税凭证抵扣清单"（包括纸质资料和电子数据）申请稽核比对。

未实行海关缴款书"先比对后抵扣"管理办法的增值税一般纳税人，应在海关缴款书开具之日起360日后的第一个纳税申报期结束以前，向主管税务机关申报抵扣进项税额。

注意：海关增值税也可以作为进口企业的进项税额进行抵扣，但是进口企业取得的不是增值税专用发票，而是海关进口增值税的专用缴款书。根据增值税一般纳税人管理的规范要求，对此类缴款书的处理也与普通增值税专用发票一样，只有经过认证，企业才可以将对应的海关增值税作为进项税额进行抵扣。

（3）增值税一般纳税人取得增值税专用发票、公路内河货物运输业统一发票、机动车销售统一发票及海关缴款书，未在规定期限内到税务机关办理认证、申报抵扣或申请稽核比对的，不得作为合法的增值税扣税凭证，不得计算进项税额抵扣。

注意：企业取得的可以用于抵扣一般纳税人增值税的有效、合法的凭证，必须及时在有效期内进行认证，一旦超过有效期，就会给企业带来重大的经济损失。

（4）增值税一般纳税人丢失已开具的增值税专用发票，应在360日内根据相关法律法规的规定及时办理补救手续。

增值税一般纳税人丢失海关缴款书，应在360日内凭报关地海关出具的相关完税证明，向主管税务机关提出抵扣申请。主管税务机关受理申请后，应当进行审核，并将纳税人提供的海关缴款书电子数据纳入稽核系统进行比对。稽核比对无误后，方可计算进项税额抵扣。

可见，增值税专用发票无论是企业自身使用和开具的，还是外购取得的，对其进行妥善管理都是非常重要的。如果管理不当，很可能给企业造成经济损失。因此，企业应当建立适当的发票管理和使用制度，妥善管理增值税专用发票。

进项增值税专用发票认证的方法目前有两种，一种是发票扫描认证，另一种是发票勾选认证。扫描认证是企业长期以来使用的增值税专用发票认证方法，使用这种认证方法需要配备扫描仪，且扫描过程中可能会出现问题，对于增值税专用发票较多的企业来说不方便操作；发票勾选认证是新的认证方法，由于现在开票系统实现了联网，增值税专用发票在税务局的认证系统中都有备案，因此我们只要在认证系统中输入对应的发票信息即可找到需要认证的发票信息，勾选提交便可以对发票进行认证抵扣。

15.7　纳税申报流程详解

纳税人在办理纳税申报时，需填写相应的纳税申报表，并根据不同的情况报送相关材料，在税法规定的申报期内办理各税种的纳税申报。

纳税申报主要包括办理税务登记、初始申报和纳税申报，并按照发票管理要求进行发票申请、领购和管理等基于工作流程的纳税过程。

15.7.1　一般纳税人的纳税申报

一般纳税人的增值税纳税申报需要使用特定的申报表，基于增值税专用发票管理的特殊性，其申报过程必须与其发票管理流程相结合。

由于每一张增值税专用发票都需要经过认证，其申报流程十分规范严谨，因此，根据国务院印发的《增值税一般纳税人纳税申报"一窗式"管理操作规程》《增值税一般纳税人纳税申报办法》《中华人民共和国税收征收管理法》及其实施细则和《中华人民共和国发票管理办法》等指导性文件，各地区的税务主管机关对于一般纳税人的增值税纳税申报都制定了适合于各地情况的严格流程和纳税安排。

虽然各地区的一般纳税人增值税纳税申报流程各不相同，但都是根据中央关于增值税管理的相关文件制定的，因此，其本质要素是一样的。一般纳税人的增值税纳税申报业务主要有以下四个重要环节。

(1) 申报环节

申报环节就是根据企业的增值税的发生情况，如本期的销售额、本期认证的增值税进项税额、本期的销项税额等情况，填写一般纳税人的增值税申报表。在申报环节，如果是电子申报的，则企业需要在电子申报系统中填写一般纳税人增值税申报表，计算机会自动计算出本期需要缴纳的增值税额，或者本期结余留抵下期的进项税额；如果是纸质申报的，则企业需要根据申报表的栏目及申报表填写说明的规则仔细填制，并计算出相应的结果。由于有些地区需要电子申报后再报送纸质报表，而有些地区不需要，因此企业应当就详细的流程咨询其税务主管机关。

(2) 抄税环节

抄税环节就是企业使用 IC 卡，将其当期的增值税专用发票的开票情况记录下来的环节。

(3) 报税环节

报税环节就是将 IC 卡内的资料报送税务主管机关，使其掌握企业开票情况的环节。

(4) 清卡环节

清卡环节就是企业在将 IC 卡内的资料报送税务主管机关后，将卡内的资料清除的环节。

企业只有完成以上四个环节，才算完成了一个纳税期间的增值税纳税申报工作。

注意：各地区的规定不同，这四个环节执行的先后顺序有所不同，其具体的执行形式也有所不同。

就上海市来说，一般纳税人的申报流程为：先进行申报，再依次进行抄税—报税—清卡，才算完成。长沙市一般纳税人的申报流程是先抄税，然后进行报税与申报，最后清卡。深圳市一般纳税人的申报流程是抄税、报税、申报等同时进行，生成一张报税盘，一并报送成功后再清卡。如果企业处于增值税一般纳税人辅导期，那么申报流程可能又有所不同。

总的来说，一般纳税人在进行增值税的申报时，应当根据当地税务主管机关的规定进行这四个环节的工作。

15.7.2 小规模纳税人的纳税申报

小规模纳税人的增值税纳税申报工作相对于一般纳税人而言简单许多。由于小规模纳税人不能够抵扣进项税额，因此其在纳税申报时，没有进项税额，只有销项税额，而小规模纳税人的销项税额就是其需要缴纳的增值税额。

小规模纳税人以 3%的征收率来计算其应当缴纳的增值税，其计算销售额的统计口径与一般纳税人是一致的，即小规模纳税人的销售额也是不包含增值税的。如果小规模纳税人对外的销售价格包含了增值税，其在计算增值税时，应当还原为不含税的销售额。

当小规模纳税人确定了销售额与增值税后，只需要申报就可以了。但是随着普通发票税控器的推广，在已经使用了税控器的地区，小规模纳税人还需要进行抄税和报税的工作。小规模纳税人的抄税和报税，与一般纳税人的抄税和报税的意义是一样的，即将本企业当期的开票情况告知税务主管机关。在具体的申报与抄税和报税的先后顺序上，各地区企业应当根据本地区税务主管机关的有关规定执行。

15.8 增值税会计科目的设置及其账务处理

我们在前文中简单地介绍了增值税的基础知识、增值税的计算等内容，大家应该已经对增值税有了一个初步的了解。会计人员应认真计算和申报各个纳税项目，下面我们就来详细介绍增值税会计科目的设置及各项增值税涉税业务的账务处理。

15.8.1 会计科目的设置

纳税人按照税法规定计算缴纳的增值税，主要通过"应交税费——应交增值税"科目进行核算，其借方反映企业购进货物、接受应税劳务所支付的进项税和已缴纳的增值税，贷方反映企业销售货物、提供应税劳务应缴纳的销项税、出口货物退税、转出已支付或应分摊的增值税。期末借方余额，反映未抵扣的增值税；期末贷方余额，反映尚未缴纳的增值税。

增值税还应通过"应交增值税"下设置明细科目进行核算，其主要明细科目如表 15-12 所示。

表 15-12 应交增值税明细科目

应交税费——应交增值税	
借方	贷方
进项税额	销项税额
已交税金	出口退税
减免税款	进项税额转出
出口抵减内销产品应纳税额	转出多交增值税
转出未交增值税	

注意：表 15-12 所示的明细科目的设置针对的是一般纳税人，小规模纳税人只需设置"应交增值税"二级科目，不用设置明细科目。

（1）进项税额

记录企业购进货物或接受应税劳务而支付的准予从销项税额中抵扣的增值税，退货或折让所发生应冲销的进项税额，用红字登记。

（2）已交税金

核算企业当月预缴增值税额，或者当月上缴本月应交增值税额，在收到退回的多交增值税额时，用红字登记。

（3）减免税款

反映企业按规定直接减免的增值税额，借记本科目，贷记"补贴收入"等科目。实际收到即征即退、先征后退、先征收后返还的增值税不通过本科目核算。

（4）出口抵减内销产品应纳税额

记录企业在销售出口货物后，向税务机关申报"免、抵、退"税，税务机关审核确认的应免抵税额，借记本科目，贷记"应交税费——应交增值税（出口退税）"科目。

（5）转出未交增值税

核算企业月终转出应交未交的增值税额，月末应交增值税明细账出现贷方余额时，表示企业当期未交的增值税额，应根据余额借记本科目，贷记"应交税费——未交增值税"。

（6）销项税额

记载企业销售货物或提供应税劳务收取的增值税额，在发生销售退回或折让的情况时，用红字登记，冲减销项税额。

（7）出口退税

记载企业向税务机关申报办理出口退税后，应收的出口退税额及应免抵税额。出口货物应退回的增值税额，用蓝字登记；出口货物办理退税后发生退货或退关情况的，应根据税务局核定的应补交已退的税款，用红字登记。企业应退税额和应免抵税额，借记"其他应收款——应收出口退税""应交税费——应交增值税（出口抵减内销产品应纳税额）"，贷记本科目。

（8）进项税额转出

核算企业的原材料、在产品、产成品发生非正常损失，以及按规定的免税货物和出口货物免税等不应从销项税额中抵扣的进项税额。

（9）转出多交增值税

核算企业月末转出多交的增值税额。

15.8.2 进项税额的账务处理

我国的增值税采用税款抵扣制度，采购货物或接受应税劳务所发生的进项税额有些可以从同期销项税额中抵扣，有些不能抵扣，有些在事先抵扣后又因为发生非正常损失或用于非生产用途等情况需要进行转出；同时，由于纳税人性质不同、发生的纳税事项不同等，各类进项税额的账务处理也有所不同。

注意：对于不允许抵扣的进项税额，应将增值税专用发票上注明的增值税额计入采购货物的成本，借记"工程物资""在建工程"等科目，贷记"银行存款""应付账款"等科目。

1. 国内采购进项税额的账务处理

企业在国内购买材料或接受应税劳务时，应根据支付给供货方或提供劳务方的实际采购价借记"原材料""材料采购""库存商品"及相关费用科目，按增值税专用发票上注明或计算的进项税额借记"应交税费——应交增值税（进项税额）"，按借方科目之和贷记"银行存款""应付账款"等科目。

例 15.14 北方吉祥工厂 2019 年 10 月购进生产用原料 4500 千克（12 元/千克），供货方开具的增值税专用发票上注明进项税额 7020 元，另支付材料运输费 3200 元(已开具发票)，材料已验收入库，货款已通过银行存款支付。

分析：原材料采购成本是由买价和采购过程中发生的运费、装卸费、保险费和运输途中的合理损耗组成的，其中运费不含税价格为 2935.78 元（3200/1.09），运费税额为 264.22 元（2935.78×9%）。

对应的会计分录为：

借：原材料　　　　　　　　　　　　　56935.78（4500×12+2935.78）
　　应交税费——应交增值税（进项税额）　7284.22（7020+264.22）
　贷：银行存款　　　　　　　　　　　　64220

在实际工作中，当月收到的增值税专用发票不一定全部认证，企业会计人员往往会根据销项税额及本会计期间的税负情况进行考虑。增值税专用发票如果没到主管税务机关进行认证，其中的进项税额是不可以从销项税额中抵扣的，因此，为了区分已认证与未认证的进项税额，企业可通过"应交税费——待抵扣进项税额"明细科目进行过渡，有些企业也通过"其他应收款"科目来入账。

例 15.15 承例 15.14，假设当月该笔业务的进项税额未到主管税务机关进行认证，则入账时应编制的会计分录如下所示。

（1）材料验收入库，进项税额未做认证时，对应的会计分录为：

借：原材料　　　　　　　　　　　　　56935.78
　　应交税费——待抵扣进项税额　　　　7284.22
　贷：银行存款　　　　　　　　　　　　64220

（2）企业在规定认证期内（开具之日起 360 日内）到主管税务机关认证通过后，对应的会计分录为：

借：应交税费——应交增值税（进项税额）　7284.22
　贷：应交税费——待抵扣进项税额　　　　7284.22

企业经营发生的水电费，如果包括生产经营用电和职工生活用电，其中职工生活用电属于职工福利，不能够抵扣进项税额，那么在取得增值税专用发票或计算抵扣时，应将用于职工福利部分的进项税额区别计入相关费用。

例 15.16 北方吉祥工厂 2019 年 10 月支付电费 18.08 万元，电力公司开具的增值税专用发票上注明电费 16 万元，增值税额 2.08 万元。工厂将生产用电与生活用电分开计量，其中生产用电 12 万元，生活用电 4 万元（在发工资时扣回），请据此编制会计分录。

分析：企业生产用电相关费用在发生时应记入"制造费用"科目，其进项税额可以抵扣；用于职员生活的电费属于职工福利范畴，其进项税额不得抵扣，同时，用于职工福利部分的进项税额也不予抵扣，应合并记入"应付职工薪酬"科目。

借：制造费用——电费　　　　　　　　120000
　　应交税费——应交增值税（进项税额）　15600（20800/160000×120000）
　　应付职工薪酬　　　　　　　　　　45200（40000+20800-15600）
　　贷：银行存款　　　　　　　　　　180800

注意：增值税专用发票往往是整张通过系统认证的，因此对于一张税票中部分不予抵扣的进项税额，可以通过"进项税额转出"明细科目进行核算。

2. 委外加工进项税额的账务处理

企业委托外单位进行产品加工，支付加工费收取的增值税专用发票中的进项税额，依照税法规定可予以抵扣。委托方应按发出材料的实际成本和支付的加工费、运费等合计计入委托加工物资成本，可抵扣的税额借记"应交税费——应交增值税（进项税额）"。

例 15.17　北方吉祥工厂委托外单位加工产品一批，发出的材料价值 300 万元，支付加工费 12 万元，增值税额 1.56 万元，取得对方开具的增值税专用发票。加工费已通过银行存款支付，请请据此编制会计分录。

（1）发出材料时，对应的会计分录为：
借：委托加工物资　　3000000
　　贷：原材料　　　3000000

（2）支付加工费时，对应的会计分录为：
借：委托加工物资　　　　　　　　　　120000
　　应交税费——应交增值税（进项税额）　15600
　　贷：银行存款　　　　　　　　　　135600

（3）加工产品收回、验收入库时，对应的会计分录为：
借：库存商品　　　　3120000
　　贷：委托加工物资　3120000

3. 国外购进原料进项税额的账务处理

纳税人进口货物，应按照组成计税价格和规定的税率计算缴纳增值税额，并以海关开具的完税凭证作为进项税额抵扣的依据。进口货物增值税组成计税价格和应纳进口增值税的计算公式如下：

组成计税价格=关税完税价格+关税+消费税
应纳进口增值税=组成计税价格×税率

例 15.18　北方吉祥工厂 2019 年 10 月从国外购进材料一批（材料已验收入库），海关完税价格 120 万元，应交关税 20.4 万元，另支付国内从海关至工厂的运费 4 万元，开具运输发票。款项已通过银行存款支付,请计算增值税进项税额及材料采购成本,并编制会计分录。

(1) 计算增值税进项税额及材料采购成本:

增值税进项税额=(120+20.4)×13%+4/(1+9%)×9%=18.25+0.33=18.58(万元)

材料采购成本=120+20.4+(4-0.33)=144.07(万元)

(2) 对应的会计分录为:

借:原材料　　　　　　　　　　　　　　1440700
　　应交税费——应交增值税(进项税额)　185800
　　贷:银行存款　　　　　　　　　　　　1626500

4. 购料发生退货、折让等进项税额的账务处理

企业购买材料后发生退货现象的,在未认证前,应将对方开具的增值税专用发票的抵扣联和发票联退还销货方进行作废处理,如果是在发票已认证并已做账务处理的情况下,则无须将发票退回,而应由购货方填写"开具红字增值税专用发票申请单",经主管税务机关审核后出具"开具红字增值税专用发票通知单",交由销货方作为开具红字发票的证明,以开具后的红字发票进行冲减。"开具红字增值税专用发票申请单"及"开具红字增值税专用发票通知单"如图15-2、图15-3 所示。

开具红字增值税专用发票申请单

填开日期:2019 年 7 月 5 日　　　　　　　　　　　　　　　　　　　　　NO.001

销售方	名　称	××材料有限公司	购买方	名　称	北方吉祥工厂
	税务登记代码	410×××××××		税务登记代码	419×××××××
开具红字专用发票内容	货物(劳务)名称	单　价	数　量	金　额	税　额
	原材料	6.8元	-1000kg	-6800元	-884元
	合　计	—	—	-6800元	-884元
说　明	对应蓝字专用发票抵扣增值税销项税额情况: 已抵扣☑ 未抵扣□ 纳税人识别号认证不符□ 专用发票代码、号码认证不符□ 对应蓝字专用发票密码区内打印的代码:××××××××× 号码:×××××××××× 开具红字专用发票理由:材料质量不合格,全部退货					

图 15-2　开具红字增值税专用发票申请单

开具红字增值税专用发票通知单

填开日期：2019 年 7 月 9 日　　　　　　　　　　　　　　　　　　　　　　　　　　NO.001

销售方	名　　称	××材料有限公司	购买方	名　　称	北方吉祥工厂
	税务登记代码	410×××××××		税务登记代码	419×××××××
开具红字专用发票内容	货物（劳务）名称	单　价	数　量	金　额	税　额
	原材料	6.8元	−1000kg	−6800元	−884元
	合　计	—	—	−6800元	−884元
说　明	需要做进项税额转出□ 不需要做进项税额转出☑ 纳税人识别号认证不符□ 专用发票代码、号码认证不符□ 对应蓝字专用发票密码区内打印的代码：×××××××××× 号码：×××××××××× 开具红字专用发票理由：材料质量不合格，全部退货				

图 15-3　开具红字增值税专用发票通知单

例 15.19　北方吉祥工厂 2019 年 6 月 23 日收到材料公司转来的托收承付结算凭证，开具的增值税专用发票上注明材料价款 6800 元，增值税额 884 元，委托银行付款，当月发票已认证并已做账务处理。

　　借：在途材料　　　　　　　　　　　　　　6800
　　　　应交税费——应交增值税（进项税额）　884
　　　　　贷：银行存款　　　　　　　　　　　　　　7684

7 月 5 日对方材料运到，北方吉祥工厂在验收时发现材料质量不合格而全部退货，并于 7 月 9 日取得主管税务机关开具的"开具红字增值税专用发票通知单"交给销货方，当月 22 日收到对方开具的增值税红字专用发票，请据此编制会计分录。

（1）将"开具红字增值税专用发票通知单"交给销货方，对应的会计分录为：

　　借：应收账款——材料厂　6800
　　　　贷：在途材料　　　　　　6800

（2）收到对方款项及开具的增值税红字专用发票，对应的会计分录为：

　　借：银行存款　　　　　　　　　　　　　　7684
　　　　贷：应交税费——应交增值税（进项税额）　884
　　　　　　应收账款——材料公司　　　　　　　　6800

注意：如果企业对购进的货物只是部分退货或让销货方给予一定的折让，那么在发票未认证抵扣的情况下，将原发票退还给销货方作废后重新开具正确发票；在发票已认证抵扣的情况下，应向主管税务机关申请后，出具"开具红字增值税专用发票通知单"给销货方开具所退部分或折让部分的红字发票，进行冲账处理。

5．企业接受投资货物进项税额的账务处理

企业接受投资的货物，应按照双方确认的价格（不含税）入账，借记"原材料""固定资产""库存商品"等科目，按增值税专用发票上注明的税额进行抵扣，借记"应交税费——

应交增值税（进项税额）"科目，按投资确认的货物价格与税额合计贷记"实收资本"科目，两者的差额记入"资本公积"科目。

例 15.20 北方吉祥工厂于 2019 年 10 月底接受某企业以原材料及一台机器设备作为投资，开具增值税专用发票两张；原材料价款 380 万元，增值税额 49.4 万元；机器设备价款 260 万元，增值税额 33.8 万元。经确认，该企业所占北方吉祥工厂注册资本份额为 680 万元。综上所述，对应的会计分录为：

借：原材料　　　　　　　　　　　　　　　　3800000
　　固定资产——机器设备　　　　　　　　　2600000
　　应交税费——应交增值税（进项税额）　　 832000
　贷：实收资本　　　　　　　　　　　　　　 6800000
　　　资本公积——资本溢价　　　　　　　　　432000

6. 企业接受捐赠货物进项税额的账务处理

企业接受捐赠货物进项税额的账务处理与接受投资货物进项税额的账务处理类似，都是依据增值税专用发票借记"应交税费——应交增值税（进项税额）"科目，按双方确认的公允价值计入相关资产的成本，贷记"营业外收入——捐赠利得"科目。

注意： 关于接受捐赠所应缴纳的所得税的账务处理我们将在所得税章节进行介绍。

例 15.21 北方吉祥工厂接受外部企业捐赠的材料一批，增值税专用发票上注明价款 140 万元，增值税额 18.2 万元，材料已验收入库，对应的会计分录为：

借：原材料　　　　　　　　　　　　　　　　1400000
　　应交税费——应交增值税（进项税额）　　 182000
　贷：营业外收入——捐赠利得　　　　　　　 1582000

7. 小规模纳税人进项税额的账务处理

小规模纳税人实行简易扣税制度，其所购货物或接受劳务的进项税额不实行税款抵扣，而直接计入货物的采购成本，因此，小规模纳税人也不用区分所收发票是普通发票还是增值税专用发票，按实际支付或应当支付的价款和进项税额合计，借记"原材料""库存商品""固定资产"及相关费用科目，贷记"应付账款""银行存款"等科目。

例 15.22 北方吉祥工厂属于小规模纳税人，2019 年 10 月购入原材料一批，对方提供的请款清单上注明价款 200 万元，增值税额 26 万元，已开具发票。北方吉祥工厂已付款并验收入库，对应的会计分录为：

借：原材料　　2260000
　贷：银行存款　　2260000

15.8.3　进项税额转出的账务处理

在企业的实际运营中，对于购进的货物往往不能事先确定是否会用于非生产经营项目，因此，会计人员在进行账务处理时都会将相应的进项税额在销项税额中进行抵扣处理。但是由于税法规定，当纳税人购进货物或接受的应税劳务改变用途（用于集体福利、个人消费、免税项目、非应税项目）或是发生非正常损失时，其支付的进项税额不得从销项税额中抵扣，因此，当企业出现上述情况时，应将购进的货物或应税劳务的进项税额通过"应交税费——应交增值税（进项税额转出）"科目，从当期发生的进项税额中扣除。下面我们将针对各种具体情况的账务处理为大家进行介绍。

1. 用于非应税项目进项税额转出的账务处理

非应税项目是针对增值税来讲的，如企业提供非增值税的应税劳务、转让无形资产、销售不动产和不动产在建工程等，都属于非应税项目的范畴。在工业企业中，购进货物用于非应税项目主要出现在将购进货物或应税劳务用于企业房屋等不动产的新建、改建、扩建和修缮等方面。对于这些项目所购进材料或应税劳务的进项税额如何处理，我们通过举例来说明。

注意：企业在购买材料或应税劳务时，已明确是为基本建设工程所用的，应将材料或应税劳务所包含的进项税额计入相应的工程成本中。

例 15.23 北方吉祥工厂因需对厂房进行改建，从仓库中领用上月购入的生产用原材料一批，领用的原材料成本为 10 万元，此批材料购买总价格为 200 万元，增值税专用发票上注明税额 26 万元，已于上月认证抵扣并做相关账务处理。会计人员在工程领料时，对应的会计分录为：

借：在建工程　　　　　　　　　　　　　　　113000
　贷：原材料　　　　　　　　　　　　　　　　100000
　　　应交税费——应交增值税（进项税额转出）　13000

2. 用于免税项目进项税额转出的账务处理

由于免税项目在销售时不用缴纳销项税额，因此为生产免税项目购进的材料或应税劳务所包含的进项税额是不予抵扣的，应计入免税项目材料采购成本。对于企业购进的货物或应税劳务既用于免税项目又用于应税项目的，应将用于免税项目的进项税额区分开来，做"进项税额转出"的账务处理。

例 15.24 某塑料制品厂生产农用薄膜（免税产品）和塑料餐具（应税产品）两种产品，2019 年 10 月购进生产用原料一批，增值税专用发票上注明价税合计 406.8 万元，当月生产农用薄膜领用该批原材料成本 24 万元，请做出相关的账务处理。

（1）计算进项税额：406.8/（1+13%）×13%=46.8（万元）
（2）计算当月不得抵扣的进项税额：24×13%=3.12（万元）
（3）对应的会计分录为：

借：生产成本——基本生产成本　　　　　　　271200
　贷：原材料　　　　　　　　　　　　　　　　240000
　　　应交税费——应交增值税（进项税额转出）　31200

3. 用于集体福利或个人消费进项税额转出的账务处理

企业将购买的货物或应税劳务用于集体福利或个人消费，相当于终止了增值税的税务链，由企业充当了最终的消费者，因此，这部分货物或应税劳务的增值税应由企业承担，而不能作为进项税额进行抵扣。对于已经抵扣的进项税额，应通过"进项税额转出"科目从当期发生的进项税额中扣除。为了便于理解，我们来举例说明。

例 15.25 企业将上月外购的一批备用的办公桌椅用于职工宿舍，该批办公桌椅在购买时的价款为 4800 元，增值税额为 624 元，计入低值易耗品库存，其进项税额已于上月抵扣认证，本月领用时对应的会计分录为：

借：应付职工薪酬　　　　　　　　　　　　　5424
　　贷：低值易耗品　　　　　　　　　　　　4800
　　　　应交税费——应交增值税（进项税额转出）　624

4. 非正常损失货物进项税额转出的账务处理

企业因为遭受自然灾害或人为管理不善等造成材料、产成品、半成品、固定资产损失的，属于非正常损失，相应的进项税额不得抵扣，如果原进项税额已进行抵扣，应将已抵扣的进项税额转出，与遭受损失的存货成本一并计入待处理财产损益。

例 15.26 企业于上月购进一批价值 28 万元的原材料，进项税额 3.64 万元（已于当月认证抵扣），因露天堆放导致被雨淋坏毁损，已清理作价出售取得不含税收入 8.4 万元，请据此编制会计分录。

（1）发生损失计入清理，对应的会计分录为：
借：待处理财产损益　　　　280000
　　贷：原材料　　　　　　　280000

（2）进项税额转出，对应的会计分录为：
借：待处理财产损益　　　　25480　[（280000-84000）×13%]
　　贷：应交税费——应交增值税（进项税额转出）　25480

（3）取得清理收入，对应的会计分录为：
借：银行存款　　　　　　　94920
　　贷：待处理财产损益　　　84000
　　　　应交税费——应交增值税（销项税额）　10920

（4）结转损失，对应的会计分录为：
借：营业外支出——非正常损失　221480（280000+25480-84000）
　　贷：待处理财产损益　　　221480

注意：例 15.26 中，企业因销售毁损材料取得不含税收入 8.4 万元，并计征销项税额，因此，我们视该批材料未发生全部损失，需转出的进项税额扣减取得的清理变价收入后计算，即取得的清理变价收入不产生税收。

15.8.4　直接收款方式销项税额的账务处理

销售额的确认与销售方式有着紧密的联系，销售方式包括一般销售、折扣/折让销售、混合销售、视同销售等，这些不同的销售方式又因纳税义务发生时间不同分为直接收款销售、托收承付销售、预收货款销售等。对于不同的销售方式，在确认相应的销售额和计算对应的销项税额后如何进行账务处理就是本小节将要讲述的内容。

以直接收款方式销售货物的，其确认销售收入的纳税义务发生时间为收到销售款项或取得销货款凭证的当天，而与货物是否发货没有关系。企业应根据所收货款或相关的单据，借记"银行存款""应收账款"等科目；贷记"主营业务收入""应交税费——应交增值税（销项税额）"等科目。

例 15.27 北方吉祥工厂采用直接收款方式向某工厂销售产品一批，开具的增值税专用发票上注明价款 12 万元，增值税额 1.56 万元，对方已开出转账支票，对应的会计分录为：

借：银行存款　　　　　　　　　　　　　135600
　　贷：主营业务收入　　　　　　　　　　120000
　　　　应交税费——应交增值税（销项税额）　15600

15.8.5　销货退回及销售折让销项税额的账务处理

企业在销售货物的过程中，因产品质量原因出现买方退回货物或要求折让的情况下，无论所退货或折让是当月销售还是以前月份销售的，都应在当月的主营业务收入中进行冲减，并根据对方退回的增值税专用发票的发票联、抵扣联或收到"开具红字增值税专用发票通知单"后重新开具的红字增值税专用发票，对销项税额进行不同的账务处理。

（1）销货全部退回

①购买方将货物全部退回的，如果属于当月发生的销售退回，则企业应将购买方退回的增值税专用发票的发票联和抵扣联进行作废处理，同时对当月已做销售收入的记账凭证进行作废处理。

②如果销货退回的是以前月份所发生的销售，则企业应根据对方转来的"开具红字增值税专用发票通知单"上注明的退货数量、价款和增值税额，开具红字增值税专用发票，并据此冲销当月的销售收入，红字借记"应收账款""银行存款"等科目，红字贷记"主营业务收入""应交税费——应交增值税（销项税额）"等科目。

例 15.28 北方吉祥工厂 2019 年 6 月 10 日收到客户全部退回上月销售的产品一批（款项未收），该批产品价款 10 万元，增值税额 1.3 万元，已根据对方转来的"开具红字增值税专用发票通知单"开具红字增值税专用发票，对应的会计分录为：

借：应收账款　　　　　　　　　　　　　113000
　　贷：主营业务收入　　　　　　　　　　100000
　　　　应交税费——应交增值税（销项税额）　13000

（2）销货部分退回

①购买方将货物部分退回的，如果属于当月销售的货物，销货方应将购货退回的增值税专用发票的发票联和抵扣联连同发票存根、记账联进行作废处理，同时按对方实际收货的数量、金额和增值税额重新开具发票，作为双方账务处理的凭据。

②若所退回货物为以前月份发生的销售，其处理方式与全部退回的处理类似，根据对方转来的"开具红字增值税专用发票通知单"上的相关数量、金额等开具红字增值税专用发票，在进行账务处理时，只要对部分销售收入和销项税额进行冲销即可。

例 15.29 假定例 15.28 中客户退货 3 万元，已收到对方转来的"开具红字增值税专用发票通知单"并开具对应的红字增值税专用发票，则对应的会计分录为：

借：应收账款　　　　　　　　　　　　　　33900
　　贷：主营业务收入　　　　　　　　　　　　30000
　　　　应交税费——应交增值税（销项税额）　3900

（3）销货折让

企业在销货过程中发生销货折让的，其账务处理可以参考上述销货退回的方式进行，此处不再赘述。

15.8.6　销货折扣销项税额的账务处理

在企业实际经营过程中，销货折扣存在两种形式：一种是商业折扣，是企业为了实现促销而给予客户在达到一定购买数量时的价格优惠；另一种是现金折扣，是企业为了促使客户早日付款而应允的一种优惠，属于企业的一种融资行为。

对于企业实行现金折扣来说，其所发生的现金折扣直接计入财务费用，销项税额的账务处理与正常销售相同；对于企业实行商业折扣来说，应根据销货方开具发票的情况来进行不同的账务处理。

（1）如果销售全额与商业折扣额开具在同一张发票上，则企业应按实收货款，即折扣后的销售额作为销项税额的计税依据。

例 15.30　北方吉祥工厂销售给某企业 2400 件产品，每件产品不含税价格为 150 元，由于对方购买产品的数量较多，因此北方吉祥工厂按原价的 9 折销售，并将销售金额和商业折扣额开具在同一张发票上，对应的会计分录为：

借：应收账款　　　　　　　　　　　　366120
　　贷：主营业务收入　　　　　　　　　324000（2400×150×90%）
　　　　应交税费——应交增值税（销项税额）　42120（324000×13%）

（2）如果销售全额与商业折扣分开两张发票开具，则企业计税销售额应以未做折扣的销售额为计税依据。

例 15.31　假定例 15.30 中北方吉祥工厂将销售金额和商业折扣额分别开具在两张发票上，则对应的会计分录为：

借：应收账款　　　　　　　　　　　　366120
　　销售费用　　　　　　　　　　　　 40680
　　贷：主营业务收入　　　　　　　　　360000
　　　　应交税费——应交增值税（销项税额）　46800（360000×13%）

15.8.7　价外费用销项税额的账务处理

在销售额的确认过程中，纳税人收取的价外费用不管在会计上是否作为收入处理，在进行销项税额计算时都应合并到应税销售额中。在无特别说明时，一律将价外费用视为含税收入。

价外费用包括销货方在货物价格以外向购货方收取的手续费、包装物租金、补贴、奖励费、返还利润、违约金、赔偿金、基金、集资款、延期付款利息、包装费、运输费、代垫款项及代付款项等，它们在收取时应如何进行账务处理呢？

（1）收取的手续费、包装物租金

企业向购货方收取的手续费是提供一定服务的补偿，而收取的包装物租金是转让包装物的使用权取得的收入，在会计准则上，这两项收入都应通过"其他业务收入"科目进行核算，在收取时借记"银行存款""应收账款"等科目，按应计收入计算增值税销项税额，贷记"应交税费——应交增值税（销项税额）"科目。由于价外费用属于含税收入，所以在进行账务处理时，应事先将含税收入换算成不含税收入。

例 15.32 北方吉祥工厂向客户销售产品一批，增值税专用发票上注明价款 14.2 万元，增值税额 18460 元，另向客户收取包装物租金 6800 元，已向银行办理托收承付手续，对应的会计分录为：

包装物租金的销项税额=6800/（1+13%）×13%=782.3（元）

借：应收账款　　　　　　　　　　　167260
　　贷：主营业务收入　　　　　　　142000
　　　　其他业务收入　　　　　　　6017.7（6800-782.3）
　　　　应交税费——应交增值税（销项税额）　19242.3

（2）收取的违约金、赔偿金

企业因对方过错而收取的违约金、赔偿金等在账务上应作为营业外收入处理，通过"营业外收入"科目进行核算。

例 15.33 假定例 15.32 中购货方在退回包装物时发现有一部分已经毁损，按照协议约定，购货方需支付原包装物价款，并向企业支付赔偿金 3000 元。企业在收取赔偿金时，对应的会计分录为：

借：库存现金　　　　　　　　　　　3000
　　贷：营业外收入　　　　　　　　2654.87
　　　　应交税费——应交增值税（销项税额）　345.13　[3000/（1+13%）×13%]

从例 15.32、例 15.33 中可以看出，企业收取价外费用，其对应的会计分录的基本形式为：

借：银行存款/应收账款
　　贷：对应的贷方科目
　　　　应交税费——应交增值税（销项税额）

对于不同的价外费用销项税额的处理，关键在于如何确认对应的贷方科目。各种名目的价外费用，其对应的贷方科目如表 15-13 所示。

表 15-13　价外费用对应的贷方科目

序号	价外费用名目	解析	对应的贷方科目
1	收取手续费、包装物租金	手续费是企业提供一定服务而收取的费用，包装物租金是企业转让资产使用权收取的费用，它们属于主营业务收入外的其他收入	其他收入
2	收取补贴、奖励费、优质费、返还利润	企业销售商品同时收取的返还利润、补贴等，具有价上加价的性质，应计入主营业务收入	主营业务收入

续表

序号	价外费用名目	解析	对应的贷方科目
3	收取违约金、赔偿金	企业收取的违约金、赔偿金等属于企业日常经营以外的利得,应计入营业外收入	营业外收入
4	收取基金、集资款	基金、集资款是企业按政策规定收取的款项,具有专款专用的性质,应计入其他应付款	其他应付款
5	收取购货方延期付款利息	收取购货方延期付款利息应作为企业收取的利息冲减财务费用	财务费用
6	收取包装费、运输费、储备费	企业在销售过程中发生的包装费、运输费等是作为产品销售费用入账的,因此,收回的这些费用应冲减销售费用	销售费用
7	收取代垫款项	代垫款项是企业事先已经支付的,但本不应由企业承担的费用,在支付时计入其他应收款,在收取时冲减其他应收款	其他应收款
8	收取代收款项	代收款项是企业作为中间方,代第三方向他人收取的款项,不会导致企业经济利益的流入,在收取时计入其他应付款	其他应付款

15.8.8 包装物销售及收取的押金销项税额的账务处理

包装物是指在生产流通过程中,为包装本企业的产品或商品,并随同它们一起出售、出借或出租给购货方的各种包装容器。根据现行增值税及消费税的有关规定,包装物押金收入应单独记账核算,时间在一年以内又未逾期的,不并入销售额征税,但对逾期未收回的包装物不再退还的押金,应按规定计算征收增值税和消费税。

(1) 企业销售产品,随同产品出售且单独计价的包装物,应按规定作为销售额计算应缴纳的销项税额。

例 15.34 北方吉祥工厂 2019 年 6 月 9 日销售给外部工厂带包装物的产品一批,包装物单独计价,开具的增值税专用发票上注明产品价款 6.8 万元,包装物销售款 8200 元,增值税额 9906 元,货款尚未收到,对应的会计分录为:

```
借:应收账款                    86106
    贷:主营业务收入                68000
       其他业务收入                 8200
       应交税费——应交增值税(销项税额)  9906
```

(2) 企业收取的包装物押金,因包装物逾期未退还而没收的,应按规定将其换算成不含税金额,计算应缴纳的销项税额。

例 15.35 北方吉祥工厂 2018 年 10 月销售产品一批,价款 5.2 万元,增值税额 6760 元,随货的包装物收取押金 1.34 万元,双方约定一年后退回所附包装物。2019 年 10 月,企业仍未收到退还的该批包装物,对应的会计分录为:

```
借:其他应付款                    13400
    贷:其他业务收入                11858.41  [13400/(1+13%)]
```

应交税费——应交增值税（销项税额）　　1541.59

注意：包装物押金是否逾期，往往以一年为限，当收取的押金超过一年时，不管押金是否退回，在税法上都应作为销售额计税。

销售酒类商品收取的包装物押金应区分酒的种类进行账务处理。销售啤酒或黄酒的，其包装物按一般货物包装物进行账务处理；销售其他酒类的，其包装物押金无论将来是否返还、是否按时返还，均应计入当期销售额进行应纳销项税额的计算。

15.8.9　混合销售销项税额的账务处理

混合销售是指企业的一项销售行为既涉及货物又涉及服务。对于从事生产、批发或零售的单位和个体工商户的混合销售，按照销售货物缴纳增值税；对于其他单位和个体工商户的混合销售，按照销售服务缴纳增值税。

例 15.36　北方吉祥工厂 2019 年 6 月 10 日向客户销售产品一批，价款 3.8 万元，增值税额 4940 元，该工厂同时负责产品的安装，收取客户运输及安装费 3600 元，货款已通过银行收取，对应的会计分录为：

借：银行存款　　　　　　　　　　　46540
　　贷：主营业务收入　　　　　　　　41185.84　[38000+3600/（1+13%）]
　　　　应交税费——应交增值税（销项税额）　5354.16　[4940+3600/（1+13%）×13%]

注意：电梯公司在销售电梯后还要负责安装，也就是销售货物的同时还要提供服务，属于一种混合销售，其中销售电梯的增值税税率为 13%，而安装电梯的增值税税率为 9%。

15.8.10　视同销售行为销项税额的账务处理

在我们掌握了企业视同销售行为的销售额如何确定等知识的基础上，本节只介绍视同销售行为销项税额的账务处理，对于购买货物用于非应税项目应做进项税额转出处理，请大家参考进项税额转出的账务处理。

1. 企业将货物交付他人代销销项税额的账务处理

企业将货物交付他人代销的，作为委托方应以收到代销清单或货款中较早一项的时间为纳税义务时间，若在发出代销商品后 180 日仍未收到代销清单或货款，则应视同销售的实现。受托方也应将代销商品作为应税商品销售，计算增值税销项税额。

代销商品因委托方与受托方双方协议销售产品的方式不同，其账务处理也略有不同。

（1）向受托方支付手续费的销售方式

受托方按照委托方规定的价格进行产品销售，销售收入归委托方所有，受托方按双方协议收取一定的手续费。委托方应按受托方转来的代销清单及开来的手续费发票进行账务处理。受托方应将代销商品作为应税销售计算销项税额，以委托方开具的增值税专用发票计算进项税额，收取的手续费通过"其他业务收入"科目核算，并缴纳增值税。

例 15.37　北方吉祥工厂 2019 年 7 月 12 日委托某企业（一般纳税人）销售商品 360 件，协议不含税价为 480 元/件（产品成本价为 300 元/件），并按售价的 5% 支付给对方手续费。

该企业将商品全部售出,并向北方吉祥工厂开具了代销清单。

1) 委托方的税务及账务处理

①将商品交付出去时,对应的会计分录为:

借:库存商品——委托代销商品　　108000
　　贷:库存商品　　　　　　　　　　108000

②收到对方企业转来的代销清单时,对应的会计分录为:

借:应收账款　　　　　　　　　　195264
　　贷:主营业务收入　　　　　　　　172800
　　　　应交税费——应交增值税(销项税额)　22464

③结转销售成本,对应的会计分录为:

借:主营业务成本　　　　　　　　108000
　　贷:库存商品——委托代销商品　　108000

④收到货款及手续费发票时,对应的会计分录为:

借:银行存款　　　　　　　　　　186624
　　销售费用　　　　　　　　　　8640(172800×5%)
　　贷:应收账款　　　　　　　　　　195264

2) 受托方的税务及账务处理

①收到代销商品时,对应的会计分录为:

借:受托代销商品　　　　　　　　172800
　　贷:受托代销商品款　　　　　　　172800

②代销商品全部售出时,对应的会计分录为:

借:银行存款　　　　　　　　　　195264
　　贷:应付账款　　　　　　　　　　172800
　　　　应交税费——应交增值税(销项税额)　22464

借:受托代销商品款　　　　　　　172800
　　贷:受托代销商品　　　　　　　　172800

③取得委托方开具的增值税专用发票时,对应的会计分录为:

借:应交税费——应交增值税(进项税额)　22464
　　贷:应付账款　　　　　　　　　　22464

④支付委托方款项并计算代销手续费时,对应的会计分录为:

借:应付账款　　　　　　　　　　195264
　　贷:银行存款　　　　　　　　　　186624
　　　　其他业务收入　　　　　　　　8640

(2) 受托方自购自销的销售方式

受托方可自行调整商品的出售价格,与委托方按协议价进行结算,同时不再另外支付手续费。在这种情况下,委托方的税务和账务处理与收取手续费的账务处理基本相同(不再另外支付手续费),此处不再赘述。

受托方以委托方开具的增值税专用发票上注明的增值税额确认进项税额,其销项税额按实际售价乘以相应的税率计算。在这种方式下，受托方相当于赊购商品销售，其销售商品的收益相当于商品的进销差价，账务处理应按基本销售业务处理。

2．企业内部机构之间调拨商品销项税额的账务处理

企业内部机构之间调拨商品应满足：总、分机构统一核算，且两个机构不在同一县市；两者之间商品转移属于商品存放地点的改变，对于企业来说不导致经济利益的流入或流出。但是因为我国的税收是按地域进行划分的，所以在货物移送时，调出方应当计算销项税额，调入方应当计算进项税额。

例 15.38 某企业总公司设在 A 市，分公司设在 B 县，分公司的商品调拨至总公司销售，在总、分公司之间，分公司自行核算生产经营成本和销售，利润及分配并入总公司核算。2019 年 10 月，分公司调拨产品 120 件给总公司销售，产品市场销售价 16.8 万元（不含税），成本价 12 万元，开具的增值税专用发票已随货物送交总公司。

（1）分公司对应的会计分录为：

借：应收账款——总公司　　　　　　　　189840
　　贷：主营业务收入（调拨至总公司）　　168000
　　　　应交税费——应交增值税（销项税额）　21840
借：主营业务成本（调拨至总公司）　　　120000
　　贷：库存商品　　　　　　　　　　　120000

（2）总公司对应的会计分录为：

借：库存商品　　　　　　　　　　　　　168000
　　应交税费——应交增值税（进项税额）　21840
　　贷：应付账款——分公司　　　　　　189840

注意：总、分公司统一核算的，在会计期末应编制合并报表，其内部商品移送并不产生实际的销售收入与利润，在计算所得税时，分公司的收入不计算应纳所得税额。

3．企业将自产、委托加工的货物用于非应税项目销项税额的账务处理

按税法规定，此项行为应视同销售行为征收销项税额，但根据财务会计制度的规定，它并不符合销售收入的确认条件，只是企业资产之间的转移，不作为收入进行账务处理，因此在货物移送时，按产品的成本加计应缴纳的增值税额借记"在建工程"等科目，贷记"应交税费——应交增值税（销项税额）""库存商品"等科目。

例 15.39 企业将自产的产品 160 件用于本企业不动产的基本建设工程，该产品单位成本 280 元/件，单位售价 640 元/台，企业在产品移送时，对应的会计分录为：

借：在建工程　　　　　　　　　　　　　58112（160×280+160×640×13%）
　　贷：库存商品　　　　　　　　　　　44800
　　　　应交税费——应交增值税（销项税额）　13312（160×640×13%）

注意：上述视同销售行为在财务会计上虽不做销售处理，但应按税法规定并入计算应税所得额，因此，在年末计算所得税时，应按售价与成本的差额调增应税所得额，后续不作为收入处理的视同销售行为做相同处理。

4. 企业将自产、委托加工或购买的货物作为对外投资销项税额的账务处理

将产品或货物进行对外投资时，企业应以投资货物的市场价加上应支付的销项税额作为初始投资成本，同时减少库存存货，按相应货物的售价或组成计税价格计算增值税销项税额。

注意：对于企业将外购货物用于企业外部的，如投资、分配、赠送等，应视同销售计算销项税额；对于企业将外购货物用于企业内部的，如非应税项目、在建工程、集体福利等，则不作为视同销售行为，应将所购货物的进项税额计入相关成本，不得抵扣，已抵扣的应做进项税额转出处理。两种情况都是增加应纳增值税额，但其计算增值税的依据各不相同。

例 15.40 企业将一批生产的产品对外投资，产品的账面价值为 16.8 万元，市场同类产品售价为 18 万元，该交换不具备商业性质，企业对应的会计分录为：

借：长期股权投资　　　　　　　　　　203400
　　贷：主营业务收入　　　　　　　　　　180000
　　　　应交税费——应交增值税（销项税额）　23400
借：主营业务成本　　　　　　　　　　168000
　　贷：库存商品　　　　　　　　　　　　168000

5. 企业将自产、委托加工、购买的货物进行分配销项税额的账务处理

此类行为视同销售，企业应按分配货物的市场价或组成计税价加计相应的增值税，借记"应付利润""应付股利"科目，贷记"主营业务收入""其他业务收入""应交税费——应交增值税（销项税额）"等科目。

例 15.41 北方吉祥工厂 2019 年 8 月 6 日将本厂自产的产品分配给投资者，产品市场售价 8.6 万元，对应的会计分录为：

借：应付利润　　　　　　　　　　　　97180
　　贷：主营业务收入　　　　　　　　　　86000
　　　　应交税费——应交增值税（销项税额）　11180

6. 企业将自产、委托加工的货物用于企业集体福利、个人消费销项税额的账务处理

企业将自产、委托加工的货物用于集体福利、个人消费时，在财务会计上不做销售处理，但应按税法规定计算增值税销项税额，按商品成本及售价或组成计税价计算出的销项税额合计借记"应付职工薪酬""管理费用"等科目，贷记"库存商品""应交税费——应交增值税（销项税额）"科目。

例 15.42 某企业将自产的抽油烟机 50 台作为职工福利发放给员工，每台抽油烟机的成本为 1600 元，同期市场售价为 2000 元/台，对应的会计分录为：

借：应付职工薪酬　　　　　　　　　　93000
　　贷：库存商品　　　　　　　　　　　　80000
　　　　应交税费——应交增值税（销项税额）　13000（50×2000×13%）

7. 企业将自产、委托加工或购买的货物无偿赠送他人销项税额的账务处理

无偿赠送的行为对于企业来说并不产生经济利益的流入，但按税法规定应计算销项税

额。企业在无偿赠送货物时，应按货物成本加计销项税额，借记"营业外支出"科目，贷记"库存商品""应交税费——应交增值税（销项税额）"科目。

例 15.43 北方吉祥工厂 2019 年 5 月 6 日将本厂自产的产品 160 件及原材料 50 千克无偿赠送给他人，产品生产成本为 3.6 万元，成本利润率 10%，原材料市场购买价（不含税）160 元/千克。

库存商品应计销项税额=36000×（1+10%）×13%=5148（元）
原材料应计销项税额=50×160×13%=1040（元）

借：营业外支出　　　　　　　　　　　　122188
　　贷：库存商品　　　　　　　　　　　　36000
　　　　原材料　　　　　　　　　　　　　80000
　　　　应交税费——应交增值税（销项税额）　6188

15.8.11　出口货物退（免）税的账务处理

根据企业出口货物的业务流程来看，生产企业免、抵、退税的账务处理主要包括免税出口收入、不得免征和抵扣税额、应交税费、进料加工不予免征和抵扣税额抵减额、出口货物免抵税额及应退税额的计算等。它所涉及的"应交税费"明细科目主要包括"出口抵减内销产品应纳税额""出口退税""转出未交增值税""转出多交增值税""进项税额转出"等。

生产企业的出口业务可以分为一般贸易出口、加工贸易出口等多种方式，其账务处理按业务可分为以下几项。

第一种情况，出口销售收入实现时：
借：应收账款/银行存款
　　贷：主营业务收入/其他业务收入
第二种情况，计算免、抵、退税不得免征和抵扣税额：
借：主营业务成本
　　贷：应交税费——应交增值税（进项转出）
第三种情况，存在应退税额：
借：其他应收款——应收出口退税（增值税）
　　贷：应交税费——应交增值税（出口退税）
第四种情况，计算免抵税额：
借：应交税费——应交增值税（出口抵减内销产品应纳税额）
　　贷：应交税费——应交增值税（出口退税）
第五种情况，收到出口退税款：
借：银行存款
　　贷：其他应收款——应收出口退税（增值税）

根据当期应退税额与期末留抵税额的对比，我们分以下三种情况进行讲述。

1. 期末留抵税额=0，当期应退税额=0，当期免抵税额=当期免、抵、退税额

例 15.44 某自营出口一般纳税人生产企业适用的增值税税率为13%，出口货物退税率为10%。2019年10月该企业取得增值税进项税额8.2万元，未发生免税购进原料，当期免税出口销售收入合计68万元，内销收入（不含税）合计41万元，上期末无留抵税额。综上所述，请编制该企业当月的会计分录。

（1）出口销售，对应的会计分录为：

借：应收账款　　　　　　　　　　　　680000
　　贷：主营业务收入　　　　　　　　　680000
借：主营业务成本　　　　　　　　　　20400　[680000×（13%-10%）]
　　贷：应交税费——应交增值税（进项税额转出）　20400

（2）内销收入，对应的会计分录为：

借：应收账款　　　　　　　　　　　　463300　[410000×（1+13%）]
　　贷：主营业务收入　　　　　　　　　410000
　　　　应交税费——应交增值税（销项税额）　53300

（3）申报出口免、抵、退税，对应的会计分录为：

当期应纳税额=53300-（82000-20400）-0=-8300（元）

当期应退税额=0

当期免抵税额=当期免、抵、退税额=680000×10%=68000（元）

借：应交税费——应交增值税（出口抵减内销产品应纳税额）　68000
　　贷：应交税费——应交增值税（出口退税）　　　　　　　　68000

2. 当期期末留抵税额≤当期免、抵、退税额，当期应退税额=当期期末应退税额，当期免抵税额=当期免、抵、退税额-当期应退税额

例 15.45 假定例15.44中，当月内销收入为32万元，其他条件不变。

（1）出口销售，对应的会计分录为：

借：应收账款　　　　　　　　　　　　680000
　　贷：主营业务收入　　　　　　　　　680000
借：主营业务成本　　　　　　　　　　20400　[680000×（13%-10%）]
　　贷：应交税费——应交增值税（进项税额转出）　20400

（2）内销收入，对应的会计分录为：

借：应收账款　　　　　　　　　　　　361600　[320000×（1+13%）]
　　贷：主营业务收入　　　　　　　　　320000
　　　　应交税费——应交增值税（销项税额）　41600

（3）申报出口免、抵、退税，对应的会计分录为：

当期应纳税额=41600-（82000-20400）-0=-20000（元）

当期免、抵、退税额=680000×10%=68000（元）

当期期末留抵税额≤当期免、抵、退税额，当期应退税额=当期期末应退税额=20000(元)，

当期免抵税额=当期免、抵、退税额-当期应退税额=68000-20000=48000（元）。

借：其他应收款　　　　　　　　　　　　　　　　　　　　　20000
　　应交税费——应交增值税（出口抵减内销产品应纳税额）　48000
　　贷：应交税费——应交增值税（出口退税）　　　　　　　　68000

3. 当期期末留抵税额＞当期免、抵、退税额，当期应退税额=当期免、抵、退税额，当期免抵税额=0

例 15.46　假定例 15.45 中，上期末留抵税额为 8.9 万元，其他条件不变。

（1）出口销售，对应的会计分录为：

借：应收账款　　　　　　　　　　　680000
　　贷：主营业务收入　　　　　　　　680000
借：主营业务成本　　　　　　　　　　20400　[680000×（13%-10%）]
　　贷：应交税费——应交增值税（进项税额转出）　20400

（2）内销收入，对应的会计分录为：

借：应收账款　　　　　　　　　　　361600　[320000×（1+13%）]
　　贷：主营业务收入　　　　　　　　320000
　　　　应交税费——应交增值税（销项税额）　41600

（3）申报出口免、抵、退税，对应的会计分录为：

当期应纳税额=41600-（82000-20400）-89000=-109000（元）

当期免、抵、退税额=680000×10%=68000（元）

当期期末留抵税额＞当期免抵退税额，当期应退税额=当期免、抵、退税额=68000（元），当期免抵税额=0。

期末结转下期抵扣税额=109000-68000=41000（元）

借：其他应收款　　　　　　　　　　　68000
　　贷：应交税费——应交增值税（出口退税）　68000

15.8.12　企业上缴增值税的账务处理

企业在上缴增值税时，应按财务会计的要求进行相应的账务处理，借记"应交税费——应交增值税（已交税费）""应交税费——未交增值税"科目，贷记"银行存款"科目。

注意：企业在上缴当月的增值税时，应通过"应交税费——应交增值税（已交税费）"科目核算；企业在上缴以前各月未交增值税时，应通过"应交税费——未交增值税"科目核算。

例 15.47　2019 年 10 月北方吉祥工厂预缴本月应交增值税额 2.3 万元，通过银行存款代扣支付，对应的会计分录为：

借：应交税费——应交增值税（已交税费）　23000
　　贷：银行存款　　　　　　　　　　　　　23000

例 15.48　2019 年 10 月 10 日，北方吉祥工厂进行增值税纳税申报，已知上月应缴纳的增值税额为 4.63 万元，当天申报成功后即通过网上银行进行划扣，对应的会计分录为：

借：应交税费——未交增值税　　　　46300

贷：银行存款　　　　　　　　　　46300

15.8.13　月末转出多交增值税和未交增值税的账务处理

为了对一般纳税人欠缴税费及待抵扣税费的情况进行区别反映，应在"应交税费"科目下设置"未交增值税"明细科目，用来核算企业当月月末从"应交税费——应交增值税"科目转入的未交或多交的增值税额。

与此对应的，应在"应交税费——应交增值税"科目下分别设置"转出多交增值税"及"转出未交增值税"明细科目，反映企业当月多交的增值税和当月应交未交的增值税。

例 15.49　承例 15.48，企业会计人员在 10 月的账务处理时，已知当月应交增值税 4.63 万元，但增值税纳税申报及扣缴时间统一规定在次月的 15 日以前，因此在 10 月末，会计人员将当月应交未交的增值税进行转出，对应的会计分录为：

借：应交税费——应交增值税（转出未交增值税）　46300
贷：应交税费——未交增值税　　　　　　　　　　46300

15.9　全面掌握优惠政策

增值税作为我国三大流转税之一，是我国管理最严格的税种，因此，增值税的优惠政策信息，也是广大增值税应税业务经营企业所关心的。

15.9.1　增值税免税项目

增值税免税项目就是免征增值税的增值税应税业务。在我国的税收法律法规中，分别规定了各种项目增值税的免税政策，我们简单汇总了一些增值税免税项目，如表 15-14 所示。在全面实行营改增以后，增值税免税项目越来越多，具体内容大家可以查阅最新的税法。

表 15-14　增值税免税项目

序号	增值税免税项目	备注
1	农业生产者销售的自产农产品	农业，是指种植业、养殖业、林业、牧业、水产业。农业生产者，是指从事农业生产的单位和个人。农业产品，是指初级农业产品，具体范围由相关税务主管机关确定。农业生产者销售的自产农业产品，是指直接从事植物的种植、收割和动物的饲养、捕捞的单位和个人销售的规定的自产农业产品。对上述单位和个人销售的外购农业产品，以及单位和个人对外购农业产品进行生产、加工后销售的农业产品，虽然仍属于农业产品，但不属于免税的范围，应当按照规定税率征收增值税
2	避孕药品和用具	计划生育是我国的基本国策，而避孕药品和用具的使用是执行计划生育政策必不可少的工具，因此对于该类产品免征增值税
3	古旧图书	古旧图书是指向社会收购的古书和旧书。我国是一个具有悠久历史的国家，语言与文字源远流长、一脉传承，因此古书和旧书是我国文化传承的重要资料。对于古旧图书从税收政策上予以扶持，就是为了对我国文化的传承起到一个保护的作用

续表

序号	增值税免税项目	备注
4	直接用于科学研究、科学试验和教学的进口仪器、设备	—
5	外国政府、国际组织无偿援助的进口物资和设备	
6	由残疾人组织直接进口供残疾人专用的物品	供残疾人专用的假肢、轮椅、矫形器（包括上肢矫形器、下肢矫形器、脊椎侧弯矫形器）。残疾人个人提供的劳务 我国是一个人口大国，也是一个残疾人口较多的国家，这些残疾人缺乏劳动力，因此，对残疾人使用的专用物品免征增值税可以降低残疾人的负担，体现了国家对于残疾人的关怀
7	其他个人销售的自己使用过的物品	—
8	各种教育、福利机构提供的服务	托儿所、幼儿园提供的保育教育服务，养老机构提供的养老服务，残疾人机构提供的育养服务，婚姻介绍服务，医疗机构提供的医疗服务，从事学历教育的学校提供的教育服务等
9	各类馆、场提供文化体育服务取得的第一道门票收入	纪念馆、博物馆、文化馆、文物保护单位管理机构、美术馆、展览馆、书画院、图书馆在自己的场所提供文化体育服务取得的第一道门票收入
10	保险服务	保险公司开办的一年以上人身保险产品取得的保费收入、再保险服务

15.9.2 增值税即征即退项目

增值税即征即退项目主要包括以下两类。

（1）对销售下列自产货物实行增值税即征即退的政策：

①以工业废气为原料生产的高纯度二氧化碳产品。

②以垃圾为燃料生产的电力或者热力。垃圾用量占发电燃料的比重不低于80%，并且生产排放符合有关规定。所称垃圾，是指城市生活垃圾、农作物秸秆、树皮废渣、污泥、医疗垃圾。

③以煤炭开采过程中伴生的舍弃物油母页岩为原料生产的页岩油。

④以废旧沥青混凝土为原料生产的再生沥青混凝土。废旧沥青混凝土用量占生产原料的比重不低于30%。

⑤采用旋窑法工艺生产并且生产原料中掺兑废渣比例不低于30%的水泥（包括水泥熟料）。

企业涉及上述产品的生产销售，应当利用我国对于这些产品销售的税收优惠，充分享受增值税即征即退政策。

（2）对销售下列自产货物实现的增值税实行即征即退50%的政策：

①以退役军用发射药为原料生产的涂料硝化棉粉。退役军用发射药在生产原料中的比重不低于90%。

②对燃煤发电厂及各类工业企业产生的烟气、高硫天然气进行脱硫生产的副产品。副产

品，是指石膏（其二水硫酸钙含量不低于85%）、硫酸（其浓度不低于15%）、硫酸铵（其总氮含量不低于18%）和硫黄。

③以废弃酒糟和酿酒底锅水为原料生产的蒸汽、活性炭、白炭黑、乳酸、乳酸钙、沼气。废弃酒糟和酿酒底锅水在生产原料中所占的比重不低于80%。

④以煤矸石、煤泥、石煤、油母页岩为燃料生产的电力和热力。煤矸石、煤泥、石煤、油母页岩用量占发电燃料的比重不低于60%。

⑤利用风力生产的电力。

⑥部分新型墙体材料产品。

企业涉及上述产品的生产销售，应当利用我国对于这些产品的销售的税收优惠，充分享受增值税即征即退政策。

15.9.3　增值税按照9%低税率征收的项目

自2019年4月1日起，我国将交通运输、建筑、基础电信服务等行业，以及农产品等货物的增值税税率从10%降到了9%。目前，适用9%低税率的征收项目包含20多项，具体项目如下：

（1）陆路运输服务，包括铁路运输和其他陆路运输服务。

（2）水路运输服务，包括程租业务和期租业务，即远洋运输企业将船舶租给其他人使用而收取租金。

（3）航空运输服务，包括湿租业务，即航空运输公司将配有操作人员的飞机提供给租用人使用一定期限，并按一定的标准收取租金。

（4）管道运输服务。

（5）邮政普遍服务，包括普通的信件、函件、包裹等。

（6）邮政特殊服务，如机要通信、盲人读物、革命烈士遗物的寄递等业务。

（7）其他邮政服务，如邮册邮品销售、邮政代理等业务。

（8）基础电信服务。

（9）不动产租赁服务。

（10）工程服务。

（11）安装服务。

（12）修缮服务。

（13）装饰服务。

（14）其他建筑服务。

（15）转让土地使用权。

（16）销售不动产。

（17）粮食、食用植物油。

（18）自来水、暖气、冷气、热水、煤气、石油液化气、天然气、沼气、居民用煤炭制品。

（19）图书、报纸、杂志。

（20）饲料、化肥、农药、农机、农膜。

（21）农产品。

（22）音像制品，指正式出版的录有内容的录音带、录像带、唱片、激光唱盘和激光视盘。

（23）电子出版物，指以数字代码方式使用计算机应用程序，将图、文、声、像等内容信息编辑加工后存储在具有确定的物理形态的磁、光、电等介质上，通过内嵌在计算机、手机、电子阅读设备、电子显示设备、数字音/视频播放设备、电子游戏机、导航仪及其他具有类似功能的设备上读取使用，具有交互功能，用以表达思想、普及知识和积累文化的大众传播媒体。

（24）二甲醚。

（25）国务院规定的其他货物。

例 15.50 北方吉祥工厂销售部李四出差去长沙，取得交通费发票（机票）金额为 2300 元，取得其他发票金额为 1700 元，均为李四的差旅费（其中不含餐费发票），请据此编制会计分录。

分析：我们应区分李四出差的时间，因为 2019 年 4 月 1 日是一个分水岭，增值税政策有所不同。下面我们以两种方式来编制会计分录。

（1）假定李四出差时间为 2019 年 3 月 25 日，则对应的会计分录为：

借：销售费用——差旅费　　　　　　　　4000
　　贷：库存现金　　　　　　　　　　　　　　　4000

（2）假定李四出差时间为 2019 年 4 月 3 日，则对应的会计分录为：

借：销售费用——差旅费　　　　　　　　3810.09　[1700+2300/（1+9%）]
　　应交税费——应交增值税（进项税额）　189.91　[2300/（1+9%）×9%]
　　贷：库存现金　　　　　　　　　　　　　　　4000

注意：自 2019 年 4 月 1 日起，增值税一般纳税人购进国内旅客运输服务，其进项税额允许从销项税额中抵扣；但前提是，必须取得注明旅客身份信息的航空运输电子客票行程单、铁路车票、公路和水路等其他客票。如果取得的是增值税电子普通发票的国内旅客运输服务，则进项税额为发票注明的税额。

第 16 章 消费税

消费税是对特殊商品在生产、加工或进口环节征收的一种税，它的计税方法有两种，即从价计征和从量计征。消费税采用比例税率和定额税率两种形式，以适应不同应税消费品的实际情况。本章我们将详细介绍消费税的计税方法及其账务处理。

16.1 消费税的基础知识

消费税并不是普遍征收的，而是对特定的应税商品，在特定的环节，在征收了增值税的基础上，再加征的一个税种。

消费税实行价内税，只在应税消费品的生产、委托加工和进口环节缴纳，在之后的批发、零售等环节不再缴纳，税款最终由消费者承担。

征收消费税有以下三个方面的作用：第一，它是政府财政收入的重要来源；第二，三大流转税加关税（四大流转税）基本上涵盖了所有经济交易活动，政府通过这四大税种可以对国家的经济活动动态做出整体评价和调控；第三，消费税主要针对高消费品，其特有的作用是调节高收入群体和高消费，从而控制贫富分化。

16.1.1 为什么会有消费税

消费税的作用除增加财政收入外，主要是引导社会消费方向和调整社会生产结构，是国家宏观调控的一种有效手段。

消费税并不是针对所有的商品征收的，消费税的征收带有引导社会消费方向的用意。例如，2006 年的消费税改革取消了护肤护发品的消费税税目，对此，财政部做出的官方解释如下：

"1994 年税制改革时确定对护肤护发品征收消费税，主要是考虑当时这类产品价格一般较高，不属于大众消费品，征收消费税可以起到对消费行为的调节作用，也有利于增加财政收入。这些年来，随着我国经济的不断发展，人们的消费水平和消费结构发生了很大变化，护肤护发品的消费越来越普及，已经逐渐具有了大众消费的特征，为此社会上要求停止对护肤护发品征收消费税的呼声也很高。考虑到浴液、洗发水、花露水等护肤护发品已成为人民群众的生活必需品，为使消费税政策更加适应消费结构变化的要求，正确引导消费，这次调整取消了护肤护发品税目。"

16.1.2 消费税的特点

消费税是以应税消费品为课税对象的一种税，在应税产品的选择、税率的设计等方面，与其他流转税相比具有以下特点：

(1) 消费税的课税对象具有一定的选择性

消费税的课税对象具有一定的选择性，其调节范围主要包括：特殊消费品、奢侈品、高能耗产品、不可再生的稀缺资源消费品；一些税基宽广、消费普遍、征收消费税不会影响人民生活水平，具有一定财政意义的普通消费品。

(2) 消费税在生产环节实行单环节征收

我国消费税的纳税环节确定在生产环节（金银首饰除外），具有较大的隐蔽性，容易被消费者所接受，可减少消费税对社会的影响；同时，为了避免重复征税，消费税在应税消费品脱离生产环节进入流通领域后就不再征收，具有征收环节单一性的特点。

(3) 消费税采用产品差别税率，实行价内征收

消费税按照产品不同来设置税目，分别制定高低不同的税率或税额，以具体规定消费税调节的范围。消费税实行价内征收，即消费税是产品价格的组成部分，税与价格互相补充，共同发挥调节经济的杠杆作用。

(4) 消费税没有减免税

消费税选择征收的消费品一般为需求弹性较大的非生活必需品，是由有相应消费能力的消费者负担的一种税，不需要通过减免税来满足不合理的消费需求。为了公平税负、确保国家财政收入、充分发挥消费税调节社会特殊消费的作用，除出口的应税消费品外，其余应税消费品一律不得减免税。

16.1.3 消费税的计税方法和作用

消费税主要采用以下三种计税方法：

(1) 从价定率征收法

针对不同的应税消费品确定出不同的比例税率，应纳消费税额等于消费品的销售额乘以比例税率。

(2) 从量定额征收法

与从价定率不同，从量定额征收法是对不同的应税消费品确定不同的单位税额，再以应税消费品的数量乘以单位税额得出应纳税额的方法。

(3) 从价定率与从量定额复合征收法

这种方法是对同一应税消费品同时采用上述两种计税方法进行税额的计算，以两者之和作为该应税消费品的应纳税额。在我国，烟、酒的消费税采用此种征收方法。

消费税将危害人们健康，对社会秩序、资源环境造成危害的特殊消费品纳入征收范围，在税收中具有重要的地位。消费税的作用主要有以下几点：

(1) 调节消费结构。

(2) 限制某些商品的消费规模，引导消费者的消费方向。

（3）能够及时、足额地保证财政收入。
（4）在一定程度上缓解目前存在的社会分配不公的问题。

16.1.4 消费税的纳税范围及纳税义务人

在我国，消费税的纳税义务人是在我国境内从事生产、委托加工零售和进口《消费税暂行条例》中规定的应税消费品的单位和个人，其中的"单位"和"个人"与增值税中的"单位"和"个人"含义相同，我国境内则指应税消费品的起运地或所在地在我国境内。

消费税征收环节包括四个环节，即生产、委托加工、零售和进口。它在指定的环节一次性缴纳，其他环节不再征收，其征税范围包括：

（1）生产销售应税消费品

生产销售应税消费品是消费税征收最主要的环节，纳税人将生产的应税消费品用于对外销售、换取生产资料、投资入股、偿还债务（继续生产应税消费品除外），应按规定缴纳消费税。

（2）委托加工应税消费品

委托方将自己的原料和主要材料提供给受托方，由受托方代垫辅助材料收取加工费而加工的应税消费品应缴纳消费税。

注意：委托加工收回的应税消费品，用于继续生产应税消费品再进行销售的，可以扣除加工环节已缴纳的消费税额。

（3）零售应税消费品

在零售环节征收消费税的应税消费品有金银首饰、钻石及钻石饰品，其中金银首饰仅限于金基、银基合金首饰，以及金、银和金基、银基合金的镶嵌首饰。

（4）进口应税消费品

单位和个人进口的货物属于应税消费品的，由海关在进口环节代为征收消费税。

16.1.5 消费税的税目和税率

消费税是典型的间接税，纳税人兼管不同税率的应缴纳消费税的消费品，应当分别核算不同税率应税消费品的销售额、销售数量；未分别核算销售额、销售数量，或者将不同税率的应税消费品组成成套消费品销售的，按最高税率征税。

1. 税目

目前消费税实行的是新调整后的税目，包括烟、酒及化妆品等15个税目，有的税目下面还包括若干个子目。15个税目如下：

（1）烟，包括卷烟、雪茄烟和烟丝等各种以烟叶为原料加工生产的产品。
（2）酒，包括白酒、黄酒、啤酒、其他酒。
（3）高档化妆品，包括高档美容、修饰类化妆品，高档护肤类化妆品和成套化妆品。
（4）贵重首饰及珠宝玉石，包括金银首饰、钻石首饰和钻石及钻石饰品、其他贵重首饰和珠宝玉石。

(5) 鞭炮、焰火。

(6) 成品油,包括汽油、柴油、石脑油、润滑油、燃料油、溶剂油及航空煤油。

(7) 摩托车。

(8) 小汽车,包括乘用车、中轻型商用客车。

(9) 高尔夫球及球具。

(10) 高档手表,指销售价格(不含增值税)在10000元/只(含)以上的各类手表。

(11) 游艇。

(12) 木制一次性筷子。

(13) 实木地板。

(14) 电池。

(15) 涂料。

2. 税率

消费税在不同的税目或子目中适用不同的税率或单位税额,采用比例税率和定额税率两种形式。比例税率适用于大多数应税消费品,其税率包括多个税级(3%～56%);定额税率只适用于黄酒、啤酒和成品油三种应税消费品;白酒和卷烟实行的是定额税率和比例税率相结合的复合计税法。消费税税目和税率如表16-1所示。

表16-1 消费税税目和税率

税目	子目	税率
一、烟	1. 烟卷	
	(1) 甲类卷烟	56%加0.003元/支(生产环节)
	(2) 乙类卷烟	36%加0.003元/支(生产环节)
	(3) 批发环节	11%加0.005元/支
	2. 雪茄烟	36%
	3. 烟丝	30%
二、酒	1. 白酒	20%加0.5元/500克(或500毫升)
	2. 黄酒	240元/吨
	3. 啤酒	
	(1) 甲类啤酒	250元/吨
	(2) 乙类啤酒	220元/吨
	4. 其他酒	10%
三、高档化妆品	—	15%
四、贵重首饰及珠宝玉石	1. 金银首饰、铂金首饰和钻石及钻石饰品	5%(零售环节纳税)
	2. 其他贵重首饰和珠宝玉石	10%(生产、进口、委托加工提货环节纳税)
五、鞭炮、焰火	—	15%
六、成品油	1. 汽油	1.52元/升
	2. 柴油	1.20元/升

续表

税目	子目	税率
六、成品油	3. 航空煤油	1.20 元/升
	4. 石脑油	1.52 元/升
	5. 溶剂油	1.52 元/升
	6. 润滑油	1.52 元/升
	7. 燃料油	1.20 元/升
七、摩托车	1. 气缸容量（排气量，下同）在 250 毫升（只这一个容量）	3%
	2. 气缸容量在 250 毫升以上的	10%
八、小汽车	1. 乘用车	
	（1）气缸容量在 1.0 升（含 1.0 升）以下的	1%
	（2）气缸容量在 1.0 升以上至 1.5 升（含 1.5 升）的	3%
	（3）气缸容量在 1.5 升以上至 2.0 升（含 2.0 升）的	5%
	（4）气缸容量在 2.0 升以上至 2.5 升（含 2.5 升）的	9%
	（5）气缸容量在 2.5 升以上至 3.0 升（含 3.0 升）的	12%
	（6）气缸容量在 3.0 升以上至 4.0 升（含 4.0 升）的	25%
	（7）气缸容量在 4.0 升以上的	40%
	2. 中轻型商用客车	5%
	3. 超豪华小汽车	加 10%（零售环节）
九、高尔夫球及球具	—	10%
十、高档手表	—	20%
十一、游艇	—	10%
十二、木制一次性筷子	—	5%
十三、实木地板	—	5%
十四、电池	—	4%
十五、涂料	—	4%

16.1.6　消费税与增值税的关系

增值税是将纳税人在生产经营活动中的增值额作为征税对象的一个税种，它的纳税人是在我国境内销售、进口货物或提供服务的单位和个人。

消费税是对特定消费品和消费行为征收的一种税，它的纳税人是在我国境内生产、委托加工和进口应税消费品的单位和个人。

两者之间既存在着一定的联系又各自区别开来，它们的关系如表 16-2 所示。

表 16-2 消费税与增值税的关系

	项目	消费税	增值税
区别	征税范围不同	应税消费品（窄于增值税范围）	1. 销售或进口的货物 2. 提供服务
	纳税环节不同	纳税环节相对单一： 1. 在零售环节交税的金银首饰、钻石、钻石饰品在生产、批发、进口环节不交消费税（但有增值税） 2. 其他在进口环节、生产环节（出厂环节、特殊为移送环节）缴纳消费税的消费品在之后的批发、零售环节不再缴纳消费税（如化妆品，但环节中有增值税） 3. 卷烟在进口、出厂、批发环节缴纳消费税的，在零售环节不再缴纳消费税	多环节征收，同一货物在生产、批发、零售、进出口多环节征收
	计税依据不同	计税依据具有多样性，包括从价定率计税、从量定额计税、复合计税	计税依据具有单一性，只有从价定率计税
	与价格的关系不同	消费税属于价内税	增值税属于价外税
	税收收入的归属不同	消费税属于中央税	进口环节由海关征收的增值税全部属于中央；其他环节由税务机关征收的增值税收入由中央和地方共享
联系	1. 两者都是对货物征收 2. 对于从价定率征收消费税的商品，征收消费税的同时需要征收增值税，两者的计税依据是一致的 3. 两者都属于流转税 4. 两者都具有转嫁性 5. 消费税纳税人同时是增值税纳税人		

16.2 具体纳税数额的计算

消费税的计税依据包括从价计征和从量计征两种。消费税实行单一纳税环节，在生产、进口、零售或委托加工任何一个环节征税后都不再在另外的环节进行征收，其税率又依据不同的税目分为多个级别。本节我们将对各个环节消费税的计算进行讲述。

16.2.1 从价计征销售额的确定

在学习消费税的计算之前，大家应首先了解应税消费品的销售额、销售数量的确定及其在消费税计算中的特殊规定。

从价定率计税法是消费税三种计税方法之一，其应纳税额等于应税消费品的销售额乘以适用税率，其中销售额与适用税率是从价计征方法下应纳税额确定的重要因素。

消费税的销售额包括纳税人销售应税消费品向购货方收取的全部价款和价外费用，此销售额中不包含增值税，但包含消费税。销售额与价外费用的内容与增值税中规定的相同。

实行从价定率计税法征收消费税的消费品如果是连同包装物销售的，其计税的销售额还应包含包装物的价格，而不管会计上是否将包装物作为销售或包装物是否单独计价；对于包装物收取押金（收取酒类产品的包装物押金除外）而不是作价随同产品销售的，且单独核算未逾期的，该押金不并入应税消费品的销售额计算缴纳消费税；过期未退还或收取时间已超过 12 个月的押金，应并入销售额，再乘以适用的税率计算缴纳消费税。

注意：应税消费品在缴纳消费税的同时也应缴纳增值税，对于含增值税的销售额应换算为不含增值税的销售额后进行消费税的计算，其换算方法与增值税的换算方法一致。

16.2.2　从量计征销售数量的确定

从量计征的消费税计算方法，其应纳税额等于应税消费品的销售数量与单位税额的乘积，销售数量与单位税额两个因素决定了应纳税额的多少。

销售数量是指纳税人生产、加工或进口应税消费品的数量，不同环节应税消费品销售数量的确定如表 16-3 所示。

表 16-3　不同环节应税消费品销售数量的确定

序号	征税环节	销售数量
1	销售应税消费品	应税消费品的销售数量
2	自产自用应税消费品	应税消费品的移送使用数量
3	委托加工应税消费品	纳税人收回的应税消费品数量
4	进口应税消费品	海关核定的应税消费品进口征税数量

16.2.3　计税依据的特殊规定

除上述消费税的计税依据外，还有以下一些特殊的规定：

（1）卷烟从价定率计税办法的计税依据为调拨价格或核定价格。

（2）纳税人自己设立非独立核算门市部对自产应税消费品进行销售的，应当按照门市部对外销售应税消费品的销售额或销售数量征收消费税。

（3）纳税人将应税消费品用于换取生产资料或消费资料、投资、抵偿债务等方面的，应按纳税人同类应税消费品销售额的最高价格作为计算消费税的计税依据。

（4）酒类关联企业之间的关联交易，应按独立企业之间的业务往来作价计算消费税。白酒的生产企业向商业销售单位收取的"品牌使用费"应并入应税白酒的销售价款，进行消费税的计算征收。

（5）纳税人兼营不同税率应税消费品的，应分别核算各个税率应税消费品的销售额或销售数量；如果未分别核算或是将不同税率的应税消费品组成成套销售的，应从高适用税率。

16.2.4　生产销售环节消费税的计算

企业自行生产的应税消费品既可以直接对外销售，又可以自用，但两者应纳消费税的计算方法各有不同。

1. 直接对外销售应纳消费税的计算

企业应税消费品直接对外销售的，根据不同消费品的范围涉及从价定率、从量定额、复合计税三种计算方法，各类方法的计算如表 16-4 所示。

表 16-4　直接对外销售消费税的计算方法

序号	计税方法	计税依据	适用范围	计算公式
1	从价定率计税	销售额	除以下项目外的应税消费品	销售额×比例税率
2	从量定额计税	销售数量	啤酒、黄酒、成品油	销售数量×单位税额
3	复合计税	销售额、销售数量	白酒、卷烟	销售额×比例税率+销售数量×单位税额

例 16.1　某一般纳税人生产企业销售一批自产的高档化妆品给某大型商场，开具的增值税专用发票上注明价款 160 万元，增值税额 25.6 万元，计算该生产企业应缴纳的消费税额。

分析：高档化妆品的消费税税率为 15%，属于从价定率计税的应税消费品。

该笔经济业务应缴纳的消费税额=160×15%=24（万元）

例 16.2　某啤酒厂 2019 年 10 月销售甲类啤酒 120 吨，每吨出厂价格为 1 万元，计算该啤酒厂应缴纳的消费税额。

分析：啤酒、黄酒和成品油属于从量定额计税的应税消费品，且甲类啤酒适用的税率为 250 元/吨。

应缴纳的消费税额=120×250=30000（元）

例 16.3　某酒业生产企业为一般纳税人，2019 年 10 月销售粮食白酒 4000 斤，取得不含税（增值税）销售额 6.89 万元，计算该酒业生产企业应缴纳的消费税额。

分析：粮食白酒消费税的计税方法应采用复合计税法，其适用的比例税率为 20%，单位税额为 0.5 元/500 克。

分析：应纳税额=销售额×比例税率+销售数量×单位税额。

应缴纳的消费税额=68900×20%+4000×0.5=15780（元）

注意：在计算时应换算为同单位进行计算。

2. 自产自用应纳消费税的计算

纳税人不是将生产的应税消费品直接对外销售，而是用于本企业连续生产应税消费品或其他方面的，称为自产自用。

纳税人将应税消费品作为生产最终消费品的直接材料，并且构成最终消费品产品实体的情况，称为将应税消费品用于连续生产（比如卷烟厂用自产的烟丝再连续生产卷烟），这种连续生产是不必缴纳消费税的，以免税收重复。

但纳税人将自产的应税消费品用于其他方面（除连续生产应税消费品外）的，应于移送使用时缴纳消费税。也就是说，纳税人自产应税消费品不用于销售或连续生产应税消费品的，只要在税法规定的范围内都应依法计算缴纳消费税。

注意："用于其他方面"是指纳税人将自产的应税消费品用于生产非应税消费品（消费

税条例税目所列的 14 类产品以外的产品）、在建工程、非生产机构，以及用于捐赠、集资、广告、职工福利、奖励等方面。

纳税人将自产的应税消费品用于其他方面的，应按照纳税人生产的同类消费品的售价进行消费税计税；无同类消费品销售价格的，应按照组成计税价格计算消费税。

（1）从价定率计税方法的组成计税价格公式：

组成计税价格=（成本+利润）/（1-比例税率）

应纳税额=组成计税价格×比例税率

（2）复合计税方法的组成计税价格公式：

组成计税价格=（成本+利润+自产自用×单位税额）/（1-比例税率）

应纳税额=组成计税价格×比例税率+自产自用数量×单位税额

其中，利润是指应税消费品的全国平均成本利润，由国家税务总局确定，各应税消费品的平均成本利润率如表 16-5 所示。

表 16-5 应税消费品的平均成本利润率

序号	应税消费品名称	平均成本利润率	序号	应税消费品名称	平均成本利润率
1	烟丝	5%	10	中轻型商用客车	5%
2	雪茄烟		11	甲类卷烟	10%
3	乙类卷烟		12	粮食白酒	
4	薯类白酒		13	高尔夫球及球具	
5	其他酒		14	游艇	
6	木制一次性筷子		15	贵重首饰及珠宝玉石	6%
7	实木地板		16	摩托车	
8	鞭炮、焰火		17	乘用车	8%
9	化妆品		18	高档手表	20%

例 16.4 某汽车制造厂将自产的乘用车（气缸容量 2.0 升）一辆转作自用固定资产，该乘用车没有同类消费品的销售价格，生产成本为 36 万元，计算该汽车制造厂应缴纳的消费税。

分析：没有同类消费品销售价格的，应按组成计税价格计税。乘用车的平均成本利润率为 8%，适用的消费税税率为 9%。

组成计税价格=（成本+利润）/（1-比例税率）=36×（1+8%）/（1-9%）=40.73（万元）

应缴纳的消费税额=40.73×9%=3.85（万元）

16.2.5 委托加工环节消费税的计算

纳税人提供原料和主要材料，委托其他单位代为加工应税消费品，由受托方收取加工费和代垫部分辅助材料的，属于征收消费税的范畴，应由受托方在向委托方交货时代收代缴消费税。如果出现受托方未按规定代收代缴消费税的情况，应由委托方补缴税款：已收回直接销售的，按销售额计算消费税；收回未销售或不能直接销售的，按委托加工业务的组成计税价格计算消费税。

注意：委托加工的受托方是个人或个体经营者的，所加工的应税消费品应缴纳的消费税，由委托方收回后向所在地主管税务机关缴纳。

受托方代收代缴消费税，应按受托方同类应税消费品的销售价格计算缴纳消费税；无同类价格的，则按组成计税价格计税。对于受托方已代收代缴消费税，委托方收回后直接销售的，不用再重新征收消费税。

（1）从价定率计税方法的组成计税价格公式：

组成计税价格=（材料成本+加工费）/（1-比例税率）

（2）复合计税方法的组成计税价格公式：

组成计税价格=（材料成本+加工费+委托加工数量×单位定额）/（1-比例税率）

注意：材料成本是指委托方提供加工材料的实际成本；加工费是受托方进行加工向委托方收取的全部费用，含代垫的辅助材料实际成本。

例 16.5 上海智能企业受托加工应税消费品一批，委托方提供的材料成本为 46 万元，收取委托方加工费 6.4 万元（不含增值税），该批应税消费品消费税税率为 10%，无同类产品市场价格，计算该企业应代收代缴的消费税额。

分析：无同类价格的，应按委托加工业务的组成计税价格计税，组成计税价格=（材料成本+加工费）/（1-比例税率）。

组成计税价格=（46+6.4）/（1-10%）=58.22（万元）

应代收代缴的消费税额=58.22×10%=5.82（万元）

例 16.6 A 酒厂从农业生产者手中收购粮食，共计支付收购价款 8.6 万元。A 酒厂将收购的粮食从收购地直接运往异地的 B 酒厂生产加工白酒，白酒加工完毕，A 酒厂收回白酒 6000 斤，取得 B 酒厂开具的增值税专用发票上注明加工费 4.5 万元，代垫辅料价值 1.6 万元，加工的白酒当地无同类产品市场价格。

分析：白酒属于复合计税的应税消费品，在无同类产品市场价格的情况下，应按组成计税价格计税，组成计税价格=（材料成本+加工费+委托加工数量×单位定额）/（1-比例税率）；白酒适用的消费税比例税率为 20%，单位定额为每 500 克 0.5 元；免税农产品作为原料的，其包含的 10%的进项税额应予以扣除。

组成计税价格=［86000/（1+10%）+（45000+16000）+6000×0.5］/（1-20%）
　　　　　　=177727.27（元）

应代收代缴的消费税额=销售额×比例税率+销售数量×单位税额
　　　　　　　　　　=177727.27×20%+ 6000×0.5= 38545.45（元）

16.2.6 进口环节应纳消费税的计算

进口的应税消费品于报关进口时由海关代为征收消费税，按照组成计税价格和规定的税率计算应纳税额。

1．进口一般货物应纳消费税的计算

进口一般货物应纳消费税三种计算方法的公式如下：

(1) 从价定率方法计税

组成计税价格=（关税完税价格+关税）/（1-比例税率）

应纳税额=组成计税价格×比例税率

例 16.7 上海商贸有限公司进口一批应税消费品，海关完税价格为 102 万元，进口关税为 38 万元，该商品的消费税税率为 10%，计算该批商品在进口环节应缴纳的消费税额。

组成计税价格=（102+38）/（1-10%）=155.56（万元）

应纳消费税额=155.56×10%=15.56（万元）

(2) 从量定额方法计税

应纳税额=应税消费品数量×单位税额

(3) 复合计税方法计税

组成计税价格=（关税完税价格+关税+进口数量×单位税额）/（1-比例税率）

应纳税额=组成计税价格×比例税率+应税消费品进口数量×单位税额

2．进口卷烟应纳消费税的计算

进口卷烟相对于进口一般货物应纳消费税的计税步骤较为复杂，可按两步进行：第一步，确定进口卷烟适用的比例税率；第二步，计算应纳消费税额。

(1) 确定进口卷烟适用的比例税率

每标准条（200 支）进口卷烟的组成计税价格=（完税价+关税+从量消费税）/（1-36%）

注意：在此公式中从量消费税的单位税额为每标准条 0.6 元，消费税税率固定为 36%。

当每条进口卷烟的组成计税价格≥70 元时，适用的比例税率为 56%；当每条进口卷烟的组成计税价格＜70 元时，适用的比例税率为 36%。

(2) 计算应纳消费税额

应纳税额=组成计税价格×比例税率+应税消费品进口数量×单位税额

例 16.8 某公司于 2019 年 10 月从国外进口卷烟 280 箱（每箱 250 条，每条 200 支），支付买价 320 万元，支付抵关前的运输费用 16 万元，保险费用 10 万元。已知进口卷烟的关税税率为 20%，计算卷烟在进口环节应缴纳的消费税额。

分析：进口卷烟适用复合计税方法，应先通过第一次组成计税价格来确定适用的比例税率，然后再计算应缴纳的消费税额。

进口关税=（3200000+160000+100000）×20%=692000（元）

完税价格=3200000+160000+100000=3460000（元）

每条进口卷烟的组成计税价格= [（3460000+692000）/（280×250）+0.6]/（1-36%）
=93.61（元）

单条进口卷烟的组成计税价格≥70，适用的比例税率为 56%。

应缴纳的消费税额=280×250×93.61×56%+280×250×0.6=3711512（元）

16.2.7 消费税的扣除和减征

消费税采用单一环节征税，对于外购和委托加工收回的应税消费品作为继续生产应税消费品原料的，其外购和委托加工收回应税消费品已缴纳的消费税可以扣除。

1. 外购应税消费品已纳消费税的扣除

将外购应税消费品用于连续生产应纳消费税的商品，可依税法规定按当期生产领用数量计算扣除外购应税消费品的已纳消费税额。可扣税的范围包括：

（1）用外购已税烟丝生产的卷烟。
（2）用外购已税高档化妆品生产的高档化妆品。
（3）用外购已税珠宝玉石生产的贵重首饰及珠宝玉石。
（4）用外购已税杆头、杆身和握把为原料生产的高尔夫球杆。
（5）用外购已税木制一次性筷子为原料生产的木制一次性筷子。
（6）用外购已税汽油、柴油、石脑油、燃料油、润滑油用于连续生产应税成品油。
（7）用外购已税实木地板为原料生产的实木地板。
（8）用外购已税鞭炮、焰火生产的鞭炮、焰火。
（9）外购已税摩托车连续生产应税摩托车。

已纳消费税的扣除公式如下：

当期准予扣除的外购应税消费品已纳税额=当期准予扣除的外购应税消费品买价×外购应税消费品适用的比例税率

当期准予扣除的外购应税消费品买价=期初库存的外购应税消费品买价+当期购进的外购应税消费品买价-期末库存的外购应税消费品买价

例 16.9 某烟厂于 2019 年 10 月初库存外购烟丝 30 万元，当月又购进应税烟丝 10 万元，月末库存烟丝金额为 10 万元，其余为当月生产卷烟领用，计算该企业当月准许扣除的外购烟丝的已纳消费税。

分析：烟丝适用的比例税率为 30%，外购烟丝（属于应税消费品）用于连续生产卷烟（同样是应税消费品），其外购烟丝已缴纳的消费税可予以扣除。

生产领用部分烟丝的买价=30+10-10=30（万元）
本月准予扣除的消费税=30×30%=9（万元）

对某些扣税环节，税法上做了特殊的规定：

（1）在零售环节缴纳消费税的金银首饰（含镶嵌首饰）、钻石及钻石饰品，其已纳税不得扣除。

（2）对于本身不生产应税消费品的生产企业，将应税消费品购进后再销售的，其销售的化妆品、鞭炮焰火和珠宝玉石，凡不直接进入消费品市场构成最终消费品，而需要进一步加工的，应征收消费税，同时可予以扣除上述外购应税消费品已缴纳的消费税。

（3）可予以扣除已纳消费税的应税消费品只能是从工业企业购进的或进口环节已纳税的应税消费品，如果是从境内商业企业购进的应税消费品，则不得扣除已缴纳的消费税。

2. 委托加工收回应税消费品已纳消费税的扣除

委托加工收回应税消费品已纳消费税的扣除范围与外购应税消费品可予以扣除的消费税的范围一样，其准予抵扣消费税的计算公式如下：

当期准予扣除的委托加工应税消费品已纳税额=期初库存的委托加工应税消费品已缴纳的消费税+当期收回的委托加工应税消费品已缴纳的消费税-期末库存的委托加工应税消费

品已缴纳的消费税

3. 消费税的减征

消费税一般不存在减免税的规定，但国家为了保护生态环境，对生产销售达到低污染排放值的小轿车、小客车和越野车减征30%的消费税，其减征税额的计算公式如下：

减征税额=按法定税率计算的消费税额×30%

应纳税额=按法定税率计算的消费税额-减征税额=按法定税率计算的消费税额×（1-30%）

16.2.8 出口应税消费品退（免）税的计算

纳税人出口应税消费品可以按照国家税务总局印发的《出口货物退（免）税管理办法》，依据《消费税暂行条例》所附的消费税税目税率表享受消费税退（免）税优惠。

消费税退（免）税政策可以分为三种情况执行，具体政策及适用范围如表16-6所示。

表16-6 消费税退（免）税政策及适用范围

序号	政策	适用范围
1	出口免税并退税	有出口经营权的外贸企业购进应税消费品直接出口，以及外贸企业受其他外贸企业委托代理出口应税消费品的
2	出口免税但不退税	有出口经营权的生产性企业自营出口或生产企业委托外贸企业代理出口自产的应税消费品，可依据实际出口的商品数量免征消费税，但不予办理消费税的退还
3	出口不免税也不退税	除生产企业、外贸企业外的其他一般商贸企业

从表16-6中可以看出，只有外贸企业从生产企业购进货物直接出口，或者外贸企业受其他外贸企业委托代理出口应税消费品的，才可以享受消费税退税政策；生产企业自营出口或委托外贸企业代理出口的，只能执行免税不退税的政策。外贸企业应退消费税的计算，分为以下两种情况：

（1）从价定率计征消费税的，按外贸企业从工厂购进货物时征收消费税的价格计算应退消费税，公式为：应退消费税额=出口货物的出厂销售额（不含增值税）×比例税率。

（2）从量定额计征消费税的，以货物购进和报关出口的数量计算应退消费税，公式为：应退消费税额=出口数量×单位税额。

例16.10 上海商贸有限公司2019年10月从生产企业购入化妆品一批，取得的增值税专用发票上注明价款38万元，增值税额6.08万元，支付购买化妆品的运输费用3.2万元，当月将该批化妆品全部出口取得销售收入64万元，计算该公司的应退消费税额。

分析：化妆品属于从价定率计征消费税的应税消费品，适用的比例税率为15%。外贸企业从生产企业购进应税消费品直接出口的，可以按照从工厂购进货物时不含增值税的价格计算应退的消费税额。

应退消费税额=38×15%=5.7（万元）

16.3 消费税申报流程详解

纳税人在销售、自产自用、委托加工、进口应税消费品时，除国家另有规定的外，都应当向相关的税务机关申报缴纳消费税。本节我们将为大家介绍消费税的纳税规定、纳税申报表及出口退税。

16.3.1 消费税的纳税规定

消费税应当在纳税义务发生时进行纳税申报。

1. 消费税纳税义务的相关规定

（1）纳税人销售应税消费品的，按不同的销售结算方式，其纳税义务发生日为以下四种：

①买卖双方采取赊销和分期收款结算方式的，其纳税义务发生日为书面合同约定的收款日期的当天，书面合同没有约定收款日期或者无书面合同的，为发出应税消费品的当天。

②买卖双方采取预收货款结算方式的，其纳税义务发生日为发出应税消费品的当天。

③买卖双方采取托收承付和委托银行收款结算方式的，其纳税义务发生日为发出应税消费品并办妥托收手续的当天。

④买卖双方采取其他结算方式的，其纳税义务发生日为收讫销售款或者取得销售款凭据的当天。

（2）纳税人自产自用应税消费品的，其纳税义务发生日为该应税消费品在自用时被移送的当天。

（3）纳税人委托加工应税消费品的，其纳税义务发生日为纳税人以委托人的身份提货的当天。

（4）纳税人进口应税消费品的，其纳税义务发生日为其为进口的应税消费品进行报关的当天。

2. 消费税的申报机构

（1）纳税人销售的应税消费品及其自产自用的应税消费品，除国务院财政、税务主管部门另有规定外，应当向纳税人机构所在地或者居住地的主管税务机关申报纳税。一般情况来说，企业的注册地税务主管机关负责企业消费税的征收管理，但是也有例外的情况。

（2）委托加工的应税消费品，除受托方为个人外，由受托方向机构所在地或者居住地的主管税务机关解缴消费税税款。在委托加工业务中，消费税是由受托方代扣代缴的，因此，一般由受托方向其税务主管机关进行纳税申报。

（3）进口的应税消费品，应当在为应税消费品报关时的海关进行纳税申报。

3. 消费税申报和缴纳的时限

（1）消费税的纳税期限主要为 1 日、3 日、5 日、10 日、15 日、1 个月、1 个季度。纳税人的具体纳税期限，应当由其所属的主管税务机关根据纳税人应纳税额的大小进行核定；

不能按照固定期限纳税的纳税人，可以按次纳税。这里的纳税期限是指消费税纳税义务发生之日起至消费税申报之日。

（2）纳税人以 1 个月或 1 个季度为 1 个纳税期限的，自期满之日起 15 日内申报纳税；以 1 日、3 日、5 日、10 日、15 日为 1 个纳税期限的，自期满之日起 5 日内预缴税款，于次月 1 日起 15 日内申报纳税并结清上月应纳税款。这个日期期限其实是企业进行各个税种的纳税申报的通用期限。

（3）纳税人进口应税消费品，应当自海关填发海关进口消费税专用缴款书之日起 15 日内缴纳税款。这里明确指出了海关消费税的纳税义务发生日。

16.3.2 消费税的纳税申报表

消费税纳税人在规定的期限内向主管税务机关报送当期应纳税额的书面申请报告，是主管税务机关办理征收业务、核实应征税额和应扣缴税款、开具征税凭证的主要依据。它的主要内容有应纳税的课税品种、数量、计税金额、适用税率、应纳税额、已纳税额、实纳税额等，如表 16-7 所示。

表 16-7 消费税纳税申报表

消费税纳税申报表

填表日期：　年　月　日

纳税编码
纳税人识别号
纳税人名称：　　　　　　　　　　　　　地　址：
税款所属期：　年 月 日至　年 月 日　　联系电话：

应税消费品名称	适用税率	应税销售额（数量）	适用税率（单位税额）	当期准予扣除外购应税消费品买价				外购应税消费品适用税率（单位税额）
				合计	期初库存外购应税消费品买价（数量）	当期购进外购应税消费品买价（数量）	期末库存外购应税消费品买价（数量）	
1	2	3	4	5=6+7-8	6	7	8	9
合计								

应纳消费税		当期准予扣除外购应税消费品已纳税额	当期准予扣除委托加工应税消费品已纳税额			
本期	累计		合计	期初库存委托加工应税消费品已纳税额	当期收回委托加工应税消费品已纳税额	期末库存委托加工应税消费品已纳税额
15=3×4-10 或 3×4-11 或 3×4-10-11	16	10=5×9	11=12+13-14	12	13	14
17	18	19=15-17+20+21+22	20	20	21	22

续表

已纳消费税	本期应补（退）税金额			
截至上年底累计欠税额	本年度新增欠税额		减免税额	预缴税额	多缴税额
	本期	累计			
23	24	25			

如纳税人填报，由纳税人填写以下各栏		如委托代理人填报，由代理人填写以下各栏		备注
会计主管：	纳税人：	代理人名称		
		代理人地址	代理人（公章）	
（签章）	（公章）	经办人	电话	
以 下 由 税 务 机 关 填 写				
收到申报表日期		接受人		

16.3.3 消费税的出口退税

我们在介绍增值税时讲到过，出口退税不仅包括增值税，还包括消费税，因此，我们有必要对消费税的出口退税业务进行介绍。

在办理出口退税业务时，生产企业出口消费税应税消费品和外贸企业出口消费税应税消费品的处理是完全不同的。

由于消费税是单一环节征收的税种，所以对于生产企业来说，消费税是在其实现销售时缴纳的。但是当生产企业直接对外出口消费税应税消费品时，如果先征收消费税再退税，就会很麻烦，因此，我国税法规定，生产企业直接出口所生产的消费税应税消费品，其在出口环节免征消费税。

注意：当出口企业直接出口的消费税应税消费品被退回时，在进口环节暂时免征消费税，待出口企业将此批退货在国内销售时，再缴纳消费税。

对于外贸企业出口消费税应税消费品的，由于其在国内购买的应税消费品包含了生产企业出售时缴纳的消费税，即出口企业购买的国内应税消费品都是已税的，因此，我国税法规定，有出口经营权的外贸企业直接出口或者接受其他外贸企业委托代理出口应税消费品，其在出口环节免征消费税并退还已纳消费税。

注意：生产企业和一般商贸企业委托外贸企业代理出口的消费税应税消费品，不可以享受退税政策。

从价定率征收消费税的应税消费品，其退税的计算公式为：

应退消费税额=出口货物的工厂不含增值税的销售额×比例税率

例 16.11 宏亮企业为一家具有进出口经营权的外贸企业，2019 年 10 月出口一批高尔夫球具到国外，该批球具购入不含增值税的价格为 180 万元，高尔夫球具的消费税比例税率为 10%，分析宏亮企业的消费税涉税业务。

分析：宏亮企业为具有进出口经营权的外贸企业，根据相关法律法规的规定，具有进出口经营权的企业从生产厂家购买的消费税应税消费品在出口时可以退还包含在应税消费品中的消费税。

因此，应退消费税额=180×10%=18（万元）。

从量定额计征消费税的应税消费品，其退税额的计算公式为：

应退消费税额=出口的应税消费品的数量×单位税额

例 16.12 宏亮企业为一家具有进出口经营权的外贸企业，2019 年 10 月出口 680 吨黄酒到国外，黄酒属于从量定额征收消费税的应税消费品，其消费税单位税额为 240 元/吨，分析宏亮企业的消费税涉税业务。

分析：宏亮企业的情况与例 16.11 中的情况一样，因此可以在出口时申请退还出口商品中包含的消费税。

应退消费税额=680×240=163200（元）

16.4 消费税的账务处理

消费税的账务处理一般包括两部分，即应交消费税额的账务处理和实际缴纳消费税额的账务处理。

缴纳消费税的纳税人，应按《消费税暂行条例》的有关规定缴纳消费税，并通过"应交税费——应交消费税"明细科目进行会计核算和账务处理。通过该明细科目的借方核算企业实际缴纳的消费税和待扣的消费税，贷方核算企业按规定应缴纳的消费税，"应交税费——应交消费税"明细科目期末贷方余额反映暂未缴纳的消费税，借方余额反映企业多缴纳的消费税。

16.4.1 应税消费品及其包装物销售的账务处理

应税消费品销售所收取的全部价款都应作为消费税的计税依据，根据应税消费品销售是否包含价外费用的不同，应税消费品销售的账务处理也有所区别。

1. 应税消费品销售应纳消费税的账务处理

纳税人销售自制应税消费品，按计算的应纳消费税额借记"税金及附加"科目，贷记"应交税费——应交消费税"科目，在实际缴纳时，借记"应交税费——应交消费税"科目，贷记"银行存款"等相关科目。

例 16.13 某工厂 2019 年 10 月对外销售应税消费品一批，开具的增值税专用发票上注明价款 6.8 万元，增值税额 8840 元，该应税消费品适用的比例税率为 10%，计算该工厂 10 月应缴纳的消费税并编制会计分录。

应缴纳的消费税额=68000×10%=6800（元），对应的会计分录为：

借：银行存款/应收账款　　　　　　　　76840
　　贷：主营业务收入　　　　　　　　　68000
　　　　应交税费——应交增值税（销项税额）　8840

借：税金及附加　　　　　　　　　　6800
　　贷：应交税费——应交消费税　　　6800

2. 应税消费品包装物应纳消费税的账务处理

包装物是企业为了包装商品，使其便于储存和保管或美化产品而储存的各种容器。在产品销售时，包装物的使用有多种情况：与应税消费品一起销售但不单独计价、与应税消费品一起销售且单独计价、出借包装物或出租包装物、在与应税消费品一起销售的同时又收取包装物押金等情况。我们主要介绍以下两种情况的账务处理。

第一种情况：随同应税消费品销售但不单独计价包装物的账务处理。

随同应税消费品销售但不单独计价的包装物，实行从价定率办法计算消费税的，无论包装物是否单独计价，也无论账务上做不做销售处理，都应并入产品的销售收入计征消费税，同时将包装物的成本作为"销售费用"转出。

例 16.14　某化妆品公司 2019 年 10 月销售高档化妆品一批，附带包装物一起销售，销售价款及增值税合计 27.12 万元，已通过银行存款收回，该批化妆品的成本为 12 万元，包装物成本为 5600 元，计算该公司 10 月应缴纳的消费税并编制会计分录。

分析：高档化妆品属于从价定率的应税消费品，适用的消费税比例税率为 15%，连同应税消费品一同销售的包装物应并入产品销售收入计征消费税。

应缴纳的消费税额=271200/（1+13%）×15%=36000（元）

（1）确认收入时，对应的会计分录为：
借：银行存款　　　　　　　　　　　271200
　　贷：主营业务收入　　　　　　　　240000
　　　　应交税费——应交增值税（销项税额）　31200

（2）计算应交消费税时，对应的会计分录为：
借：税金及附加　　　　　　　　　　36000
　　贷：应交税费——应交消费税　　　36000

（3）结转产品及包装物成本时，对应的会计分录为：
借：主营业务成本　　　　　　　　　120000
　　贷：库存商品　　　　　　　　　　120000
借：销售费用　　　　　　　　　　　5600
　　贷：周转材料——包装物　　　　　5600

第二种情况：随同应税消费品销售且单独计价包装物的账务处理。

随同销售且单独计价的包装物，其所得收入应记入"其他业务收入"科目，成本结转入"其他业务成本"科目，其计算应缴纳的消费税则记入"税金及附加"科目。

例 16.15　卷烟厂销售烟丝一批，开具的增值税专用发票上注明价款 26 万元，增值税额 3.38 万元，同时收取单独计价的包装物价款 4000 元，价款已通过银行收取。已知该批烟丝的成本为 10 万元，包装物成本为 3200 元，计算该卷烟厂应缴纳的消费税并编制会计分录。

分析：烟丝是适用从价定率的应税消费品，其适用的消费税比例税率为 30%，连同应税消费品销售且单独计价的包装物计算应缴纳的消费税。

应缴纳的消费税额=（260000+4000/1.13）×30%=79061.95（元）

应缴纳的增值税额=（260000+4000/1.13）×13%=34260.18（元）

（1）确认收入时，对应的会计分录为：

借：银行存款　　　　　　　　　　　297800
　　贷：主营业务收入　　　　　　　　260000
　　　　其他业务收入　　　　　　　　3539.82
　　　　应交税费——应交增值税（销项税额）　34260.18

（2）计算应交消费税时，对应的会计分录为：

借：税金及附加　　　　　　　79061.95
　　贷：应交税费——应交消费税　　79061.95

（3）结转产品及包装物成本时，对应的会计分录为：

借：主营业务成本　　　　　　100000
　　贷：库存商品　　　　　　　100000
借：其他业务成本　　　　　　3200
　　贷：周转材料——包装物　　3200

16.4.2　委托加工应税消费品的账务处理

纳税人委托加工的应税消费品由受托方在交付商品时代扣代缴消费税。委托方将委托加工应税消费品收回后，又可以分直接销售和连续生产两种情况对已缴纳的消费税做不同的账务处理。

1. 收回后直接销售应税消费品应纳消费税的账务处理

委托加工应税消费品由委托方收回后直接销售的，在销售时不再缴纳消费税，其已缴纳的消费税应计入委托加工应税消费品的成本。委托方根据支付的加工费和受托方代收代缴消费税的凭证借记"委托加工物资""生产成本"等科目，贷记"银行存款""应付账款"等科目。

例 16.16　某工厂委托外单位加工应税消费品（适用的消费税比例税率为10%）一批，对外提供应税消费品8.2万元，两方协议此次加工费（不含增值税）为1.8万元，2019年9月20日，该工厂收回已加工好的应税消费品用于直接销售，加工费与受托方代扣代缴的消费税已通过银行存款一同支付。

委托方

（1）发出材料，对应的会计分录为：

借：委托加工物资　　　82000
　　贷：原材料　　　　　82000

（2）支付加工费，对应的会计分录为：

借：委托加工物资　　　　　　　　　18000
　　应交税费——应交增值税（进项税额）　2340
　　贷：银行存款　　　　　　　　　20340

(3) 支付受托方代收代缴的消费税，对应的会计分录为：

代扣代缴的消费税额=（82000+18000）/（1-10%）×10%=11111.11（元）

借：委托加工物资　　　11111.11
　　贷：银行存款　　　　11111.11

(4) 加工收回，对应的会计分录为：

借：库存商品　　　　111111.11（82000+18000+11111.11）
　　贷：委托加工物资　　111111.11

受托方

(1) 收取加工费，对应的会计分录为：

借：银行存款　　　　　　　　　　20340
　　贷：主营业务收入　　　　　　18000
　　　　应交税费——应交增值税（销项税额）　2340

(2) 收取代收代缴的消费税，对应的会计分录为：

借：银行存款　　　　　　　　　11111.11
　　贷：应交税费——应交消费税　11111.11

(3) 缴纳消费税，对应的会计分录为：

借：应交税费——应交消费税　　11111.11
　　贷：银行存款　　　　　　　　11111.11

2. 收回后连续生产应税消费品应纳消费税的账务处理

委托加工应税消费品由委托方收回后用于连续生产应税消费品的，按税法规定已缴纳的消费税准予抵扣，委托方按代扣代缴的消费税额，借记"应交税费——应交消费税"，贷记"应付账款""银行存款"等科目。

例 16.17 承例 16.16，假定上述应税消费品由委托方收回后继续加工应税消费品，则委托方相应的账务处理如下所示。

(1) 发出材料，对应的会计分录为：

借：委托加工物资　　　82000
　　贷．原材料　　　　　82000

(2) 支付加工费，对应的会计分录为：

借：委托加工物资　　　　　　　　　　18000
　　应交税费——应交增值税（进项税额）　2340
　　贷：银行存款　　　　　　　　　　　20340

(3) 支付受托方代收代缴的消费税，对应的会计分录为：

代扣代缴的消费税额=（82000+18000）/（1-10%）×10%=11111.11（元）

借：应交税费——应交消费税　　11111.11
　　贷：银行存款　　　　　　　　11111.11

(4) 加工收回，对应的会计分录为：

借：库存商品　　　100000（82000+18000）

贷：委托加工物资　　　　100000

受托方相应的账务处理同例 16.16。

16.4.3　应税消费品视同销售行为的账务处理

同增值税类似，企业将应税消费品用于投资，换取生产资料、消费资料等用途时，虽然在账务上不做销售处理，但按税法要求应视同销售行为征收消费税。

1. 企业以生产的应税消费品作为投资应纳消费税的账务处理

企业以生产的应税消费品作为投资应视同销售行为缴纳消费税，借记"长期股权投资"，贷记"库存商品"等科目，按应缴纳的消费税贷记"应交税费——应交消费税"科目。

例 16.18　某汽车制造厂以自行生产的乘用车（排气量 2.5 升）20 辆对外进行投资，该类乘用车每辆实际成本为 16 万元，市场售价（不含增值税）24 万元，请计算该汽车制造厂应缴纳的消费税并编制会计分录。

分析：企业以生产的应税消费品对外投资，应视同销售行为缴纳增值税和消费税。例 16.18 中，乘用车（排气量 2.5 升）适用的消费税比例税率为 9%。

应缴纳的消费税额=240000×9%×20=432000（元）

应缴纳的增值税额=240000×13%×20=624000（元）

借：长期股权投资　　　　　　　　　　　　4256000
　　贷：库存商品　　　　　　　　　　　　3200000
　　　　应交税费——应交增值税（销项税额）　624000
　　　　应交税费——应交消费税　　　　　　432000

2. 企业以生产的应税消费品换取生产资料、消费资料或抵偿债务应纳消费税的账务处理

企业以生产的应税消费品换取生产资料、消费资料或抵偿债务的，应视同销售行为，以纳税人销售同类应税消费品的销售价格为计税依据计算应缴纳的消费税。

例 16.19　某企业将自产的应税消费品 3.4 万元（不含增值税）用于抵偿供应商的应付账款，该应税消费品适用的消费税比例税率为 10%，计算该笔业务应缴纳的消费税并编制会计分录。

分析：以应税消费品抵偿债务视同销售行为，应按规定缴纳消费税和增值税。

应缴纳的消费税额=34000×10%=3400（元）

应缴纳的增值税额=34000×13%=4420（元）

借：应付账款　　　　　　　　　　　　　　38420
　　贷：库存商品　　　　　　　　　　　　34000
　　　　应交税费——应交增值税（销项税额）　4420

借：税金及附加　　　　　　　　　3400
　　贷：应交税费——应交消费税　　3400

3. 企业将自产应税消费品用于在建工程、非生产机构等方面应纳消费税的账务处理

企业将自产应税消费品用于在建工程、非生产机构等方面时，虽然不存在销售行为，在账务上也不做销售处理，但按税法规定应缴纳相应的增值税和消费税。当企业将自产应税消费品自用时，按其成本借记"在建工程""营业外支出""应付职工薪酬"等科目，贷记"库存商品""应交税费——应交消费税"科目。

例 16.20 某汽车制造厂将自产的一辆乘用车（排气量 3.5 升）转给职工作为福利用车，该类乘用车市场售价 26 万元，生产成本 14 万元，计算该汽车制造厂应缴纳的消费税并编制会计分录。

分析：企业将自产应税消费品用于员工福利，应按税法规定进行增值税和消费税的计算和缴纳，该乘用车适用的消费税比例税率为 25%。

应缴纳的消费税额=260000×25%=65000（元）

应缴纳的增值税额=260000×13%=33800（元）

借：应付职工薪酬　　　　　　　　　　　238800
　　贷：库存商品　　　　　　　　　　　140000
　　　　应交税费——应交增值税（销项税额）　33800
　　　　应交税费——应交消费税　　　　65000

16.4.4 进口应税消费品的账务处理

企业进口应税消费品，海关代缴的消费税应计入应税消费品的成本，凭海关提供的完税凭证借记"固定资产""材料采购"等科目，贷记"银行存款"科目。由于进口应税消费品的消费税由海关代为征收后发放货物，所以不再通过"应交税费——应交消费税"科目反映，而直接通过"银行存款"科目反映。

例 16.21 吉瑞企业为增值税一般纳税人，2019 年 10 月从国外进口高档化妆品一批，海关完税价格为 28 万元，适用关税税率 20%，请计算该批货物的应缴纳的消费税并编制会计分录。

组成计税价格=（280000+280000×20%）/（1-15%）=395294.12（元）

应交关税=280000×20%=56000（元）

应缴纳的消费税额=395294.12×15%=59294.12（元）

应缴纳的增值税额=395294.12×13%=51388.24（元）

借：材料采购　　　　　　　　　　　　395294.12
　　应交税费——应交增值税（进项税额）　51388.24
　　贷：银行存款　　　　　　　　　　446682.36

第 17 章 个人所得税

个人所得税的纳税义务人是个人，它是对个人所得征缴税款的一种纳税形式。个人所得税一般都由公司代缴代扣，其税率对不同的收入采用不同的超额累进税率，这种计税方法比较科学，遵循了多得则多缴的公平计税原则。本章我们将介绍不同收入个人所得税的计税方法及其账务处理。

17.1 个人所得税的基础知识

个人所得税最早产生于 18 世纪末的英国，到目前为止已成为世界各国普遍征收的税种，是各国政府重要的财政收入来源。

所得税是对应税所得进行征收的一种税收，包括个人所得税和企业所得税。个人所得税的征税对象为自然人，它是将自然人取得的各类应税所得作为征税对象而征收的一种税，是政府采用税收的手段对个人收入进行调节的方式。

注意：个人所得税中所指的自然人，包括个人和具有自然人性质的企业。

17.1.1 个人所得税的纳税人

根据《中华人民共和国个人所得税法》（以下简称《个人所得税法》）的规定，在中国境内有住所，或者无住所而一个纳税年度内在境内居住满 183 天的个人，从中国境内和境外取得的所得，应依照规定缴纳个人所得税。在中国境内无住所又不居住，或者无住所而一个纳税年度内在境内居住不满 183 天的个人，从中国境内取得的所得，应依照规定缴纳个人所得税。

可见，个人所得税的纳税人不局限于具有我国国籍的公民，还包括各种从我国境内获取个人所得的其他个人。根据国际通行的做法，我国把个人所得税的纳税人区分为居民纳税人和非居民纳税人来分别对待。居民纳税人取得的个人所得，无论来自我国境内还是境外，属于个人所得税应税项目的，都需要缴纳个人所得税；而非居民纳税人，则只需要就其境内的个人所得（属于个人所得税应税项目的）缴纳个人所得税，境外所得则不需要缴纳。

纳税人性质的划分，不是以国籍为标准确定的，而是以居住时间为标准确定的。根据相关法律法规的规定，在一个纳税年度内，在中国境内住满 183 天的自然人就是居民个人。

注意：纳税人临时离境的，只要一次离境不超过 30 日，累计离境不超过 90 日，都作为境内居住天数计算在境内居住时间内。

不符合此条件的就是非居民个人。

17.1.2 个人所得税的征税特点和作用

我国的个人所得税制度主要有以下四个特点。

(1) 实行分类征收。我国的个人所得税采用的是分类所得税制,即将个人取得的各种所得划分为9类,分别适用不同的费用减除标准、不同的税率和不同的计税方法。

①工资、薪金所得。
②劳务报酬所得。
③稿酬所得。
④特许权使用费所得。
⑤经营所得。
⑥利息、股息、红利所得。
⑦财产租赁所得。
⑧财产转让所得。
⑨偶然所得。

(2) 累进税率与比例税率并用。上述第一项至第四项所得(称为综合所得),适用3%~45%的7级超额累进税率(如表17-1所示);第五项经营所得,适用5%~35%的5级超额累进税率(如表17-2所示);第六项至第九项所得均适用20%的比例税率。

表 17-1 个人所得税税率表(综合所得适用)

级数	全年应纳税所得额(含税级距)	税率(%)	速算扣除数
1	≤36000	3	0
2	36000.01~144000	10	2520
3	144000.01~300000	20	16920
4	300000.01~420000	25	31920
5	420000.01~660000	30	52920
6	660000.01~960000	35	85920
7	≥960000.01	45	181920

表 17-2 个人所得税税率表(经营所得适用)

级数	全年应纳税所得额	税率(%)	速算扣除数
1	≤30000	5	0
2	30000.01~90000	10	1500
3	90000.01~300000	20	10500
4	300000.01~500000	30	40500
5	≥500000.01	35	65500

(3) 对纳税人的应纳税额分别采取由支付单位和个人源泉扣缴、纳税人自行申报两种方法。

(4) 以个人(自然人)作为纳税单位。

个人所得税具有税收的基本功能,如收入分配、获取财政收入,以及资源配置等,其具体作用主要有以下三个方面:

(1) 缓解社会分配不公的矛盾,调节收入分配,在保证分配效率的前提下体现社会公平。

(2) 通过个人所得税的征收来增加国家财政收入,扩大国家筹集收入的渠道。

(3) 增强国民的纳税意识，树立公民依法纳税义务的观念。

17.1.3 个人所得税的扣缴方式

我国的税收法律法规规定，除了年所得 12 万元及以上的个人、从两处以上获得个人所得税应税所得的个人、以居民纳税人身份而获得境外收入的个人、获得的个人所得没有扣缴义务人的个人等需要纳税人自行申报，其他税目的个人所得的扣缴方式都是以代扣代缴的方式进行的。所谓代扣代缴，就是由负有扣缴义务的扣缴义务人，从纳税人的所得中代扣代缴其需要缴纳的所得税。在我国的税法体系中，一般来说，企业就是对个人所得税负有代扣代缴义务的扣缴义务人，因此企业在申报纳税工作中，是绕不开个人所得税的。

根据我国税法体系的规定，个人所得税以获得个人所得税应税所得的个人作为纳税人，以支付给个人其个人所得的企事业单位和其他个人为扣缴义务人。

例 17.1 宏亮企业的员工李莎 2019 年 10 月的工资为 6000 元，社会保险和公积金需要扣除个人部分共 600 元，没有专项附加扣除金额，请计算李莎需要缴纳的个人所得税并分析企业如何代扣代缴个人所得税。

分析：6000-5000-600=400（元），因为 400 元＜3000 元，所以适用所得税税率 3%，即应交个人所得税 12 元（400×3%）。由于李莎所获得的工资 6000 元是其个人所得税应税所得，因此根据规定，李莎是其个人所得税的纳税人。宏亮企业是支付给李莎个人所得的企业，该企业就是李莎的个人所得税的扣缴义务人。综上所述，在本题所述情形下，李莎个人所得为 6000 元，扣除社会保险和公积金个人承担部分后，需要缴纳 12 元的个人所得税，由宏亮企业代扣，李莎实际所得现金为 5388 元（6000-600-12），宏亮企业在代扣李莎应缴纳的 12 元个人所得税后，还需要通过申报纳税，代缴此笔税款。

李莎是否为宏亮企业员工不作为是否需要代扣代缴的考虑因素，因为根据规定，代扣代缴人是以是否为个人所得的支付人来界定的，不涉及其他关系。

注意：例 17.1 中所说的专项附加扣除是指个人所得税法规定的子女教育、继续教育、大病医疗、住房贷款利息、住房租金和赡养老人 6 项专项附加扣除，它们可以抵扣个人所得税应纳税所得额。

17.1.4 个人所得税专项附加扣除标准

2019 年 1 月 1 日我国个人所得税新加了一些专项扣除项目，包括子女教育、继续教育、大病医疗、住房贷款利息、住房租金、赡养老人六个项目，这些费用都可以在税前扣除。

1. 子女教育专项附加扣除

纳税人的子女接受教育，包括学前教育和学历教育，学前教育指年满 3 岁至小学入学前的教育，学历教育包括义务教育（小学和初中教育）、高中阶段教育（普通高中、中等职业教育）、高等教育（大学专科、大学本科、硕士研究生、博士研究生教育）。每个子女可以按照每年 12000 元标准，即每月 1000 元定额扣除。父母可以按 50%平均分摊至各自的工资中，也可以单独由一方按 100%扣除，一般一经选定，扣除方式在一年以内不可以改变。

2. 继续教育专项附加扣除

纳税人在接受学历继续教育期间按照每年 4800 元标准，即每月 400 元定额扣除。如果是接受技能人员职业资格继续教育、专业技术人员职业资格继续教育支出，在取得相关证书的年度，可以按照每年 3600 元定额扣除。

3. 大病医疗专项附加扣除

在一个纳税年度内，社会医疗保险管理信息系统记录的由个人负担超过 15000 元的医药费用支出的部分，为大病医疗支出，可以按照每年最高 80000 元标准限额据实扣除。大病医疗专项附加扣除应留存医疗服务收费的相关票据原件，并由纳税人本人扣除。

4. 住房贷款利息专项附加扣除

纳税人本人或配偶使用商业银行或住房公积金个人住房贷款为本人或其配偶购买住房的，发生的首套住房贷款利息支出，纳税人应当留存住房贷款合同、贷款还款支出凭证，其在偿还贷款期间，可以按照每年 12000 元标准，即每月 1000 元定额扣除，扣除期限不能超过 240 个月（即 20 年），且只能享受一次。纳税人可以选择夫妻任何一方扣除，一旦选择了一方，则在一个会计年度内不得变更。

5. 住房租金专项附加扣除

纳税人本人及配偶在其主要工作城市没有住房而租房住的，租赁住房发生的租金支出，可以根据留存的住房租赁合同，按照以下标准定额扣除（需要注意的是，纳税人不得同时分别享受住房贷款利息专项附加扣除和住房租金专项附加扣除）：

（1）承租的住房位于直辖市、省会城市、计划单列市及国务院确定的其他城市，扣除标准为每年 18000 元，即每月 1500 元定额扣除。

（2）承租的住房位于其他城市，市辖区户籍人口超过 100 万的，扣除标准为每年 13200 元标准，即每月 1100 元定额扣除。

（3）承租的住房位于其他城市，市辖区户籍人口不超过 100 万（含）的，扣除标准为每年 9600 元，即每月 800 元定额扣除。

6. 赡养老人专项附加扣除

纳税人赡养 60 岁（含）以上父母及其他法定赡养人的赡养支出，可以按照每年 24000 元，即每月 2000 元定额扣除。如果为非独生子女，可以和兄弟姐妹协商分摊。

由此我们可以看出，个人所得税大大地减负了，即国家将我们平时生活中开支最多的项目都加入个税扣除项目当中，为我们减轻了税负。专项附加扣除是以居民个人在一个纳税年度的应纳税所得额为限额的，若一个纳税年度扣除不完，是不能结转在以后年度扣除的。

这些专项扣除需要提前在自然人税收管理系统扣缴客户端上进行备案，也就是上报信息。目前有三种报送的方式：纸质模板报送、电子模板报送、远程办税端（手机 App 等）。纸质模板我们可以到办税服务大厅去领取，电子模板可以在税务局官网或扣缴客户端上下载，这两类表我们只需要按照对应的格式填好交给企业报送个税的人员，让其将相关信息录入并上传到系统即可。远程（手机 App）报送的，下面我们列图示范给大家。

以自己的身份证号码和姓名注册并登录自然人办税服务平台（手机 App），如图 17-1 所示。

图 17-1　登录自然人办税服务平台（手机 App）

需要填写哪个专项附加扣除，就选择哪个专项附加扣除项目，如图 17-2 到图 17-8 所示。当我们选择对应的专项扣除项目时，系统会提示我们需要准备的资料，我们只要按照系统提示准备好资料再一步步往下填写即可。在我们填写完毕后，不需要将资料复印上交到税务局，只需要自己保存资料备查即可。

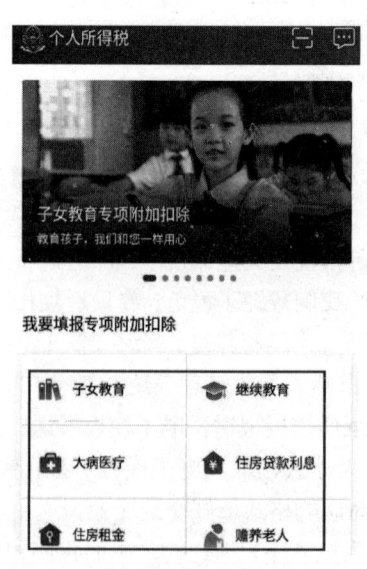

图 17-2　进入填报专项附加扣除界面

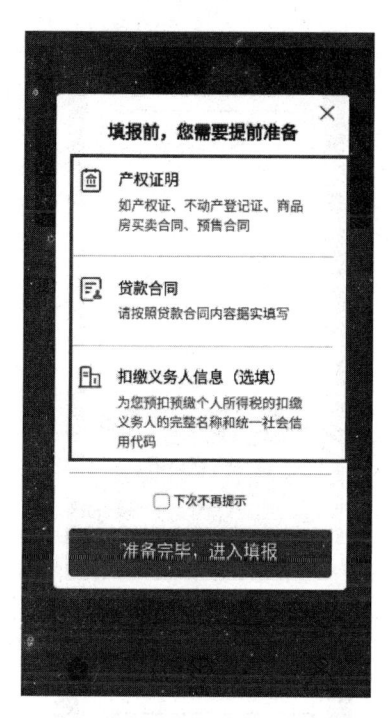

图 17-3　进入住房贷款利息专项扣除界面

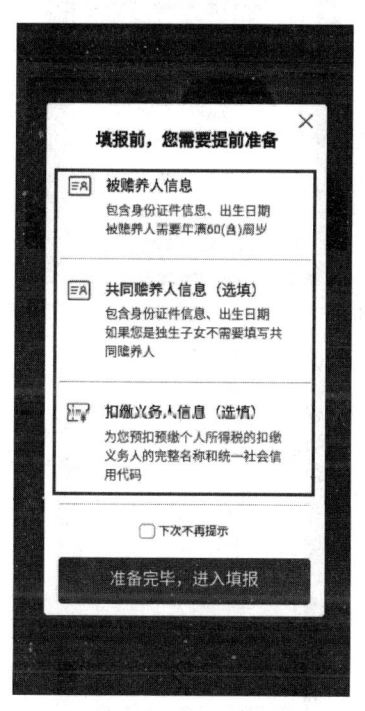

图 17-4　进入赡养老人专项扣除界面

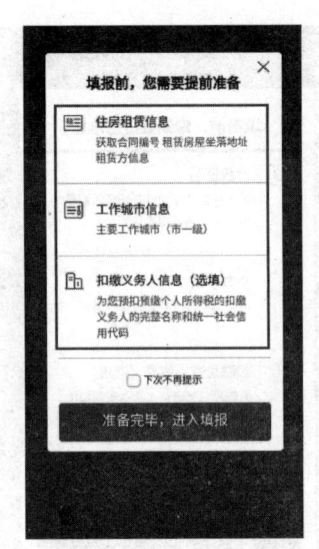

图 17-5　进入住房租金专项扣除界面

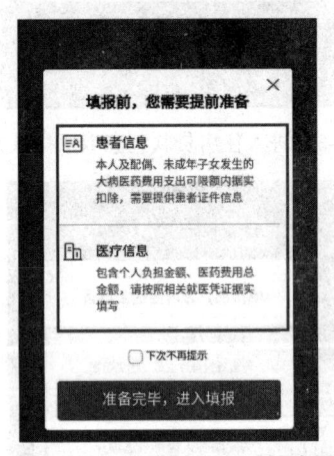

图 17-6　进入大病医疗专项扣除界面

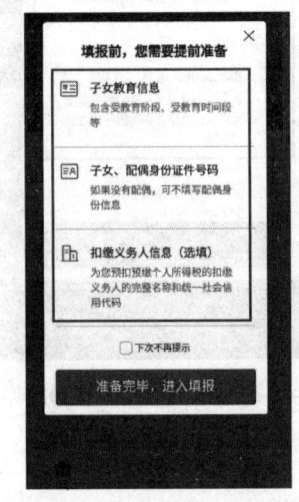

图 17-7　进入子女教育专项扣除界面

图 17-8　进入继续教育专项扣除界面

17.2　具体纳税数额的计算

我国的个人所得税征收采用超额累进税率和比例税率两种计算方法，我们知道目前共有 9 类个人所得税应税项目，不同税目的计算方式是不一样的。

17.2.1　工资、薪金所得的计算

根据 2018 年 8 月 31 日国家最新修订的《个人所得税法》的规定，工资、薪金个人所得税的免征额调整为 5000 元。

注意： 所谓免征额，就是在免征额范围内的个人工资、薪金所得，即免征个人所得税的部分。5000 元的免征额，就是企业个人工资、薪金所得税的起征点。只有个人的工资、薪金所得超过 5000 元的部分，才需要根据个人所得税税率表的规定，分段缴纳个人所得税。

在工资、薪金个人所得税的计算中，还应考虑免征额。如果个人的工资、薪金所得低于个人所得税的免征额，则不需要缴纳个人所得税；如果个人的工资、薪金所得高于个人所得税的免征额（并扣除相关专项附加扣除后），则只需要就其扣减后的个人所得部分计算缴纳个人所得税。

例 17.2　李明 2019 年 10 月的工资为 1 万元，根据税法规定，该所得属于工资、薪金应税所得，个人所得税的免征额为 5000 元，不考虑其他扣除项目，计算李明需要缴纳的个人所得税。

分析：李明的工资为 1 万元，工资、薪金所得的个人所得税的免征额是 5000 元，因此适用 7 级超额累进税率的级次是 2 级（10000-5000）。根据个人所得税综合所得适用的税率表，其工资、薪金所得的个人所得税=5000×10%-210=290（元）。

延伸例 18.2，如果李明需要扣除五险一金个人部分 1000 元，住房贷款利息专项附加扣除 1000 元，则其应交个人所得税为 90 元，即 10000-5000-1000-1000=3000(元)，3000×3%=90

（元）。

纳税人如果有两份以上分别获取的工资、薪金所得，应当汇总合并计算其个人所得税的应税所得。全年一次性发放奖金的个人工资、薪金应税所得的计算与一般月度工资、薪金应税所得的计算是不一样的，由于计算方法各地规定不同，且政策调整频繁，因此我们不做详细介绍。一般来说，由于全年一次性发放的奖金金额较大，如果按照月度工资、薪金应税所得的方式计算个人所得税，会导致纳税人的负担较重；因此，税务主管部门规定，全年一次性发放奖金的应税所得的计算使用特定的方法，以便平衡纳税人的税负，同时，该方法一年只能使用一次，防止纳税人通过对此种方法的重复使用来规避税收。企业在实务中，一般通过网上申报软件自动计算应纳税额，也可以向其税务主管机关就应纳税额的计算方法进行咨询。

个人的工资、薪金所得税是由发给个人该工资、薪金的企业代扣代缴的。在实务中，个人实际拿到手的工资是税后工资，个人需要缴纳的所得税，由企业通过申报纳税系统代为扣缴。

17.2.2 经营所得的计算

经营所得，即纳税人通过其经营的业务获得的盈利作为个人所得税的应税所得。纳税人在经营过程中获得的收入，在扣除成本、费用、损失后为其应纳税所得额，应按照经营所得的税率表计算个人所得税。

例如个体工商户为个体属性，不在企业所得税的征收范围内，因此它在计算个人所得税时，适用经营所得的税率表。个体工商户生产、经营所得的适用税率为 5 级超额累进税率，其计算方法与工资、薪金所得的 7 级超额累进税率的计算方法一致，此处不再赘述。由于个体工商户的财务核算一般没有正规企业规范，因此在实务中，个体工商户生产、经营所得的个人所得税，往往会采用由税务主管机关进行核定征收的办法来缴纳。

由于个体工商户的生产、经营所得没有扣缴义务人，因此应当由个体工商户自行申报纳税，并在年度终了后进行个人所得税的汇算清缴。

注意：个人独资企业、合伙企业个人所得税的计算与个体工商户生产、经营所得的个人所得税计算的各种规定是一致的。

例 17.3 刘华经营的杂货店属于个体工商户，2018 年度取得个体工商户生产经营所得 20 万元。其中，成本费用税费为 8 万元，计算该年度刘华需要缴纳的个人所得税。

分析：由于刘华 2018 年度经营杂货店的生产经营所得为 20 万元，因此应该以 20 万元作为计算刘华需要缴纳的个体工商户经营所得的个人所得税的计算依据，成本费用税费的 8 万元则需要扣除。

刘华的生产、经营所得=200000-80000=120000（元）

刘华需要缴纳的个人所得税=120000×20%-10500=13500（元）

17.2.3 劳务报酬所得的计算

根据《个人所得税法》中的相关定义，劳务报酬所得是指从事各种技艺、提供各项劳务取得的所得，如从事设计、装潢、安装、制图、化验、测试、医疗、法律、会计、咨询、讲学、新闻、广播、翻译、审稿、书画、雕刻、影视、录音、录像、演出、表演、广告、展览、技术服务、介绍服务、经纪服务、代办服务及其他劳务取得的所得。

注意：个人在企业中担任董事、监事，领取董事、监事津贴，但不是公司的员工，不在公司担任职务或者受雇于公司的，也属于劳务报酬性质，应按劳务报酬所得征税。

劳务报酬与工资、薪金所得是容易混淆的两个税目，在实务中，应当根据这两个税目所针对的个人所得税的应税行为的性质进行区别。劳务报酬所得具有特定性和临时性为外单位工作的属性；而工资、薪金所得属于非独立个人劳务活动所得，与为其提供劳务的单位具有人事、雇佣的关系。因此，区别两者的重要标志是看该劳务的提供是否具有长期、固定的雇佣关系。如果具有长期、固定的雇佣关系，那么就是工资、薪金所得；反之，就是劳务报酬所得。

在实务中，劳务报酬所得的获取形式有两种：一种是按照提供劳务的次数，一次性地支付；另一种是在提供劳务的时间段内，分次连续地支付。根据《个人所得税法》的规定，劳务报酬所得属于一次性收入的，以取得该项收入为一次；属于同一项目连续性收入的，以一个月内取得的收入为一次，按月进行个人所得税的纳税申报。

在计算劳务报酬所得的个人所得税时，首先要确定该税目下个人所得税的应纳税所得额。根据我国税收法律法规的规定，对于个人劳务报酬所得以收入减去20%的费用后的余额为收入额，取得的劳务报酬所得将和工资、薪金所得，稿酬所得及特许权使用费所得合并为综合所得，以每一纳税年度的收入额减除费用6万元及专项扣除、专项附加扣除，以及依法确定的其他扣除后的余额，确认为应纳税所得额并适用个人所得税税率表（综合所得适用）7级超额累进税率计算个人所得税。居民个人劳务报酬所得预扣预缴适用（表二）如表17-3所示，计算公式如下：

应纳税所得额=每次劳务收入×（1-20%）

预扣预缴个人所得税=应纳税所得额×税率-速算扣除数

表17-3　居民个人劳务报酬所得预扣预缴适用（表二）

级数	预扣预缴应纳税所得额	预扣率（%）	速算扣除数
1	不超过20000元	20	0
2	超过20000元至50000元的部分	30	2000
3	超过50000元的部分	40	7000

例17.4　李四为某商场的元旦活动设计了一套装饰方案，取得劳务收入1万元，请据此计算李四应缴纳的个人所得税和他实际拿到的劳务收入。不考虑李四的工资、薪金所得，稿酬所得，特许权使用费所得及各项扣除项目。

分析：我们先计算出李四劳务收入应纳税所得额，再在表17-3中找到对应的税率计算个人所得税，最后根据李四应交个人所得税得出他实际拿到的劳务收入。

应纳税所得额=10000×（1-20%）=8000（元）

预扣预缴个人所得税=8000×20%=1600（元）

李四实际拿到的劳务收入=10000-1600=8400（元）

注意：综合所得包括工资、薪金所得，劳务报酬所得，稿酬所得，特许权使用费所得。如果在一年当中，居民个人收入包含这四项中的两项以上且综合所得年收入额减除专项扣除的余额超过 6 万元，或者纳税年度内预缴税额低于应纳税额，或者申请个人所得税退税，那么都需要在第二年办理个人所得税汇算清缴，多退少补个人所得税。

17.2.4　稿酬所得的计算

稿酬所得是指个人因其作品以图书、报刊形式出版、发表而取得的所得。稿酬所得从本质上来说也是一种劳务所得，但是由于稿酬所得的特殊性，在我国个人所得税税目中单独出现，与劳务所得并列存在。

在稿酬所得的计算中，最重要的是如何界定一次稿酬所得。目前我国税法规定劳务报酬所得、稿酬所得、特许权使用费所得在预扣预缴时，属于一次性收入的，以取得该项收入为一次；属于同一项目连续性收入的，以一个月内取得的收入为一次。比如小王撰写一篇文章刊登在报纸上，并取得一次性稿酬，这个一次性稿酬就是他的稿酬所得。如果小王在一个月内取得两次图书撰写收入，那么这两次收入应该合并为稿酬所得；如果小王的图书稿酬所得分两次在两个月中分别收取，那么虽然此收入属于同一项目，但是由于两次收入分两个月分别打给小王，所以在预扣预缴时不能够合并为一项来计算稿酬所得。

根据我国税收法律法规的规定，对于稿酬所得以收入减去 20%的费用后的余额为收入额，再减按 70%计算，适用个人所得税税率表（综合所得适用）7 级超额累进税率计算个人所得税。其预扣预缴按照比例税率 20%计算，计算公式如下：

应纳税所得额=每次稿酬收入×（1-20%）×70%

预扣预缴个人所得税=稿酬所得×比例税率

例 17.5　王一在某出版社出版了《会计新手实务》一书，获得一次性稿费 3 万元，请据此计算王一应缴纳的个人所得税和实际拿到的稿酬收入。不考虑王一的工资、薪金所得，其他稿酬所得，特许权使用费所得及各项扣除项目。

分析：我们先计算出王一稿酬所得应纳税所得额，再按照所得额匹配对应的适用税率和速算扣除数，最后根据王一应交个人所得税得出他实际拿到的稿酬收入。

应纳税所得额=30000×（1-20%）×70%=16800（元）

预扣预缴个人所得税=16800×20%=3360（元）

实际拿到的稿酬收入=30000-3360=26640（元）

17.2.5　特许权使用费所得的计算

特许权使用费的计算口径，是以一项特许权的一次使用费作为一次个人所得税的申报纳税口径的。如果一个纳税人拥有多项特许权，并且分别多次收取使用费，则应按照每一项特许权每一次收取的使用费来分别进行申报纳税。

特许权使用费所得的个人所得税免征额与劳务报酬所得是一样的，即特许权使用费所得以收入减去 20%的费用后的余额为收入额，并适用个人所得税税率表（综合所得适用）7 级超额累进税率计算个人所得税。其预扣预缴按照比例税率 20%计算，计算公式如下：

应纳税所得额=每次特许权使用费收入×（1-20%）

预扣预缴个人所得税=特许权使用费所得×比例税率

例 17.6 张杰将其拥有的一项专利权特许给南方高翔公司使用,并按月收取特许使用费,费用为每个月 4.2 万元,请问张杰应该如何缴纳个人所得税?不考虑张杰的工资、薪金所得,稿酬所得,其他特许权使用费所得及各项扣除项目。

分析:张杰将其拥有的一项专利权特许给南方高翔公司使用,由南方高翔公司支付特许权使用费。因此,张杰的个人所得税应税所得属于个人所得税税目的特许权使用费所得,应当按照特许权使用费所得的相关规定缴纳个人所得税。在例 17.6 中,该项特许权使用费按月支付,因此应当按月计算张杰应缴纳的个人所得税。根据相关规定,张杰的应税收入为每月 4.2 万元,因此在计算个人所得税时,应当按扣除 20%的费用后的余额乘以 20%的比例税率计算应缴纳的个人所得税。

应纳税所得额=42000×(1-20%)=33600(元)

预扣预缴个人所得税=33600×20%=6720(元)

根据个人所得税应当由支付方代扣代缴的规定,张杰应支付的每月 6720 元的个人所得税由南方高翔公司在支付特许权使用费时代扣代缴。

17.2.6 财产租赁所得的计算

财产租赁所得是指个人出租建筑物、土地使用权、机器设备、车船及其他财产取得的所得。

由于个人取得的财产转租收入属于"财产租赁所得"的征税范畴,因此应由财产转租人缴纳个人所得税。在确认纳税义务人时,应以产权凭证为依据;对无产权凭证的,由主管税务机关根据实际情况确定。产权所有人死亡,在未办理产权继承手续期间,该财产出租而有租金收入的,以领取租金的个人为纳税义务人。

注意:在实务中常常会出现转租的情况,即出租人先承租,后出租。在这种情况下,转租业务的纳税人在确定其个人所得税的应纳税所得额时,可以扣除承租时支付的租金,只对承租和出租间的差额计征个人所得税。

财产租赁所得的免征额是每次收入不超过 4000 元的,定额减除费用 800 元;每次收入在 4000 元以上的,定额减除 20%的费用。财产租赁所得的适用税率采用 20%的比例税率。

例 17.7 宏亮公司由于复印机正在维修,遂向张杰租赁其个人拥有的复印机一台,为期一个月。根据约定,租金为 3600 元,请计算张杰需要缴纳的个人所得税。

分析:张杰将其个人拥有的复印机租赁给宏亮公司使用而获得财产租赁收入,根据《个人所得税法》的规定,属于个人所得税税目中财产租赁所得,应当根据财产租赁所得的相关规定缴纳个人所得税。

张杰需要缴纳的个人所得税=(3600-800)×20%=560(元)

17.2.7　财产转让所得的计算

财产转让所得的应纳税所得额不是财产转让所获得的全部价款,而是财产转让所获得的收入扣减所转让财产的原值和合理的费用后的余额。这里所说的合理的费用,是指按照相关法律法规的规定,在财产转让时需要支付的各项费用,这些费用经过税务主管机关的同意后,方可进行扣除。

财产转让所得的适用税率采用20%的比例税率,计算公式如下:

应纳税所得额=(收入总额-财产原值-合理费用)×20%

例17.8　李明于2009年购买了40瓶名贵葡萄酒,购买价格为62万元。2019年,李明将这40瓶葡萄酒转卖,获得收入262万元。李明为了保存这40瓶名贵葡萄酒,专门租用了一个酒窖,年保管费4.5万元,10年来共花费保管费45万元,均取得发票。经过税务主管机关确认,该笔保管费可以在计算其财产转让所得时进行扣除,请计算李明就该事项需要缴纳的个人所得税。

分析:李明将自己购买的名贵葡萄酒转卖,属于转让自己的财产,其所得属于个人所得税税目中的财产转让所得。

李明需要缴纳的个人所得税=(262-62-45)×20%=31(万元)

17.2.8　利息、股息、红利和偶然所得的计算

利息、股息、红利和偶然所得的应纳税所得额为所获得的利息、股息、红利和偶然所得的全部价款,不能扣减相关费用,也没有免征额的规定。目前适用的税率是20%的比例税率。

利息、股息、红利和偶然所得按照次数进行申报纳税,每获得一次利息、股息、红利和偶然所得为一次。

17.3　个人所得税申报流程详解

纳税人和扣缴义务人应当在规定的期限内(次月15日前)向税务机关进行个人所得税纳税申报,作为税务会计还应根据相关的单证和凭据对所发生的经济业务进行相关的账务处理。

17.3.1　企业扣缴个人所得税报告表的填写

个人所得税的申报方式有自行申报纳税和代扣代缴申报纳税两种。自行申报纳税的纳税人应在规定的期限内如实填写个人所得税纳税申报表,按税法规定计算税额后向税务机关进行申报。代扣代缴申报是负有代扣代缴义务的单位或个人向个人支付应纳税所得时,从其所得中扣除税款,并向税务机关报送扣缴个人所得税报告表进行纳税申报的方法。

本节我们将对单位代扣代缴的扣缴个人所得税报告表的格式及填写方法进行介绍。扣缴个人所得税报告表的格式如表17-4所示。

表17-4 扣缴个人所得税纳税报告表

税款所属期：2019年05月01日至2019年05月31日

扣缴义务人名称：××××有限公司

扣缴义务人纳税人识别号（统一社会信用代码）：9110211MA88888

金额单位：人民币元（列至角分）

序号	姓名	身份证件类型	身份证件号码	纳税人识别号	是否为非居民个人	所得项目	收入额计算			本月（次）情况										累计情况									准予扣除的捐赠额	税款计算						备注
											专项扣除				其他扣除								累计专项附加扣除												
							收入	费用	免税收入	减除费用	基本养老保险费	基本医疗保险费	失业保险费	住房公积金	年金	商业健康保险	税延养老保险	财产原值	允许扣除的税费	其他	累计收入额	累计减除费用	累计专项扣除	子女教育	赡养老人	住房贷款利息	住房租金	继续教育	累计其他扣除	减按计税比例		应纳税所得额	税率／预扣率	速算扣除数	应纳税额	减免税额	已缴税额	应补/退税额	
1	2	3	4	5	6	7	8	9	10	11	12	13	14	15	16	17	18	19	20	21	22	23	24	25	26	27	28	29	30	31	32	33	34	35	36	37	38	39	40
1	罗一	居民身份证	430221********	430221********	否	正常工资薪金	2000.00	0.00	0.00	5000.00												2000.00	5000.00	0.00						0.00	100%		0.00	0.03	0.00	0.00	0.00	0.00	0.00	
合计							2000.00	0.00	0.00	5000.00											2000.00	5000.00	0.00						0.00	—		0.00	—	—	0.00	0.00	0.00	0.00	—

谨声明：本扣缴申报表是根据国家税收法律法规及相关规定填报的，是真实的、可靠的、完整的。

扣缴义务人（签章）：

代理机构签章：

代理机构统一社会信用代码：

经办人签字：

经办人身份证件号码：

受理人：

受理税务机关（章）：

受理日期： 年 月 日

(一)表头项目

1. 税款所属期：填写扣缴义务人预扣、代扣税款当月的第 1 日至最后 1 日。比如，2019 年 5 月 20 日发放工资时代扣的税款，税款所属期填写"2019 年 5 月 1 日至 2019 年 5 月 31 日"。

2. 扣缴义务人名称：填写扣缴义务人法定名称的全称。

3. 扣缴义务人纳税人识别号（统一社会信用代码）：填写扣缴义务人的纳税人识别号或者统一社会信用代码。

(二)表内各栏

1. 第 2 列"姓名"：填写纳税人姓名。

2. 第 3 列"身份证件类型"：填写纳税人有效的身份证件名称。中国公民有中华人民共和国居民身份证的，填写居民身份证；没有居民身份证的，填写中华人民共和国护照、港澳居民来往内地通行证或者港澳居民居住证、台湾居民通行证或者台湾居民居住证、外国人永久居留身份证、外国人工作许可证或者护照等。

3. 第 4 列"身份证件号码"：填写纳税人有效身份证件上载明的证件号码。

4. 第 5 列"纳税人识别号"：有中国公民身份号码的，填写中华人民共和国居民身份证上载明的"公民身份号码"；没有中国公民身份号码的，填写税务机关赋予的纳税人识别号。

5. 第 6 列"是否为非居民个人"：纳税人为居民个人的填"否"。为非居民个人的，根据合同、任职期限、预期工作时间等不同情况，填写"是，且不超过 90 天"或者"是，且超过 90 天不超过 183 天"。不填默认为"否"。

其中，纳税人为非居民个人的，填写"是，且不超过 90 天"的，当年在境内实际居住超过 90 天的次月 15 日内，填写"是，且超过 90 天不超过 183 天"。

6. 第 7 列"所得项目"：填写纳税人取得的个人所得税法第二条规定的应税所得项目名称。同一纳税人取得多项或者多次所得的，应分行填写。

7. 第 8～21 列"本月（次）情况"：填写扣缴义务人当月（次）支付给纳税人的所得，以及按规定各所得项目当月（次）可扣除的减除费用、专项扣除、其他扣除等。其中，工资、薪金所得预扣预缴个人所得税时扣除的专项附加扣除，按照纳税年度内纳税人在该任职受雇单位截至当月可享受的各专项附加扣除项目的扣除总额，填写至"累计情况"中第 25～29 列相应栏，本月情况中则无须填写。

(1)"收入额计算"：包含"收入""费用""免税收入"。收入额=第 8 列-第 9 列-第 10 列。

①第 8 列"收入"：填写当月（次）扣缴义务人支付给纳税人所得的总额。

②第 9 列"费用"：取得劳务报酬所得、稿酬所得、特许权使用费所得时填写，取得其他各项所得时无须填写本列。居民个人取得上述所得，每次收入不超过 4000 元的，费用填写 800 元；每次收入 4000 元以上的，费用按收入的 20%填写。非居民个人取得劳务报酬所得、稿酬所得、特许权使用费所得，费用按收入的 20%填写。

③第 10 列"免税收入"：填写纳税人各所得项目收入总额中，包含的税法规定的免税收入金额。其中，税法规定"稿酬所得的收入额减按 70%计算"，对稿酬所得的收入额减计的 30%部分，填入本列。

(2) 第 11 列 "减除费用"：按税法规定的减除费用标准填写。比如，2019 年纳税人取得工资、薪金所得按月申报时，填写 5000 元。纳税人取得财产租赁所得，每次收入不超过 4000 元的，填写 800 元；每次收入 4000 元以上的，按收入的 20% 填写。

(3) 第 12~15 列 "专项扣除"：分别填写按规定允许扣除的基本养老保险费、基本医疗保险费、失业保险费、住房公积金（以下简称 "三险一金"）的金额。

(4) 第 16~21 列 "其他扣除"：分别填写按规定允许扣除的项目金额。

8. 第 22~30 列 "累计情况"：本栏适用于居民个人取得工资、薪金所得，保险营销员、证券经纪人取得佣金收入等按规定采取累计预扣法预扣预缴税款时填报。

(1) 第 22 列 "累计收入额"：填写本纳税年度截至当前月份，扣缴义务人支付给纳税人的工资、薪金所得，或者支付给保险营销员、证券经纪人的劳务报酬所得的累计收入额。

(2) 第 23 列 "累计减除费用"：按照 5000 元/月乘以纳税人当年在本单位的任职受雇或者从业的月份数计算。

(3) 第 24 列 "累计专项扣除"：填写本年度截至当前月份，按规定允许扣除的 "三险一金" 的累计金额。

(4) 第 25~29 列 "累计专项附加扣除"：分别填写截至当前月份，纳税人按规定可享受的子女教育、赡养老人、住房贷款利息或者住房租金、继续教育扣除的累计金额。大病医疗扣除由纳税人在年度汇算清缴时办理，此处无须填报。

(5) 第 30 列 "累计其他扣除"：填写本年度截至当前月份，按规定允许扣除的年金（包括企业年金、职业年金）、商业健康保险、税延养老保险及其他扣除项目的累计金额。

9. 第 31 列 "减按计税比例"：填写按规定实行应纳税所得额减计税收优惠的减计比例。无减计规定的，可不填，系统默认为 100%。比如，某项税收政策实行减按 60% 计入应纳税所得额，则本列填 60%。

10. 第 32 列 "准予扣除的捐赠额"：是指按照税法及相关法规、政策规定，可以在税前扣除的捐赠额。

11. 第 33~39 列 "税款计算"：填写扣缴义务人当月扣缴个人所得税款的计算情况。

(1) 第 33 列 "应纳税所得额"：根据相关列次计算填报。

①居民个人取得工资、薪金所得，填写累计收入额减除累计减除费用、累计专项扣除、累计专项附加扣除、累计其他扣除后的余额。

②非居民个人取得工资、薪金所得，填写收入额减去减除费用后的余额。

③居民个人或者非居民个人取得劳务报酬所得、稿酬所得、特许权使用费所得，填写本月（次）收入额减除其他扣除后的余额。

保险营销员、证券经纪人取得的佣金收入，填写累计收入额减除累计减除费用、累计其他扣除后的余额。

④居民个人或者非居民个人取得利息、股息、红利所得和偶然所得，填写本月（次）收入额。

⑤居民个人或者非居民个人取得财产租赁所得，填写本月（次）收入额减去减除费用、其他扣除后的余额。

⑥居民个人或者非居民个人取得财产转让所得，填写本月（次）收入额减除财产原值、

允许扣除的税费后的余额。

其中，适用"减按计税比例"的所得项目，其应纳税所得额按上述方法计算后乘以减按计税比例的金额填报。

按照税法及相关法规、政策规定，可以在税前扣除的捐赠额，可以按上述方法计算后从应纳税所得额中扣除。

（2）第34~35列"税率/预扣率""速算扣除数"：填写各所得项目按规定适用的税率（或预扣率）和速算扣除数。没有速算扣除数的，则不填。

（3）第36列"应纳税额"：根据相关列次计算填报。第36列=第33列×第34列-第35列。

（4）第37列"减免税额"：填写符合税法规定可减免的税额，并附报《个人所得税减免税事项报告表》。居民个人工资、薪金所得，以及保险营销员、证券经纪人取得佣金收入，填写本年度累计减免税额；居民个人取得工资、薪金以外的所得或非居民个人取得各项所得，填写本月（次）减免税额。

（5）第38列"已缴税额"：填写本年或本月（次）纳税人同一所得项目，已由扣缴义务人实际扣缴的税款金额。

（6）第39列"应补/退税额"：根据相关列次计算填报。第39列=第36列-第37列-第38列。

注意：企业代非本单位职工扣缴税款的，应在备注栏中反映。

17.3.2 个人所得税的缴纳申报

扣缴义务人每月所扣的税款，应当在次月15日内缴交国库，向主管税务机关报送扣缴个人所得税报告表、代扣代收凭证、个人收入明细表及税务机关要求提供的其他资料。

个人所得税的预扣预缴目前都通过自然人税收管理系统扣缴客户端进行申报征收，具体的操作步骤如下：

第一步，登录自然人税收管理系统扣缴客户端，输入用户名和密码后进入纳税申报界面，如图17-9所示。

图17-9 进入纳税申报界面

第二步，鼠标单击"2019 年新税制申报"按钮进入个人所得税申报界面，单击左侧菜单栏中的"人员信息采集"，添加新的员工信息，完成后单击"报送"按钮，查看反馈，如图 17-10 所示。

图 17-10　人员信息采集界面

第三步，进入专项附加扣除信息采集界面，在左侧菜单栏选择对应的专项扣除项目，单击上方"下载更新"按钮即可出现员工在手机上登记的专项扣除备案信息，如图 17-11 所示。

图 17-11　专项附加扣除信息采集界面

第四步，进入综合所得申报界面，企业代扣代缴工资薪金，选择"正常工资薪金所得"即可，如图17-12所示。

图17-12 综合所得申报界面

第五步，进入正常工资薪金所得界面，这时我们可以逐个添加也可以成批导入员工工资薪金表，如图17-13所示。

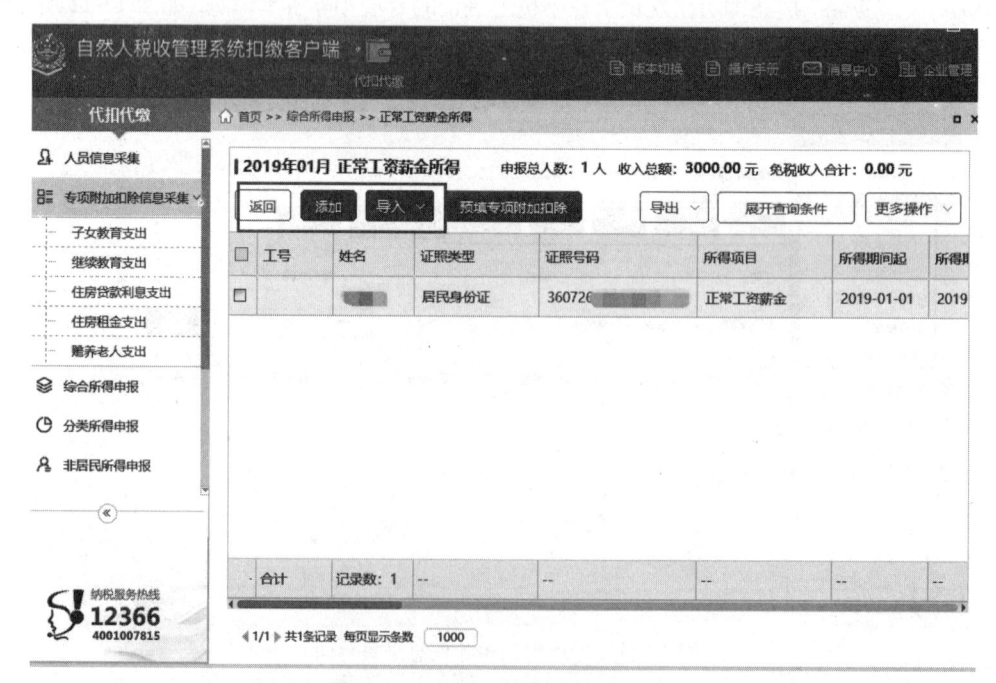

图17-13 正常工资薪金所得界面

第六步，填写完毕后，进入税款计算界面，如图 17-14 所示。

图 17-14　税款计算界面

第七步，进入附表填写界面，如图 17-15 所示。

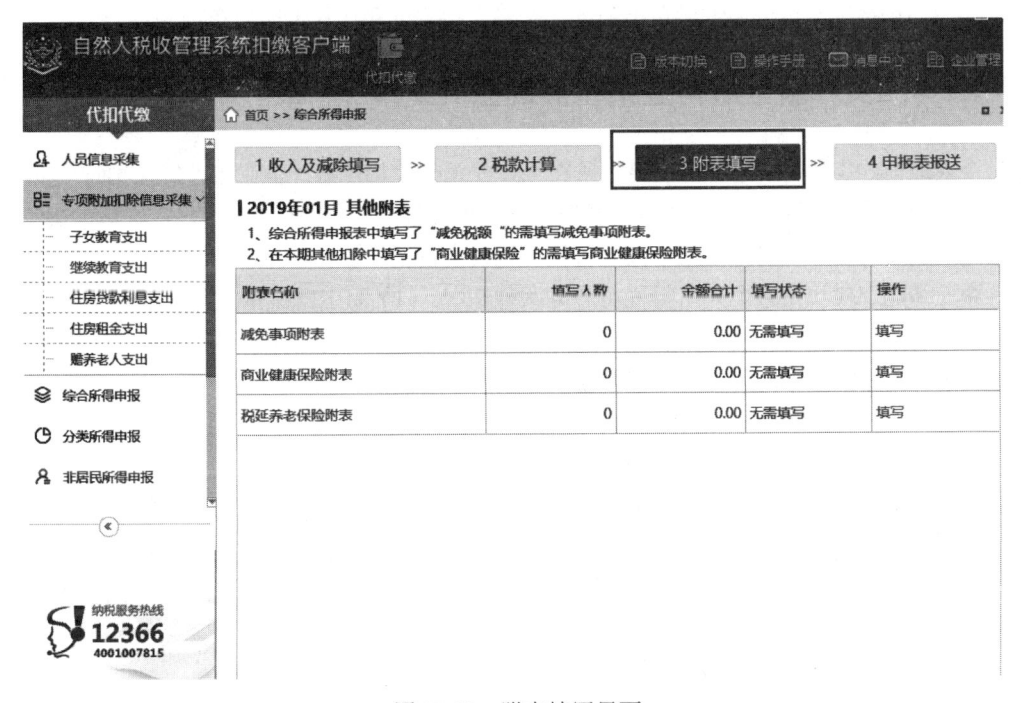

图 17-15　附表填写界面

第八步，进入申报表报送界面，单击"发送申报"按钮，即可完成个人所得税申报，如图 17-16 所示。

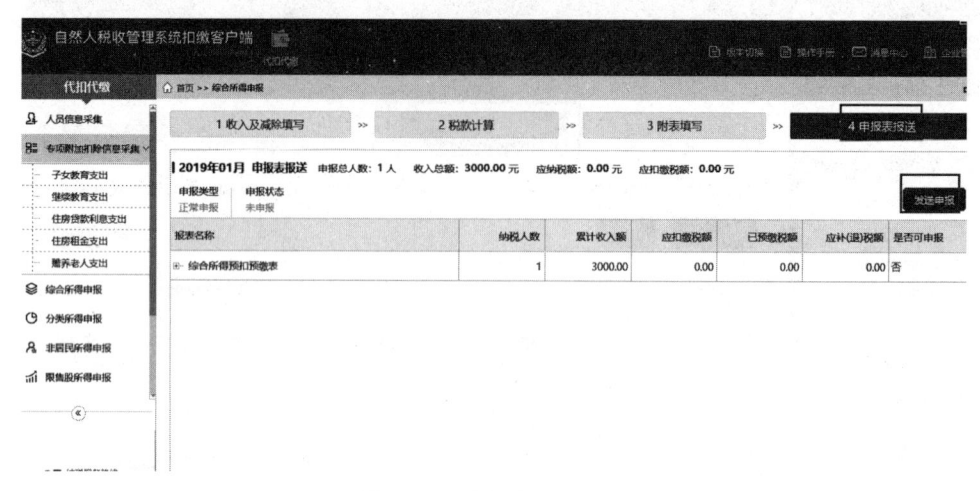

图 17-16　申报表报送界面

17.4　个人所得税的账务处理

根据现行税收政策，企业代扣代缴职工的个人所得税有两种情况：一种是企业职工自己承担的个人所得税，企业只负有扣缴义务；另一种是企业既承担职工的所得税，又负有扣缴义务。后一种情况又可分为定额负担税款、全额负担税款和按一定比例负担税款。

17.4.1　工资、薪金所得应纳税额的账务处理

个人取得的工资、薪金所得一般由所在企业或单位代扣代缴，企业在进行代扣时，应借记"应付职工薪酬"科目，贷记"应交税费——代扣代缴个人所得税"科目；在实际上缴时，应借记"应交税费——代扣代缴个人所得税"科目，贷记"银行存款"等科目。

企业为职工代扣代缴个人所得税可分为两种情况：(1) 职工自行承担其应纳个人所得税税额，由企业负责代扣代缴；(2) 职工所得工资为税后工资，其个人所得税税额与代扣代缴事宜均由企业承担，即职工应得工资为税后工资与税额的合计。

例 17.9　李杰、陈红同为某企业的职工，两人工资均为每月 6500 元，但劳动合同中约定李杰的个人所得税由本人承担，而陈红的个人所得税由企业为其承担，该企业在 2019 年 9 月发放两人工资时，应做怎样的账务处理？

分析：李杰的工资为税前工资，其个人所得税由本人承担，企业只负有扣缴义务；而陈红的工资为税后工资，企业应将其个人所得税加计应付职工薪酬入账。在计算陈红的个人所得税时，应先换算为税前所得再进行计税。

李杰的个人所得税=（6500-5000）×3%=45（元）

陈红的税前工资=（税后工资-费用扣除标准×适用税率-速算扣除数）/（1-适用税率）=

（6500-5000×3%-0）/（1-3%）=6546.39（元）

陈红的个人所得税=（6546.39-5000）×3%-0=46.39（元）

（1）发放工资时，对应的会计分录为：

借：应付职工薪酬　　　　　　　　　　13046.39
　　贷：库存现金　　　　　　　　　　　　12955
　　　　应交税费——代扣代缴个人所得税　　91.39

（2）实际上缴时，对应的会计分录为：

借：应交税费——代扣代缴个人所得税　　91.39
　　贷：银行存款　　　　　　　　　　　　91.39

注意：当企业职工所得为税后工资时，企业申报的该职工薪酬应为税后工资与税额合计。若按税后工资计入应付职工薪酬，则企业承担的税款部分不得在计算企业所得税前扣除。由于个人所得税是对取得应税收入的个人征收的一种税，其税款本应由个人负担，所以企业代纳税人负担的税款属于与企业经营活动无关的支出，应记入"利润分配"或"营业外支出"科目，且不得在计算企业所得税前扣除，在年终申报企业所得税时，应全额调增应纳所得税。

17.4.2　经营所得应纳税额的账务处理

经营所得包括纳税人取得的个体工商户的生产、经营所得和对企事业单位的承包经营、承租经营所得，目前按5000元/月的基本减除费用进行扣除，同时适用新的经营所得税率表。如果承包、承租人对企业经营成果不拥有所有权，仅按合同取得一定所得，其所得由支付单位代扣代缴个人所得税，并且与上述工资、薪金所得代扣代缴的账务处理相同。

例17.10　某企业职工与单位签订承包合同，经营企业招待所，合同约定招待所实现的利润归企业所有，企业每月向该职工支付承包费6500元，并代扣代缴其应纳个人所得税，请计算该职工应缴纳的个人所得税并编制会计分录。

分析：由于作为承包人的企业职工对经营利润并不享有所有权，因此其获得的所得应按"工资、薪金所得"项目进行计税。

应纳税额=（6500-5000）×3%=45（元）

借：应付职工薪酬　　　　　　　　　　6500
　　贷：库存现金　　　　　　　　　　　　6455
　　　　应交税费——代扣代缴个人所得税　　45

如果承包、承租人对企业经营成果拥有所有权，只按合同规定向发包、出租方交纳一定费用，其个人所得税按"承包、承租经营所得"项目计税，并由承包、承租方自行申报缴纳，发包、出租方不做扣缴个人所得税的账务处理。

例17.11　2019年10月1日，某职工与单位签订承包合同，经营招待所，合同约定承包期为1年，该职工全年上交费用3.2万元，年终招待所实现利润总额15万元，计算该职工应缴纳的个人所得税并编制会计分录。

分析：该职工对招待所的经营成果拥有所有权，应按"承包、承租经营所得"计算个人所得税。

应纳税所得额=承包经营利润-上交费用-每月费用扣减合计=150000-32000-5000×12=58000（元）

应纳税额=全年应纳税所得额×适用税率-速算扣除数=58000×10%-1500=4300（元）

该职工个人自行申报缴纳个人所得税，单位不做扣缴个人所得税的账务处理。单位在收到该职工上交的承包费时，对应的会计分录为：

借：银行存款　　　　　　　32000
　　贷：其他业务收入　　　　32000

17.4.3　劳务报酬、稿酬等所得应纳税额的账务处理

企业支付给个人的劳务报酬、稿酬、特许权使用费、财产租赁费、财产转让费及利息、股息红利等所得，由支付单位作为法定代扣代缴义务人扣缴税款，其支付的相关费用计入该企业的有关期间费用，借记"管理费用""应付利润"等科目，贷记"应交税费——代扣代缴个人所得税""库存现金"等科目。

例 17.12　某公司取得工程师王力的一项专利的使用权，合同约定该公司一次性支付工程师王力特许使用权费用 8.6 万元，请计算工程师王力应缴纳的个人所得税并编制会计分录。

分析：该笔特许使用权费用应按"应纳税所得额=每次收入额×（1-20%）"的公式进行个人所得税的计算。

应纳税所得额=86000×（1-20%）=68800（元）

应纳税额=68800×20%=13760（元）

借：管理费用　　　　　　　　　　　　86000
　　贷：应交税费——代扣代缴个人所得税　　13760
　　　　库存现金　　　　　　　　　　　　72240

17.4.4　向个人购买财产（财产转让）应纳税额的账务处理

企业向个人购买无形资产、固定资产等行为，代为扣缴的个人所得税应作为企业购建资产的价值组成部分，在购入时借记"无形资产""固定资产"等科目，贷记"银行存款""应交税费——代扣代缴个人所得税""库存现金"等科目。

17.4.5　向股东分配股息、利润应纳税额的账务处理

企业在向个人股东支付股利或派发股票股利、以盈余公积转增个人股东资本时，应代扣代缴个人所得税。在支付股利时，借记"利润分配——未分配利润""应付股利""应付利润"等科目，贷记"应交税费——代扣代缴个人所得税""股本""库存现金"等科目。

注意：企业在向法人股东支付股票股利、现金股利及以资本公积转增股本时，不涉及个人所得税的税款缴纳。

17.5　全面掌握优惠政策

虽然个人所得税从本质上来说与企业没有关系，它是由个人承担的税负；但是，由于我国个人所得税的申报缴纳规定了个人所得税扣缴原则，即企业负有代扣代缴的义务，因此了解个人所得税的优惠政策也属于企业涉税业务的范畴。

17.5.1　个人所得税的免税项目

个人所得税的免税项目具有奖励、鼓励、照顾的性质，主要内容如下：

（1）省级人民政府、国务院部委和中国人民解放军军级以上单位，以及外国组织、国际组织颁发的科学、教育、技术、文化、卫生、体育、环境保护等方面的奖金。

（2）按照国家统一规定发给的补贴、津贴。

（3）福利费、抚恤金、救济金。福利费是指根据国家有关规定，从企事业单位、国家机关、社会团体提留的福利费或工会经费中支付给个人的生活补助费；救济金是指国家民政部门支付给个人的生活困难补助费。

（4）军人的转业费、复员费。

（5）按照国家统一规定发给干部、职工的安家费、退职费、退休工资、离休工资、离休生活补助费。

（6）依照我国有关法律规定应予免税的各国驻华使馆、领事馆的外交代表、领事官员和其他人员的所得。

（7）各类保险赔款。

（8）国债或是国家发行的金融债券利息。

（9）中国政府参加的国际公约、签订的协议中所规定的免税所得。

（10）国务院规定的其他免税所得。

17.5.2　个人所得税的减征项目

个人所得税的减征项目主要是根据纳税人的自身属性而言的，这种性质的减征项目主要是考虑到纳税人自身的特殊条件和情况来确定的，具体幅度和期限，由省、自治区、直辖市人民政府确定。

（1）残疾、孤老人员和烈属所得。

（2）纳税人因严重自然灾害造成重大损失的。

第 18 章 企业所得税

企业所得税是指对中华人民共和国境内的企业（居民企业及非居民企业）和其他取得收入的组织以其生产经营所得为课税对象所征收的一种所得税。

作为企业所得税纳税人，应依照《中华人民共和国企业所得税法》（以下简称《企业所得税法》）缴纳企业所得税。个人独资企业及合伙企业除外。

18.1 企业所得税的基础知识

目前企业所得税的基本税率为 25%，也有实行低税率的，如高新企业减按 15% 的税率计征企业所得税。为鼓励小微企业发展，我国在 2019 年对其推行了新的税率优惠政策。企业所得税的计税依据是利润总额，即以剔除了所有成本费用后的利润来计税。

18.1.1 企业所得税的作用

企业所得税在组织财政收入、促进社会经济发展、实施宏观调控等方面具有重要的作用。企业所得税调节的是国家与企业之间的利润分配关系，这种分配关系是我国经济分配制度中最重要的一个方面，是处理其他分配关系的前提和基础。

企业所得税在国家经济调控、获得财政收入等方面都发挥着重要的作用，其具体表现在以下三个方面：

（1）促使企业努力完善管理制度、降低成本，从而提高管理水平及盈利能力。
（2）通过税收优惠等措施对产业结构进行调整，促进经济的发展。
（3）为国家财政筹集收入。

18.1.2 企业所得税的缴纳方式

企业所得税的缴纳方式与流转税的缴纳方式是不同的。在我国的税收实务中，流转税一般来说是将一个月作为一个流转税的纳税期间、按月对企业的流转额申报纳税的，其税款清算通过每个月的申报就完成了，年末不再另行清算；但由于所得税计算的复杂性和特殊性，在我国的税收法律法规体系中，企业所得税的申报以季度为单位，每个季度进行当季度企业所得税的申报，每个季度企业所得税的申报，不代表对于企业所得税的税款进行清算，它有点"打草稿"的意思，只是一个企业所得税预缴纳、预申报的过程。

根据我国税法的有关规定，真正的企业所得税的申报是在每年年末结束后到来年的 5 月

31 日之前，在此期间，企业对上一个年度的企业所得税进行所得税汇算清缴，以此来确定实际需要缴纳的企业所得税。

为什么企业所得税的申报需要通过企业所得税的汇算清缴来进行呢？这是因为企业所得税与流转税在各个方面都有所不同：

（1）企业所得税的计算复杂，而流转税的计算简单。流转税的计算其实就是根据企业的实际营业额来套用流转税的计算公式，而企业所得税的计算就复杂多了。虽然企业所得税的税率单一，普遍适用25%的比例税率，但是其应纳税所得额的确定却相当复杂。要确定企业所得税的应纳税所得额，必须对企业全年的经营情况进行综合分析，然后按照税法的规定逐项分析确定，其详细内容我们将在18.2节中进行介绍。

（2）企业所得税的影响深远。流转税的缴纳以月为单位，其申报纳税行为完成后，对于下一个月流转税的申报没什么影响，可以说是按月清缴完成的；而企业所得税的缴纳就大不一样了。企业所得税缴纳的基础是应纳税所得额，而应纳税所得额如果为正数，即企业盈利，则需要缴纳企业所得税；如果应纳税所得额为负数，即企业亏损，则不需要缴纳企业所得税。而且，根据我国的税收法律法规的规定，如果企业发生亏损，在通过企业所得税的汇算清缴并由企业的税务主管机关进行核定后，其亏损额是可以在之后的5个年度内抵扣应纳税所得额的。也就是说，企业当年的企业所得税汇算清缴的结果，可以影响其未来5年的企业所得税汇算清缴的结果。

18.1.3 企业所得税的征税对象及纳税义务人

企业所得税的征税对象是纳税人取得的所得，包括销售货物所得、提供劳务所得、转让财产所得、股息红利所得、利息所得、租金所得、特许权使用费所得、接受捐赠所得和其他所得。企业所得税纳税人包括各类企事业单位、社会团体、民办非企业单位和从事经营活动的其他组织（有收入的组织≥企业）。

（1）纳税义务人

根据《企业所得税法》的规定，在我国境内除个人独资企业、合伙企业外的企业和其他取得收入的组织应依法缴纳企业所得税，为企业所得税的纳税义务人。

我国企业所得税的税收管辖权采取的是属地（地域管辖权）兼属人（居民管辖权）的原则，将纳税人分为居民企业和非居民企业。居民企业是指在我国境内依法成立的，或者按照外国法律成立的，在我国境内拥有实际管理机构的企业，其在我国境内、境外的所得均须缴纳企业所得税；非居民企业是按外国法律成立的并且在我国境内没有实际管理机构，但在我国境内设立机构、场所，以及未设立机构、场所但有来源于我国境内所得的企业，这类企业只对其中国境内的所得缴税，对其境外所得不缴税。

（2）征税对象

企业所得税的征税对象为上述企业的各种所得，包括生产经营所得、其他所得和清算所得，具体来说各种所得的来源又包括销售货物、提供劳务、转让财产、收取的股息/红利/利息/租金/特许权使用费及其他所得。

对居民企业来说，应对其来源于我国境内外的所得作为征税对象；对非居民企业来说，应当将其在我国境内设立的机构、场所取得的来源于我国境内的所得，以及与所设机构、场所有实际联系的在我国境外取得的所得作为征税对象。

18.1.4 企业所得税的税率

企业所得税采用比例税率，使各企业之间具有相同的收入分配比例，承担相同的税负水平，我国 2008 年改制后的企业所得税实行基本税率、低税率和优惠税率的政策。

（1）基本税率：居民企业和在我国设有机构、场所，并且所得与其设立的机构、场所有关联的非居民企业，企业所得税税率为 25%。

（2）低税率：在我国未设立机构、场所的，或者虽然设有机构、场所，但其所得与设立的机构、场所没有联系的非居民企业，企业所得税税率为 20%，在实际征税时由扣缴义务人按 10%预提所得税。

（3）优惠税率：根据财税〔2019〕13 号，我国为了支持小微企业的发展，对小型微利企业年应纳税所得额不超过 100 万元的部分，减按 25%计入应纳税所得额，并按 20%的税率缴纳企业所得税；对年应纳税所得额超过 100 万元但不超过 300 万元的部分，减按 50%计入应纳税所得额，并按 20%的税率缴纳企业所得税；符合条件的国家重点扶持的高新技术企业，企业所得税税率减按 15%。

18.2　具体纳税数额的计算

企业所得税的计算相对较为复杂，是以权责发生制为计算原则的，同企业的收入、成本和费用有着紧密的联系。

18.2.1 征税收入的确认

企业征收所得税的收入为从各种来源取得的收入，包括货物销售收入、提供劳务收入、转让财产收入、权益性投资收益、租金收入、利息收入等，这些收入具有货币和非货币两种形式，各类征税收入的确认可以进行具体的划分。

1．一般收入的确认

应纳税所得额中收入总额所包含的一般收入如表 18-1 所示。

表 18-1　一般收入的确认

序号	收入名称	具体内容	确认方式
1	销售货物收入	企业销售库存商品、原材料、包装物等存货取得的收入	根据财务会计"主营业务收入"或"其他业务收入"科目金额确认
2	提供劳务收入	企业从事修理修配劳务及其他应交营业税劳务取得的收入	根据财务会计"主营业务收入"或"其他业务收入"科目金额确认
3	转让财产收入	企业转让固定资产、无形资产、股权、债权等财产所有权取得的收入	根据财务会计"营业外收入"科目金额确认

续表

序号	收入名称	具体内容	确认方式
4	股息、红利等权益性投资收益	企业从被投资方获得的权益性投资收益	于被投资方做出利润分配决定的日期确认收入
5	利息收入	企业将资金提供他人使用或占用，不构成权益性投资取得的收入	按合同中约定的债务人应付利息的日期确认收入
6	租金收入	企业提供有形资产使用权取得的收入	按合同中约定的承租人应付租金的日期确认收入
7	特许权使用费收入	企业将无形资产使用权进行转让取得的收入	按合同约定的特许权使用人应付特许权使用费的日期确认收入
8	接受捐赠收入	企业以外的单位、组织、个人无偿给予的货币性和非货币性资产	按实际收到捐赠资产的日期确认收入
9	其他收入	除上述以外的其他收入	根据财务会计"营业外收入"科目金额确认

2. 特殊收入的确认

（1）按合同约定的收款日期对企业分期收款方式销售货物的收入进行确认。

（2）企业从事建筑安装、装配工程或提供其他劳务，以及加工制造大型机器设备，其生产作业时间超过 12 个月的，按照纳税年度内完工进度或工作量确认收入。

（3）企业收入按分成方式取得的，其收入确认实现时间为分得产品的日期，收入额为产品的公允价值。

（4）企业发生的非货币性资产交换，以及将货物、财产、劳务等用于非销售途径，如捐赠、职工福利、利润分配等情况的，应按视同销售行为、转让财产、提供劳务确认收入计算所得税。

3. 处置资产收入的确认

企业处置资产分为内部处置和外部移送两种方式，针对不同方式企业所得税的收入确认方法不同，处置资产收入的确认如表 18-2 所示。

表 18-2 处置资产收入的确认

处置方式	具体行为	分析	收入确认
内部处置	用于生产、制造、加工另一产品	因资产所有权未发生形式和实质上的改变，作为内部处置	不视同销售行为确认收入
	资产形状、结构、性能的改变		
	对资产用途进行改变		
	总机构及其分支机构之间资产的转移		
	上述两种或两种以上情形的混合		
	其他不改变资产所有权属的用途		
外部移送	向市场推广或销售	资产所有权已发生改变	视同销售行为确认收入
	用于交际应酬		
	作为职工奖励或福利		
	进行股息分配		
	对外捐赠		
	其他改变资产所有权属的用途		

注意：企业将资产移送他人的资产属于自制的，按企业同类资产同期对外销售价格确

认收入；属于外购的，则按购入价格确认销售收入。

4. 相关收入实现的确认

企业所得税计算中销售收入的确认应遵循权责发生制和实质重于形式的原则，当企业销售商品的行为同时满足以下条件时，不管会计上是否确认收入，在计算应纳税所得额时都应确认收入的实现：

（1）双方已签订销售合同，且供货方已将与商品所有权有关的主要风险和报酬转移给了购货方。

（2）商品售出后，企业没有与商品所有权相联系的继续管理权和有效控制权。

（3）商品销售收入的金额及成本都能够可靠地计量。

企业在满足上述收入确认条件后，对各类商品销售方式的收入确认时间或方法可以参照表 18-3 执行。

表 18-3　各种销售方式收入的确认

序号	商品销售方式	收入确认时间/方法
1	托收承付	办妥托收手续时确认收入
2	预收款方式销售	发出商品时确认收入
3	商品需要安装和检验	购买方接受商品并安装检验完毕时确认收入
4	委托代销	收到代销清单时确认收入
5	售后回购	销售的商品按售价确认收入，当以销售商品方式进行融资时，其收到的款项不作为收入而确认为负债
6	以旧换新	按商品收入确认条件确认收入
7	商业折扣	按扣除商业折扣后的金额确定收入
8	企业提供商品或劳务作业时间超过 12 个月	若提供劳务交易的结果能够可靠地计量，采用完工百分比法确认收入
9	买一赠一方式组合销售	不属于捐赠，应将销售总收入按各商品公允价值的比例进行分摊确认各类商品的销售收入

注意：对提供劳务中所收取的各项费用，如安装费、宣传费、软件费、会员费、特许权费、劳务费及其他费用，如果满足收入确认条件，则应按规定进行收入的确认。

18.2.2　不征税和免税收入的确认

企业应纳税所得额中的不征税或免税收入是国家为鼓励或扶持某些特殊企业而制定的一项特殊政策，它有利于减轻企业负担，促进经济的发展。企业不征税收入和免税收入在计算企业应纳税所得税时都可以于收入总额中减除。

1. 不征税收入

（1）各级人民政府给予纳入预算管理的事业单位、社会团体的财政拨款。

（2）依照法律规定向特定对象收取的纳入财政管理的行政事业性收费和政府性基金。

（3）国务院规定的其他不征税收入，包括企业获得的财政补助、补贴、贷款贴息、各类财政专项资金、直接减免的增值税和即征即退、先征后退、先征后返的各种税收，不包含企业取得的出口退税款。

（4）企业从县级以上各级人民政府财政部门及其他部门取得的应计入收入总额的财政性资金，凡同时符合规定条件的，可以作为不征税收入，在计算应纳税所得额时从收入总额中扣除。符合规定条件的财政性资金作为不征税收入处理后，在五年内未发生支出且未缴回财政部门或其他拨付资金的政府部门的部分，应计入取得该资金第六年的应税收入总额；计入应税收入总额的财政性资金发生的支出，允许在计算应纳税所得额时扣除。

与此对应，因取得上述不征税收入所发生的支出和费用及形成上述收入的资产所计提的折旧和摊销不得在计算应纳税所得额时扣除。

2．免税收入

（1）企业购买国债所得的利息收入。

（2）居民企业直接投资于其他居民企业获得的投资收益。

（3）非居民企业在我国境内设立机构、场所的，其从居民企业处取得的与设立机构、场所有实际联系的权益性投资收益（不包括连续持有居民企业公开发行并上市流通的股票未满12个月取得的投资收益）。

（4）符合条件的非营利性组织所获得的收入。

18.2.3 税前扣除项目的范围

企业在申报应纳税所得额的扣除项目时，应遵循权责发生制、配比、相关性、确定性及合理性原则，确保扣除项目及金额的真实性、合法性。

1．扣除项目

企业在生产经营过程中实际发生的与取得收入有关的各项合理支出都可以作为应纳税所得额的扣减项，具体包括以下五项：

（1）成本。企业销售商品等存货、提供劳务、转让资产（固定资产、无形资产）而发生的各种销售成本、业务支出、其他耗费等，包括直接成本和间接成本。

（2）费用。企业在生产经营管理过程中发生的各项期间费用，如销售费用、管理费用和财务费用。

（3）税金。企业发生的除企业所得税和可抵扣增值税外的各项税费，如消费税、城市维护建设税、关税、资源税、土地增值税、房产税、车船税、印花税、土地使用税、教育费附加等。

（4）损失。企业发生的各项损失扣减所获得的赔偿后，可予以从应纳税所得额中扣除，如资产及存货的盘亏、毁损及报废，坏账损失，自然灾害损失及其他损失。

2．各项目扣除标准

税法中对各项扣除的成本、费用并不完全依据财务会计的入账金额进行扣除，它有自己的一套标准，在计算应纳税所得额时，各项目的扣除标准如表18-4所示。

表 18-4　应纳税所得额各项目扣除的标准

序号	扣除项目	扣除标准
1	工资、薪金	在合理的范围内可据实扣除
2	职工福利费	不超过工资、薪金总额 14% 的部分
3	工会经费	不超过工资、薪金总额 2% 的部分
4	职工教育经费	一般不超过工资、薪金总额 2.5% 的部分可予扣除，超过的部分结转以后纳税年度扣除；高新技术企业和经认定的技术先进型服务企业发生的职工教育经费支出，不超过工资薪金总额 8% 的部分准予在计算应纳税所得额时扣除，超过的部分在以后纳税年度结转扣除
5	社会保险费	①企业按政府规定缴纳的"五险一金"准予扣除。五险一金指基本养老保险费、基本医疗保险费、失业保险费、工伤保险费、生育保险费等基本社会保险费和住房公积金
		②企业为在本企业任职或者受雇的全体员工支付的补充养老保险费、补充医疗保险费分别在不超过职工工资总额 5% 的部分准予扣除，超过的部分不得扣除。企业依照国家有关规定为特殊工种职工支付的人身安全保险费和符合国家规定的商业保险费准予扣除
		③企业按规定缴纳的财产保险费准予扣除
6	利息费用	①向金融企业借款的利息支出、存款利息支出，金融企业同业拆借利息支出，经批准发行的利息支出可按实扣除
		②向非金融企业借款的利息支出在不超过金融企业同期同类贷款利率计算的金额部分可予扣除，超过部分不予扣除
7	借款费用	①企业因生产经营而发生的合理的、非资本化的借款费用可予扣除
		②企业购置资产交付使用前发生的合理借款费用应资本化，资产交付使用后发生的借款利息可在发生当期扣除
8	汇兑损失	企业在货币交易中因汇率折算形成的汇兑损失可予扣除
9	业务招待费	按实际发生额的 60% 或当年销售收入的 5‰ 中两者较低者扣除
10	广告费和业务宣传费	不超过当年销售（营业）收入 15% 的部分，准予扣除；超过的部分，结转以后纳税年度扣除。自 2016 年起至 2020 年止，对化妆品制造或销售、医药制造和饮料制造企业发生的广告费和业务宣传费支出，不超过当年销售（营业）收入 30% 的部分，准予扣除；超过的部分，结转以后纳税年度扣除
11	环境保护专项资金	准予扣除
12	租赁费	①因经营租赁所发生的租赁费，可按租赁期平均扣除
		②融资租赁形成企业固定资产价值的，可按固定资产折旧计入费用扣除
13	劳动保护费	准予扣除
14	公益性捐赠	不超过年度利润总额 12% 的部分，准予扣除；超过的部分，准予以后 3 年内在计算应纳税所得额时结转扣除
15	相关资产费用	企业按税法规定计算的固定资产折旧、无形资产和递延资产的摊销费用可予扣除（具体的折旧/摊销范围方法严格按照税法执行）
16	总机构分摊费用	能够提供相关证明文件并属于合理分摊的费用可予扣除
17	资产损失	企业发生的存货盘亏、毁损的净损失及相应的不得抵扣的进项税，经主管税务机关审核后准予扣除
18	其他项目	除上述以外的其他合理费用

3. 不得扣除项目

企业在计算企业所得税应纳税所得额时，应严格按照税法的规定分清可扣除项目和不可扣除项目，下列支出一律不得在应纳税所得额中扣除：

（1）企业所得税税款。
（2）各种税收滞纳金、罚金、罚款及被没收财物的损失。
（3）因投资者权益性投资而向其支付的股息、红利等。
（4）超出标准的捐赠支出、与企业生产经营活动无关的各项非广告性质支出。
（5）不符合国务院财政、税务部门规定的各项准备金支出。
（6）企业之间及企业内营业机构之间支付的管理费、租金、特许权费用及非银行企业内部机构之间支付的利息。
（7）与收入无关的其他支出。

注意：根据《企业所得税法》和相关条例规定，企业某年度发生的亏损可用下一年度的所得进行弥补，下一年度所得不足以弥补的，可在最长不超过5年的纳税年度内逐年弥补。

18.2.4　应纳税额的计算

企业所得税的纳税义务人可分为居民企业和非居民企业，其税款的征收方式又可分为查账征收和核定征收两种，对于不同的纳税人及征收方式，企业所得税的计算也各有不同。下面我们就来介绍企业所得税应纳税额的计算。

1. 居民企业查账征收应纳税额的计算

对于会计核算比较健全、能够据实核算企业生产经营状况、正确计算应纳税额的纳税人，一般采用查账征收的方式进行税款的缴纳。其应纳税额的计算公式如下所示。

基本公式：应纳税额=应纳税所得额×适用税率-减免税额-抵免税额。
直接计算法：应纳税所得额=收入总额-不征税收入-免税收入-各项扣除金额-弥补亏损。
间接计算法：应纳税所得额=会计利润总额±纳税调整项目金额。

在实际工作中，企业通常采用间接计算法，对财务会计利润总额中与税法规定不一致的项目，以及对税法规定的准予扣除的税收金额进行调整后，计算应纳税所得额。

例18.1　某居民企业全年取得产品销售收入1亿元，产品销售成本7200万元；取得其他业务收入860万元，其他业务成本620万元；取得购买国债的利息收入50万元；缴纳非增值税销售税金及附加380万元；管理费用900万元，其中新技术的研究开发费用92万元、业务招待费用84万元；财务费用260万元；取得直接投资其他居民企业的权益性收益42万元（已在投资方所在地按15%的税率缴纳了所得税）；取得营业外收入96万元，发生营业外支出160万元（含公益性捐赠支出38万元）。请计算该居民企业当年的应纳税所得额。

（1）计算会计利润总额
会计利润总额=10000+860+50+42+96-7200-620-380-900-260-160=1528（万元）
（2）进行纳税项目调整
国债利息收入按税法规定为免征所得税收入，应从应纳税所得额中调整减少50万元。
技术开发费用属于加计扣除优惠政策项目，可在据实扣除的基础上按50%加计扣除，可调减应纳税所得额=92×50%=46（万元）。
业务招待费按实际发生额的60%与当年销售收入的5‰中较小项可予扣除，实际业务招待费的 60%=84×60%=50.4（万元）；按销售（营业）收入的 5‰计算=（10000+860）×5‰=54.3（万元）。

按照规定允许税前扣除的限额为 50.4 万元，应调增应纳税所得额=84-50.4=33.6（万元）。

取得的直接投资其他居民企业的权益性收益为免税收入的范围，应调减应纳税所得额 42 万元。

公益性捐赠支出的扣除标准为不超过年度利润总额的 12%=1528×12%=183.36（万元），其实际捐赠额小于扣除标准数，可据实扣除，不做纳税调整。

调整后的应纳税所得额=1528-50-46+33.6-42=1423.6（万元）

2．居民企业核定征收应纳税额的计算

居民企业纳税人按规定可不设账簿，当其未设置账簿，或者存在无法提供清晰的账目数据、不能正确提供计税依据等情况时，可经主管税务机关鉴定按核定征收办法征收其企业所得税。

税务机关将核定征收企业所得税的纳税人分为核定应税所得额和核定应税所得率两种。核定应税所得额的企业由主管税务机关按照一定的标准和方法，直接核定年度应纳税所得税额，实行定额征收。

采用应税所得率方式核定征收企业所得税的企业，依照税务机关核定的应税所得率，再根据纳税年度内的收入总额和成本费用等项目计算出应缴纳的企业所得税。其计算公式如下：

应纳税所得额=收入总额×应税所得率=成本费用支出额/（1-应税所得率）×应税所得率

应纳所得税额=应纳税所得额×适用税率

企业应税所得率的标准如表 18-5 所示。

表 18-5　企业应税所得率的标准

行业	应税所得率
制造业	5%～15%
批发零售业	4%～15%
交通运输业	7%～15%
农、林、牧、渔业	3%～10%
建筑业	8%～20%
餐饮业	8%～25%
娱乐业	15%～30%
其他	10%～30%

例 18.2　某制造企业 2019 年度的营业收入总额为 120 万元，各项支出总额为 76 万元，全年亏损额为 8 万元，经其主管税务机关核定，该企业不能准确核算年度支出总额，采用核定应税所得率的征收方式计征企业所得税，并核定该企业的应税所得率为 13%，计算该企业当年应纳所得税额。

应纳税所得额=收入总额×应税所得率=120×13%=15.6（万元）

应纳所得税额=应纳税所得额×适用税率=15.6×25%=3.9（万元）

3．已纳境外所得税的抵扣

居民企业来源于我国境外的所得，非居民企业取得的发生在我国境外，但与设立在我国的机构、场所有实际联系的应税所得，已在我国境外缴纳了所得税的，可以按《企业所得税法》规定计算的应纳税额的限额进行抵免；超过抵免限额的部分，可在之后的5个年度内进行抵免。抵免限额的计算公式为：

抵免限额=在我国境内、境外所得依照《企业所得税法》及其实施条例规定计算的应纳税总额×来源于某国（地区）的应纳税所得额/我国境内、境外应纳税所得额总额=国内外应税所得×我国税率（25%）×（国外所得/国内所得）=国外所得×25%

例 18.3 瑞国企业2019年度在中国境内应纳税所得额为140万元，另外，该企业分别在A、B两国设有分支机构，其在A国分支机构的应纳税所得额为60万元，适用A国企业所得税税率为20%；在B国分支机构的应纳税所得额为40万元，适用B国企业所得税税率为30%。该企业两个分支机构在A、B两国分别缴纳了12万元的企业所得税，计算该企业在我国应缴纳的企业所得税（假设该企业在A、B两国所得按我国税法计算的应纳税所得额和按A、B两国税法计算的应纳税所得额一致）。

（1）汇总该企业在我国应缴纳的企业所得税

应纳所得税额=（140+60+40）×25%=60（万元）

（2）计算A、B两国已交所得税的抵免限额

A国抵免限额=60×25%=15（万元），已交12万元，低于抵免限额可全额扣除。

B国抵免限额=40×25%=10（万元），已交12万元，高于抵免限额不可全额扣除。

（3）该企业在我国应缴纳的企业所得税

应纳所得税额=60-12-10=38（万元）

4．非居民企业应纳税额的计算

对我国境内未设立机构、场所，或者有机构、场所，但取得的所得与这些机构、场所无关联的非居民企业的所得，按照10%的优惠税率进行企业所得税的征收。其应纳税所得额的计算方法如下：

（1）权益性投资收益获取的股息、红利，以及利息、租金、特许权使用所得，按收入的全额作为应纳税所得额。

（2）转让财产所得应按转让收入的全部金额扣除财产净值后的余额作为应纳税所得额。

（3）其他所得参照上述两点进行计算。

18.3 企业所得税申报流程详解

企业所得税分月或分季预缴，年终进行汇算清缴，对预缴的所得税税款进行多退少补。

网上申报的企业完成申报后应将申报成功的、带有防伪码的汇算清缴申报表打印出来，与其他相关资料一同留档保存；如果企业在网上申报成功后发现有问题，则需要到税务机关进行手工填写申报表进行修改，税务局会将修改正确的申报表给企业存档。汇算清缴的纸质

申报表及各项资料需要加盖企业公章,并由企业相关负责人员签字(单位法人、财务负责人、办税人员)。

企业报送汇算清缴纸质申报表及资料时,应按照"____年度所得税汇算清缴申报资料清单(居民企业适用)"(以下简称"资料清单")准备提交的相关资料,并提供"资料清单"一式两份(可从税务局网站下载)。受理人员进行资料审核并在两份"资料清单"上履行接收手续后,会将"资料清单"退还企业一份。

18.3.1 企业所得税纳税申报表的填写

企业所得税纳税申报分为税款预缴和年度汇算清缴,因此,企业所得税纳税人在进行纳税申报时填写的所得税纳税申报表也分为月(季)度预缴和年度纳税申报表两种,其格式如表 18-6、表 18-7 所示。

1. 企业所得税月(季)度预缴纳税申报表的填写

表 18-6 企业所得税月(季)度预缴纳税申报表

中华人民共和国

企业所得税月(季)度预缴纳税申报表(A类)

税款所属期间:2019 年 01 月 01 日至 2019 年 03 月 31 日

纳税人识别号:××××××××××

纳税人名称:×××有限公司　　　　　　　　　　　　　　金额单位:人民币元(列至角分)

行次	项目	本期金额	累计金额(略)
1	一、据实预缴		
2	营业收入	1008512.36	
3	营业成本	806809.89	
4	实际利润额	164151.23	
5	税率(25%)	25%	
6	应纳所得税额(4 行×5 行)	41037.81	
7	减免所得税额		
8	实际已缴所得税额	—	
9	应补(退)的所得税额(6 行-7 行-8 行)	—	
10	二、按照上一纳税年度应纳税所得额的平均额预缴		
11	上一纳税年度应纳税所得额	—	
12	本月(季)应纳税所得额(11 行/12 或 11 行/4)	—	—
13	税率(25%)	—	—
14	本月(季)应纳所得税额(12 行×13 行)		
15	三、按照税务机关确定的其他方法预缴		
16	本月(季)确定预缴的所得税额		

续表

行次	项目		本期金额	累计金额（略）
17	总分机构纳税人			
18	总机构	总机构应分摊的所得税额（9行或14行或16行×25%）		
19		中央财政集中分配的所得税额（9行或14行或16行×25%）		
20		分支机构分摊的所得税额（9行或14行或16行×50%）		
21	分支机构	分配比例		
22		分配的所得税额（20行×21行）		

谨声明：此纳税申报表是根据《中华人民共和国企业所得税法》《中华人民共和国企业所得税法实施条例》和国家有关税收规定填报的，是真实的、可靠的、完整的。

法定代表人（签字）：　　　　　年　月　日

纳税人公章： 会计主管： 填表日期：　　年　月　日	代理申报中介机构公章： 经办人： 经办人执业证件号码： 代理申报日期：　年　月　日	主管税务机关受理专用章： 受理人： 受理日期：　　年　月　日

表18-6的具体填写方法如下所示。

表头项目：

（1）"纳税人识别号""纳税人名称"按营业执照上的统一社会信用代码及纳税人全称填写。

（2）"税款所属期间"填报企业当期申报税款所属的会计期间，如第一季度纳税申报，则填写2019年1月1日至2019年3月31日。

表体分三大项目，分别反映企业预缴所得税款的方式，企业根据自己预缴所得税款的方式填写其中一个大项即可。

（1）据实预缴

①第2行"营业收入"根据企业财务会计中的"主营业务收入"及"其他业务收入"科目纳税期的数据总额填写。

②第3行"营业成本"根据会计科目"主营业务成本"和"其他业务成本"的数额计算填写。

③第4行"实际利润额"根据企业财务会计中的利润总额扣减以前年度待弥补亏损、不征税收入、免税收入后的余额填写。

④第5行"税率"按税法规定的税率（25%）填写。

⑤第6行"应纳税所得税额"根据表中的公式计算填写，即本表第4行与第5行的乘积，如本行计算结果为负数，按0填写。

⑥第7行"减免所得税额"按企业当期实际享受税收优惠的减免所得税额填写，本栏金额应小于或等于第6行。

⑦第8行"实际已缴所得税额"只对"累计金额"列进行填写，反映企业已累计预缴的所得税额。

⑧第9行"应补（退）的所得税额"，其金额等于本表第6行-第7行-第8行。

（2）按照上一纳税年度应纳税所得额的平均额预缴

①第11行"上一纳税年度应纳税所得额"根据上一年度应纳税所得额填写（不包含纳税人的境外所得）。

②第12行"本月（季）应纳税所得额"根据企业预缴所得税的方式（分季/分月）计算填写。分季预缴的，按本表第11行/4计算填写；分月预缴的，按本表第11行/12计算填写。

③第14行"本月（季）应纳所得税额"根据第12行得出的金额乘以第13行相应的税率（25%）计算填写。

（3）按照税务机关确定的其他方法预缴

第16行"本月（季）确定预缴的所得税额"根据税务机关认定的应纳所得税额填写。

（4）"总分机构纳税人"部分分列纳税人总、分机构各自应分摊的所得税预缴金额

①第18行"总机构应分摊的所得税额"以本表第1~16行为基数，根据总机构应分摊的预缴比例计算填写。采用据实预缴方式的，本行=第9行×总机构应分摊的预缴比例25%；采用按上一年度应纳税所得额的平均额预缴的，本行=第14行×总机构应分摊的预缴比例25%；采用其他方法预缴的，本行=第16行×总机构应分摊的预缴比例25%。

②第19行"中央财政集中分配的所得税额"以本表第1~16行为基数，根据中央财政集中分配应分摊的比例计算填写。依据纳税人不同的税款预缴方式根据公式计算填写，其计算方法同上。

③第20行"分支机构分摊的所得税额"以本表第1~16行为基数，按分支机构分摊的预缴企业所得税比例计算本期预缴所得税额，其计算方法同上。

④第21行"分配比例"根据"汇总纳税企业所得税分配表"中确定的汇总纳税分支机构分配比例填写。

⑤第22行"分配的所得税额"根据本表第20行×第21行的数据填写。

2. 企业所得税年度纳税申报表的填写

企业应依照法律、法规和其他有关规定在年度终了后5个月内，进行企业所得税年度汇算清缴。

表18-7　企业所得税年度纳税申报表

中华人民共和国企业所得税年度纳税申报表（A类）

税款所属期间：　　年　月　日至　　年　月　日

纳税人名称：

纳税人识别号：□□□□□□□□□□□□□□□　　　　　金额单位：人民币元（列至角分）

行次	类别	项目	金额
1	利润总额计算	一、营业收入（填写A101010\101020\103000）	9860000.00
2		减：营业成本（填写A102010\102020\103000）	8183800.00
3		减：税金及附加	552160.00

续表

行次	类别	项目	金额
4	利润总额计算	减：销售费用（填写A104000）	300000.00
5		减：管理费用（填写A104000）	350000.00
6		减：财务费用（填写A104000）	120000.00
7		减：资产减值损失	0.00
8		加：公允价值变动收益	0.00
9		加：投资收益	100000.00
10		二、营业利润（1-2-3-4-5-6-7+8+9）	454040.00
11		加：营业外收入（填写A101010\101020\103000）	50000.00
12		减：营业外支出（填写A102010\102020\103000）	80000.00
13		三、利润总额（10+11-12）	424040.00
14		减：境外所得（填写A108010）	0.00
15	应纳税所得额计算	加：纳税调整增加额（填写A105000）	150000.00
16		减：纳税调整减少额（填写A105000）	200000.00
17		减：免税、减计收入及加计扣除（填写A107010）	200000.00
18		加：境外应税所得抵减境内亏损（填写A108000）	0.00
19		四、纳税调整后所得（13-14+15-16-17+18）	374040.00
20		减：所得减免（填写A107020）	0.00
21		减：弥补以前年度亏损（填写A106000）	0.00
22		减：抵扣应纳税所得额（填写A107030）	0.00
23		五、应纳税所得额（19-20-21-22）	374040.00
24		税率（25%）	25%
25	应纳税额计算	六、应纳所得税额（23×24）	93510.00
26		减：减免所得税额（填写A107040）	0.00
27		减：抵免所得税额（填写A107050）	0.00
28		七、应纳税额（25-26-27）	93510.00
29		加：境外所得应纳所得税额（填写A108000）	0.00
30		减：境外所得抵免所得税额（填写A108000）	0.00
31		八、实际应纳所得税额（28+29-30）	93510.00
32		本年累计实际已缴纳的所得税额	80000.00
33		九、本年应补（退）所得税额（31-32）	13510.00
34		其中：总机构分摊本年应补（退）所得税额（填写A109000）	0.00
35		财政集中分配本年应补（退）所得税额（填写A109000）	0.00
36		总机构主体生产经营部门分摊本年应补（退）所得税额（填写A109000）	0.00

表 18-7 内容的填列方法-如下：

（1）第 1 行"营业收入"，填报纳税人主要经营业务和其他经营业务取得的收入总额。本行根据"主营业务收入"和"其他业务收入"的数额填报。一般企业纳税人根据"一般企业收入明细表"（A101010）填报；金融企业纳税人根据"金融企业收入明细表"（A101020）填报；事业单位、社会团体、民办非企业单位、非营利组织等纳税人根据"事业单位、民间非营利组织收入、支出明细表"（A103000）填报。

（2）第 2 行"营业成本"项目，填报纳税人主要经营业务和其他经营业务发生的成本总额。本行根据"主营业务成本"和"其他业务成本"的数额填报。一般企业纳税人根据"一般企业成本支出明细表"（A102010）填报；金融企业纳税人根据"金融企业支出明细表"（A102020）填报；事业单位、社会团体、民办非企业单位、非营利组织等纳税人，根据"事业单位、民间非营利组织收入、支出明细表"（A103000）填报。

（3）第 3 行"税金及附加"，填报纳税人经营活动发生的消费税、城市维护建设税、资源税、土地增值税和教育费附加等相关税费。本行根据纳税人相关会计科目填报。纳税人在其他会计科目核算的税金不得重复填报。

（4）第 4 行"销售费用"，填报纳税人在销售商品和材料、提供劳务的过程中发生的各种费用。本行根据"期间费用明细表"（A104000）中对应的"销售费用"填报。

（5）第 5 行"管理费用"，填报纳税人为组织和管理企业生产经营发生的管理费用。本行根据"期间费用明细表"（A104000）中对应的"管理费用"填报。

（6）第 6 行"财务费用"，填报纳税人为筹集生产经营所需资金等发生的筹资费用。本行根据"期间费用明细表"（A104000）中对应的"财务费用"填报。

（7）第 7 行"资产减值损失"，填报纳税人计提各项资产准备发生的减值损失。本行根据企业"资产减值损失"科目的数额填报。实行其他会计制度的纳税人比照填报。

（8）第 8 行"公允价值变动收益"，填报纳税人在初始确认时划分为以公允价值计量且其变动计入当期损益的金融资产或金融负债（包括交易性金融资产或负债，直接指定为以公允价值计量且其变动计入当期损益的金融资产或金融负债），以及采用公允价值模式计量的投资性房地产、衍生工具和套期业务中公允价值变动形成的应计入当期损益的利得或损失。本行根据企业"公允价值变动损益"科目的数额填报，损失以"-"号填列。

（9）第 9 行"投资收益"，填报纳税人以各种方式对外投资所取得的收益或发生的损失。根据企业"投资收益"科目的数额计算填报，实行事业单位会计准则的纳税人根据"其他收入"科目中的投资收益金额分析填报，损失以"-"号填列。实行其他会计制度的纳税人比照填报。

（10）第 10 行"营业利润"，填报纳税人当期的营业利润。根据上述项目计算填报。已执行《财政部关于修订印发 2018 年度一般企业财务报表格式的通知》（财会〔2018〕15 号）的纳税人，根据"利润表"对应项目填列。

（11）第 11 行"营业外收入"，填报纳税人取得的与其经营活动无直接关系的各项收入的金额。一般企业纳税人根据"一般企业收入明细表"（A101010）填报；金融企业纳税人根据"金融企业收入明细表"（A101020）填报；实行事业单位会计准则或民间非营利组织会计制度的纳税人根据"事业单位、民间非营利组织收入、支出明细表"（A103000）填报。

（12）第 12 行"营业外支出"，填报纳税人发生的与其经营活动无直接关系的各项支出的金额。一般企业纳税人根据"一般企业成本支出明细表"（A102010）填报；金融企业纳税人根据"金融企业支出明细表"（A102020）填报；实行事业单位会计准则或民间非营利组织会计制度的纳税人根据"事业单位、民间非营利组织收入、支出明细表"（A103000）填报。

（13）第 13 行"利润总额"，填报纳税人当期的利润总额。根据上述项目计算填报。

（14）第 14 行"境外所得"，填报纳税人取得的境外所得且已计入利润总额的金额。本行根据"境外所得纳税调整后所得明细表"（A108010）填报。

（15）第 15 行"纳税调整增加额"，填报纳税人会计处理与税收规定不一致，进行纳税调整增加的金额。本行根据"纳税调整项目明细表"（A105000）"调增金额"列填报。

（16）第 16 行"纳税调整减少额"，填报纳税人会计处理与税收规定不一致，进行纳税调整减少的金额。本行根据"纳税调整项目明细表"（A105000）"调减金额"列填报。

（17）第 17 行"免税、减计收入及加计扣除"，填报属于税收规定免税收入、减计收入、加计扣除金额。本行根据"免税、减计收入及加计扣除优惠明细表"（A107010）填报。

（18）第 18 行"境外应税所得抵减境内亏损"，当纳税人选择不用境外所得抵减境内亏损时，填报 0；当纳税人选择用境外所得抵减境内亏损时，填报境外所得抵减当年度境内亏损的金额。用境外所得弥补以前年度境内亏损的，还需填报"企业所得税弥补亏损明细表"（A106000）和"境外所得税收抵免明细表"（A108000）。

（19）第 19 行"纳税调整后所得"，填报纳税人经过纳税调整、税收优惠、境外所得计算后的所得额。

（20）第 20 行"所得减免"，填报属于税收规定的所得减免金额。本行根据"所得减免优惠明细表"（A107020）填报。

（21）第 21 行"弥补以前年度亏损"，填报纳税人按照税收规定可在税前弥补的以前年度亏损数额。本行根据"企业所得税弥补亏损明细表"（A106000）填报。

（22）第 22 行"抵扣应纳税所得额"，填报根据税收规定应抵扣的应纳税所得额。本行根据"抵扣应纳税所得额明细表"（A107030）填报。

（23）第 23 行"应纳税所得额"，填报第 19-20-21-22 行金额。按照上述行次顺序计算结果为负数的，本行按 0 填报。

（24）第 24 行"税率"，填报税收规定的税率 25%。

（25）第 25 行"应纳所得税额"，填报第 23×24 行金额。

（26）第 26 行"减免所得税额"，填报纳税人按税收规定实际减免的企业所得税额。本行根据"减免所得税优惠明细表"（A107040）填报。

（27）第 27 行"抵免所得税额"，填报企业当年的应纳所得税额中抵免的金额。本行根据"税额抵免优惠明细表"（A107050）填报。

（28）第 28 行"应纳税额"，填报第 25-26-27 行金额。

（29）第 29 行"境外所得应纳所得税额"，填报纳税人来源于中国境外的所得，按照我国税收规定计算的应纳所得税额。本行根据"境外所得税收抵免明细表"（A108000）填报。

（30）第30行"境外所得抵免所得税额"，填报纳税人来源于中国境外所得依照中国境外税收法律以及相关规定应缴纳并实际缴纳（包括视同已实际缴纳）的企业所得税性质的税款（准予抵免税款）。本行根据"境外所得税收抵免明细表"（A108000）填报。

（31）第31行"实际应纳所得税额"，填报第28+29-30行金额。其中，跨地区经营企业类型为"分支机构（须进行完整年度申报并按比例纳税）"的纳税人，填报（第28+29-30行）×"分支机构就地纳税比例"金额。

（32）第32行"本年累计实际已缴纳的所得税额"，填报纳税人按照税收规定本纳税年度已在月（季）度累计预缴的所得税额，包括按照税收规定的特定业务已预缴（征）的所得税额，建筑企业总机构直接管理的跨地区设立的项目部按规定向项目所在地主管税务机关预缴的所得税额。

（33）第33行"本年应补（退）的所得税额"，填报第31-32行金额。

（34）第34行"总机构分摊本年应补（退）所得税额"，填报汇总纳税的总机构按照税收规定在总机构所在地分摊本年应补（退）所得税额。本行根据"跨地区经营汇总纳税企业年度分摊企业所得税明细表"（A109000）填报。

（35）第35行"财政集中分配本年应补（退）所得税额"，填报汇总纳税的总机构按照税收规定财政集中分配本年应补（退）所得税款。本行根据"跨地区经营汇总纳税企业年度分摊企业所得税明细表"（A109000）填报。

（36）第36行"总机构主体生产经营部门分摊本年应补（退）所得税额"，填报汇总纳税的总机构所属的具有主体生产经营职能的部门按照税收规定应分摊的本年应补（退）所得税额。本行根据"跨地区经营汇总纳税企业年度分摊企业所得税明细表"（A109000）填报。

注意：企业所得税年度纳税申报表除主表外，还有很多相应的附表，如"收入明细表""成本费用明细表""纳税调整项目明细表""税收优惠明细表"等，各附表与主表之间存在着钩稽关系，因本书篇幅有限，不再详细介绍。

18.3.2 企业所得税的缴纳申报

企业按月度或季度进行所得税纳税申报，应当自月度或季度终了之日起15日内，在规定的纳税地点进行所得税纳税申报；年度汇算清缴时，企业应当自年度终了之日起5个月内，向主管税务机关递交企业所得税年度纳税申报表，并及时缴纳税款。

1. 纳税地点的规定

税法对不同状况的企业的纳税地点做了相应的规定，具体内容如表18-8所示。

表 18-8　纳税地点

序号	纳税人状况	纳税地点
1	居民企业	企业登记注册地
2	登记注册地在境外的居民企业	实际管理机构所在地
3	在中国设立机构、场所的非居民企业	机构、场所所在地
4	在中国设立两个或两个以上机构、场所的非居民企业	主要机构、场所地汇总缴纳
5	在中国境内未设立机构、场所的非居民企业	扣缴义务人所在地

2．所得税的缴纳申报流程

所得税的缴纳申报目前已大部分实现了网络申报，但也有少部分地区及某些企业仍然采用上门申报的方式。采用上门申报方式的纳税人在规定的纳税期限填好相应的纸质报表后，直接到门前申报即可。网上申报的纳税人应根据下列流程进行申报。

（1）申报预缴的网上申报流程

第一步，打开电子税务局网站，用鼠标单击"登录"按钮，如图 18-1 所示。

图 18-1　电子税务局网站

第二步，进入电子税务局登录界面，选择"CA 登录"，输入纳税人登录密码，如图 18-2 所示。如果第一次登录，则做税务登记；如果非第一次登录，则直接登录。

图 18-2　电子税务局登录界面

第三步，选择税费申报及缴纳，进入纳税申报窗口，如图 18-3 所示。

图 18-3　税费申报及缴纳

第四步，选择居民企业（查账征收）企业所得税月（季）度申报，如图 18-4 所示，再根据对应的数据填写即可。

第五步，填写企业所得税月（季）度预缴纳税申报表主表部分，如图 18-5 所示。填写完成后，即可保存并申报。

图 18-4　选择居民企业（查账征收）企业所得税月（季）度申报

中华人民共和国企业所得税月（季）度预缴纳税申报表（A类）

税款所属期间：2018 年 10 月 01 日 至 2018 年 12 月 31 日

纳税人识别号（统一社会信用代码）：

纳税人名称：　　　　　　　　　　　　　　　　　　　　　　金额单位：人民币元（列至角分）

预缴方式	●按照实际利润额预缴 　○按照上一纳税年度应纳税所得额平均额预缴 　○按照税务机关确定的其他方法预缴		
企业类型	●一般企业 　○跨地区经营汇总纳税企业总机构 　○跨地区经营汇总纳税企业分支机构		
跨省总机构行政区划		提示：总机构在外省的分支机构申报时，请先选择跨省总机构行政区划	
预缴税款计算			
行次	项目		本年累计金额
1	营业收入		0.00
2	营业成本		0.00
3	利润总额		0.00
4	加：特定业务计算的应纳税所得额		0.00
5	减：不征税收入		0.00
6	减：免税收入、减计收入、所得减免等优惠金额（填写 A201010）		0.00
7	减：固定资产加速折旧（扣除）调减额（填写 A201020）		0.00
8	减：弥补以前年度亏损		0.00
9	实际利润额（3-4-5-6-7-8）\按照上一纳税年度应纳税所得额平均额确定的应纳税所得额		0.00
10	税率（25%）		25%
11	应纳所得税额（9×10）		0.00
12	减：减免所得税额（填写 A201030）		0.00
13	减：实际已缴纳所得税额		0.00
14	减：特定业务预缴（征）所得税额		0.00
15	本期应补（退）所得税额（11-12-13-14）\税务机关确定的本期应纳所得税额		0.00

图 18-5　企业所得税月（季）度预缴纳税申报表主表部分

（2）年度汇算清缴的网上申报流程

注意：因各地主管税务机关具体要求不同，本书以北京市税务局网上申报流程为例。

第一步，在企业所得税网上申报期间内进行申报。插入申领的数字证书，打开电子税务局网站，通过"CA 登录"，输入密码后，进入电子税务局纳税申报窗口，选择"我要办税"→"税费申报及缴纳"→"企业所得税申报"→"居民企业所得税年度申报"，进行汇算清缴报表的填写。

第二步，与税务师事务所一起完成"税务师事务所上传企业所得税汇算清缴鉴证报告"的相关工作。

注意：如果是核定征收的纳税人不用进行第二步的操作。

第三步，由纳税人下载 PDF 格式的财务报表电子表单，并通过所得税申报软件读盘导入财务报表数据或手工方式录入财务报表数据后进行电子表单上传。

第四步，从企业所得税年度申报功能中下载企业所得税年度纳税申报表的电子表单，同样通过读盘导入或手工录入的方式完成报表数据的填写，并加签数字签名后进行上传。

第五步，进入关联申报功能，下载年度关联业务往来报告表电子表单，采取读盘导入或手工录入的方式填写报表数据后进行上传。

第六步，进入"申报征收"→"网上缴税"完成税款的缴纳。

18.4　企业所得税的账务处理

企业所得税是对我国内资企业和经营单位的生产经营所得和其他所得征收的一种税。会计在进行企业所得税的账务处理时，一般会遇到以下几种情况。下面我们就来详细介绍关于企业所得税账务处理的相关知识。

18.4.1　所得税科目的设置和基本账务处理

企业在对所得税进行账务处理时，应设置"所得税费用""递延所得税资产"和"递延所得税负债"等科目进行核算。

（1）"所得税费用"科目用来核算企业确认的应从当期利润总额中扣除的所得税费用，它可以分为"当期所得税费用"和"递延所得税费用"两个明细科目进行核算。

资产负债表日，企业应将按所得税法计算的当期应交所得税金额，借记"当期所得税费用"科目，贷记"应交税费——应交所得税"科目；在实际上交所得税时，借记"应交税费——应交所得税"科目，贷记"银行存款"科目。

在纳税影响会计法下，企业应在资产负债表日根据所得税准则将应确认的递延所得税资产的应有余额与"递延所得税资产"科目余额进行对比。当应有余额大于科目余额时，借记"递延所得税资产"，贷记"所得税费用——递延所得税费用""资本公积——其他资本公积"科目；当应有余额小于账户余额时，做相反的会计分录。对于资产负债表日应予确认的递延所得税负债，可参考上述方法进行账务处理。

本科目在会计期末应将余额结转至"本年利润"科目，结转后无余额。

（2）"递延所得税资产"科目用来核算企业根据所得税准则确认的因可抵扣暂时性差异

所产生的所得税资产，以及税法规定的可用以后年度税前利润弥补的亏损及税款抵减所产生的所得税资产。

资产负债表日，企业根据应予以确认的递延所得税资产及在本期应确认的递延所得税资产大于该科目的账面余额时，按差额进行确认，借记本科目，贷记"所得税费用——递延所得税费用""资本公积——其他资本公积"等科目；当本期应确认的递延所得税资产小于该科目的账面余额时，做相反的会计分录。

期末本科目借方余额，用来反映企业已经确认的递延所得税资产的余额。

（3）"递延所得税负债"科目用来核算企业根据所得税准则确认的应纳税暂时性差异所产生的所得税负债。

资产负债表日，企业应在确认递延所得税负债时，借记"所得税费用——递延所得税费用""资本公积——其他资本公积"等科目，贷记本科目。当企业应确认的递延所得税负债大于该科目的账面余额时，做同样的会计分录；当企业应确认的递延所得税负债小于该科目的账面余额时，做相反的会计分录。

注意：财务会计资产、负债的账面价值与税法计税基础不同产生的差额称为暂时性差异，根据该差异对未来期间应纳税所得额的影响，可将其分为应纳税暂时性差异和可抵扣暂时性差异。

应纳税暂时性差异是指当资产账面价值大于计税基础或负债账面价值小于计税基础时，会导致企业未来增加应交所得税（今天少交税，将来多交税），其对所得税费用的影响通过"递延所得税负债"科目反映。

可抵扣暂时性差异是指当资产账面价值小于计税基础或负债账面价值大于计税基础时，会使企业在未来减少应交所得税而产生可抵扣暂时性差异（今天多交税，将来少交税），对所得税费用的影响通过"递延所得税资产"科目反映。

18.4.2　资产负债表债务法所得税的账务处理

我国新会计准则的颁布实施，对所得税费用的核算采用资产负债表债务法。资产负债表债务法用暂时性差异取代时间性差异，以资产负债表为基础，确认和计量递延所得税资产和递延所得税负债。

在资产负债表债务法下，所得税的账务处理方法可以分为三种：应计入当期损益的所得税、应计入商誉的所得税和应计入权益的所得税账务处理方法。本书只对应计入当期损益的所得税账务处理方法进行讲述，其他两种方法读者可参考其他书籍进行学习。

1. 资产负债表债务法的核算过程

企业采用资产负债表债务法处理所得税费用时，应于每一资产负债表日进行所得税的核算，其核算操作可按下列步骤进行：

第一步，对各类资产或负债的账面价值与计税基础的差异进行计算，并确认该差异是属于应纳税暂时性差异还是属于可抵扣暂时性差异。

第二步，计算递延所得税负债或资产的余额。期末递延所得税负债的余额=应纳税暂时性差异×所得税税率；期末递延所得税资产的余额=可抵扣暂时性差异×所得税税率。

第三步，计算本期递延所得税负债或资产的发生额。本期递延所得税负债的发生额=递延所得税负债期末余额-递延所得税负债期初余额；本期递延所得税资产的发生额=递延所得税资产期末余额-递延所得税资产期初余额。

第四步，计算本期应交所得税。本期应交所得税=（会计利润±纳税调整额）×所得税税率。

第五步，计算本期所得税费用。本期所得税费用=本期应交所得税+递延所得税费用=本期应交所得税±本期所得税负债调整额±本期所得税资产调整额。

2. 应计入当期损益所得税的账务处理

企业发生的除合并、与直接计入权益的交易及事项有关的所得税和递延所得税外，其他的所得税与递延所得税都应计入当期损益。企业应按本期应交所得税+本期递延所得税负债增加额-本期递延所得税资产增加额借记"所得税费用"科目，按递延所得税资产本期增加额借记"递延所得税资产"科目；按本期增加的递延所得税负债贷记"递延所得税负债"科目，按本期应交的所得税同时贷记"应交税费——应交所得税"科目。

例 18.4 瑞国企业于 2016 年 1 月 1 日购入生产设备一台，购入价为 160 万元，预计使用 6 年，预计净残值为 0。企业采用直接法进行折旧计提，而税法要求采用年数总和法计提折旧，税法规定的资产使用年限与净残值与会计上一致。企业未对该固定资产计提减值准备，其 2016 年至 2019 年每年的税前利润均为 800 万元，所得税税率为 25%，计算该企业各年所得税费用并编制会计分录。

（1）计算 2016 年所得税费用

固定资产账面价值=160-160/6=133（万元）

固定资产的计税基础=160-160×6/21=114（万元）

资产账面价值大于计税基础，为应纳税暂时性差异=133-114=19（万元）

期末递延所得税负债=应纳税暂时性差异×所得税税率=19×25%=4.75（万元）

本期递延所得税负债发生额=递延所得税负债期末余额-递延所得税负债期初余额=4.75（万元）

本期应交所得税=（会计利润±纳税调整额）×所得税税率=（800-19）×25%=195.25（万元）

本期所得税费用=本期应交所得税+递延所得税费用=195.25+4.75=200（万元）

借：所得税费用　　　　　　　　2000000
　　贷：递延所得税负债　　　　　　47500
　　　　应交税费——应交所得税　　1952500

（2）计算 2017 年所得税费用

固定资产账面价值=160-160/6×2=107（万元）

固定资产计税基础=160-160×6/21-160×5/21=76（万元）

应纳税暂性差异累计额=31（万元）

期末递延所得税负债=31×25%=7.75（万元）

本期递延所得税负债发生额=7.75-4.75=3（万元）

本期应交所得税=［800-（31-19）］×25%=197（万元）

本期所得税费用=197+3=200（万元）

借：所得税费用　　　　　　　　　2000000

　　贷：递延所得税负债　　　　　　　　30000

　　　　应交税费——应交所得税　　　1970000

(3) 计算2018年所得税费用

固定资产账面价值=160-160/6×3=80（万元）

固定资产计税基础=160-160×6/21-160×5/21-160×4/21=46（万元）

应纳税暂性差异累计额=34（万元）

期末递延所得税负债=34×25%=8.5（万元）

本期递延所得税负债发生额=8.5-7.75=0.75（万元）

本期应交所得税=［800-（34-31）］×25%=199.25（万元）

本期所得税费用=199.25+0.75=200（万元）

借：所得税费用　　　　　　　　　2000000

　　贷：递延所得税负债　　　　　　　　7500

　　　　应交税费——应交所得税　　　1992500

(4) 计算2019年所得税费用

固定资产账面价值=160-160/6×4=53（万元）

固定资产计税基础=160-160×6/21-160×5/21-160×4/21-160×3/21=23（万元）

应纳税暂性差异累计额=30（万元）

期末递延所得税负债=30×25%=7.5（万元）

本期递延所得税负债发生额=7.5-8.5=-1（万元）

本期应交所得税=［800-（30-34）］×25%=201（万元）

本期所得税费用=201-1=200（万元）

借：所得税费用　　　　　　　　　2000000

　　递延所得税负债　　　　　　　　10000

　　贷：应交税费——应交所得税　　　2010000

18.4.3 所得税汇算清缴的账务处理

目前，我国对企业所得税实行分月（季）度预缴及年度汇算清缴的所得税政策。所得税汇算清缴就是各企业所得税的纳税人于每年5月31日前向主管税务机关提交相关的汇算表格，对上一年度所得税的调整事项进行调增或调减，并进行清算的一个过程。

企业在所得税汇算清缴后往往会对企业的会计利润进行调增或调减，同时会对以往所得税的计提、上交等会计分录进行账务调整。下面我们就结合实际工作中的一些事项对所得税汇算清缴的账务处理进行介绍。

1. 会计利润增减调整的账务处理

企业汇算清缴涉及上年度损益调整事项的，应通过"以前年度损益调整"科目进行核算。在调增利润时，借记相关科目，贷记本科目；在调减利润时，借记本科目，贷记相关科目。

例 18.5 天意企业 2019 年度利润及利润分配表中的利润总额为 120 万元，所得税为 30 万元。企业调增利润 20.7 万元，其中年终多结转在产品成本 8.6 万元，多提短期借款利息 6.5 万元，固定资产清理净收益 2.4 万元未转为营业外收入，职工福利支出 3.2 万元直接在管理费用中列支；调减利润 13 万元，其中少提福利费 1 万元，补交消费税 4.2 万元，生产费用误计在建工程 4.2 万元，少折旧 3.6 万元。综上所述，请编制所得税调整的会计分录。

（1）因多计成本费用、少计收益而调增利润，对应的会计分录为：

借：生产成本　　　　　　86000
　　应付利息　　　　　　65000
　　固定资产清理　　　　24000
　　应付职工薪酬　　　　32000
　　贷：以前年度损益调整　　　207000

（2）因少计成本费用、多计收益而调减利润，对应的会计分录为：

借：以前年度损益调整　　130000
　　贷：应付职工薪酬　　　　10000
　　　　应交税费——应交消费税　42000
　　　　在建工程　　　　　　42000
　　　　累计折旧　　　　　　36000

2. 虚报亏损所得税的账务处理

企业因存在虚报亏损、少计应纳税所得额的情况而被税务机关查出时，由税务机关按所得税税率计算相应的应纳所得税额，并根据相关法律的有关规定进行处理。

例 18.6 金瑞企业向税务机关申报年度亏损 160 万元，经税务机关核查发现：企业少计收入 80 万元存入企业私立小金库中。因此，税务机关对该企业处以所偷税款 20 万元（80×25%）1 倍的罚款，请编制相关账务调整的会计分录。

分析：企业少计收入 80 万元，进行调整后，企业年度利润仍为亏损。

（1）调减亏损，对应的会计分录为：

借：银行存款　　　　　　800000
　　贷：以前年度损益调整　　　800000

（2）缴纳罚款，对应的会计分录为：

借：营业外支出——罚款　200000
　　贷：银行存款　　　　　　　200000

例 18.7 假定例 18.6 中，企业申报事项经税务机关核查发现：企业超过计税标准的职工福利费部分 180 万元未做纳税调整，扣除账面亏损后仍盈利 20 万元。税务机关对该企业处以所偷税款 5 万元（20×25%）1 倍的罚款，请编制相关的会计分录。

分析：企业未做纳税调整，多计职工福利费 180 万元，调整后的经营情况为盈利。由于职工福利费属于永久性差异，因此不做账务调整，仅对应补缴的所得税及罚款做账务处理。

（1）补缴所得税，对应的会计分录为：

借：所得税费用　　　　　　　　50000

　　贷：应交税费——应交所得税　　50000

（2）缴纳罚款及所得税，对应的会计分录为：

借：应交税费——应交所得税　　50000

　　营业外支出——罚款　　　　50000

　　贷：银行存款　　　　　　　100000

18.5　全面掌握优惠政策

根据《高新技术企业认定管理办法》和《企业所得税法》的规定，高新技术企业（国家或省部级以上机构认定）可以享受所得税优惠政策，企业取得高新技术企业资格后，应到主管税务机关办理减税、免税手续。

企业所得税应纳税所得额的计算比流转税复杂得多，所涉及的企业经营业务也比较多，因此，如何利用企业所得税的优惠政策是企业整体纳税筹划中的重点。

18.5.1　企业所得税的免税项目

企业必须了解哪些项目属于企业所得税的免税项目，这样在计算企业应纳税所得额时，就可以及时将免税项目的发生额从企业所得税应纳税所得额的计算中减除。

（1）国债利息收入为免税收入。国债利息收入是指企业持有国务院财政部门发行的国债取得的利息收入。对国债利息收入予以免税，就是为了加强对我国国债发行的支持，鼓励企业投资国债。

（2）符合条件的居民企业之间的股息、红利等权益性投资收益为免税收入。符合条件的居民企业之间的股息、红利等权益性投资收益是指居民企业直接投资于其他居民企业取得的投资收益，不包括连续持有居民企业公开发行并上市流通的股票不足 12 个月取得的投资收益。

（3）在中国境内设立机构、场所的非居民企业从居民企业取得与该机构、场所有实际联系的股息、红利等权益性投资收益为免税收入。它不包括连续持有居民企业公开发行并上市流通的股票不足 12 个月取得的投资收益。

（4）符合条件的非营利组织的收入为免税收入。非营利组织是指同时符合下列条件的组织：

①依法履行非营利组织登记手续。

②从事公益性或者非营利性活动。

③取得的收入除用于与该组织有关的、合理的支出外，全部用于登记核定或者章程规定

的公益性或者非营利性事业。

④财产及其孳息不用于分配。

⑤按照登记核定或者章程规定，该组织注销后的剩余财产用于公益性或者非营利性目的，或者由登记管理机关转赠给与该组织性质、宗旨相同的组织，并向社会公告。

⑥投入人对投入该组织的财产不保留或者享有任何财产权利。

⑦工作人员的工资福利开支控制在规定的比例内，不变相分配该组织的财产。

注意：非营利组织的认定管理办法由国务院财政、税务主管部门会同国务院有关部门制定。符合条件的非营利组织的收入，不包括非营利组织从事营利性活动取得的收入，但国务院财政、税务主管部门另有规定的除外。

（5）企业从事蔬菜、谷物、薯类、油料、豆类、棉花、麻类、糖料、水果、坚果的种植；农作物新品种的选育；中药材的种植；林木的培育和种植；牲畜、家禽的饲养；林产品的采集；灌溉、农产品初加工、兽医、农技推广、农机作业和维修等农、林、牧、渔服务业项目；远洋捕捞。这些项目主要涉及我国的粮食、农副产品的生产，给予生产这些产品的企业所得税方面的免税优惠，是为了保障我国的粮食安全。

18.5.2　企业所得税减征、限时免征及减征的项目

除企业所得税的免征项目外，对于其他一些项目，国家也给予了优惠政策支持其发展，只是其政策支持力度没有免税那么大。企业应当了解这些可以获得企业所得税部分优惠的项目，以便在实际发生这些业务时享受企业所得税的优惠政策。

（1）企业从事花卉、茶及其他饮料作物和香料作物的种植，海水养殖、内陆养殖的，减半征收企业所得税。

（2）国家重点扶持的公用基础设施项目，是指《公用基础设施项目企业所得税优惠目录》规定的港口码头、机场、铁路、公路、城市公共交通、电力、水利等项目。企业从事国家重点扶持的公用基础设施项目的投资经营所得，自项目取得第一笔生产经营收入所属纳税年度起，第一年至第三年免征企业所得税，第四年至第六年减半征收企业所得税。企业承包经营、承包建设和内部自建自用这些公用基础设施项目的，照常征收企业所得税。享受减免税优惠的项目，在减免税期限内转让的，受让方自受让之日起，可以在剩余期限内享受规定的减免税优惠；在减免税期限届满后转让的，受让方不得就该项目重复享受减免税优惠。

（3）企业从事符合条件的环境保护、节能节水项目，包括公共污水处理、公共垃圾处理、沼气综合开发利用、节能减排技术改造、海水淡化等。项目的具体条件和范围由国务院财政、税务主管部门商国务院有关部门制定，报国务院批准后公布施行。企业从事这些符合条件的环境保护、节能节水项目的所得，自项目取得第一笔生产经营收入所属纳税年度起，第一年至第三年免征企业所得税，第四年至第六年减半征收企业所得税。享受减免税优惠的项目，在减免税期限内转让的，受让方自受让之日起，可以在剩余期限内享受规定的减免税优惠；减免税期限届满后转让的，受让方不得就该项目重复享受减免税优惠。

（4）符合条件的技术转让所得免征、减征企业所得税，是指一个纳税年度内，居民企业技术转让所得不超过500万元的部分，免征企业所得税；超过500万元的部分，减半征收企

业所得税。

（5）非居民企业在中国境内未设立机构、场所的，或者虽设立机构、场所但取得的所得与其所设机构、场所没有实际联系的，就其来源于中国境内的所得缴纳企业所得税，适用税率为20%；但就该所得目前减按10%的税率征收企业所得税。下列所得可以免征企业所得税：

①外国政府向中国政府提供贷款取得的利息所得。

②国际金融组织向中国政府和居民企业提供优惠贷款取得的利息所得。

（6）符合条件的小型微利企业，减按20%的税率征收企业所得税。自2017年到2019年对年应纳税所得额小于等于50万元的小型微利企业，其所得减按50%计入应纳税所得额。符合条件的小型微利企业，是指从事国家非限制和禁止行业，并符合下列条件的企业：

①工业企业，年度应纳税所得额不超过50万元，从业人数不超过100人，资产总额不超过3000万元。

②其他企业，年度应纳税所得额不超过50万元，从业人数不超过80人，资产总额不超过1000万元。

这一政策主要是为了扶持我国中小企业的发展。众所周知，我国中小企业是提供就业岗位的主力军，但无论是金融支持还是政府扶持方面，它们一直无法享受和大型企业一样的待遇。因此，国家专门出台了针对小型微利企业的企业所得税优惠政策，就是为了保护中小企业的发展。

（7）国家需要重点扶持的高新技术企业，减按15%的税率征收企业所得税。国家需要重点扶持的高新技术企业，是指符合下列条件的企业：

①在中国境内（不含港、澳、台地区）注册的企业，近3年内通过自主研发、受让、受赠、并购等方式，或者通过5年以上的独占许可方式，对其主要产品（服务）的核心技术拥有自主知识产权。

②产品（服务）属于《国家重点支持的高新技术领域》规定的范围。

③具有大学专科以上学历的科技人员占企业当年职工总数的30%以上，其中研发人员占企业当年职工总数的10%以上。

④企业为获得科学技术（不包括人文、社会科学）新知识，创造性运用科学技术新知识，或实质性改进技术、产品（服务）、工艺而持续进行研究开发活动，且近3个会计年度的研究开发费用总额占销售收入总额的比例符合如下要求：最近1年销售收入小于5000万元的企业，比例不低于6%；最近1年销售收入在5000万元至2亿元的企业，比例不低于4%；最近1年销售收入在2亿元以上的企业，比例不低于3%。其中，企业在中国境内发生的研究开发费用总额占全部研究开发费用总额的比例不低于60%。企业注册成立时间不足3年的，按实际经营年限计算。

⑤高新技术产品（服务）收入占企业当年总收入的60%以上。

⑥企业研究开发组织管理水平、科技成果转化能力、自主知识产权数量、销售与总资产成长性等指标符合《高新技术企业认定管理工作指引》的要求。

国家重点支持的高薪技术领域是指电子信息技术、生物与新医药技术、航空航天技术、新材料技术、高技术服务业、新能源及节能技术、资源与环境技术、高新技术改造传统产业。

国家之所以对高新技术企业的发展给予这样大的企业所得税优惠力度，就是为了通过鼓励、支持高新技术企业的发展，提高我国企业在国际上的竞争力，掌握各类产品的核心知识产权。为了不使其他非高新技术企业钻这个优惠政策的"空子"，国家对于高新技术企业的认定制定了严格的标准，以便保证真正的高新技术企业获得政策上的有力支持。

18.5.3 其他的企业所得税优惠项目

除了以上这些行业性、系统性的企业所得税的优惠政策项目，还有一些优惠政策是非行业性的，如果企业在纳税筹划中加以利用，对于企业实现纳税筹划的目的是大有帮助的。

（1）企业为开发新技术、新产品、新工艺发生的研究开发费用，未形成无形资产计入当期损益的，在按照规定据实扣除的基础上，按照研究开发费用的50%加计扣除；形成无形资产的，按照无形资产成本的150%摊销。安置残疾人员及国家鼓励安置的其他就业人员所支付的工资，在计算应纳税所得额时加计扣除；企业安置残疾人员的，在按照支付给残疾职工工资据实扣除的基础上，按照支付给残疾职工工资的100%加计扣除。残疾人员的范围适用《中华人民共和国残疾人保障法》的有关规定。

注意：高科技型中小企业的研究费在按规定据实扣除的基础上，在2017年到2019年期间，再按照实际发生额的75%在税前加计扣除；形成无形资产的，按照其成本的175%在税前摊销。

（2）创投企业采取股权投资方式投资未上市的中小型高新技术企业2年以上的，可以按照其投资额的70%在股权持有满2年的当年抵扣该创投企业的应纳税所得额；当年不足抵扣的，可以在以后纳税年度结转抵扣。这条规定主要是为了鼓励创投企业的发展。企业的发展离不开资金，而创投企业是专门投资创业公司的企业，这些企业一般拥有较雄厚的资金实力。鼓励创投企业的发展，培育众多的创投企业，对于提高我国经济发展的创新能力、创业能力有着重要的作用。

（3）企业的固定资产由于技术进步等原因，确需加速折旧的，可以采用缩短折旧年限或者加速折旧的方法。可以采用缩短折旧年限或者加速折旧的方法的固定资产包括：

①由于技术进步，产品更新换代较快的固定资产。

②常年处于强震动、高腐蚀状态的固定资产。采用缩短折旧年限方法的，最低折旧年限不得低于《企业所得税实施条例》规定折旧年限的60%；采用加速折旧方法的，可以采用双倍余额递减法或者年数总和法。

（4）企业以《资源综合利用企业所得税优惠目录》规定的资源作为主要原材料，生产国家非限制和禁止并符合国家和行业相关标准的产品取得的收入，减按90%计入收入总额。

注意：所称原材料占生产产品材料的比例不得低于《资源综合利用企业所得税优惠目录》规定的标准。

（5）企业购置并实际使用《环境保护专用设备企业所得税优惠目录》《节能节水专用设备企业所得税优惠目录》《安全生产专用设备企业所得税优惠目录》规定的环境保护、节能节水、安全生产等专用设备的，该专用设备投资额的10%可以从企业当年的应纳税额中抵免；当年不足抵免的，可以在以后5个纳税年度结转抵免。这里的设备是指应当实际购置并自身实际投入使用前款规定的专用设备；企业购置上述专用设备在5年内转让、出租的，应当停止享受企业所得税优惠，并补缴已经抵免的企业所得税税款。

（6）自2019年1月1日起至2021年12月31日止，税法规定从事国家非限制和禁止行业，且同时符合年度应纳税所得额不超过300万元、从业人数不超过300人、资产总额不超过5000万元这三个条件的企业，对其年应纳税所得额不超过100万元的部分，减按25%计入应纳税所得额，按20%的税率缴纳企业所得税；对年应纳税所得额超过100万元但不超过300万元的部分，减按50%计入应纳税所得额，按20%的税率缴纳企业所得税。

第 19 章
车辆购置税与车船税

车辆购置税和车船税虽然是小税种，但是它们对我们的日常生活起到了调剂作用。目前，我国的车辆购置税实行统一比例税率 10%，车船税主要是根据车辆的排气量或核定载客人数和船舶的净吨位或长度来征税的。本章我们将介绍车辆购置税和车船税的相关知识。

19.1　车辆购置税

车辆购置税是对在我国境内购置规定车辆的单位和个人征收的一种税，它是由车辆购置附加费演变而来的。

现行车辆购置税法是从 2001 年 1 月 1 日起实施的《中华人民共和国车辆购置税暂行条例》。车辆购置税的纳税人为购置（包括购买、进口、自产、受赠、获奖及以其他方式取得并自用）应税车辆的单位和个人，征税范围为汽车、摩托车、电车、挂车、农用运输车。

19.1.1　车辆购置税的基础知识

车辆购置税是以在我国境内购置规定车辆为课税对象，向车辆购置者在特定环节进行征收的一种税。它是我国从 2001 年 1 月 1 日起开征的新税种。

车辆购置税属于直接税的范畴，是一种特种财产税。它是在消费领域这一特定环节以购置的特定车辆为课税对象，采用统一的比例税率实行以价计征的税种，其所征收的税收收入由中央财政根据国家交通建设计划用于专门用途。

可以看出，车辆购置税具有征收范围单一、征收环节单一、税率单一、征收方法单一、征税具有特定目的、价外征收，以及不发生税负转嫁等特点。

国家开征车辆购置税，对调节收入差距、配合打击走私和维护国家权益起到了积极的作用，还有利于合理筹集建设资金和规范政府行为。

19.1.2　车辆购置税的纳税义务人、征税对象及范围

由于车辆购置税对在我国境内购置应税车辆的单位和个人实行纳税，因此，发生购置应税车辆行为的单位和个人都为车辆购置税的纳税人。这里所说的购置行为不单纯指购买行为，还包括购买使用行为、进口使用行为、受赠使用行为、自产自用行为、获奖使用行为，以及以拍卖、抵债、走私、罚没等方式取得并使用的行为；其所指的单位和个人与前述各税种所指的单位和个人一致。

车辆购置税将征税范围内列举的车辆作为征税对象，不在列举范围内的车辆不进行购置税的征收。征税范围包括汽车、摩托车、电车、挂车、农用运输车五类。

19.1.3 车辆购置税的税率和计税依据

车辆购置税实行 10% 的统一比例税率，并以应税车辆为购置对象，以应税车辆的价格（计税价格）为计税依据。车辆购置税的计税依据如表 19-1 所示。

表 19-1 车辆购置税的计税依据

序号	购置车辆来源	计税依据
1	购买自用应税车辆	支付给销售方的全部价款和价外费用
2	进口自用应税车辆	组成计税价格=关税完税价格+关税+消费税
3	其他自用应税车辆	国家税务总局制定的最低计税价格

最低计税价格的确定由国家税务总局依据全国市场的平均销售价格制定，对于几种特殊情形的应税车辆的最低计税价格规定如下：

（1）底盘和发动机同时更换且已缴纳并办理了登记注册手续的车辆，应按同类型新车最低计税价格的 70% 计算。

（2）免税、减税条件消失的车辆，自初次办理纳税申报之日起，使用年限未满 10 年的，计税价格以免税车辆初次办理纳税申报时确定的计税价格为基准，每满 1 年扣减 10%；使用年限未满 1 年的，计税价格为免税车辆的原计税价格；使用年限在 10 年（含）以上的，计税价格为零。

（3）按同类型新车最低价格确定非贸易渠道进口车辆的最低计税价格。

19.1.4 车辆购置税的计算

由于应税车辆的来源不同，其车辆购置税应纳税额的计算也稍有区别。

1. 购买自用应税车辆应纳税额的计算

购买自用应税车辆以购买方支付给销售方的全部价款和价外费用为计税依据，应纳税额=支付的不含增值税价款×10%。

例 19.1 李明 2019 年 1 月从某汽车有限公司购买一辆小汽车供自己使用，支付的价款为 21.06 万元（含增值税），另支付代收临时牌照费 600 元、代收保险费 1000 元，支付工具件和零配件价款 3000 元，车辆装饰费 1300 元。李明所支付的款项均由该汽车有限公司开具"机动车销售统一发票"和有关票据，计算李明应缴纳的车辆购置税。

分析：购买者随购买车辆支付的工具件和零配件价款、车辆装饰费应作为价外费用并入计税依据，代收款项若取得的是代收单位票据收据的款项，应视为代收单位价外费用并入计税依据。在计算车辆购置税时，我们应将李明支付的价款换算为不含增值税的计税价格。

计税依据=（210600+3000+1300）/（1+13%）=190176.99（元）

应纳税额=190176.99×10%=19017.7（元）

2. 进口自用车辆应纳税额的计算

进口自用车辆应纳税额以组成计税价格为计税依据，应纳税额=（关税完税价格+关税+消费税）×10%。

例19.2 某公司进口一辆小汽车自用，经海关审查确定关税完税价格为20万元，海关按规定征收关税22万元，增值税和消费税各为5.46万元和1.26万元，计算该公司应缴纳的车辆购置税。

分析：进口自用车辆以组成计税价格进行纳税，不包含增值税。

计税依据=200000+220000+12600=432600（元）

应纳税额=432600×10%=43260（元）

3. 其他自用应税车辆应纳税额的计算

纳税人自产自用、受赠、获奖及以其他方式取得并自用的应税车辆，不能取得车辆购置价格或车辆购置价格低于最低计税价格的，由国家税务总局进行核定，应纳税额=最低计税价格×10%。

例19.3 某汽车制造厂将自产的一辆客车用于本厂自用，出具该车的发票上注明金额为6万元，并据此进行纳税申报。经国家税务总局审核，认定该车辆的最低计税价格为9万元，计算该汽车制造厂应缴纳的车辆购置税。

分析：纳税人自产自用应税车辆，申报价格低于最低计税价格的，以国家税务总局核定的最低计税价格为计税依据。

应纳税额=90000×10%=9000（元）

19.1.5 车辆购置税的账务处理

企业购买、进口、自产、受赠及以其他方式取得并自用的应税车辆，所缴纳的车辆购置税应并入相关资产的价值进行账务处理，借记"固定资产"科目，贷记"银行存款""应交税费"科目。

例19.4 承例19.1，如果李明不是个人购买，而是代其公司购买，请编制会计分录。

（1）计提车辆购置税时，对应的会计分录为：

借：固定资产　　　　　　　　　　19017.7

　　贷：应交税费——应交车辆购置税　　19017.7

（2）缴纳车辆购置税时，对应的会计分录为：

借：应交税费——应交车辆购置税　　19017.7

　　贷：银行存款　　　　　　　　　　19017.7

19.1.6 车辆购置税的纳税申报

车辆购置税实行一车一申报制度，纳税人应当在向车辆登记注册机构申请办理手续前，向注册地的主管税务机关申报纳税。

纳税人购买自用的应税车辆，应自购买之日起 60 日内申报纳税；进口自用的，应自进口之日起 60 日内申报纳税；其他方式取得并自用的，应自取得之日起进行申报纳税。

19.2 车船税

车船税是指对在中国境内应依法到公安、交通、农业、渔业、军事等管理部门办理登记的车辆、船舶，根据其种类，按照规定的计税依据和年税额标准计算征收的一种财产税。

19.2.1 车船税的基础知识

车船税，顾名思义，是以车船为对象，向拥有车船的单位和个人征收的一种税。车船税属于地方税务局征收的税种，属于不动产的征税范围，对拥有车船的单位和个人进行征税，可以起到财富再分配的作用，有利于调节财富差异，同时对改善资源配置、合理使用车船也起到了积极的作用。作为地方税收，开征车船税能增加地方财源，为地方政府筹集财政资金。

车船税的纳税义务人，是指在我国境内的车辆及船舶的所有人和管理人。它的征税范围包括在我国车船管理部门登记的车辆（机动车辆和非机动车辆）、船舶（机动船舶和非机动船舶）。

19.2.2 车船税的税目、税率与税收优惠

车船税对征税的车船规定单位固定税额，采用定额税率的方法计税。车船税的税目和税率如表 19-2 所示。

表 19-2 车船税的税目和税率

税目		计税单位	年基准税额	备注
乘用车	按发动机气缸容量（排气量）分档	每辆	60～5400 元	核定载客人数 9 人（含）以下
商用车	客车	每辆	480～1440 元	核定载客人数 9 人以上，包括电车
	货车	整备质量每吨	16～120 元	包括半挂牵引车、挂车、客货两用汽车、三轮汽车和低速载货汽车等
其他车辆	专用作业车	整备质量每吨	16～120 元	不包括拖拉机
	轮式专用机械车			
摩托车	—	每辆	36～180 元	—
船舶	机动船舶	净吨位每吨	3～6 元	拖船、非机动驳船分别按照机动船舶税额的 50%计算；拖船按照发动机功率每 1 千瓦折合净吨位 0.67 吨计算征收车船税
	游艇	艇身长度每米	600～2000 元	—

我国车船税的税收优惠有法定减免和特定减免两种政策，对下列车船实施法定减免政策：（1）对节约能源的车船减半征收车船税，对使用新能源的车船免征车船税；（2）各省、自治区、直辖市人民政府根据当地实际情况，对公共交通车船，农村居民拥有并主要在农村地区使用的摩托车、三轮车和低速载货汽车定期减征或免征车船税；（3）捕捞、养殖渔船；（4）军队、武警专用的车船；（5）警用车船；（6）依照《中华人民共和国外交特权与豁免条例》和《中华人民共和国领事特权与豁免条例》的规定，应当予以免税的外国驻华使馆、领事馆与国际组织驻我国机构及有关人员的车船。

对尚未登办理登记，但属于应减免税的新购车辆，纳税人可提供相关资料向税务机关提出减免税申请。

19.2.3　车船税的计算

车船税按车辆或船舶的数量、净吨位或自重吨位为计税依据。

车船税的计算和缴纳，应自购置新车船的当月起按月计算，应纳税额=年应纳税额/12×应纳税月数。

例 19.5　速达运输公司拥有载货汽车 20 辆（净吨位全部为 10 吨）、大客车 30 辆、小客车 10 辆。各车辆的定额税率为载货汽车每吨年税额 100 元、大客车每辆年税额 500 元、小客车每辆年税额 450 元，计算该运输公司应缴纳的车船税。

载货汽车应纳税额=20×10×100=20000（元）

载人汽车应纳税额=30×500+10×450=19500（元）

19.2.4　车船税的账务处理

车船税应通过"税金及附加"科目核算，按规定进行预提时，借记"税金及附加"，贷记"应交税费——应交车船税"；实际上缴时，借记"应交税费——应交车船税"，贷记"银行存款"科目。

例 19.6　以例 19.5 为依据，编制该运输公司车船税的会计分录。

（1）每季预提税金时，对应的会计分录为：

借：税金及附加　　　　　　　　9875（39500/4）

　　贷：应交税费——应交车船税　　9875

（2）缴纳税金时，对应的会计分录为：

借：应交税费——应交车船税　　9875

　　贷：银行存款　　　　　　　　9875

19.2.5　车船税的纳税申报

车船税按年申报缴纳，车船的所有人或管理人应在车船管理部门核发车船登记证书或行驶证书所记载日期的当月到登记地的地方税务机关申报缴纳。车船税可以在车辆投保时跟保险一起买，由保险公司代缴。如果纳税人未按规定办理登记手续，则应在购置发票开具当月进行申报；如果纳税人既未办理登记，又无法提供车船购置发票，则由主管地方税务机关核定纳税义务发生时间。车船税的纳税申报表如表 19-3 所示。

表 19-3 车船税纳税申报表

车船税纳税申报表（车辆/船舶）

填表日期： 年 月 日				税款所属年度：					单位：元（列至角分）	
纳税人名称（单位盖章）				纳税人识别号/证照号码				电话		
序号	车牌号或船名	车主或船舶所有人	机动车号牌种类代码或船舶登记号	证件种类	证件号码	应纳税额	批准减免税额	实际缴纳税额	欠缴税额	备注
申报车辆合计：			应纳税额合计：				减免税额合计：			
实际缴纳税款合计			欠缴税额合计：				滞纳金合计：			
纳税人声明	上述申报内容是真实的，如有虚假，愿承担法律责任。 纳税人（法定代表人）签名（盖章）： 年 月 日			授权人声明	本单位（本人）现授权 为本纳税人的代理申报人，其电话为 。任何与申报有关的往来文件，都可寄此代理机构。 授权人签名（盖章）： 年 月 日		代理人声明	本纳税申报表按照国家税法和税务机关有关规定填报，我确信是真实的、合法的。如有不实，我愿承担法律责任。 代理人（法定代表人）签名： 年 月 日	特别声明	本单位（本人）同意按照税务机关登记的本单位（本人）车辆信息申报纳税。 纳税人（法定代表人）签名： 年 月 日
填表人：			受理税务机关（盖章）：				受理录入日期：		受理录入人：	

19.3 全面掌握优惠政策

一般来说，车辆购置税是以购买方向销货方支付的全部价款和价外费用作为计税依据的，那么，如何在购买车辆时节省车辆购置税呢？

（1）选择卖家。目前，汽车经销商一般采用自己从厂家或上级经销商购进再销售，以及收取手续费代为销售两种形式进行汽车经销。购买者通过这两种不同的方式购车，其应缴纳的车辆购置税有所不同。在经销商直接销售的情况下，其以自己的名义开具机动车销售发票，购买者应按发票金额缴纳车辆购置税；在经销商以收取代理费形式销售的情况下，购买者支付给经销商的手续费可以从车辆购置税的计税价格中扣除。两者相比，后者对于消费者来说，可以减少车辆购置税的支付。

（2）开具发票。正确地区分代收款项和价外费用，也能起到给消费者节省车辆购置税的作用。按照税法的规定，对代收款项和价外费用的划分主要以票据的开出单位为依据，如果汽车经销商将代办保险费、车辆购置税等费用与车辆销售价格一起，以自己的名义开具机动车销售发票，则代收款项应作为计税价格缴纳车辆购置税；如果汽车经销商使用委托方开具的发票，并向购买方收取代为缴纳的车辆购置税、牌照费等费用，则上述费用不作为价外费用征收车辆购置税。

（3）延后购买。消费者在购买车辆时，对于随车购买的工具件、零配件及车辆装饰等费用可以采取延后购买的行为。根据车辆购置税的计税依据，消费者购买上述配件而支付的费用如果与车款同时支付且开具在机动车发票中，则应一并计入计税价格进行车辆购置税的征税；如果消费者日后再配备上述汽车工具件、零部件，或者到其他经销商处购买，则可以减少车辆购置税的缴纳。

第 20 章 土地增值税

土地增值税是指转让国有土地使用权、地上建筑物及其附着物并取得收入的单位和个人，以转让所取得的收入包括货币收入、实物收入和其他收入减除法定扣除项目金额后的增值额为计税依据向国家缴纳的一种税，不包括以继承、赠予方式无偿转让房地产的行为。土地增值税的纳税人为转让国有土地使用权、地上建筑物及其附着物并取得收入的单位和个人。本章我们将对土地增值税的相关知识进行介绍。

20.1 土地增值税的基础知识及其纳税数额的计算

目前，我国的土地增值税实行4级超率累进税率，对土地增值率高的多征，增值率低的少征，无增值的不征。例如，增值额大于20%未超过50%的部分，税率为30%；增值额超过200%的部分，则按60%的税率进行征税。据专家测算，房地产项目毛利率只要达到34.63%，都需要缴纳土地增值税。

20.1.1 土地增值税简述

土地增值税具有征税面广、实行按次征收、以转让房地产的增值额为计税依据，以及实行超率累进税率等特点。它在国家抑制炒买炒卖土地获取暴利的行为、增加国家财政收入、积累经济建设资金、增强房地产开发和房地产交易市场的调控等方面起到了积极的作用。

土地增值税以转让国有土地使用权、地上建筑物及其附着物并取得收入的单位和个人为纳税义务人，对纳税义务人不论经济性质、法人还是自然人、内资还是外资企业、中国公民还是外籍个人、单位还是部门，只要有偿转让房地产，均作为土地增值税的纳税人。

20.1.2 土地增值税的纳税范围

土地增值税的纳税范围总的来说包括转让国有土地使用权、地上建筑物及其附着物，但要想准确界定土地增值税的征税范围还需要通过以下三个标准进行判定：

（1）进行转让的土地使用权其所属使用权限是否为国家所有。城市的土地属于国家所有，而农村和城市郊区的土地除法律规定属于国家所有的外，其使用权是属于集体所有的，因此不得自行转让。集体所有的土地必须根据有关法律转为国家所有后，才能进行转让。

（2）土地使用权及其地上建筑物和附着物的转让行为是否发生产权转让。对于未转让土地使用权、房产产权的行为，以及国有土地使用权出让的，不属于土地增值税的征税范围。

(3) 转让房地产是否取得了收入，对于房地产权属虽转让但未取得收入的情况，不作为土地增值税的纳税范围。

根据以上三个标准，即可对下列房地产的有关事项是否征税进行判定，如表 20-1 所示。

表 20-1　土地增值税的征税范围判定

序号	房地产相关事项	征税情况
1	出售国有土地使用权	进行征税
2	取得国有土地使用权后进行房屋开发建造再进行出售	进行征税
3	存量房地产的买卖	进行征税
4	房地产的继承	不予征税
5	房地产公益性赠予、赠予直系亲属或承担直接赡养义务人的	不予征税
6	房地产的非公益性赠予	进行征税
7	房地产的出租	不予征税
8	房地产的抵押期间	不予征税
9	房地产抵押期满后进行产权转让的	进行征税
10	房地产的交换（单位之间交换）	进行征税
11	房地产的交换（个人之间交换）	不予征税
12	以房地产投资、联营	暂免征税
13	将投资联营房地产再转让	进行征税
14	合作建房，建成后自用	暂免征税
15	合作建房，建成后转让	进行征税
16	企业兼并转让房地产	暂免征税
17	代建房行为	不予征税
18	房地产重新评估	不予征税

20.1.3　土地增值税的税率和税收优惠

土地增值税实行 4 级超率累进税率，其税率表如表 20-2 所示。

表 20-2　土地增值税税率表

级数	增值额占扣除项目金额比例	税率	速算扣除系数
1	50%以下（含 50%）	30%	0
2	超过 50%～100%（含 100%）	40%	5%
3	超过 100%～200%（含 200%）	50%	15%
4	200%以上	60%	35%

《中华人民共和国土地增值税暂行条例》规定了如下税收优惠:

(1) 建造普通标准住宅出售，其增值额未超过扣除项目金额 20%的，免征土地增值税；增值额超过扣除项目 20%的，全额征收土地增值税。

(2) 国家因城市规划、建设需要而依法征用、收回的房地产，免征土地增值税。

(3) 个人将原自用住房进行转让的，向税务机关申报核准，居住满 5 年及以上的，免予征税；居住满 3 年未满 5 年的，减半征收；居住未满 3 年的，按规定计税。

20.1.4 土地增值税应税收入和扣除项目的确定

纳税人转让房地产的全部价款和有关经济收益，均应作为纳税人计算土地增值税的应税收入，收入的形式包括货币收入（如现金、银行存款、支票、银行本票等）、实物收入（如房屋、土地等不动产等）、其他收入（如专利权、商标权、著作权等无形资产收入等）。要想准确计算出纳税人在转让房地产中获取的增值额，除了确认应税收入，还必须明确扣除项目的范围，土地增值税扣除项目及具体内容如表 20-3 所示。

表 20-3　土地增值税扣除项目及具体内容

序号	扣除项目	具体内容
1	取得土地使用权所支付的金额	①为取得土地使用权支付的地价款
		②取得土地使用权时按国家规定缴纳的有关费用
2	房地产开发成本	①土地征用及拆迁补偿费
		②前期工程费
		③建筑安装工程费
		④基础设施费
		⑤公共配套设施费
		⑥开发间接费用
3	房地产开发费用	①能够按转让房地产项目计算分摊利息支出且能够提供金融机构贷款证明的：可扣除的开发费用=利息+（取得土地使用权所支付的金额+房地产开发成本）×5%以内
		②不能够按转让房地产项目计算分摊利息支出且不能够提供金融机构贷款证明的：可扣除的开发费用=（取得土地使用权所支付的金额+房地产开发成本）×10%以内
4	与房地产转让的相关税金	城市维护建设税、教育费附加、地方教育费附加和印花税
5	其他扣除项目	从事房地产开发的纳税人，可加计 20%进行扣除；加计扣除费用=（取得土地使用权支付的金额+房地产开发成本）×20%
6	旧房及建筑物的评估价格	评估价格=经评估机构评定的重置成本×成新度折扣率

20.1.5 土地增值税的计算

土地增值税的计算以增值额和规定的税率计算征收，增值额按上述应税收入减去扣除项目金额计算，土地增值额=转让收入（或评估价格）-扣除项目金额。

注意：如果纳税人存在隐瞒、虚报房地产成交价格，提供扣除项目金额不实，转让房地产成交价格低于房地产评估价格又无正当理由，旧房及房地产转让等情形的，应按评估价格计算土地增值额。

土地增值税的计算有两种方法：一种是每级距税额加总法，应纳税额=Σ（每级距的土地增值额×适用税率）；另一种方法是速算扣除法，应纳税额=增值额×适用税率-扣除项目金额×速算扣除系数。在实际工作中，一般采用后一种方法进行土地增值税的计算。

例 20.1 某纳税人转让房地产取得收入 300 万元，其扣除项目金额为 80 万元，计算其应缴纳的土地增值税。

分析：按照土地增值税的计算公式，应先计算出房产转让的增值额，然后根据增值率查找对应的税率，最后进行税额的计算。

（1）增值额=300-80=220（万元）
（2）增值额与扣除项目比率=220/80=275%（对应的税率为 60%，速算扣除系数为 35%）
（3）应纳税额=220×60%-80×35%=104（万元）

20.2 土地增值税的账务处理

土地增值税应通过"应交税费——应交土地增值税"科目进行核算，根据转让国有土地使用权、地上建筑物及其附着物并取得收入的业务在企业中是否为主业，土地增值税的账务处理可分为以下几种情况进行。

20.2.1 主营房地产业务的企业

主营房地产业务的企业，其缴纳的土地增值税是为取得当期营业收入而支付的费用，因此，其发生土地增值税时，借记"税金及附加"科目，贷记"应交税费——应交土地增值税"科目；实际缴纳土地增值税时，借记"应交税费——应交土地增值税"科目，贷记"银行存款"科目。

1. 预缴土地增值税的账务处理

房地产企业在项目全部竣工前收取的房地产收入，其可扣除项目暂时无法得出，因此，对土地增值税的缴纳采用预缴形式，待项目全部竣工并办理结算后，再进行土地增值税的清算，其土地增值税的核算可通过"应交税费——预交土地增值税"科目来进行。

例 20.2 某房地产开发公司在某房产项目竣工前，预先售出部分房产取得收入 300 万元，并按期预缴土地增值税 30 万元，项目竣工后计算该项目应缴纳的土地增值税为 100 万元，请编制该房地产开发公司土地增值税的会计分录。

（1）按税务机关核定比例预提土地增值税时，对应的会计分录为：
借：应交税费——预交土地增值税　　300000
　　贷：应交税费——应交土地增值税　　300000
（2）预交土地增值税时，对应的会计分录为：
借：应交税费——应交土地增值税　　300000
　　贷：银行存款　　300000
（3）项目清算时，对应的会计分录为：
借：税金及附加　　1000000
　　贷：应交税费——预交土地增值税　　300000
　　　　应交税费——应交土地增值税　　700000

（4）清缴应交土地增值税时，对应的会计分录为：
借：应交税费——应交土地增值税　　700000
　　贷：银行存款　　　　　　　　　　　　700000

2．现货房地产销售时的账务处理

房地产企业在现货销售时，其房地产实现的营业收入负担的增值税，借记"税金及附加"科目，贷记"应交税费——应交土地增值税"科目；实际缴纳时，借记"应交税费——应交土地增值税"科目，贷记"银行存款"科目。

20.2.2　兼营房地产业务的企业

兼营房地产业务的企业，其转让房地产应缴纳的土地增值税应通过"其他业务成本"科目核算。企业按规定计算应纳税额时，借记"其他业务成本"科目，贷记"应交税费——应交土地增值税"科目；实际缴纳时，借记"应交税费——应交土地增值税"科目，贷记"银行存款"科目。

例 20.3　某兼营房地产业务的金融公司转让房地产取得收入 200 万元，按税法规定计算其应缴纳的土地增值税为 20 万元，请编制该兼营房地产业务的金融公司土地增值税的会计分录。

（1）计提应缴纳的土地增值税时，对应的会计分录为：
借：其他业务成本　　　　　　　　200000
　　贷：应交税费——应交土地增值税　　200000
（2）实际缴纳土地增值税时，对应的会计分录为：
借：应交税费——应交土地增值税　　200000
　　贷：银行存款　　　　　　　　　　　　200000

20.2.3　其他转让房地产业务的企业

非从事房地产经营的企业在转让国有土地使用权、地上建筑物及其附着物时，应通过"固定资产清理"科目核算土地增值税。取得转让收入时，借记"银行存款"科目，贷记"固定资产清理"科目；实际缴纳时，借记"固定资产清理"科目，贷记"应交税费——应交土地增值税"科目。

20.3　土地增值税的纳税申报

土地增值税的纳税人应在房地产转让合同签订后的 7 日内，到房地产所在地主管税务机关办理纳税申报，并按期缴纳土地增值税。

主管税务机关应按规定对房地产开发企业进行土地增值税的清算。对符合下列情形之一

的，纳税人应进行土地增值税的清算：
（1）房地产开发项目全部竣工、完成销售的。
（2）未竣工结算的房地产开发项目整体转让的。
（3）对土地使用权直接转让的。

符合下列情形的，主管税务机关可要求纳税人进行土地增值税的清算：
（1）已转让的房地产建筑面积占整个已竣工验收的房地产开发项目可售建筑面积的比例达85%以上的，或者虽然比例未超过85%，但剩余的可售建筑面税已经出租或自用的。
（2）自销售（预售）许可证获得之日起，满3年仍未销售完毕的。
（3）纳税人未办理增值税清算手续而申请注销税务登记的。
（4）省税务机关规定的其他情况。

20.4 全面掌握优惠政策

土地增值税的纳税筹划方法有很多种，每种方法都是利用现行税法的起征点、扣除费用项目，以及相应优惠政策等手段来进行的。由于本书只将税收筹划作为附带知识点，所以在此仅对土地增值税筹划的办法简述如下：

（1）利用土地增值税的起征点，即"纳税人建造普通标准住宅出售，增值额未超过扣除项目金额的20%，免征土地增值税"进行纳税筹划。
（2）利用允许加计扣除项目进行纳税筹划，如充分计列利息费用及其他费用支出。
（3）利用对房地产开发企业的附加扣除进行纳税筹划。
（4）利用个人转让房地产的年限规定进行纳税筹划。
（5）利用土地增值税的计税依据中"土地增值额"的计算方法进行纳税筹划，如设法减少应税收入（收入分散筹划法）和增大扣除项目金额（费用转移筹划法），从而达到纳税筹划的目的。

第四篇 财务报表

第 21 章 财务报表基本介绍

财务报表能够反映一个企业过去一个财政时间段的财政表现及期末状况，它是以量化的财务数字分目表达的。财务报表能帮助投资者和债权人了解企业的经营状况，进一步帮助其进行经济决策。财务报表在一般公认会计原则下有选择性地报告企业的财务状况，是企业现实经济状况的近似描述。

把企业的经营成果反映到财务报表上，是每个会计工作者的基本功。本章我们先来介绍一下财务报表的基础知识。

21.1 认识财务报表

财务报表是主要反映企业财务和经营状况的会计报表，包括资产负债表、利润表、现金流量表、所有者权益变动表和财务报表附注。我们可以通过阅读企业某年的财务报表，了解该企业的股东投入了多少资金，借入了多少资金进行生产运营，目前的资产状况如何，某年度的经营成果怎样等。

21.1.1 财务报表的作用

为什么想了解一个企业的财务和经营状况要先看其财务报表呢？如果你是一个老板，打算借款、投资，或者与一个陌生的企业合作或交易，那么你必须先掌握对方的情况。实地考察固然重要，但它会受到诸多因素的限制和影响，如在现场观察与不在现场观察的差异、考察成本的考虑等。那么，用什么方法可以比较有效率且成本较低地获取一个企业的信息呢？那就是看其财务报表。财务报表的作用有以下几点：

（1）全面系统地揭示企业一定时期的财务状况、经营成果和现金流量，有利于经营管理者了解本单位各项任务指标的完成情况，评价管理人员的经营业绩，以便及时发现问题，调整经营方向，制定措施改善经营管理水平，提高经济效益，为经济预测和决策提供依据。

（2）有利于国家经济管理部门了解国民经济的运行状况。通过对各单位提供的财务报表资料进行汇总和分析，了解和掌握各行业、各地区经济的发展情况，以便宏观调控经济运行，优化资源配置，保证国民经济稳定、持续发展。

（3）有利于投资者、债权人和其他有关各方掌握企业的财务状况、经营成果和现金流量情况，进而分析企业的盈利能力、偿债能力、投资收益、发展前景等，为他们投资、贷款和贸易提供决策依据。

（4）有利于满足财政、税务、工商、审计等部门监督企业的经营管理。通过财务报表可以检查、监督各企业是否遵守国家的各项法律、法规和制度，有无偷税漏税的行为。

21.1.2　哪些人需要看懂财务报表

需要看懂财务报表的人有企业的投资人、企业管理者、与企业利益相关的债权人、准备参与投资的投资者、上班族、社会公众，他们需要了解企业的财务状况，为决策提供可靠的依据。那么，他们需要关注财务报表哪些部分呢？

（1）企业的投资人

作为企业的投资人，即老板，应关注自己企业的经营状况和未来发展，因此，资金流动性是其重要的关注点；关注物流状况，如制造企业是否备有足够的库存进行生产等；关注利润表状况，如利润水平是否达到预期，获知自己企业的毛利率状况和利润水平，从而确定是将资金投入扩大再生产，还是存放在银行获得收益等。

（2）企业管理者

企业管理者主要关注企业能否正常运营，也关注现金流和物流情况，但是眼光没有那么长远，更关注企业近期的财务指标。

（3）与企业利益相关的债权人

与企业利益相关的债权人主要关注企业的债务偿还能力，如自有资本占总资产的比重、资产负债率的高低；还关注企业的盈利能力指标，即能否产生足够的利润偿还债务。

（4）准备参与投资的投资者

准备参与投资的投资者重视企业的发展前景，所以会关注企业的财务指标变化程度，如总资产增长率的增加伴随着毛利润或净利润率的增长是否符合其预期，影响利润的因素有哪些。

（5）上班族

上班族主要是指本企业的员工，他们比较关心企业的经营状况。如果企业的经营状况好，他们的工资就有保证，奖金及提成也会兑现。他们重点关注利润表中的主营业务收入等有关企业经营业绩的指标。

（6）社会公众

社会公众主要关注企业对社会的贡献程度，如缴纳税款的多少、增加投资的多少等。

21.1.3　财务报表的进化过程

财务报表经历了漫长的进化过程才形成现在的三大会计报表体系，它是随着财务报表使用者对会计信息的披露程度要求越来越高而不断发展的。

我们以张祥投资的上海丽都有限公司为例,简单描述一下财务报表使用者的需求是如何促进财务报表进化的。

(1) 初始投资筹建阶段

2018年12月,张祥投入100万元资金成立了上海丽都有限公司。他购置了固定资产、存货,还从公司的银行存款中取出1万元作为备用金。因为公司是张祥亲自创办的,所以他对公司的资产状况十分明了,一张简单的资产清单和资金变动表就可以满足他的管理需要。

(2) 初始经营阶段

2019年1月1日,张祥的上海丽都有限公司终于正式运营了。公司每天都会购进、销售很多货物,同时支付、收取很多货款。有时,公司会因赊购产生已收货未付货款;有时,公司会因赊销产生已发货未收到货款。简单的资产清单已满足不了张祥的需求,一张能够体现某一时间企业资产和负债的明细表应运而生。

(3) 扩大融资阶段

随着经营规模的扩大,上海丽都有限公司需要筹集更多的资金来投入经营,单凭张祥的个人资本远远不够,公司需要向外借贷。放贷者出于对贷款本金安全性的考虑,需要关注企业的自有资产(即总资产减总负债)状况。在资产和负债明细表的基础上,加上所有者权益部分,资产负债表应运而生。

(4) 商业竞争加剧阶段

张祥看准了新型防水建筑材料还处于萌芽时期,在2018年抢先进入该市场,由于竞争少,获利颇丰。后来大量的资本涌进该市场,商业竞争加剧,商业社会对企业的信息披露要求越来越高,静态的、局限于时点的资产负债表已无法满足财务报表使用者的要求。财务报表使用者日益关注企业的持续生存能力,即企业的盈利能力,于是,反映期间经营成果的利润表出现了。

(5) 利息率上升,资金紧缩阶段

随着商业社会投资热情的高涨,利息率在不断上升,企业进入资金紧缩阶段。由于在企业盈利的情况下也可能出现资金紧缺的状况,因此,在原来资金变动表的基础上发展出能够反映企业在一定会计期间内资金的来源渠道和运用去向的财务状况变动表。

注意:经过几次会计准则和会计制度的变革,财政部颁布了具体的会计准则,规定以现金流量表代替财务状况变动表。

(6) 财务报表使用者的范围扩大阶段

股票市场的兴起,使越来越多的人成为财务报表使用者。为了便于财务报表使用者理解财务报表的内容(财务报表的编制基础、编制依据、编制原则和方法及主要项目等),就需要财务报表附注对其进行解释。

财务报表的进化过程绘成财务报表进化图,如图21-1所示。

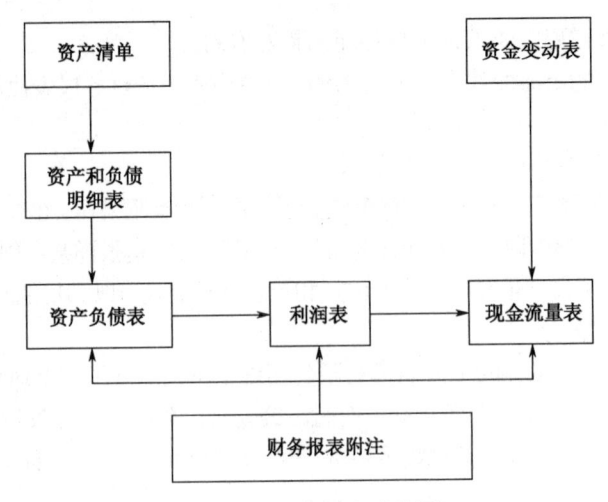

图 21-1　财务报表进化图

21.1.4　财务报表的构成

财务报表主要包括资产负债表、利润表、现金流量表、所有者权益变动表、财务报表附注。财务报表是企业财务报告的主要部分，是企业向外传递会计信息的主要手段，真实地反映了企业的财务情况。财务报表是根据日常会计核算资料定期编制的，综合反映企业某一特定日期财务状况和某一会计期间经营成果、现金流量的总结性书面文件。

财务报表应当包括以下内容，如表 21-1 所示。

企业财务报表分为年度、半年度、季度和月度财务报表，其中半年度、季度和月度财务报表统称为中期财务报表。

各期间财务报表编制的时间要求和基本内容，如表 21-2 所示。

表 21-1　财务报表包括的内容

项目	内容
财务报表	它是企业财务报告的主要部分，是企业向外传递会计信息的主要手段。财务报表是企业会计人员根据一定时期（如月、季、年）的会计记录，按照既定的格式和种类编制的系统的报告文件。随着企业经营活动的扩展，仅仅依靠几张财务报表提供的信息已经不能满足或不能直接满足财务报表使用者对会计信息的需求，因此，需要通过报表以外的附注和说明提供更多的信息
财务报表附注	财务报表附注是为了便于财务报表使用者理解财务报表的内容，而对财务报表的编制基础、编制依据、编制原则和方法及主要项目等所做的解释。一般来讲，财务报表附注至少应当包括下列内容： （1）不符合会计假设的说明 （2）重要会计政策和会计估计及其变更情况、变更原因及对财务状况和经营成果的影响 （3）或有事项和资产负债表日后事项的说明 （4）关联方关系及其交易的说明 （5）重要资产转让及其出售说明 （6）企业合并、分立的说明 （7）重大投资、融资活动 （8）财务报表中重要项目的说明及有助于理解和分析财务报表需要说明的其他事项

续表

项目	内容
财务情况说明书	财务情况说明书，又称财务状况说明书，是指企业在一定时期内对财务、成本计划的执行情况，损益形成和增减的原因进行分析总结所形成的文字材料。它是财务报表的补充说明，也是财务报告的重要组成部分。一般公司、企业的财务情况说明书应当包含以下内容： （1）公司、企业生产经营状况 （2）利润实现和利润分配情况 （3）资金增减和资金周转情况 （4）税金缴纳情况 （5）各种财产物资变动情况 （6）其他需要说明的事项

表 21-2　各期间财务报表编制的时间要求和基本内容

项目	报出时间	至少包括的报表和内容
年度财务报表	年度终了后的 4 个月内	财务报告的全部内容
半年度财务报表	中期结束（6 月末）后的 60 日内	基本财务报表、利润分配表等附表及财务情况说明书
季度财务报表	季度终了后的 15 日内	资产负债表、利润表
月度财务报表	月份终了后的 6 日内	资产负债表、利润表

21.2　财务报表的分类

财务报表是财务报告的核心内容，也称会计报表，是指综合反映企业某一特定日期资产、负债和所有者权益及其结构情况、某一特定时期经营成果的实现及分配情况和某一特定时期现金流入、现金流出及净增加情况的书面文件。它由主表及相关附表组成，其中主表包括资产负债表、利润表和现金流量表，附表包括资产减值准备明细表、利润分配表等。主表与相关附表之间存在着密切联系，主表从不同的角度说明企业的财务状况、经营成果和现金流量情况，附表是对主表的进一步补充。

财务报表可以按照不同的标准进行分类。我们以王老板投资的广州市比得利科技有限公司为例进行详细介绍。

21.2.1　按服务对象分类

财务报表可以按服务对象分为对外财务报表和内部财务报表。

（1）对外财务报表

《中华人民共和国税收征收管理法》规定，广州市比得利科技有限公司必须依照法律、行政法规规定的申报期限、申报内容如实办理纳税申报，报送纳税申报表、财务报表及其他纳税资料。这一类财务报表属于对外财务报表，它要求有统一的报表格式（一般征管机关会定期颁布规范化的报表格式）、指标体系和编制时间。广州市比得利科技有限公司归广州市税务局管理，广州市税务局要求该公司每月在网上上传当月的财务报表，每年度要递交上年度的财务报表。

（2）内部财务报表

对于这一类财务报表不要求统一格式，也没有统一指标体系，如广州市比得利科技有限公司的会计人员根据王老板的要求而编制的财务报表。比如，王老板想知道Ⅳ新型外墙防水涂层材料上一年的销售收入情况，他可以要求会计人员编制Ⅳ新型外墙防水涂层材料 2018 年每月的收入明细表及对应的成本明细表，还可以要求会计人员根据以上资料编制Ⅳ新型外墙防水涂层材料 2018 年每月的毛利率分析表，如表 21-3 所示。

表 21-3　Ⅳ新型外墙防水涂层材料 2018 年毛利率分析表

2018 年

产品名称：Ⅳ新型外墙防水涂层材料　　　　　　　　　　　　　　　　　货币单位：元

月份	主营业务收入	主营业务成本	毛利率
1	4960.47	6850.37	-38.10%
2	—	—	—
3	378522.15	30628.26	19.08%
4	52478.63	42182.58	19.62%
5	62205.13	52106.18	16.23%
6	68205.13	56106.18	17.74%
7	61775.13	50106.18	18.89%
8	62125.13	52106.18	16.13%
9	75025.64	61716.80	17.74%
10	71615.20	67034.44	6.40%
11	64794.70	60907.00	6.00%
12	66090.60	61264.10	7.30%
合计	627126.91	541008.27	13.73%

21.2.2　按编制和报送的时间分类

财务报表除了可以按服务对象分类，还可以按编制和报送的时间分类，分为中期财务报表和年度财务报表等。

（1）中期财务报表

中期财务报表包括月度、季度、半年度财务报表。比如，广州市比得利科技有限公司每月向广州市地方税务局报送的当月财务报表，就属于中期财务报表。

（2）年度财务报表

年度财务报表是全面反映企业整个会计年度的经营成果、现金流量情况及年末财务状况的财务报表。

第 22 章 财务报表详解

用"水到渠成"比喻编制财务报表再合适不过了,因为会计人员通过前面一系列缜密的基础工作后,终于要出成果了。定期编制财务报表,是财务工作的一个总结,也是对企业一定时期的经营情况的综合反映。本章我们就来学习如何正确、准确地编制各类财务报表。

22.1　资产负债表

资产负债表的编制原理是"资产=负债+所有者权益"会计恒等式。它既是一张平衡报表,反映资产总计(左方)与负债及所有者权益总计(右方)相等;又是一张静态报表,反映企业在某一时点的财务状况,如月末或年末。通过在资产负债表上设立"期初余额"和"期末余额"栏,能够反映出企业财务状况的变动情况。

22.1.1　资产负债表的作用

资产负债表作为财务报表的基础表,它的主要作用是什么呢?
(1)反映企业资产及其分布情况
资产负债表可以清楚地反映企业在某一特定日期所拥有的资产总量及其结构,如固定资产、流动资产、长期投资资产等。
(2)反映企业负债和偿还期限的情况
资产负债表可以提供某一日期的负债总额及其结构,如企业特定时间内所承担的流动负债、长期负债等,让财务报表使用者清楚地知道未来需要用多少资产或劳务清偿债务及清偿时间。
(3)反映企业净资产及其形成的原因
净资产也就是股东权益,它等于资产减去负债,可以反映所有者所拥有的权益,有助于财务报表使用者判断资本保值、增值的情况及对负债的保障程度。
(4)反映企业的流动性和财务实力
资产负债表可以为财务分析提供基本资料,如将流动资产与流动负债进行比较,计算出流动比率,从而判断企业的变现能力、资金周转能力,有助于财务报表使用者做出经济决策。

22.1.2　资产负债表的结构

我国企业资产负债表采用账户式结构,包含资产、负债和所有者权益三个大的项目。

根据会计恒等式,三者之间存在一定的钩稽关系,即"资产=负债+所有者权益"。根据该等式,账户式资产负债表的基本结构分为左右两方,左方为资产,右方为负债和所有者权益。资产负债表的格式如表 22-1 所示。

表 22-1 资产负债表的格式

编制单位:　　　　　　　　　　　　　　　年　月　日　　　　　　　　　　　　　　　单位:元

资产	期末余额	期初余额	负债和所有者权益	期末余额	期初余额
流动资产:			流动负债:		
货币资金			短期借款		
交易性金融资产			交易性金融负债		
衍生金融资产			衍生金融负债		
应收票据及应收账款			应付票据及应付账款		
预付款项			预收款项		
其他应收款			合同负债		
存货			应付职工薪酬		
合同资产			应交税费		
持有待售资产			其他应付款		
一年内到期的非流动资产			持有待售负债		
其他流动资产			一年内到期的非流动负债		
流动资产合计			其他流动负债		
非流动资产:			流动负债合计		
债权投资			非流动负债:		
其他债权投资			长期借款		
长期应收款			应付债券		
长期股权投资			其中: 优先股		
其他权益工具投资			永续债		
其他非流动金融资产			长期应付款		
投资性房地产			预计负债		
固定资产			递延收益		
在建工程			递延所得税负债		
生产性生物资产			其他非流动负债		
油气资产			非流动负债合计		
无形资产			负债合计		
开发支出			所有者权益:		
商誉			实收资本		
长期待摊费用			其他权益工具		
递延所得税资产			其中: 优先股		
其他非流动资产			永续债		
非流动资产合计			资本公积		
			减: 库存股		
			其他综合收益		

续表

资产	期末余额	期初余额	负债和所有者权益	期末余额	期初余额
			盈余公积		
			未分配利润		
			所有者权益合计		
资产总计			负债和所有者权益总计		

从表 22-1 中可以清楚地看到，资产负债表主要包括以下几部分内容：

（1）表头

表头包括资产负债表的名称、编制单位、编制时间和计量单位等内容。因为该表反映企业在某一时点总的财务状况，所以一定要注明报表的编制时间。

（2）资产

在资产负债表中，资产应按照流动性大小进行列示，以表明企业拥有或控制的经济资源及其分布情况。资产具体分为流动资产和非流动资产两大类。

流动资产是指那些流动性强、灵活变动的资产，这些资产能在较短的时间（一年或者超过一年的一个营业周期）内变现、出售、耗用。在表中列示的项目一般包括货币资金、交易性金融资产、衍生金融资产、应收票据及应收账款、预付款项、其他应收款、存货、合同资产、持有待售资产及一年内到期的非流动资产等。

非流动资产是相对流动资产来讲的，这些资产的流动性、可变现性一般比较低，或者长期被企业持有，也就是流动资产以外的资产。列示的项目一般包括债权投资、其他债权投资、长期应收款、长期股权投资、其他权益工具投资、其他非流动金融资产、投资性房地产、固定资产、在建工程、生产性生物资产、油气资产、无形资产等。

（3）负债

资产负债表中，负债类项目按照偿还期的长短进行列示，分为流动负债和非流动负债两个项目。

流动负债，是指能在一年内或者超过一年的一个营业周期内需要偿还的债务，一般包括短期借款、交易性金融负债、衍生金融负债、应付票据及应付账款、预收款项、应付职工薪酬、应交税费、其他应付款、持有待售负债及一年内到期的非流动负债等。

非流动负债，是指流动负债以外的负债，主要包括长期借款、应付债券、长期应付款等。

（4）所有者权益

所有者权益是企业所有者对企业净资产的要求权，在数量上等于企业的全部资产减去全部负债后的余额，主要包括实收资本、其他权益工具、资本公积、其他综合收益、盈余公积和未分配利润等。

22.1.3 资产负债表的编制

前面我们对财务报表的作用和结构做了简单的介绍，下面我们来详细介绍财务报表的编制。

资产负债表各项目分为"期初余额"和"期末余额"两栏，主要是通过对日常会计记录的数据加以归集和整理形成的。其中,"期初余额"是根据上年的"期末余额"填列的,而"期末余额"主要通过以下几种方式取得。

(1) 有些项目可以根据总账科目余额直接填列,如"交易性金融资产""其他债权投资""短期借款""应付职工薪酬"等项目,可根据它们的总账余额直接填列;有些项目则需要根据几个总账科目的期末余额的合计数填列,如"货币资金"项目,需要根据"库存现金""银行存款""其他货币资金"三个总账科目的期末余额的合计数填列。

(2) 根据明细账科目余额计算填列。"开发支出"项目,根据"研发支出"科目中所属的"资本化支出"明细科目的期末余额填列;"预付款项"项目,根据"应付账款"和"预付款项"两个科目所属的相关明细科目的期末借方余额合计计算填列。

(3) 根据总账科目和明细账科目余额分析计算填列。"长期借款"项目,根据"长期借款"总账科目余额扣除"长期借款"科目所属的明细科目中将在一年内到期,且企业不能单方将清偿义务延期的长期借款后的金额计算填列;"其他流动资产"项目,根据有关总账科目及有关科目的明细科目的期末余额分析填列。

(4) 根据科目余额减去其备抵科目余额后的净额填列。"固定资产"项目,根据"固定资产"科目的期末余额减去"累计折旧""固定资产减值准备"备抵科目余额后的净额填列;"持有待售资产""债权投资"项目,根据相关科目的期末余额填列,已经计提减值准备的,还应当扣减其对应的减值准备。

(5) 综合运用上述填列方法分析填列。"存货"项目,根据"原材料""委托加工物资""材料采购""在途物资""发出商品""材料成本差异"等总账科目期末余额的分析汇总数,减去"存货跌价准备"科目余额后的净额填列。

注意:如果当年资产负债表各个项目的名称和内容与上个年度不一致,应对上个年度资产负债表各个项目的名称和内容按照本年的规定进行调整后,填入本表"期初余额"栏内,从而实现数据的可比性。

22.1.4 资产负债表常见编制错误分析

资产负债表为财务报表使用者提供企业偿债能力、运营能力等信息,这些数据的获取是通过对资产负债表各个项目的分析得出的,如果资产负债表提供的信息不完整、不准确,将直接影响财务报表使用者的决策。那么在编制资产负债表的过程中,容易出现哪些问题,我们又该如何查找和改正呢?

常见错误一:明细账和总账经核对无误,但资产负债表不平

通过对资产负债表编制的学习,我们可以清楚地了解资产负债表是依据会计恒等式(资产总额=负债总额+所有者权益总额)编制的。资产负债表左右两方"期末余额"栏中的"资产合计"和"负债与所有者权益合计"金额应该相等;如果不相等,可从以下几个方面查找问题所在。

(1) 会计科目填写的项目栏是否正确,是否存在漏写或重写的会计科目。例如,企业根据各自的情况编制资产负债表,在选择会计科目时,由于各种原因将某个科目重复设置,并登记了数字。

（2）会计科目期末余额数字的填写是否与相关总账、明细账一致。例如，资产负债表中的"应收票据及应收账款"和"预收款项"项目是否有重复登记的现象。

（3）资产负债表中，有些项目的金额要通过相关科目余额的加、减计算填列。例如，"固定资产"项目的金额是由固定资产原值减去累计折旧计算得出的，应核实这些项目是否计算正确，有无重复计算或漏算的现象。

常见错误二：抵销项目和非抵销项目不明确

除会计准则另有规定的外，资产负债表中的资产项目和负债项目的金额、收入项目和费用项目的金额不得相互抵销。例如，企业销售产品所得的收入为3000元，而为此发生了500元的运输费，在反映这项经济业务时，不得将销售收入的3000元减去500元后的金额作为收入直接计入，而应将销售收入和销售费用分别计入。

注意：在填列资产负债表时，按资产项目扣除减值准备后的净额填列的项目，不属于抵销项目。

常见错误三：列示项目的内容计算不正确

我们在进行资产负债表的填列时，大部分是根据总账科目余额直接填列的，但是也有一些需要根据几个总账的科目余额进行计算填列，或者根据明细账科目余额进行计算填列，或者根据总账与明细账的余额分析填列的项目。经常错报的项目有"存货""应收票据及应收账款""预付款项""长期待摊费用""预收款项""长期借款""应付债券""长期应付款"等。

（1）"存货"项目

导致"存货"项目错报的原因是，往往知道本项目应根据有关存货类科目的期末余额的合计数填列，却不清楚反映存货的科目有哪些。反映存货的科目主要包括"在途物资""物资采购""原材料""低值易耗品""库存商品""包装物""发出商品""委托加工物资""委托代销商品""受托代销商品""生产成本""制造费用""材料成本差异""商品成本差异"等，其中"材料成本差异"与"商品成本差异"两个科目余额可能在借方，也可能在贷方。在与其他科目余额加总时，应注意与其他科目余额方向相同则加，反之则减。

（2）"应收账款""预付款项""应付账款""预收款项"项目

这四个项目看起来应该直接按与其项目名称相同的科目的期末余额填列，但实际上，由于"应收账款"的贷方和"应付账款"的借方可分别用来反映"预收款项"和"预付款项"，反之亦然；因此，四个项目的填列关系如下所示。

"应收账款"项目＝"应收账款"借方＋"预收款项"借方

"预付款项"项目＝"预付账款"借方＋"应付账款"借方

"应付账款"项目＝"应付账款"贷方＋"预付款项"贷方

"预收款项"项目＝"预收款项"贷方＋"应收账款"贷方

注意：目前资产负债表的项目有所改变，应收账款和应收票据合并填列，我们只要按照上述方法将应收账款计算出来，再加上应收票据的金额即可；应付账款和应付票据合并填列，我们只要按照上述方法将应付账款计算出来，再加上应付票据的金额即可。

（3）"长期待摊费用"项目

这个项目的错报主要是因为未扣除其中性质上已转为流动性资产的部分。长期待摊费用企业虽然已经支出，但是摊销期限在一年以上的各项费用，应根据"长期待摊费用"科目的期末余额扣除一年内（含一年）摊销的数额后的余额填列。

（4）"长期借款""应付债券""长期应付款"项目

这三个项目的错报主要是因为未扣除其中性质上已转化为流动负债的部分。根据"长期借款""应付债券""长期应付款"三个项目期末余额扣除各项目期末余额中将于一年内（含一年）到期偿还数后的余额分别填列。扣除部分按其三项合计在"一年内到期的长期负债"项目中单独反映。

例 22.1 嘉美公司 2019 年 10 月期末有关科目余额资料如表 22-2 所示。其中，"长期待摊费用"科目余额中一年内摊销的数额为 60 万元，"长期借款"科目余额中将于一年内到期偿还的本金及利息共计 720 万元，其余项目金额如表 22-2 所示，请填写资产负债表相关项目金额。

表 22-2　嘉美公司 2019 年 10 月期末有关科目余额资料

单位：万元

科目名称	期末余额借方余额合计	所属明细科目借方余额合计	所属明细科目贷方余额合计	计算过程	资产负债表相关项目金额
长期待摊费用	220	220		220-60（长期待摊费用中一年内摊销）	160
预付账款	100			100+60（加上长期待摊费用中一年内摊销的金额）	160
长期借款	2260		2260	2260-720（一年内到期偿还的）	1540
应付债券	380		380		380

注意：目前，会计科目里取消了"待摊费用"科目，一年内需要摊销的费用我们可以转入"预付账款"科目进行摊销，资产负债表填列的预付款项中也包含了待摊费用的金额。

22.2　利润表

利润表主要提供有关企业经营成果方面的信息，是反映企业在一定会计期间经营成果的财务报表。由于它反映的是某一期间的情况，所以又被称为动态报表。有时，利润表也被称为损益表、收益表。

22.2.1　利润表的作用

编制利润表的主要目的是为各类报表使用者提供企业经营成果的信息，为他们的决策提供依据或参考。它的作用主要有以下几个方面：

（1）反映企业的经营成果和获利能力

利润表直接反映企业一定时期的营业收入、其他收入、成本、费用等信息，最终计算出企业在该会计期间内获得的利润，反映企业财富增长的规模，使财务报表使用者对企业的经营成果一目了然。另外，借助于其他财务报表和财务报表附注，可以得出企业在该期间内的资产收益率、净资产收益率、成本收益率等指标，这些指标能够揭示企业利用经济资源的效率，财务报表使用者可以用它们来分析企业的获利能力，据以对下一步经营做出决策。

（2）据以评价和预测企业的偿债能力

利润表本身并不提供偿债能力的信息，但试想一下，如果一个企业长期丧失获利能力，通常其偿债能力也不会很强，尤其是长期偿债能力。

（3）为企业管理者做出经营决策提供依据

从动态的角度看，通过比较和分析利润表中的各个构成要素，企业管理者可知悉各项收入、成本、费用与收益之间的消长趋势，发现工作中存在的问题，从而做出改善经营管理、增收节支等经营决策。

（4）综合反映企业生产经营情况的各个方面

通过对本企业各会计期间的纵向对比，以及与外部同行企业的横向对比，根据各项收入、费用、成本及收益的增减变动情况，可以较为客观地评价各职能部门、各生产经营单位的工作业绩，以及这些部门和人员的绩效与整个企业经营成果的关系，以便评判各部门管理人员的功过得失，及时做出采购、生产销售、筹资和人事等方面的调整，使各项经营活动趋于合理。

22.2.2 利润表的结构

利润表的格式主要有多步式和单步式两种，根据我国企业会计制度的规定，我国企业利润表的格式采用多步式。由于利润表的结构是依据"收入-费用=利润"的会计等式编制的，因此我们将收入和费用项目加以分类，分为利润构成和分配两个大部分。

利润构成部分，分步反映了净利润的构成：

第一步，主营业务收入-主营业务成本、税金及附加=主营业务利润。

第二步，主营业务利润+其他业务利润-销售费用、管理费用、财务费用+投资收益+公允价值变动收益+资产处置收益-资产减值损失等=营业利润。

第三步，营业利润+营业外收入-营业外支出=利润总额（或亏损额）。

利润分配部分：

第四步，利润总额-所得税=净利润（或净亏损）。

第五步，按照分配方案提取公积金或者应付利润等。企业也可以将利润分配部分单独以"利润分配表"的形式列示。

利润表的格式如表 22-3 所示。

表 22-3 利润表的格式

编制单位：　　　　　　　　　　　　年　月　日　　　　　　　　　　　　单位：元

项目	本月数	本年累计数
一、营业收入		
减：营业成本		
税金及附加		

续表

项目	本月数	本年累计数
销售费用		
管理费用		
财务费用		
其中：利息费用		
利息收入		
资产减值损失		
信用减值损失		
加：其他收益		
投资收益（损失以"-"号填列）		
其中：对联营企业和合营企业的投资收益		
净敞口套期收益（损失以"-"号填列）		
公允价值变动收益（损失以"-"号填列）		
资产处置收益（损失以"-"号填列）		
二、营业利润（亏损以"-"号填列）		
加：营业外收入		
其中：非流动资产处置利得		
减：营业外支出		
其中：非流动资产处置损失		
三、利润总额（亏损总额以"-"号填列）		
减：所得税费用		
四、净利润（净亏损以"-"号填列）		
五、每股收益		
（一）持续经营净利润（净亏损以"-"号填列）		
（二）终止经营净利润（净亏损以"-"号填列）		
六、其他综合收益		
七、综合收益总额		

22.2.3 利润表的编制

多步式利润表对收入与费用、支出项目加以归类，列示一些中间性的利润指标，分步反映本期净利润的计算过程，有助于不同企业或同一企业不同时期相应项目的比较分析。从表22-3 中可以清楚地看到，利润表的编制相对于资产负债表来说简单许多，其数据的来源也大部分可以依据相应的科目直接取得。下面我们就按照利润表的结构一步步地填列。

利润表各项目分为"本月数"和"本年累计数"两栏，其中"本年累计数"为自年初起至本月末止的累计发生数，根据上月利润表的"本年累计数"栏各项目数额，加上本月利润表"本月数"栏各项目数额的合计数填列。

利润表各项目的具体填列方法如下：

(1) "营业收入"项目，根据"主营业务收入"和"其他业务收入"科目的发生额计算填列。

（2）"营业成本"项目，根据"主营业务成本"和"其他业务成本"科目的发生额计算填列，反映企业经营主要业务和其他业务所发生的成本总额。

（3）"税金及附加"项目，根据"税金及附加"科目的发生额填列，包括企业经营业务应负担的消费税、城市维护建设税、资源税、土地增值税和教育费附加等。

（4）"销售费用"项目，根据"销售费用"科目的发生额填列，包括企业在销售商品过程中发生的包装费、广告费，以及为销售本企业商品而专设的销售机构的职工薪酬、业务费等。

（5）"管理费用"项目，根据"管理费用"科目的发生额填列，反映企业为组织和管理生产经营发生的管理费用。

（6）"财务费用"项目，根据"财务费用"科目的发生额填列，反映企业为筹集生产经营所需资金等而发生的筹资费用。

（7）"资产减值损失""信用减值损失"项目，根据其科目的发生额填列。

（8）"其他收益""投资收益""净敞口套期收益"项目，根据其科目的发生额填列，如为损失则以负号填列。

（9）"公允价值变动收益"项目，根据"公允价值变动损益"科目的发生额填列，如为净损失则以负号填列。

（10）"营业利润"项目，根据其以上的利润表各项目计算得出，如为亏损则以负号填列。

（11）"营业外收入"项目，根据"营业外收入"科目的发生额填列，反映的各项收入与经营业务无直接关系。

（12）"营业外支出"项目，根据"营业外支出"科目的发生额填列，反映的各项支出与经营业务无直接关系。

（13）"利润总额"项目，根据营业利润+营业外收入-营业外支出=利润总额计算填列，如为亏损则以负号填列。

（14）"所得税费用"项目，根据"所得税费用"科目的发生额分析填列，反映企业应从当期利润总额中扣除的所得税费用。

（15）"净利润"项目，根据利润总额-所得税=净利润计算填列，如为亏损则以负号填列。

22.2.4 利润表常见编制错误分析

与资产负债表相比，利润表只分为三个部分：营业利润、税前利润总额和净利润，其所需填列的项目看上去不多，但在编制的过程中也会出现一些错误。

那么，哪些原因容易导致利润表的编制错误呢？

（1）对利润表的格式及填制方法不了解。现行的利润表是我国财政部于 2006 年发布的，新准则下的利润表较旧利润表的项目有所变化，各项目的填制内容也有所不同。例如，新会计准则下的利润表不再区分主业和副业，将企业的各项收入、成本统一填列，还新增了投资收益、公允价值变动、资产减值损失、资产处置收益等项目。

（2）对收入的确认条件不能正确、全面地理解。众所周知，利润的主要来源是企业的各项收入，如果对收入的确认条件模糊不清，就会在编制利润表时多计或少计收入，导致利润表所反映的信息失真。那么，如何正确、全面地确认企业的收入呢？一般要同时具备五个条件：企业已经将商品所有权上的风险和报酬转移给购货方；企业既没有保留通常与所有权相联系的继续管理权，也没有对已经售出的商品实施有效控制；收入的金额能够可靠地计量；相关的经济利益可能流入企业；相关已发生或将发生的成本能够可靠地计量。

常见错误一：收入和成本计算填列错误

在旧的会计准则下，主营业务收入和其他业务收入、主营业务支出和其他业务支出分别列示；在新的会计准则下，不再区分主业和副业，但是在科目设置时，为了核算清晰，仍然分设"主营业务收入"和"其他业务收入"两个科目。因此，"营业收入"应根据"主营业务收入"和"其他业务收入"两个科目的发生额分析填列，"营业成本"应根据"主营业务成本"和"其他业务成本"科目的发生额分析填列。

常见错误二：分期收款发出商品收入确认错误

分期收款销售商品的，按照应收的合同或协议价款的公允价值确定销售商品收入金额，应收的合同或协议价款与其公允价值之间的差额，应当在合同或协议期间采用实际利率法进行摊销，冲减财务费用，而不能以公允价值填列。

常见错误三：资产减值损失的错误处理

在旧的会计准则下，对各项资产的减值损失是通过"营业外支出""管理费用""投资收益"等损益科目反映的；在新的会计准则下，如果企业有确凿的证据表明资产存在减值迹象，应在资产负债表日进行减值测试，减值损失统一由"资产减值损失"科目来反映。对于子公司，即联营企业的长期股权投资、采用成本模式进行后续计量的投资性房地产、固定资产、生产性生物资产、无形资产、商誉等资产的减值损失已经确认，在以后会计期间也不得转回。

常见错误四：误将接受捐赠的资产记入"资本公积"科目

在旧的会计准则下，接受捐赠的资产价值通过"资本公积——其他资本公积"科目核算；在新的会计准则下，如企业有接受捐赠的项目，则通过"营业外收入——捐赠利得"科目核算。具体的会计分录为：

借：固定资产（无形资产、原材料等）
　　贷：营业外收入——捐赠利得

常见错误五：附有销售退回条件的商品销售收入的确认错误

企业存在这种业务的，应根据经验：如果能合理地估计退货的可能性并确认与退货相关的负债，则通常在发出商品时确认收入；如果不能合理地估计，则通常在商品退货期满时确认收入。不管选择在哪个时间点确认收入，企业应有明确的规定，且不能随意更改，即使更改收入确认时间，也应在检查和整理后进行调整，以免重复确认收入或漏报收入。

常见错误六：销售折让和销售折扣的错误处理

企业为了促进销售或其他原因，往往会给予经销商或客户一定的折让或折扣，作为会计人员要明确分清商业折扣、现金折扣和销售折让三者的区别，以保证"营业收入"的正确性。

企业为促进商品销售而在商品价格上给予的价格扣除，属于商业折扣。商品销售涉及商业折扣的，应当按照扣除商业折扣后的金额确定销售商品收入金额。

例 22.2　嘉美公司为增值税一般纳税人，主营办公、家居产品。为了拓展市场、扩大销售，嘉美公司决定采用商业折扣方式，对一次性购买办公、家居产品价格达 5000 元的，折扣 1%；达 2.5 万元的，折扣 3%。现有 B 企业用银行转账支票来购买 2.5 万元的办公家具（家居产品的增值税税率为 13%）。

（1）计算销售额、折扣额、销项税额及价税合计，用折扣后的销售额计算增值税。

销售额=25000×97%=24250（元）

折扣额=25000×3%=750（元）

销项税额=24250×13%=3152.5（元）（销项税额的计算基数以折后价计算）

价税合计=24250+3152.5=27402.5（元）

（2）填开增值税专用发票时，应将销售额和折扣额在同一张发票上分别注明，注意折扣额用"3%"表示。

（3）对应的会计分录为：

借：银行存款　　　　　　　　　　　　　27402.5

　　贷：主营业务收入　　　　　　　　　　　　　24250（以扣除折扣后的销售价计入）

　　　　应交税费——应交增值税（销项税额）　3152.5

现金折扣，也称销售折扣，通常发生在以赊销方式销售商品及提供劳务的交易中。企业为了鼓励客户提前付款，可能与客户达成协议，即客户在不同期限内付款，可享受不同比例的现金折扣，付款时间越早，客户享受的折扣就越大。所以，现金折扣实际上是企业为了尽快向客户收回债权而发生的财务费用，折扣额相当于收回债权而支付的利息。

例 22.3　2019 年 5 月 12 日嘉美公司向某商场销售一批家居产品，不含税价格为 40 万元。为了能尽快收回货款，嘉美公司向商场提出的现金折扣条件为 4/10，2/20，n/30。现金折扣不含增值税。

（1）实现销售时，对应的会计分录为：

借：应收账款　　　　　　　　　　　　　452000

　　贷：主营业务收入　　　　　　　　　　　　　400000

　　　　应交税费——应交增值税（销项税额）　52000

（2）如果商场 10 天内付款，则享受 4%的折扣 16000 元（400000×4%），对应的会计分录为：

借：银行存款　　　　　　　　　　　　　436000

　　财务费用　　　　　　　　　　　　　16000

　　贷：应收账款　　　　　　　　　　　　　452000

（3）如果商场 20 天内付款，则享受 2%的折扣 8000 元（400000×2%），对应的会计分录为：

借：银行存款　　　　　　　　　　　　　444000

　　财务费用　　　　　　　　　　　　　8000

　　贷：应收账款　　　　　　　　　　　　　452000

（4）如果商场 20 天以后付款，则不享受现金折扣，对应的会计分录为：

借：银行存款　　　　　　　　　　　　　452000

　　贷：应收账款　　　　　　　　　　　　　452000

销售折让，是指企业销售商品后，由于商品的品种、质量与合同不符及其他原因，而给予购货方价格上的减让。从业务实质上来看，销售折让与销售退回的账务处理相同，企业对已确认销售商品收入的售出商品发生销售折让的，应当在实际发生时冲减当期销售商品收入。

常见错误七：混淆所得税费用与当期所得税

在资产负债表债务法下，企业的所得税费用由当期所得税和递延所得税两部分组成。由于新会计准则取消了应付税款法，所以在核算时，我们要注意所得税费用应包含的内容。

22.3 现金流量表

现金流量表是财务报表的三个基本报表之一，主要反映资产负债表中各个项目对现金流量的影响，并根据其用途划分为经营、投资及融资三个活动分类。现金流量表可用于分析一个企业在短期内是否有足够的现金去应付开销。

在这里要明确两个概念，现金流量表中的"现金"不仅指库存现金，还包括企业可以随时用于支付的存款；"现金等价物"是指企业持有的期限短（从购买日起三个月内到期）、流动性强、易于转换成确定金额现金且价值变动风险很小的投资。

22.3.1 现金流量表的作用

现金贯穿于企业经营管理活动的始终，企业的现金运转是否顺畅，关系着企业的生存和发展，因此，现金流量表的编制对于投资者、企业管理者及其他财务报表使用者来说，都具有十分重要的意义和作用。

（1）现金流量表提供的信息，可弥补资产负债表信息量的不足

通过学习资产负债表的编制，我们知道资产负债表是根据资产、负债、所有者权益三个会计要素的期末余额编制的，而这三个会计要素的发生额并没有被充分利用，也没有说明三者发生变化的原因。

由于资产负债表的平衡公式可转变成"现金=负债+所有者权益-非现金资产"，所以负债、所有者权益的增加（减少）可导致现金的增加（减少），非现金资产的减少（增加）可导致现金的增加（减少）。现金流量表中的内容是利用资产、负债、所有者权益的增减发生额或本期净增加额填报的，它说明了三者发生变化的原因，弥补了资产负债表中的本期发生额与本期净增加额得不到合理运用的一个缺憾。例如，企业当期从银行借入400万元，偿还银行利息2.5万元，资产负债表中只能看到资金的变动，看不到资金为什么发生了变动；而现金流量表可在筹资活动产生的现金流量中分别反映"借款收到的现金400万元"和"偿付利息支付的现金2.5万元"。可见，现金流量表能够清晰地反映企业现金流入和流出的原因。

（2）便于从现金流量的角度对企业进行考核

一般意义上讲，盈利代表企业经营状况良好，但是我们通过对利润表的分析可知，利润表中的利润是根据权责发生制原则核算出来的，权责发生制适用递延、应计、摊销和分配原

则，核算的利润与现金流量是不同步的，因此，利润表上有利润，而银行账户上没有钱的现象经常发生。那么，为什么企业不改权责发生制为收付实现制呢？实践证明，收付实现制不能有效地反映业务实质，存在很多不合理的地方，故企业不能采用。

在这种情况下，坚持以权责发生制原则进行核算的同时，编制以收付实现制为原则的现金流量表，可谓是两全其美的方法。任何一个企业缺乏购买与支付能力都是致命的，企业的经营者必须清楚地知道现金从哪里来，到哪里去。另外，与企业有密切关系的银行、财税、工商等部门，以及个人投资者不仅需要了解企业的资产、负债、所有者权益的结构、情况与经营结果，还需要了解企业的偿还、支付能力，了解企业现金流入、流出及净流量信息。现金流量表分为经营活动、投资活动、筹资活动产生的现金流量三部分，分别说明企业在一个时期内流入多少现金、流出多少现金及现金流量净额，为财务报表使用者对企业进行考核提供了重要的参数。

（3）了解企业筹措现金、生成现金的能力

如果我们把现金比作企业的血液，那么企业的新鲜血液从哪里取得呢？一般有两种途径：一是为企业输血，即通过筹资活动吸收投资或借入现金；二是企业自己生成血液，即在经营过程中取得利润，这也是企业现金来源的主要渠道。通过现金流量表我们可以了解经过一段时间的经营，企业从外部筹措了多少现金，自己生成了多少现金；筹措的现金是按计划用到企业补充流动资金、购置固定资产、扩大生产规模上，还是被经营方侵蚀掉了。企业筹措、生成现金的能力，是企业加强经营管理、合理使用调度资金的重要信息，这些信息是资产负债表和利润表所不能提供的。

（4）提供不涉及现金的投资和筹资活动的信息

现金流量表除了反映企业与现金有关的投资和筹资活动，还通过补充资料提供不涉及现金的投资和筹资活动的信息，使财务报表使用者能够全面了解和分析企业的投资和筹资活动。

22.3.2　现金流量表的结构

现金流量表是反映企业在一定会计期间现金和现金等价物流入和流出的财务报表。

企业的现金流量可以分为经营活动产生的现金流量、投资活动产生的现金流量和筹资活动产生的现金流量。

现金等价物通常包括三个月内到期的债券投资等。权益性投资变现的金额通常不确定，因而不属于现金等价物。企业应当根据具体情况确定现金等价物的范围，且一经确定，不得随意变更。现金流量应当分别按照现金流入和流出总额列示，其格式如表 22-4 所示。

表 22-4　现金流量表的格式

编制单位：　　　　　　　　　　　年　月　日　　　　　　　　　　　　单位：元

项目	本期金额	累计金额
一、经营活动产生的现金流量		
销售商品、提供劳务收到的现金		
收到的税费返还		
收到的其他与经营活动有关的现金		

续表

项目	本期金额	累计金额
经营活动现金流入小计		
购买商品、接受劳务支付的现金		
支付给职工及为职工支付的现金		
支付的各项税费		
支付的其他与经营活动有关的现金		
经营活动现金流出小计		
经营活动产生的现金流量净额		
二、投资活动产生的现金流量		
收回投资所收到的现金		
取得投资收益所收到的现金		
处置固定资产、无形资产和其他长期资产所收回的现金净额		
处置子公司及其他营业单位收到的现金净额		
收到的其他与投资活动有关的现金		
投资活动现金流入小计		
购建固定资产、无形资产和其他长期资产所支付的现金		
投资支付的现金		
取得子公司及其他营业单位支付的现金净额		
支付的其他与投资活动有关的现金		
投资活动现金流出小计		
投资活动产生的现金流量净额		
三、筹资活动产生的现金流量		
吸收投资收到的现金		
取得借款收到的现金		
发行债券收到的现金		
收到的其他与筹资活动有关的现金		
筹资活动现金流入小计		
偿还债务所支付的现金		
分配股利、利润和偿付利息所支付的现金		
支付的其他与筹资活动有关的现金		
筹资活动现金流出小计		
筹资活动产生的现金流量净额		
四、汇率变动对现金的影响		
五、现金及现金等价物净增加额		
加：期初现金及现金等价物余额		
六、期末现金及现金等价物余额		

（1）经营活动产生的现金流量

经营活动产生的现金流量，是指与企业经营项目直接相关的活动所产生的现金流入、流出情况，即投资活动和筹资活动以外的所有交易和事项。它主要列示和反映的信息包括：销售产成品、商品、提供劳务收到的现金；购买原材料、商品、接受劳务支付的现金；支付的职工薪酬；支付的税费等。

(2) 投资活动产生的现金流量

投资活动产生的现金流量，是指企业购建固定资产、无形资产、在建工程等持有期限在一年或一年以上的现金收支，不但包括对实物资产也包括对金融资产进行投资及处置活动所产生的现金流入、流出情况。它主要列示和反映的信息包括：收回短期投资、长期债券投资和长期股权投资收到的现金；取得投资收益收到的现金；处置固定资产和无形资产收回的现金净额；短期投资、长期债券投资和长期股权投资支付的现金；购建固定资产和无形资产支付的现金等。

注意：企业的性质不同，现金流量表的填报也有所不同。比如：以公允价值计量且其变动计入当期损益的金融资产所产生的现金流量，对于一般企业来说，属于投资活动产生的现金流量；而对于证券公司来说，则属于经营活动产生的现金流量。

(3) 筹资活动产生的现金流量

筹资活动产生的现金流量，是指导致企业资本及债务规模和构成发生变化的活动产生的现金流入、流出情况。它主要列示和反映的信息包括：取得借款或投资收到的现金；吸收投资者投资收到的现金；偿还借款本息支付的现金；分配利润支付的现金等。

在现金流量表的正式表格后面，一般都会附加一个补充资料，这部分内容也很重要，它是为了让财务报表使用者更全面地了解企业的财务变动情况而设置的。补充资料包含三部分内容：将利润调节为经营活动产生的现金流量、不涉及现金收支的重大投资和筹资活动、现金及现金等价物净变动情况。现金流量表补充资料的格式如表22-5所示。

表22-5 现金流量表补充资料的格式

项目	本期金额	累计金额
1. 将净利润调节为经营活动产生的现金流量		
净利润		
加：资产减值准备		
固定资产折旧、油气资产折耗、生产线生物资产折旧		
无形资产摊销		
长期待摊费用摊销		
处置固定资产、无形资产和其他长期资产的损失（减：收益）		
固定资产报废损失（收益以"-"号填列）		
公允价值变动损失（收益以"-"号填列）		
财务费用（收益以"-"号填列）		
投资损失（收益以"-"号填列）		
递延所得税资产减少（增加以"-"号填列）		
递延所得税负债增加（减少以"-"号填列）		
存货的减少（增加以"-"号填列）		
经营性应收项目的减少（增加以"-"号填列）		
经营性应付项目的增加（减少以"-"号填列）		
其他		
经营活动产生的现金流量净额		
2. 不涉及现金收支的重大投资和筹资活动		
债务转为资本		

续表

项目	本期金额	累计金额
一年内到期的可转换公司债券		
融资租入固定资产		
3. 现金及现金等价物净变动情况		
现金的期末余额		
减：现金的期初余额		
加：现金等价物的期末余额		
减：现金等价物的期初余额		
现金及现金等价物净增加额		

22.3.3 现金流量表的编制

现金流量表的编制一直是企业财务报表编制的一个难点，如果对所有的会计分录按现金流量表准则的要求全部调整为收付实现制，等于重做一套会计分录，这无疑将大大增加财务人员的工作量，在实践中也缺乏可操作性。

许多财务人员希望仅根据资产负债表和利润表两大主表就能编制出现金流量表，这是一种奢望，要想编制出一份完整的现金流量表，还需要根据总账和明细账获取相关数据。

本文介绍的编制方法从重要性原则出发，牺牲精确性，以提高编制速度。这一编制方法的数据来源主要依据两大主表，只从相关账簿中获得必需的数据，以达到简单、快速编制现金流量表的目的。

下面就让我们一起快速地完成现金流量表的编制。

（1）填列补充资料中"现金及现金等价物净变动情况"各项目，并确定"现金及现金等价物的净增加额"

①现金的期初、期末余额=资产负债表"货币资金"的期初、期末余额

②现金及现金等价物的净增加额=现金的期末余额-现金的期初余额

（2）填列主表中"筹资活动产生的现金流量"各项目，并确定"筹资活动产生的现金流量净额"

①吸收投资所收到的现金=（实收资本或股本期末数-实收资本或股本期初数）+（应付债券期末数-应付债券期初数）

②取得借款收到的现金=（短期借款期末数-短期借款期初数）+（长期借款期末数-长期借款期初数）

③收到的其他与筹资活动有关的现金=投资人未按期缴纳股权的罚款现金收入等

④偿还债务所支付的现金=（短期借款期初数-短期借款期末数）+（长期借款期初数-长期借款期末数）+（应付债券期初数-应付债券期末数）

注意：应别除利息，利息在下面的"分配股利、利润和偿付利息所支付的现金"中填列。

⑤分配股利、利润和偿付利息所支付的现金=应付股利借方发生额+利息支出+长期借款利息+在建工程利息+应付债券利息"计提利息"贷方余额-票据贴现利息支出

⑥支付的其他与筹资活动有关的现金=发生筹资费用所支付的现金、融资租赁所支付的现金、减少注册资本所支付的现金（收购本公司股票、退还联营企业的联营投资等）、企业以分期付款方式购建固定资产除首期付款支付的现金外的其他各期所支付的现金等

（3）填列主表中"投资活动产生的现金流量"各项目，并确定"投资活动产生的现金流量净额"

①收回投资所收到的现金=（短期投资期初数-短期投资期末数）+（长期股权投资期初数-长期股权投资期末数）+（长期债权投资期初数-长期债权投资期末数）

注意：如果期初数小于期末数，则在"投资所支付的现金"项目中核算。

②取得投资收益所收到的现金=利润表中的投资收益-（应收利息期末数-应收利息期初数）-（应收股利期末数-应收股利期初数）

③处置固定资产、无形资产和其他长期资产所收回的现金净额="固定资产清理"的贷方余额+（无形资产期末数-无形资产期初数）+（其他长期资产期末数-其他长期资产期初数）

④收到的其他与投资活动有关的现金=收回融资租赁设备本金等

⑤购建固定资产、无形资产和其他长期资产所支付的现金=（在建工程期末数-在建工程期初数）（剔除利息）+（固定资产期末数-固定资产期初数）+（无形资产期末数-无形资产期初数）+（其他长期资产期末数-其他长期资产期初数）

注意：如果期末数小于期初数，则在"处置固定资产、无形资产和其他长期资产所收回的现金净额"项目中核算。

⑥投资所支付的现金=（短期投资期末数-短期投资期初数）+（长期股权投资期末数-长期股权投资期初数）（剔除投资收益或损失）+（长期债权投资期末数-长期债权投资期初数）（剔除投资收益或损失）

注意：这里所说的短期投资包括交易性金融资产、衍生金融资产；长期债权投资包括债权投资、其他债权投资。如果期末数小于期初数，则在"收回投资所收到的现金"项目中核算。

⑦支付的其他与投资活动有关的现金=投资未按期到位的罚款等

（4）计算确定"经营活动产生的现金流量净额"

①净利润=利润表中的净利润

②资产减值准备=本期计提的各项资产减值准备发生额累计数

注意：直接核销的坏账损失不计入其中。

③固定资产折旧=制造费用中的折旧+管理费用中的折旧（或=累计折旧期末数-累计折旧期初数）

注意：未考虑因固定资产对外投资而减少的折旧。

④无形资产摊销=无形资产（期初数-期末数）（或=无形资产贷方发生额累计数）

注意：未考虑因无形资产对外投资的减少。

⑤长期待摊费用摊销=长期待摊费用（期初数-期末数）（或=长期待摊费用贷方发生额累计数）

⑥处置或报废固定资产、无形资产和其他长期资产的损失（减：收益），根据固定资产清理、资产处置损益及营业外支出（或收入）明细账分析填列。

⑦财务费用=利息支出-应收票据的贴现利息

⑧投资损失（减：收益）=投资收益（借方余额以正号填列，贷方余额以负号填列）

⑨递延税款贷项（减：借项）=递延税款（期末数-期初数）

⑩存货的减少（减：增加）=存货（期初数-期末数）

注意：未考虑存货对外投资的减少。

⑪经营性应收项目的减少（减：增加）=应收账款（期初数-期末数）+应收票据（期初数-期末数）+预付款项（期初数-期末数）+其他应收款（期初数-期末数）+待摊费用（期初数-期末数）-坏账准备期末余额

⑫经营性应付项目的增加（减：减少）=应付账款（期末数-期初数）+预收款项（期末数-期初数）+应付票据（期末数-期初数）+应付工资（期末数-期初数）+应付福利费（期末数-期初数）+应交税金（期末数-期初数）+其他应交款（期末数-期初数）

（5）填列主表中"经营活动产生的现金流量"各项目

①销售商品、提供劳务收到的现金=利润表中的主营业务收入×（1+13%）+利润表中的其他业务收入+（应收票据期初数-应收票据期末数）+（应收账款期初数-应收账款期末数）+（预收款项期末数-预收款项期初数）-计提的应收账款坏账准备期末数

注意：该项目根据"库存现金""银行存款""应收账款""应收票据""预收款项""主营业务收入""其他业务收入"等科目的明细记录填列。

②收到的税费返还=（应收补贴款期初数-应收补贴款期末数）+补贴收入+所得税本期贷方发生额累计数

注意：根据实际收到的增值税、消费税、营业税、所得税、关税、教育费附加等返还款项填列。

③收到的其他与经营活动有关的现金=营业外收入相关明细本期贷方发生额+其他业务收入相关明细本期贷方发生额+其他应收款相关明细本期贷方发生额+其他应付款相关明细本期贷方发生额+银行存款利息收入

注意：在实际工作中，由于现金流量表是根据两大主表和部分明细账簿编制的，数据很难精确，该项目一般留到最后倒挤填列，计算公式为：

收到的其他与经营活动有关的现金=补充资料中的经营活动产生的现金流量净额-[（销售商品、提供劳务收到的现金+收到的税费返还）-（购买商品、接受劳务支付的现金+支付给职工及为职工支付的现金+支付的各项税费+支付的其他与经营活动有关的现金）]

倒挤产生的数据与上述统计算结果的悬殊不会太大，其主要根据"库存现金""银行存款""营业外收入""其他业务收入"等科目记录分析填列。

④购买商品、接受劳务支付的现金=[利润表中的主营业务成本+（存货期末数-存货期初数）]×（1+13%）+其他业务支出（剔除税金）+（应付票据期初数-应付票据期末数）+（应付账款期初数-应付账款期末数）+（预付款项期末数-预付款项期初数）

注意：可根据"库存现金""银行存款""主营业务成本""应交税费""应付账款""应付票据""预付款项""生产成本""制造费用"等科目分析填列。

⑤支付给职工及为职工支付的现金="应付工资"科目本期借方数+"应付福利费"科目本期借方数+"管理费用"科目中的养老保险金、待业保险金、住房公积金、医疗保险金+

"生产成本"和"制造费用"明细科目中的劳动保护费

⑥支付的各项税费="应交税金"各明细科目本期借方数+"其他应交款"各明细科目本期借方数+"管理费用"科目中税金本期借方数+"其他业务支出"科目中有关税金项目

注意：实际缴纳的各种税金及附加，不包括进项税。

⑦支付的其他与经营活动有关的现金=营业外支出（剔除固定资产处置损失）+管理费用（剔除工资、福利费、劳动保险金、待业保险金、住房公积金、养老保险、医疗保险、折旧、坏账准备或坏账损失、列入的各项税金等）+营业费用、成本及制造费用（剔除工资、福利费、劳动保险金、待业保险金、住房公积金、养老保险、医疗保险等）+其他应收款本期借方发生额+其他应付款本期借方发生额+进行捐赠的支出+罚款支出等

（6）汇率变动对现金的影响=收入的外币现金×（期末汇率-记账汇率）-支付的外币现金×（期末汇率-记账汇率）

注意：根据现金流量表编制准则的规定，外币现金流量及境外子公司的现金流量，应当采用现金流量发生日的即期汇率或即期汇率的近似汇率折算。

以上是作者按照个人的工作经验总结出的现金流量表的编制方法，打破了现金流量表自上而下的编制过程，读者在借鉴的同时，可以根据公司情况及工作实践，总结出更加简便、准确性更高的编制方法。

22.3.4 现金流量表常见编制错误分析

现金流量表虽然是财务报表的三大主表之一，但是在实际工作中，许多人还没有认识到该表的重要性，对它的编制不够重视，对它的编制方法也不够熟悉。下面我们就对现金流量表容易出现错误的地方进行归集和整理。

常见错误一：对现金流量表中"现金及现金等价物"的界定不清楚

现金流量表以现金及现金等价物为编制基础，与"库存现金""银行存款""其他货币资金"科目的核算内容基本一致。需要明确的是，不是这几个科目中记录的所有内容都是现金流量表编制的基础，不能作为现金及现金等价物的项目有：不能随时用于支付的银行存款不属于现金，如不能随时支取的固定存款等；受到限制的其他货币资金不属于现金，如银行承兑汇票保证金和借款保证金，银行承兑汇票。

另外，企业应当根据具体情况确定现金及现金等价物的范围，且一经确定，不得随意变更；如果发生变更，应当按照会计政策变更处理。

常见错误二：对公司与公司之间的借款业务分析不准确

在实际工作中，公司经常发生与其他公司之间的借款业务，即向其他非金融机构的企业借款，许多会计人员将这种往来资金当作经营活动产生的现金流量，即将借入的款项计入"收到的其他与经营活动有关的现金"，偿还时又将偿还款项计入"支付的其他与经营活动有关的现金"，其实这是不完全正确的。

会计人员应根据实际业务情况，按照以下原则进行分析填列：

集团内部母子公司、子公司之间的资金往来均应当作经营活动产生的现金流量，这样有利于母公司编制合并现金流量表。

企业向其他企业借入资金，如果借入的资金金额较大，引起企业的债务规模和结构发生较大的变化，那么企业可以把借入、偿还的资金当作筹资活动产生的现金流量；如果借入的资金金额较小，或者企业与关联企业、关系客户之间进行比较频繁的业务往来活动，导致企业有时是债务人，有时是债权人，那么企业应当将借入、偿还的资金当作经营活动产生的现金流量。

注意：不管企业将借入的资金当作经营活动产生的现金流量，还是当作筹资活动产生的现金流量，都要注意偿还的口径与借入的口径应保持一致。

常见错误三：对企业代扣代缴的个人所得税及五险一金等列支不清

现金流量表中的"支付的各项税费"中填列的各项税费，必须是由企业承担的，而企业代扣代缴的个人所得税并不是由企业承担的，所以"个人所得税"不能列入"支付的各项税费"中，而应列入"支付给职工及为职工支付的现金"中。

常见错误四：补充资料中"存货的减少"对存货的界定不清

对"存货的减少"正确的理解应该是"经营性存货的减少"，并不是所有的存货项目都要列支，对非经营性的存货应予以扣除，包括存货中对外投资的项目、用于在建工程和非生产机构的项目等。

22.4　其他财务报表

财务报表除资产负债表、利润表和现金流量表这三大主表外，不同的企业因为管理的需要，还会编制其他一些财务报表，以便财务报表使用者能够从不同的角度更加全面地了解企业。

22.4.1　所有者权益变动表

所有者权益变动表也称股东权益变动表，是资产负债表的附表，反映企业所有者权益各组成部分当期的增减变动情况。它包括所有者权益总量的增减变动，以及所有者权益增减变动的重要结构性信息，使财务报表使用者能够准确理解所有者权益增减变动的根源。

1. 所有者权益变动表的格式

所有者权益变动表分为"本年金额"和"上年金额"两列，包含了所有者权益的来源项目和导致所有者权益变动的交易或事项。所有者权益变动表的格式如表 22-6 所示。

表 22-6 所有者权益变动表的格式

编制单位：　　　　　　　　　　　　　　　　　　　年　月　日　　　　　　　　　　　　　　　　　　会企 04 表
单位：元

项目	本年金额									上年金额								
	实收资本（或股本）	其他权益工具			资本公积	减：库存股	其他综合收益	盈余公积	未分配利润	所有者权益合计	实收资本（或股本）	其他权益工具			资本公积	减：库存股	其他综合收益	盈余公积	未分配利润	所有者权益合计
		优先股	永续债	其他								优先股	永续债	其他						
一、上年年末余额																				
加：会计政策变更																				
前期差错更正																				
其他																				
二、本年年初余额																				
三、本年增减变动金额（减少以"－"号填列）																				
（一）综合收益总额																				
（二）所有者投入和减少资本																				
1. 所有者投入的普通股																				
2. 其他权益工具持有者投入资本																				
3. 股份支付计入所有者权益的金额																				
4. 其他																				

2. 所有者权益变动表主要项目的填列方法

(1)"上年年末余额"项目,根据企业上年资产负债表中"实收资本(或股本)""资本公积""盈余公积""未分配利润"的年末余额填写。

(2)"会计政策变更"和"前期差错更正"项目,反映企业采用追溯调整法处理的会计政策变更的累积影响金额和采用追溯重述法处理的会计差错更正的累积影响金额。

注意:这两个项目应根据"盈余公积""利润分配""以前年度损益调整"等科目的发生额分析填列。

(3)"本年增减变动金额"下相关项目的填列。

①"综合收益总额"项目,包括净利润和其他综合收益。企业当年实现的净利润(或净亏损)金额应填列在"未分配利润"科目中;企业持有的可供出售金融资产当年公允价值变动的金额、权益法下被投资单位其他所有者权益变动等影响的发生额,以及与计入所有者权益项目相关的所得税影响,并对应填列在"资本公积"科目中。

②"所有者投入和减少资本"项目,反映企业当年所有者投入的资本,包括实收资本和资本溢价,在"实收资本"和"资本公积"科目中同时列示。"股份支付计入所有者权益的金额"项目,反映企业处于等待期的权益结算的股份支付当年计入资本公积的金额,并对应填列在"资本公积"科目中。

③"利润分配"下各项目,反映当年对所有者(或股东)分配的利润(或股利)金额和按照规定提取的盈余公积金额。"提取盈余公积"项目填写企业按照规定提取的"盈余公积"。"对所有者(或股东)的分配"项目是指企业对所有者(或股东)分配的利润(或股利)的金额,并对应填列在"未分配利润"科目中。

④"所有者权益内部结转"下各项目,反映不影响当年所有者权益总额的所有者权益各组成部分之间当年的增减变动,包括"资本公积转增资本(或股本)""盈余公积转增资本(或股本)""盈余公积弥补亏损"等项目。

22.4.2 财务报表附注

我们为什么要编制财务报表附注呢?首先,它拓展了企业财务信息的内容,打破了三张主要报表内容必须符合会计要素的定义,又必须同时满足相关性和可靠性的原则;其次,它突破了揭示项目必须用货币加以计量的局限性;再次,它充分满足了企业财务报表是为其使用者提供有助于经济决策的信息的要求,增进了会计信息的可理解性;最后,它还能提高会计信息的可比性,如通过揭示会计政策的变更原因及事后的影响,可以使不同行业或同一行业不同企业的会计信息的差异更具可比性,从而便于财务报表使用者进行对比分析。

1. 财务报表附注的内容

我国对于财务报表附注的内容并无确切的规定,由于企业经营情况和管理者的需要不同,财务报表附注披露的内容也各不相同。对于大部分公司来说,财务报表附注主要包括以下三项内容:

(1)企业的一般信息及财务状况,具体包括企业概况、经营范围、企业结构、生产经营状况、实现利润及分配状况、营运资金增减情况、流动资金周转情况,以及各项财产物资增减变动情况等。

（2）企业的会计政策，一般包括企业执行的会计制度、会计期间、记账原则、计价基础、合并报表的编制办法，以及企业具体业务的核算办法等。企业具体业务的核算办法包括有价证券的估价基准及估价方法、存货的估价基准及计价方法、固定资产的折旧方法、递延资产的处理方法、外币资产及负债的折算、坏账准备的计提基准等，在变更核算办法时，企业应揭示变更的宗旨、理由及变更引起的会计数据上的增减额等内容。

（3）财务报表主要项目的附注。它是对重要的期后事项的披露，主要包括由于火灾、洪水等自然灾害而造成的重大损失，大额的增资或减资及大额的公司债发行或提前偿还，企业的合并、重要营业的转让和接受，重大经济纠纷的发生和解决，关联方交易事情的说明等。

此外，还有一些其他事项。这项内容主要包括企业针对下期经营情况提出改进或进一步完善的建议和措施。比如，继续扩大生产经营规模、提高产品质量、加速流动资金周转等方面的建议和措施等。

2．财务报表附注的编制形式

财务报表附注的编制形式灵活多样，根据附注内容的不同和繁简程度，可以选择下列四种形式：

（1）尾注说明。它是财务附注的主要编制形式，一般适用于说明内容较多的项目。

（2）括号说明。它以简短的内容为财务报表主体提供补充信息，并可以被直接纳入财务报表主体，比较直观，不易被人忽视；但是它包含的内容过短，描述的内容不够详尽。

（3）脚注说明。它对要说明的内容在财务报表下端进行描述，可用于对已贴现的商业承兑汇票进行说明，以及已包括在固定资产原价内的融资租入的固定资产原价等进行说明。

（4）补充说明。它对有些无法列入财务报表主体的详细数据、分析资料以单独的补充报表进行说明。比如，可利用补充说明的形式来揭示与关联方的关系和交易等内容。

3．财务报表附注在编制过程中应注意的问题

随着财务报表使用者对财务信息的要求越来越高，财务报表的内容会越来越复杂，财务报表附注的内容也会越来越多。在编制财务报表附注时，应注意避免以下事项的发生：

（1）信息披露不充分。财务报表附注信息的充分性决定了其能够发挥的作用，但是目前大多数企业对这部信息的披露情况都不尽如人意。比如，有的企业缺乏对其主要投资人、关键管理人员及与其关系密切的家庭成员的披露，对关联方交易的披露也是删繁就简，有意回避。

（2）附注内容滞后。会计信息的一个重要特征就是及时性，滞后的信息等于无效的信息。有的企业故意使附注内容滞后，如对或有事项、提供担保等应当及时公布的内容有意延期披露等。

（3）存在虚假信息。由于企业以外的人很难及时发现财务报表附注中的虚假信息，所以很容易被误导，做出错误的决策，从而造成一定的经济损失。

由于财务报表附注是投资者、债权人和管理者做出决策，进一步改进企业工作的重要参考文件，因此，企业在编写财务报表附注时应注意以下几个问题：

（1）及时将财务报表附注编写出来。平时做好资料积累工作，在报告期结束前就把分析

表所需的数据填好，做好必要的调整指标的可比口径等准备工作。

（2）准确、真实地反映企业经营管理和财务状况。保证企业经济活动情况和引用的各项数据准确无误。

（3）表述要简明扼要、条理清楚、通俗易懂。

（4）不断创新。在写法上要不断调整角度。

（5）对信息的披露要既能使投资者、债权人从中得知企业的重要信息，又能保证不泄露企业的商业秘密，不让竞争对手从中获益。

22.4.3　往来账款常用账表

往来账款是企业在生产经营过程中因发生供销产品、提供或接受劳务而形成的债权债务关系。它主要包括应收、应付、预收、预付、其他应收、其他应付款。在日常的经济活动中，应收账款的周转及收回情况往往是管理人员关注的重点，因此，我们来重点讲解一下应收账款常用账表。

一般来说，应收账款常用账表有以下三种：

（1）应收账款月报表，反映本月各客户应收账款的增减变动情况。应收账款月报表如表22-7所示。

表 22-7　应收账款月报表

编制单位：××公司　　　　　　　　2019 年 10 月 31 日　　　　　　　　单位：元

序号	客户名称	月初余额	本月增加	本月减少	月末余额	账款类别	备注
1	中天公司	40000.00	20000.00	50000.00	10000.00		
2	德胜公司	20000.00	20000.00	10000.00	30000.00		
3	云龙批发市场	55000.00	40000.00	50000.00	45000.00		
	……	……	……	……	……		
合计		130000.00	82700.00	110000.00	102700.00		

会计主管：蔡×　　　　　　　　复核：李×　　　　　　　　制表：王×

（2）应收账款账龄分析表，反映企业应收账款的组成情况，企业可以据此计提坏账准备，对过长期限的账款采取措施，减少坏账损失。应收账款账龄分析表如表22-8所示。

表 22-8　应收账款账龄分析表

编制单位：××公司　　　　　　　　2019 年 10 月 31 日　　　　　　　　单位：元

账龄	中天公司		德胜公司		云龙批发市场		……		合计	
	金额	比重(%)	金额	比重(%)	金额	比重(%)	金额	比重(%)	金额	比重(%)
折扣期内	10000.00	100%	20000.00	67%	40000.00	89%	……	……	87000.00	85%
过折扣期但未到期										
过期 1~30 天			10000.00	33%			……	……	10000.00	10%

续表

账龄	中天公司		德胜公司		云龙批发市场		……		合计	
	金额	比重(%)	金额	比重(%)	金额	比重(%)	金额	比重(%)	金额	比重(%)
过期31～60天										
过期61～90天					5000.00	11%	……	……	5700.00	5%
过期91～180天										
过期181天以上										
合计	10000.00	100%	30000.00	100%	45000.00	100%	……	……	102700.00	100%

会计主管：蔡×　　　　　　　　　　　复核：李×　　　　　　　　　　　制表：王×

（3）问题账款报告书。通过账龄分析表，我们可以迅速地发现问题客户，对某一客户出现的问题报上级主管进行审批，并根据审批处理意见对该应收账款进行账务处理。比如，是继续登记应收账款，还是确认坏账损失等。问题账款报告书如表22-9所示。

表22-9　问题账款报告书

编制单位：××公司　　　　　　　　2019年10月31日

客户名称	云龙批发市场	主要负责人	赵×	联系人	赵×
交易项目	A家居产品	业务往来时间	2019年7月6日		
平均每月交易额（元）	80000.00	授信额度（元）	50000.00	问题账款金额（元）	5000.00
问题原因	经与对方核实，因我方产品质量问题，无法偿还该款项，超额90天				
业务部门意见	3天内解决该客户的产品质量问题				
财务部门意见	将款项转作坏账损失，日后若能收回再做冲销处理				

会计主管：蔡×　　　　　　　　　　　复核：李×　　　　　　　　　　　制表：王×

注意：根据企业对问题账款管理制度的不同，问题账款报告书的格式和内容也有所不同，请读者根据实际情况进行编制。

22.4.4　固定资产变动常用账表

固定资产是企业必需的生产工具，即使是服务行业的企业，也需要一些必要的办公设备。固定资产在企业资产中占有极其重要的地位，对固定资产进行合理的管理，使其充分地发挥作用，是企业日常管理工作中不可或缺的重要内容。

涉及固定资产的业务内容主要包括固定资产的增加、减少、转移和计提折旧等，如果企业的固定资产不是很多，在其发生增加、减少和转移时，可以设计一个表格进行填列和登记；如果企业的固定资产种类繁多，又分属不同部门管理，则要分开填列和登记。企业在计提折旧时，可以参阅固定资产累计折旧明细账。

一般来说，固定资产变动常用账表有以下三种：

（1）固定资产增加表，企业在取得固定资产时进行登记。固定资产增加表一般包括三联，第一联交资产管理部门（一般为行政部门），第二联交资产使用部门，第三联交会计部门（会计据此登记入账）。固定资产增加表如表22-10所示。

表22-10　固定资产增加表

资产名称	机床	取得时间	2019年1月4日	预计残值率	5%
规格型号	SQWY0187	数量	壹台	月折旧额（元）	950.00
存放地点	一车间	取得金额（元）	120000.00		
附属设备		预计使用年限	10年		
备注					

资产管理部门负责人：刘× 　　　　使用部门负责人：张× 　　　　会计主管：王×

（2）固定资产减少表，企业在固定资产毁损、减少时进行登记。固定资产减少表一般也包括三联，保管的部门同固定资产增加表。

（3）固定资产累计折旧明细表，反映企业本月固定资产的折旧情况，如表22-11所示。

表22-11　固定资产累计折旧明细表

数量单位：台　　　　　　　　　　　　　　　　　　　　　　　　　　　　　　　金额单位：元

资产名称	型号	购置日期	资产位置	预计使用年限	资产来源	单价（元）	数量	资产总原值	净残值率	资产残值	折旧方法
电脑	苹果台式机	2019年10月	设计部	5年	购入	19310.00	1	19310.00	5%	965.50	平均年限法
电脑	联想笔记本	2019年10月	办公室	5年	购入	8399.00	1	8399.00	5%	419.95	平均年限法
	……										
合计											

会计主管：蔡× 　　　　　　　　复核：李× 　　　　　　　　制表：王×

22.4.5　预算类常用账表

会计的功能越来越趋向于对业务事前、事中的管理，因此预算会计也越来越彰显其在会计工作中的重要性，有些企业还单独设立了预算会计岗位。一般来说，预算类常用账表有以下三种：

（1）财务预算申请表，一般由企业各部门将自身所需要的资金进行分项预算，然后交到财务部，由财务部汇编后编制统一的财务预算申请表。财务预算申请表如表22-12所示。

（2）年度销售预算表，一般由销售部门填列。年度销售预算表如表22-13所示。

（3）年度生产预算表，一般由生产部门与销售部门根据预计的销售量和库存量协商填写。年度生产预算表如表22-14所示。

表 22-12 财务预算申请表

编号：YS001　　　　　　　　　　　2019 年 1 月 1 日　　　　　　　　　　　　　　　单位：元

预算项目	上年度实际支出	本年度预算申报金额	用途	说明
材料支出	250000.00	257500.00	支付生产所需的各项材料款	本年度预计比上年度增长 3%
工资支出	110000.00	117000.00	支付公司所有员工工资	
……				
合计				
审核意见				

会计主管：蔡×　　　　　　　　　　复核：李×　　　　　　　　　　　　制表：王×

表 22-13 年度销售预算表

编制部门：销售部　　　　　　　　　2019 年 1 月 1 日

销售产品		第一季度	第二季度	第三季度	第四季度	合计
产品 A	规格					
	预计销售数量（件）	300	200	260	350	1110
	销售单价（元）	12000.00	11500.00	13000.00	12500.00	
	预计销售额（元）	3600000.00	2300000.00	3380000.00	4375000.00	13655000.00
产品 B	规格					
	预计销售数量（件）					
	销售单价（元）					
	预计销售额（元）					
……						
预计销售合计						

会计主管：蔡×　　　　　　　　　　复核：李×　　　　　　　　　　　　制表：张×

表 22-14 年度生产预算表

编制部门：销售部　　　　　　　　　2019 年 1 月 1 日　　　　　　　　　　　　　　单位：件

产品 A 预算项目	第一季度	第二季度	第三季度	第四季度	全年
预计销售量	300	200	260	350	1110
加：预计期末库存	15	20	25	18	78
预计需要量	315	220	285	368	1188
减：期初库存	20	20	20	20	80
预计生产量	295	200	265	348	1108
……					

会计主管：蔡×　　　　　　　　　　复核：李×　　　　　　　　　　　　制表：张×

在实际工作中，企业据各自的特点还可以编制现金收支预算表、工资发放预算表等，编制这些预算表是为了给管理者提供更加准确的资金需求信息，为资金的周转提供更充足的空间。

22.4.6 货币资金变动表

由于管理者非常关注企业货币资金每日的流动、结存等情况，因此会要求财务会计部门每日报告货币资金的流动、结存等情况。货币资金变动表一般由企业的出纳人员来编制，其格式如表 22-15 所示。

表 22-15　货币资金变动表

2019 年 10 月 3 日　　　　　　　　　　　　　　　　　　　　　单位：元

项目	银行存款账号 中国银行	银行存款账号 建设银行	银行存款账号 ……	现金	其他货币资金 银行本票	其他货币资金 ……	合计	备注
昨日账面金额	323400.00			4800.00			328200.00	
本日增加金额	36000.00						36000.00	
其中：营业收入	36000.00						36000.00	
融资收入								
投资收回								
其他收入								
本期减少金额	7300.00			1300.00			8600.00	
其中：营业支出	7300.00						7300.00	
归还贷款								
投资支出								
其他支出				1300.00			1300.00	
本日账面金额	352100.00			3500.00			355600.00	
未记账增加								
未记账减少								
本期实际余额	352100.00			3500.00			355600.00	
备注								

会计主管：蔡×　　　　　　　　　　复核：李×　　　　　　　　　　制表：金×

我们在 22.4 节中介绍的其他财务报表，其格式和内容并不是固定的，读者一定要结合自身企业的特点和管理者的要求进行格式的变动和内容的增减。

第23章 财务报表分析

财务报表的价值在于，通过对重要项目或关注项目的比较，分析、了解企业的财务状况和经营成果。不同的企业，由于其各自的利益要求不同，对于财务报表分析的侧重点也不同。投资者主要分析被投资企业的盈利能力；债权人主要分析债务人的偿还能力；税务机关通过财务报表提供的信息，监督和稽查企业是否依法纳税；企业的经营管理者为了总结管理经验，发现企业在经济活动中的问题，把对财务报表的分析作为检测企业财务状况的手段。

财务报表分析的主要方法为比率分析法。比率分析法是通过财务报表的有关指标的比率计算，分析企业财务状况和经营成果，了解企业发展前景的分析方法。它是以同一期财务报表上若干重要项目的相关数据相互比较，求出比率，用以分析和评价公司的经营活动及公司目前和历史状况的一种方法，是财务报表分析最基本的工具。

我们以瑞奥公司的财务报表数据来举例说明比率分析法。

瑞奥公司的资产负债表和利润表如表 23-1、表 23-2 所示。

表 23-1　瑞奥公司的资产负债表

编制单位：瑞奥公司　　　　　　　　　　　2019 年 12 月 31 日　　　　　　　　　　　单位：万元

资产	期初余额	期末余额	负债及所有者权益	期初余额	期末余额
流动资产：			流动负债：		
货币资金	22	40	短期借款	45	60
交易性金融资产	12	6	交易性金融负债		
衍生金融资产			应付票据及应付账款	115	109
应收票据及应收账款	213	416	预收款项	4	8
预付款项	4	22	合同负债	10	28
其他应收款	28	21	应付职工薪酬	1	2
存货	320	110	应交税费	5	12
合同资产			其他应付款	10	5
其他流动资产	11	85	一年内到期的长期负债		
流动资产合计	610	700	其他流动负债	30	76
非流动资产：			流动负债合计	220	300
债权投资	45	30	非流动负债：		
固定资产			长期借款	245	450
固定资产原值	1626	2000	应付债券	335	248.5
减：累计折旧	669	762	非流动负债合计	580	698.5

续表

资产	期初余额	期末余额	负债及所有者权益	期初余额	期末余额
固定资产净值	957	1238	负债合计	800	998.5
在建工程	25	12	所有者权益:		
固定资产清理	20	6	实收资本	100	100
固定资产合计	1002	1256	资本公积	10	10
无形资产	8	6	盈余公积	40	50
长期待摊费用	15	5	未分配利润	730	841.5
其他非流动资产	0	3	所有者权益合计	880	1001.5
非流动资产合计	1070	1300			
资产总计	1680	2000	负债及所有者权益总计	1680	2000

注：最新的资产负债表中只有一个"固定资产"项目，我们根据会计科目固定资产原值-累计折旧+在建工程+固定资产清理后的余额填列。本表列示了固定资产的会计科目，是为了方便后面例题中固定资产周转率的计算。

表 23-2　瑞奥公司的利润表

编制单位：瑞奥公司　　　　　　2019 年 12 月 31 日　　　　　　　　　　单位：万元

项目	2018 年度	2019 年度
一、营业收入	2896	3020
减：营业成本	2500	2640
税金及附加	28	28
销售费用	23	26
管理费用	41	47
财务费用	95	119
其中：利息费用	62	78
利息收入	20	25
资产减值损失		
加：公允价值变动收益（损失以"-"号填列）		
投资收益	22	38
其中：对联营企业和合营企业的投资收益		
二、营业利润（亏损以"-"号填列）	231	198
加：营业外收入	7	12
减：营业外支出	19	24
三、利润总额（亏损以"-"号填列）	219	186
减：所得税费用	54.75	46.5
四、净利润（净亏损以"-"号填列）	164.25	139.5
（一）持续经营净利润（净亏损以"-"号填列）		
（二）终止经营净利润（净亏损以"-"号填列）		
五、其他综合收益的税后净额		
六、综合收益总额		

23.1 反映偿债能力的比率

偿债能力主要是指企业能够按期偿还债务本金和利息的能力。银行在给企业贷款之前，要通过企业的财务报表计算出有关偿债能力的比率来分析企业的偿债能力。

偿债能力的比率是判断企业负债的安全性和短期负债的偿还能力的比率。偿债能力的大小在很大程度上反映了企业经营的风险程度。这类比率主要有流动比率、速动比率和资产负债率等。

23.1.1 流动比率

流动比率，就是流动资产与流动负债的比值。流动资产减去流动负债的差额是营运资金，营运资金的多少，可以反映企业的偿债能力。可以说，流动资产越多、短期债务越少，则偿债能力越强。

我们可以通过流动比率来分析企业的短期偿债能力，其计算公式为：

流动比率=流动资产/流动负债

例 23.1 瑞奥公司 2019 年度期末的流动资产是 700 万元，流动负债是 300 万元。

流动比率=700/300=2.33

从计算的结果来看，瑞奥公司的流动比率为 2.33，偿债能力还可以。一般来说，生产企业合理的最低流动比率为 2。由于生产企业的存货的变现能力最差，而它约占流动资产一半的金额，因此，减去存货的流动资产只有大于等于流动负债的金额，企业的偿债能力才能得到保障；但是，流动比率也不应过高，否则会使企业的资金闲置。如果因为应收账款和存货过多造成流动比率过高，则会降低企业的获利能力。

注意：企业能否偿还短期债务，除了要看债务的多少，还要看可变现偿债流动资产的多少，即可以在短期内变动为现金的流动资产，也可以理解为企业流动资产对于流动负债的保障程度。

如果流动负债里的"预收款项"所占的比例较高，则会减轻企业短期偿债的压力，因为预收款项一般只需要企业用产品来偿付。

有的企业虽然其存货在流动资产里占用的比例较高，但是如果能通过"仓单质押"（存货质押）的方式获取贷款额度，就会释放企业的资金，缓解存货占用量给企业带来的压力。

一般来说，企业会通过对收入和成本的计划和预算来保证对短期债务的清偿，因为这关系到企业的信誉。只有企业拥有良好的信誉，获得合作伙伴的认同，合作伙伴才会在企业出现暂时性的资金短缺时，答应延长收款期或按预付货款的方式购货等。

23.1.2 速动比率

速动比率，就是先从流动资产中扣除不易变现的存货，再除以流动负债的比值。消除了存货不易变现的影响，速动比率更能说明企业在短期内偿付流动负债的能力。

我们可以通过速动比率来分析企业在短期内偿付流动负债的能力，其计算公式为：

速动比率=（流动资产-存货）/流动负债

例 23.2 瑞奥公司 2019 年度期末的流动资产是 700 万元，存货是 110 万元，流动负债是 300 万元。

速动比率=（700-110）/300=1.97

从计算的结果来看，1.97 的速动比率是不低的，因为瑞奥公司流动资产中的存货，相比其他的流动资产占用的资金不多。单从比值上来看，瑞奥公司在短期内偿付流动负债是不成问题的。

注意：企业在预测市场即将火爆时，可能会加大采购力度，增加库存数量。这时，速动比率会暂时降低，存货的周转天数也会增加。在这种情况下，我们不必过于担心，因为企业马上就会得到可观的回报。

相反，企业在市场萎缩时，可能会减小采购的力度，减少库存数量。这时，存货的周转天数就会减少，这并不是因为企业的产品或商品的销路好，使存货的周转率提高了，而是因为销售市场不景气，企业减少了进货的数量。因此，我们对企业财务状况的分析不能完全以数据的高低来进行简单的判断。

在一般情况下，企业比较合理的速动比率为 1，但还要考虑应收账款的因素。一些应收账款较多的企业，速动比率虽然大于 1，但应收账款可能产生的坏账会影响速动比率的准确性；而大量收取现金销售收入的商业企业，即使其速动比率低于 1，也是很正常的。

23.1.3 现金比率

现金比率，就是现金和现金等价物与流动负债的比值。现金等价物包括"库存现金""银行存款""可变现和转让的票据"等，它与其他速动资产的区别是：可以直接偿还债务。它不像其他速动资产，要等待不确定的时间将资产先转换为现金，再偿还债务。现金比率的计算公式为：

现金比率=（货币现金+现金等价物）/流动负债

例 23.3 瑞奥公司 2019 年度期末的货币资金是 40 万元，没有现金等价物，流动负债是 300 万元。

现金比率=40/300=0.13

如果企业应收账款和存货的变现能力都存在问题，也就是说，当存货被抵押、应收账款也不可能收回的时候，那么现金比率也是衡量企业短期偿债能力的一项指标。

从计算结果来看，瑞奥公司的现金比率为 0.13，反映了企业的库存现金占流动负债的比例。现金比率越高，证明企业短期偿债能力越强。

注意：企业不可能常备现金等着偿付流动负债，因此，现金比率也不见得越高越好。

现金比率只是反映企业即刻变现的一种能力，而这个指标的高低不能完全反映企业偿债能力的强弱。指标较高反映企业不善于充分利用资金，可能会影响其盈利能力，因此，企业经营者一般追求的是，减少预付账款和应收账款，提高存货的周转率。

当分析企业的偿债能力时，要将现金比率与流动比率、速动比率等指标综合分析运用，因为单独使用现金比率能够说明的问题很有限。

有些影响变现的因素是根据财务报表中的数据计算得出来的，而有些影响变现的因素是从财务报表的数据中看不出来的。例如，很快就可以变现的非流动资产、很快就能够通过银行发行债券的方式获得的资金，以及即将得到的贷款等，这些都会大大提高企业的现金比率。

23.1.4 资产负债率

资产负债率，就是企业负债总额与资产总额的比值，又称债务比率。

资产负债率是评价公司负债水平的综合指标，也是一项衡量公司利用债权人资金进行经营活动能力的指标。我们通常认为该指标越低，就越能保障债权人投入资本的安全。

我们可以通过资产负债率来分析企业长期偿债的能力，其计算公式为：

资产负债率=负债总额/资产总额

例23.4 瑞奥公司2019年度期末的负债总额是998.5万元，资产总额是2000万元。

资产负债率=998.5/2000=0.5

从计算的结果来看，瑞奥公司的资产负债率为0.5，应该说不算高。不过，当企业面临破产时，其资产拍卖时的售价不会达到账面价值的50%，因此，资产负债率如果高于50%，债权人的利益就很难获得保障了。

注意：对于所有者来说，当企业的投资收益高于借款利息时，该指标越大越好，它意味着企业可以利用借款获得更多的收益；否则，就是相反的效果。

对于经营者呢？主要看企业的发展前景。不过，即使企业的发展前景让人信心十足，也不要高负债率经营。对于经营者来说，该指标保持在100%比较合适。

如果企业的负债比例很小，说明其畏缩不前，对发展没有信心；如果企业的负债比例很大，使债权人认为承担的风险大，则企业很难借到钱。资产负债率会受到各种因素的影响，我们该怎样判断其最佳值呢？

在市场前景很好、企业借入的资金能够获得较大回报时，其资产负债率应该高一些，这样会增加企业的盈利；当市场不景气、处于紧缩银根时，企业的资产负债率应该低一些，以免高负债率给企业带来风险。

其实，经营管理者应该知道，将企业的应付账款作为一项长期的、相对稳定的资金来源是对企业最有利的，它相当于一部分无息的借款。此时，再利用资产负债率测算应借入资金的数额，就可以增加可获得的利润，减少承担债务的成本和风险。

企业在计算资产负债率时，不要忘了资产中的不良资产和虚资产，如预付款项、递延资产、长期待摊费用、无形资产等。这些不良资产和虚资产影响着资产的有效结构，也影响着资产负债率的真实性。必要时，企业应再做一次剔除不良资产和虚资产后的资产负债率的测算，因为这些资产是没有偿还能力的。

23.1.5 产权比率

产权比率，就是企业的负债总额与所有者权益总额的比值。

我们可以通过产权比率来分析企业投资者对债权人的保障程度，其计算公式为：

产权比率=负债总额/所有者权益总额

例 23.5 瑞奥公司 2019 年度期末的负债总额是 998.5 万元，所有者权益总额是 1001.5 万元。

产权比率=998.5/1001.5=1

该指标可以表明，债权人投入的资本得到股东权益的保证有多大。产权比率越低，表明企业的长期偿债能力越强；产权比率越高，表明企业的长期偿债能力越弱，债权人承担的风险越大。我们一般认为 1∶1 的比率比较合理。

从计算结果来看，瑞奥公司的产权比率接近 1，比较合理。从比值上看，企业只要充分发挥负债的财务杠杆效应，提高获利能力，增强偿债能力，保证债权人的利益是不成问题的。

注意：企业的经营管理者往往会在通货膨胀加剧时，多借债务以转嫁损失和风险；在经济繁荣阶段，多借债务以多获利润；在经济萧条阶段，少借债务以减少财务风险。

在企业进行清算时，债权人的索偿权在股东的前面。如果企业的产权比率小于 1，则债权人应该得到 100%的清偿；如果企业的产权比率大于 1，则属于资不抵债的财务状况，债权人的赔偿会大打折扣。

不过应当注意的是，即使企业的产权比率小于 1，也比资产负债率对债权人的保障要大些，但同样要考虑虚资产没有偿还能力的问题，因为如果股东投资的资本金大部分来源于无形资产，那么其对于债权人的偿付同样是没有保障的。

23.1.6 利息保障倍数

利息保障倍数又称已获利息倍数，就是企业在一定的生产经营时期，息税前的利润与利息支出的比值。它反映了企业的获利能力对于债务偿付的保证程度，是衡量企业偿付负债利息能力的指标。

我们可以通过利息保障倍数来分析企业偿付借款利息的能力，其计算公式为：

利息保障倍数 =（利润总额+利息费用）/利息费用

利息费用=财务费用+资本化利息费用+其他利息性支出

例 23.6 瑞奥公司 2019 年度期末的息前利润是 264 万元［139.5（净利润）+46.5（所得税费用）+78（利息费用）］。

利息保障倍数=（186+78）/78=3.38

这一比值表明企业经营收益为支付债务利息的多少倍，可以测试出企业是否有充足的能力偿付利息。利息保障倍数越大，企业偿债能力越强；利息保障倍数越小，企业偿债能力越弱。我们通常认为利息保障倍数为 3 是比较合适的，如果利息保障倍数小于 1，企业采取的负债式经营模式就会产生财务风险。瑞奥公司目前的利息保障倍数为 3.38，在比较适度的范围内。

注意：当一个企业的该项比值一直比较高时，虽然不会产生财务风险，但是说明企业没有利用适度的负债来赚取利润，没有利用财务杠杆的作用来增强盈利能力。

23.2 反映资产管理效率的比率

资产管理效率的比率是指用来衡量公司在资产管理方面效率的财务比率，是用于衡量公司资产周转状况的指标。在财务工作中，我们对企业经营效率进行分析的财务指标主要包括应收账款周转率、存货周转率、固定资产周转率和总资产周转率等，本节我们将对上述各项资产管理效率的指标进行介绍。

23.2.1 应收账款周转率

应收账款周转率，就是年度内将应收账款转为现金的平均次数。用时间来表示的周转速度是应收账款的周转天数。应收账款周转率是反映资产使用效率的一个比率，即一定时期内销售收入与应收账款平均余额的比值。

应收账款作为企业的一项流动资产，可以通过应收账款的周转次数，即应收账款的周转率来分析企业对应收账款这项资产的管理成效，评价应收账款的回款情况。

应收账款周转率可以反映企业从取得应收账款的权利到收回款项所需的时间，可以测定企业在某个期间内收回赊销账款的能力和速度。应收账款周转率越高，说明企业应收账款周转速度越快、回款越早、坏账损失越小，其计算公式为：

应收账款周转率=销售收入/应收账款平均余额

应收账款平均余额=（期初应收账款+期末应收账款）/2

应收账款周转天数=360/应收账款的周转率（天）

例23.7 瑞奥公司2019年度的销售收入（主营业务收入）是3002万元，扣减应收票据的金额，其期初应收账款是199万元，期末应收账款是398万元。

应收账款周转率=3002/[（199+398）/2]=10.06

应收账款周转天数=360/10.06=36（天）

从计算的结果来看，瑞奥公司的应收账款周转率为10.06，应收账款周转天数为36天。当我们通过这两项指标分析评判企业对应收账款的营埋成效时，要与同行业的同类指标和与本企业历史指标的对比来进行。

注意：在与本企业历史指标对比时，要考虑到企业前后期的具体情况是否相同。采用信用政策和不采用信用政策，对销售收入和赊销产生的影响是不一样的。

在与外企业对比时，如果不知道其赊销比例，无法取得其赊销的数据，就没有可比性了。

当企业属于季节性经营，或大量使用现金结算，或在年末大量销售时，该指标的高低就不能反映企业应收账款的真实状况了。比如，商业企业一般采取现销的方式，该指标的数值就比较低。

如果一个企业的应收账款在不断地增加，甚至超过销售收入增加的速度，就意味着企业在向分销商倾销商品，也有故意扩大赊销范围调整利润的迹象。这时，该企业的应收账款占流动资产的比例就会高于其他企业，而应收账款周转率则低于其他企业，因为这些销售收入无法取得现金，所以形成了应收账款的迅速增加。在财务比率上，体现出应收账款周转率的减小。

23.2.2 存货周转率

存货周转率，就是衡量企业从购入存货到销售回款等各个环节的综合指标。

一般来说，存货周转率越高，存货周转天数越短，企业收回货款的速度越快；存货周转率越低，存货周转天数越长，企业收回货款的速度越慢。我们可以通过存货周转率来分析企业对存货、投产、销售收回的管理情况，其计算公式为：

存货周转率=销售成本/平均存货余额

平均存货余额=（期初存货+期末存货）/2

存货周转天数=360/存货周转率（天）

例 23.8 瑞奥公司 2019 年度的销售成本是 2640 万元，期初存货是 320 万元，期末存货是 110 万元。

存货周转率=2640/[（320+110）/2]=12.28

存货周转天数=360/12.28=29.32（天）

从计算的结果来看，瑞奥公司的存货周转率为 12.28，存货周转天数为 29.32 天。当我们通过这两项指标分析评判企业对存货的管理成效时，要与同行业的指标和与本企业历史指标的对比来进行。

注意：一般来说，存货指标的好坏反映出企业对存货的管理水平。存货周转天数越短，存货占用资金的时间越短，流动性越强，企业存货转换成现金和应收账款的速度越快，企业的偿债能力也会随之增强；存货周转天数越长，则变现能力越差，企业的偿债能力也会随之下降。

但是，存货也不是越少越好。如果存货过少，会影响生产材料的供应及销售商品的供货，企业应根据自己的特定生产条件保持一个最佳的存货数量。分析存货的目的在于从不同角度找出存货在管理中的问题，提高资金的使用效率，从而增强企业的偿债能力。

23.2.3 固定资产周转率

固定资产周转率是衡量固定资产利用率的一项指标。我们可以通过固定资产周转率来分析企业的固定资产使用效率，其计算公式为：

固定资产周转率=主营业务收入净额/固定资产平均净值

固定资产平均净值=（固定资产期初净值+固定资产期末净值）/2

例 23.9 瑞奥公司 2019 年度的主营业务收入净额是 3002 万元，固定资产期初净值是 957 万元，期末净值是 1238 万元。

固定资产周转率=3002/[（957+1238）/2]=2.74

如果固定资产结构合理、投资得当、利润率高，则企业的固定资产周转率就高；反之，则表明企业的固定资产使用率不高。要想分析评判瑞奥公司 2019 年度的固定资产使用效率，需要通过与本企业历史指标和与同行业的同类指标进行对比。

23.2.4　总资产周转率

总资产周转率,就是企业主营业务收入与平均总资产的比值,反映了企业全部资产的周转速度。我们可以通过总资产周转率来分析企业总资产赚取收入的能力,其计算公式为:

总资产周转率=主营业务收入净额/平均资产总额

平均资产总额=(期初资产总额+期末资产总额)/2

例 23.10　瑞奥公司 2019 年度的主营业业务收入净额是 3002 万元,期初资产总额是 1680 万元,期末资产总额是 2000 万元。

总资产周转率=3002/[(1680+2000)/2]=1.63

总资产周转率越高,表明企业运用资产赚取收益的能力越强,通过销售收入收回总资产的速度越快。

要想分析评判瑞奥公司 2019 年度的该项指标,需要通过与本企业历史指标和与同行业的同类指标进行对比。

注意:我们有时在与本企业的历史指标对比时,会由于新资产的计价高于历史成本的计价,从而引起总资产周转率的降低。

另外,不同行业的企业由于资产结构不同,其总资产周转率也会有差异。例如,制造业的固定资产在总资产中所占的比重比商贸、服务行业的固定资产所占的比重大,所以制造业的总资产周转率也比商贸、服务行业的总资产周转率低。

固定资产和流动资产的周转率及它们在总资产中的比率,对总资产的周转率都有影响。要想提高总资产的周转率,就要关注流动资产的周转率,因为流动资产周转率中的"存货"和"应收账款"这两个主要因素是比较容易调动起来的。

我们通过对资产负债表中各项目的分析,可以评价企业的偿债能力、营运能力;而要想了解企业的盈利能力、发展能力,我们则要通过利润表中各项目的情况来进行分析。

23.3　反映盈利能力的比率

盈利能力是指企业正常经营赚取利润的能力。它是企业生存发展的基础,是利益各方都非常关注的指标。无论是投资人、债权人还是企业管理者,都应重视和关心企业的盈利能力。

23.3.1　销售毛利率

主营业务收入扣除主营业务成本为销售毛利。销售毛利率,就是销售毛利与主营业务收入的比值。它反映企业每 1 元钱销售收入在扣除销售成本后,还有多少钱可负担各项期间费用,最终形成盈利,其计算公式为:

销售毛利率=(主营业务收入-主营业务成本)/主营业务收入

例 23.11　瑞奥公司 2019 年度的主营业务收入是 3002 万元,主营业务成本是 2640

万元。

销售毛利率=（3002-2640）/3002=0.12

从计算结果来看，瑞奥公司的毛利率为 0.12，反映企业每 1 元钱的销售收入带来了 0.12 元的销售毛利。该指标越高，表明企业经营的效益越好，其销售获得的毛利越多。

注意：不同的行业，其销售毛利率不同。销售毛利率是销售净利率的基础，没有足够高的销售毛利率，企业便不能形成盈利。

企业要想知道本企业毛利率指标的高低，不能只在同行业间做简单的比较，还要结合企业自身的特点进行分析。

如果一个企业的该项指标大大超过同行业的平均水平，会使人产生"粉饰报表"的疑虑；但是，相对净利润而言，该指标不受其他收入、收益的影响，企业的实力往往能够体现得更实在、更可靠、质量更高，被操纵的风险更小。

23.3.2 销售净利率

销售净利率，就是企业净利润与主营业务收入的比值。该指标越高，表明企业的盈利能力越强，效益越好。它反映企业每 1 元钱的主营业务收入带来了多少净利润，表明销售收入的收益水平，其计算公式为：

销售净利率=净利润/主营业务收入

例 23.12 瑞奥公司 2019 年度的净利润是 139.5 万元，主营业务收入是 3002 万元。

销售净利率=139.5/3002=0.046

从计算结果来看，瑞奥公司的销售净利率为 0.046，反映企业每 1 元钱的销售收入带来了约 0.05 元的净利润。

注意：销售收入与净利润是正比关系，而与销售净利率是反比关系。企业在增加销售收入的同时，必须相应获得更多的净利润，才能维持销售净利率不变。不同的行业，其销售净利率指标的高低也不同。

值得注意的是，净利润是指企业税后的利润，而销售净利率并不完全从销售收入中产生，还受到投资收益、营业外收支的影响。因此，必须关注企业收益的结构。

在分析企业盈利能力的时候，如果其净利润大部分来自投资收益或营业外收入，则该企业利润的稳定性就没有保障。

23.3.3 资产净利率

资产净利率，就是企业净利润与平均资产总额的比值，其计算公式为：

总资产净利率=净利润/平均资产总额

平均资产总额=（期初资产总额+期末资产总额）/2

例 23.13 瑞奥公司 2019 年度的净利润是 139.5 万元，期初资产总额是 1680 万元，期末资产总额是 2000 万元。

总资产净利率=139.5/ [（1680+2000）/2] =0.08

从计算结果来看，瑞奥公司的总资产净利率为 0.08。它反映企业资产利用的综合效果，指标越高，表明其利用资产创造的价值越高；指标越低，表明其利用资产创造的价值越低。

注意：企业的净利润占平均资产总额的比重越大，表明资产的利用率越高，总资产净利率越高。如果企业在扩大经营规模的时候，其资产净利率没有降低，则证明企业的经营效益在不断增加。

资产净利率除了与净利润有关，还与企业的资产结构有关。如果资产净利率过低，则企业应该考虑在使用资产、管理资产中存在的问题。

23.3.4 净资产收益率

净资产收益率又称净值报酬率或权益报酬率，就是企业净利润与平均净资产的比值。净资产指的是所有者权益，企业的资产分为两个部分，一部分是投资者投入的资产，另一部分是外面举借的和暂时占用的资金。净资产收益率反映投资者投入资本获得报酬的高低，指标越高，表明投资带来的收益越高，其计算公式为：

净资产收益率=净利润/平均净资产

平均净资产=（年初净资产+年末净资产）/2

例 23.14 瑞奥公司的净利润是 139.5 万元，年初净资产（所有者权益合计）是 880 万元，年末净资产（所有者权益合计）是 1001.5 万元。

净资产收益率=139.5/ [（880+1001.5）/2] = 0.15

从计算结果来看，瑞奥公司 2019 年度的净资产收益率为 0.15。它反映投资人每投入 1 元钱，将获得 0.15 元的报酬。

注意：净资产收益率是综合性的指标，不受行业、规模的限制。它是从投资者的角度来分析投资得到的报酬。由于该指标越大，企业的获利能力越强，所以它是投资者最关心的指标之一。

23.4 对现金流量的分析

我们还可以通过企业的现金流量表，了解企业现金流量的结构、偿债能力和盈利能力。

我们通过甲公司 2019 年的现金流量表来举例分析，如表 23-3 所示（甲公司 2019 年度的负债总额为 660000 元，利润总额为 899724.5 元）。

表 23-3 甲公司的现金流量表

编制单位：甲公司　　　　　　　2019 年 12 月 31 日　　　　　　　　　　　　　　单位：元

项目	序号	本年累计
一、经营活动产生的现金流量	1	
销售商品、提供劳务收到的现金	2	163500
收到的其他与经营活动有关的现金	3	
经营活动现金流入小计	4	163500
购买商品、接受劳务支付的现金	5	33400

续表

项目	序号	本年累计
支付给职工及为职工支付的现金	6	23000
支付的各项税费	7	36400
支付的其他与经营有关的现金	8	1000
经营活动现金流出小计	9	93800
经营活动产生的现金流量净额	10	69700
二、投资活动产生的现金流量	11	
收回投资所收到的现金	12	
取得投资收益收到的现金	13	10000
处置固定资产、无形资产和其他长期资产所收回的现金净额	14	1400
处置子公司及其他营业单位收到的现金净额	15	
收到的其他与投资活动有关的现金	16	
投资活动现金流入小计	17	11400
构建固定资产、无形资产和其他长期资产所支付的现金	18	13600
投资支付的现金	19	4000
取得子公司及其他营业单位支付的现金净额	20	
支付的其他与投资有关的现金	21	60000
投资活动现金流出小计	22	77600
投资活动产生的现金流量净额	23	-66200
三、筹资活动产生的现金流量	24	
吸收投资收到的现金	25	3000
取得借款收到的现金	26	
发行债券收到的现金	27	
收到的其他与筹资活动有关的现金	28	
筹资活动现金流入小计	29	3000
偿还债务所支付的现金	30	
分配股利、利润或偿付利息所支付的现金	31	38700
支付的其他与筹资活动有关的现金	32	
筹资活动现金流出小计	33	38700
筹资活动产生的现金流量净额	34	-35700
四、汇率变动对现金的影响	35	
五、现金及现金等价物净增加额	36	-32200
加：期初现金及现金等价物余额	37	60000
六、期末现金及现金等价物余额	38	27800

现金流量净额为正数，企业的财务状况才会相对稳定，才有继续进行投资、筹资及扩张企业的可能性。

注意：当企业经营活动、投资活动和筹资活动产生的现金流量净额均为负数时，企业的财务状况就处于非常危险的境地了。

23.4.2 对现金偿债能力的分析

在企业的资产中，现金和现金等价物偿债的能力最强，因此，评价企业偿债能力最直接的指标就是"现金比率"（23.1.3 节中已举例）。

反映企业偿债能力大小的指标还有现金负债总额比率，即经营活动产生的现金流量净额与全部负债的比值。它反映企业当年经营活动创造的现金流量净额偿付所有债务的能力，其计算公式为：

现金负债总额比率=经营活动产生的现金流量净额/全部负债

例 23.17 甲公司 2019 年的经营活动产生的现金流量净额是 69700 元，负债总额是 660000 元。

现金负债总额比率=69700/660000=0.1

从计算结果来看，甲公司的现金负债总额比率为 10%。该指标越高，表明企业的偿债能力越强。

注意：如果一个企业在经营活动中取得的现金除了可以应付企业日常经营活动所需的现金，还有一定的现金流量用于偿还债务，那么它的现金负债总额比率就会大于 1，表现出充沛的现金流量，企业的财务状况就是健康的。

23.4.3 对现金盈利能力的分析

评价企业现金盈利能力的指标主要是盈利现金比率，即经营活动产生的现金流量净额与利润总额的比值，其计算公式为：

盈利现金比率=经营活动产生的现金流量净额/利润总额

例 23.18 甲公司 2019 年的经营活动产生的现金流量净额是 69700 元，利润总额是 899724.5 元。

盈利现金比率=69700/899724.5=0.77

从计算结果来看，甲公司的盈利现金比率为 0.77。

注意：盈利现金比率反映企业获得利润的质量，该指标越高，表明利润的收现能力越强，企业获得的净利润越充实，质量越高。如果该指标很低，即使利润表上呈现出了利润，其质量也值得怀疑。

23.4.1 对现金流量结构的分析

通过对现金流量结构的分析，我们可以得出经营活动的现金流入流出、投资活动的现金流入流出及筹资活动的现金流入流出各占总现金流量的比重。

我们可以根据对现金流入的分析，了解经营活动的现金流入、投资活动的现金流入及筹资活动的现金流入各占总现金流入的比例，明确企业的现金流入来自何处，今后应该怎样增加现金的流入，其计算公式为：

经营活动现金流入所占的比重=经营活动现金流入/总现金流入

投资活动现金流入所占的比重=投资活动现金流入/总现金流入

筹资活动现金流入所占的比重=筹资活动现金流入/总现金流入

例 23.15 甲公司 2019 年的经营活动现金流入是 163500 元，投资活动现金流入是 11400 元，筹资活动现金流入是 3000 元，总现金流入是 177900 元。

经营活动现金流入所占的比重=163500/177900=0.92

投资活动现金流入所占的比重=11400/177900=0.064

筹资活动现金流入所占的比重=3000/177900=0.017

从计算结果来看，甲公司的经营活动现金流入占总现金流入的 92%，投资活动现金流入占总现金流入的 6.4%，筹资活动现金流入占总现金流入的 1.7%。

对现金流出的分析，可以帮助我们明确企业的现金用于何处，如何控制现金的合理使用，其计算公式为：

经营活动现金流出所占的比重=经营活动现金流出/总现金流出

投资活动现金流出所占的比重=投资活动现金流出/总现金流出

筹资活动现金流出所占的比重=筹资活动现金流出/总现金流出

例 23.16 甲公司 2019 年的经营活动现金流出是 93800 元，投资活动现金流出是 77600 元，筹资活动现金流出是 38700 元，总现金流出是 210100 元。

经营活动现金流出所占的比重=93800/210100=0.45

投资活动现金流出所占的比重=77600/210100=0.37

筹资活动现金流出所占的比重=38700/210100=0.18

从计算结果来看，甲公司 2019 年的经营活动现金流出占总现金流出的 45%，投资活动现金流出占总现金流出的 37%，筹资活动现金流出占总现金流出的 18%。

从甲公司的现金流量表（表 23-3）中可以看出，企业经营活动产生的现金流量净额为正数 69700 元，投资活动产生的现金流量净额为负数 66200 元，筹资活动产生的现金流量净额为负数 35700 元，这说明企业的经营状态良好，在不影响企业经营使用资金的情况下，还可以继续进行投资、偿还利息等。不过，应关注经营状况的变化，防止因经营活动的现金流入不足，而无法弥补投资活动和筹资活动的现金流出。

由表 23-3 可知，甲公司的财务状况较好的原因，就在于其经营活动产生了现金的创收能力。任何一个企业都不可能依靠筹资或投资赚取的暂时性收益来维持企业的生存和发展，只有让企业的主营业务占有一定的市场份额，保证经营活动的盈利能力，使经营活动产生的

23.5 比率分析法的局限性

我们根据前文关于财务报表分析的介绍可以看出，比率分析法广泛应用于财务报表分析中；但是，我们在用比率分析法计算出的比率进行分析时，由于它属于一种静态分析法，对于预测未来并非绝对地合理且可靠，而且它所使用的数据都为账面价值，难以反映分析时期当下所受物价水平的影响，因此它具有一定的局限性。

比率分析法的局限性如下：

（1）比率分析法不能够全面地分析出相关企业的整体情况，它需要我们将各种比率有机地联系起来进行分析，不能单独就某项比率而得出结论。

（2）我们在使用比率分析法分析企业的情况时，不能只着眼于财务报表，还要审查企业的性质和实际情况。

（3）比率分析法不能够详尽地分析和反映企业的历史、现状和未来，我们在分析企业的情况时，应该结合差额分析，这样才能达到财务报表分析的目的。

例如，甲企业和乙企业的净利润都是 100 万元，能说明它们的经营效益相同吗？答案是不能，因为有可能甲企业的总资产是 2000 万元，而乙企业的总资产是 1000 万元，如果不考虑其他因素，则乙企业比甲企业经营的效益要好得多。因此，我们在运用比率分析法的同时，还要考虑企业其他各方面的因素，这样才能得出比较正确的结果，即我们在使用比率分析法时，要保证对比项目的相关性、对比口径的一致性和衡量标准的科学性。